Gramática Integral da Língua Portuguesa

Apoio:

www.adrianochan.com.br

Gramática Integral da Língua Portuguesa
Uma Visão Prática e Funcional

Antônio Suárez Abreu

Ateliê Editorial

Copyright © 2018 Antônio Suárez Abreu

Direitos reservados e protegidos pela Lei 9.610 de 19.02.98.
É proibida a reprodução total ou parcial sem autorização, por escrito, da editora.

1ª edição – 2018
2ª edição – 2022

Dados Internacionais de Catalogação na Publicação (CIP)
(Câmara Brasileira do Livro, SP, Brasil)

Abreu, Antônio Suárez
Gramática Integral da Língua Portuguesa: Uma Visão Prática e Funcional / Antônio Suárez Abreu. – 2. ed. – Cotia, SP: Ateliê Editorial, 2022.

ISBN 978-65-5580-057-9

1. Funcionalismo (Linguística) 2. Língua portuguesa – Gramática I. Título.

22-99687 CDD-469.5

Índices para catálogo sistemático:

1. Gramática: Língua portuguesa: Linguística 469.5
Maria Alice Ferreira – Bibliotecária – CRB-8/7964

Direitos reservados à
ATELIÊ EDITORIAL
Estrada da Aldeia de Carapicuíba, 897
06709-300 – Cotia – SP – Brasil
Tel.: (11) 4702-5915
www.atelie.com.br
contato@atelie.com.br
/atelieeditorial
blog.atelie.com.br

Impresso no Brasil 2022
Foi feito depósito legal

SUMÁRIO

Palavras Iniciais 23

INTRODUÇÃO 25
A LÍNGUA COMO SISTEMA DE REPRESENTAÇÃO, COMUNICAÇÃO
E INTERAÇÃO SOCIAL 25
    A Linguagem como Sistema de Representação 25
    A Comunicação e a Interação Social 27
AS REGRAS DA GRAMÁTICA 27

1. FONÉTICA E FONOLOGIA 29
INTRODUÇÃO 29
OS SONS DA FALA 29
FONÉTICA E FONOLOGIA: DOIS PONTOS DE VISTA PARA O ESTUDO DA FALA 30
    A Representação Gráfica dos Sons da Fala: Escrita e Transcrição Fonética 31
    A Produção dos Sons da Fala 35
        Primeira Etapa: Expiratória 35
        Segunda Etapa: Fonatória 36
        Terceira Etapa: Articulatória 36
SÍLABA, VOGAL, CONSOANTE E SEMIVOGAL 37
    Sílaba 37
    Vogal 39
    Consoante 39
    Semivogal 39
DESCRIÇÃO DOS SONS DO PORTUGUÊS 40
    Consoantes 40

Classificação das Consoantes Segundo os Modos de Articulação
   Provocados pelos Graus de Abertura 40
Classificação das Consoantes Segundo as Zonas de Articulação 44
Classificação das Consoantes Segundo o Funcionamento ou
   não das Pregas Vocais 45
Vogais 47
   Vogais Orais 47
   Vogais Reduzidas 49
   Vogais Nasais 49
   Vogais Tônicas e Átonas 50
   Ditongos e Tritongos 51
   Hiatos 53
Fonologia 53
   Variantes ou Alofones 54
      Alguns casos de alofonia em português 55
   Neutralização 56
   A Pronúncia das Palavras 57

2. A ESCRITA 71

ORTOGRAFIA 72
   Palavras Derivadas 74
      Sufixo ES/ESA 74
      Sufixo EZ/EZA 74
      Sufixo AR 74
      Sufixo IZAR 75
      Sufixo AGEM 75
      Sufixo UGEM 75
      Sufixo OSO 75
      Sufixo INHO 75
   Casos Especiais 76
      Palavras de Origem Tupi, Africana ou de Origem Desconhecida .. 76
      Verbos Querer, Pôr e Derivados 76
      Palavras da Mesma Família 76
      Uso das Letras 77
         a. Letra H 77
         b. Letra K 77
         c. Letra W 78
         d. Letra Y 78
   Emprego das Iniciais Maiúsculas 80
   Abreviaturas 82
   Uso das Palavras 84
      Palavras Homônimas Homófonas 84
      Palavras Parônimas 85

    Palavras que Geralmente Apresentam Dúvida quanto à Grafia........87
  Emprego do Hífen 90
    Hífen na Divisão Silábica..90
    Hífen com Pronomes Enclíticos e Mesoclíticos.....................90
    Hífen nas Palavras Compostas 90
    Hífen com Sufixos..91
    Hífen com Prefixos...91
 ACENTUAÇÃO GRÁFICA 100
  Palavras Tônicas e Palavras Átonas...................................101
    Posição do Acento Tônico em Português 101
     a. Regra das proparoxítonas.....................................102
     b. Regras das oxítonas...102
     c. Regras das paroxítonas 103
     d. Regras do acento diferencial 105

3. EMPREGO DO ACENTO GRAVE DA CRASE........................107
 CRASE E ACENTO GRAVE 107
  Condições para o Emprego do Acento Grave da Crase 108
  Acento Grave da Crase em Locuções 110

4. AS PALAVRAS DA LÍNGUA: O LÉXICO............................113
 MUTABILIDADE DO LÉXICO..114
 NEOLOGISMOS...114
 EMPRÉSTIMOS 115
 EMPRÉSTIMOS E ESTRANGEIRISMOS..116
 ARCAÍSMOS 118
 REAPROVEITAMENTO DE PALAVRAS, COM ALTERAÇÃO DE SENTIDO..........118
 NEOLOGIAS: PALAVRAS CRIADAS PARA CONTEXTOS ESPECÍFICOS 119
 ESTRUTURA DAS PALAVRAS...120
  Radical 122
  Afixos: Prefixos e Sufixos...122
    Bases Complexas..122
  Desinências...123
  Vogais Temáticas..124
  Vogais e Consoantes de Ligação 125
  Alomorfes..125
 FORMAÇÃO DE PALAVRAS 126
  Derivação..126
    Derivação Prefixal...126
    Derivação Sufixal 127
    Derivação Parassintética 135
    Derivação Imprópria ou Conversão..............................136
    Derivação Regressiva 137

    Produtividade da Derivação 138
    Composição 139
        Justaposição e Aglutinação 140
        Hibridismos. 141
    Outros Processos de Formação de Palavras 141
        Abreviações 141
        Onomatopeias. 142
    Siglas e Acrônimos. 143
CLASSIFICAÇÃO DAS PALAVRAS DO LÉXICO. 144
    Critérios de Classificação 144
        Critério Semântico. 144
        Critério Morfológico 144
        Critério Sintático 145
RADICAIS GREGOS, PREFIXOS GREGOS E LATINOS. 145
    Radicais Gregos 146
    Prefixos Gregos. 147
    Prefixos Latinos 148
    Correspondência entre Prefixos Gregos e Latinos 149

5. SUBSTANTIVO 151
EXTENSÃO DO SIGNIFICADO DOS SUBSTANTIVOS 152
ESPÉCIES DE SUBSTANTIVO 153
    Substantivos Comuns e Próprios. 153
    Substantivos Concretos e Abstratos. 154
    Substantivos Coletivos 156
    Substantivos Simples e Compostos 157
FLEXÕES DO SUBSTANTIVO 157
    Gênero 158
        Classificação dos Substantivos Quanto ao Gênero 160
            a. Substantivos de gênero único. 160
            b. Substantivos de dois gêneros 162
            c. Substantivos com gênero oscilante 166
    Número dos Substantivos 167
        Formação do Plural 168
        Bases Presas com Vogal Tônica Aberta na Formação do Plural. 175
        Casos Especiais 175
            a. Substantivos que só se usam no plural 175
            b. Singular e plural com sentidos diferentes. 176
            c. Plural dos nomes de letras 177
            d. Plural dos substantivos próprios 177
            e. Plural dos substantivos estrangeiros 177
            f. Plural dos substantivos compostos. 178
            g. Plural de siglas 182
    Grau do Substantivo 183

  Grau Diminutivo 183
  Grau Aumentativo 184
  Sufixos de Grau do Substantivo 184
  Grau Não É Flexão 185
Apêndice 187
  Lista dos Coletivos mais Usuais 187

6. ARTIGO 189

Artigo definido 189
Artigo indefinido 190
Ausência do artigo 191
Combinação dos artigos com as preposições 191
  Combinações com o Artigo Definido 191
  Combinações com o Artigo Indefinido 193
Artigo definido e nome próprio de pessoa 193
Artigo definido antes de nome próprio de lugar 193
Artigo definido e referência genérica 196
O artigo em expressões superlativas 196

7. ADJETIVO 197

Adjetivos restritivos e explicativos 198
Adjetivos dinâmicos e estativos 198
Adjetivos graduáveis e não graduáveis 199
Adjetivos inerentes e não inerentes 200
Adjetivos que projetam uma qualidade animada em coisas
  inanimadas 201
Adjetivos participiais 202
Adjetivos derivados de substantivos 202
Locuções adjetivas 203
Adjetivos empregados como substantivos 204
Posição do adjetivo em português 205
Flexão do adjetivo 206
  Gênero do Adjetivo 207
    Adjetivos Uniformes 207
    Adjetivos Biformes 207
      Formação do Feminino 207
    Algumas Características dos Adjetivos 209
    Feminino dos Adjetivos Compostos 211
  Número do Adjetivo 211
    Formação do Plural 212
    Plural dos Adjetivos Compostos 214
  Grau do Adjetivo 215
    Comparativo 215

Superlativo..218
Diminutivo..221

8. PRONOME..223
NATUREZA DOS PRONOMES..223
REFERÊNCIA DÊITICA, ANAFÓRICA E CATAFÓRICA DOS PRONOMES..........224
PRONOMES SUBSTANTIVOS E PRONOMES ADJETIVOS.......................225
PRONOMES PESSOAIS..226
   Caso Reto e Caso Oblíquo....................................227
   Formas Átonas e Formas Tônicas..............................228
      Entre Ele e Mim..229
      Para Mim, Para Eu Fazer..................................229
      Combinações de Pronomes..................................229
   Pronomes Pessoais e suas Referências........................230
      Nós como 1ª. Pessoa do Singular..........................231
      Pronome *Vós* como Tratamento de Respeito................232
      Variantes dos Pronomes Oblíquos Átonos *o, a, os, as*....232
LOCUÇÕES PRONOMINAIS DE TRATAMENTO...............................234
   O Pronome Você..238
PRONOMES POSSESSIVOS...239
   Uma Ambiguidade com o Pronome de Terceira Pessoa............240
   Artigo + Possessivo...241
   Posição do Possessivo.......................................242
PRONOMES DEMONSTRATIVOS..243
   Uso Textual dos Pronomes Demonstrativos.....................244
   Pronomes Demonstrativos e Referência Temporal...............246
      O Demonstrativo *o*......................................248
      Tal, Mesmo, Semelhante, Tanto............................248
PRONOMES RELATIVOS...250
   Que...251
   Qual..251
   Quem..253
   Cujo..253
   Quanto, Onde, Como..254
   Onde e Aonde..255
   Isolamento de Pronomes Relativos............................255
PRONOMES INTERROGATIVOS..256
   Pronomes Interrogativos Precedidos de Preposição............257
   Deslocamento dos Pronomes Interrogativos....................258
   Reforço dos Pronomes Interrogativos.........................258
   Interrogação Indireta.......................................260
PRONOMES INDEFINIDOS...260
   Todo..262

Um, Uma, Uns, Umas 263

9. NUMERAL 265
CLASSIFICAÇÃO DO NUMERAL 266
  Cardinais 266
  Ordinais 266
  Multiplicativos 266
  Fracionários 266
NUMERAIS E OS SERES NÃO CONTÁVEIS. OS CLASSIFICADORES PARTITIVOS. 268
FUNCIONALIDADE ARGUMENTATIVA DO NUMERAL 272
  Lugar de Quantidade 272
  Lugar de Qualidade 273
  Lugar de Ordem 273
CORRESPONDÊNCIA ENTRE OS NUMERAIS 274
SINTAXE DOS NUMERAIS 275
  Cardinais 275
    Casos Especiais 276
      a. Apartamento vinte e um / apartamento vinte e dois. 276
      b. Dois e dois são quatro 276
    Cardinais Simples e Complexos 277
      a. Dez casos / uma dezena de casos 277
      b. 5×10^{11} 277
      c. Um milhão de vezes 278
      d. Datas 278
      e. Separação de algarismos 278
      f. Quarentona / cinquentinha 278
      g. *Um* artigo e *um* numeral 279
    Leitura do Cardinal 280
      a. Número de páginas e folhas 280
    Concordância do Cardinal 280
      a. Flexão de gênero 280
      b. Flexão de número 281
  Ordinais 281
    Concordância do Ordinal 281
    Posição do Ordinal 282
    Ordinal Substantivado 282
      a. Pela milésima vez 282
      b. Raiz enésima 282
      c. Paulo VI – Século XIX 283
    Leitura do Ordinal 283
  Fracionários 284
    Concordância do Fracionário 284
    Leitura dos Fracionários 285

Multiplicativos 285
    Concordância dos Multiplicativos 285

10. VERBO 287

CONCEITUAÇÃO 287
PROCESSOS, AÇÕES E ESTADOS 288
CONJUGAÇÕES VERBAIS 289
FORMAS CONSTITUINTES DO VERBO 290
    Vogal Temática 291
        Alterações fonéticas da vogal temática 292
VERBOS REGULARES, IRREGULARES, ANÔMALOS, DEFECTIVOS E IMPESSOAIS .. 293
    Regulares 293
    Irregulares. 294
    Anômalos 294
    Defectivos 295
    Impessoais 296
FORMAS RIZOTÔNICAS E ARRIZOTÔNICAS 296
CATEGORIAS VERBAIS 297
    Categoria de Tempo. 299
        Demarcação dos Tempos Verbais. 300
        Uso dos Tempos Verbais 302
        Formação dos Tempos Verbais Simples 315
            a. Tempos formados a partir do presente do indicativo 315
            b. Futuro do Presente e Futuro do Pretérito. 322
            c. Formas nominais do verbo 323
            d. Formação dos tempos verbais compostos 326
    Categoria de Modo 331
        Modo Indicativo 331
        Modo Subjuntivo 332
            a. Subjuntivo nas orações subordinadas adjetivas restritivas. 336
            b. Subjuntivo nas orações optativas. 336
        Modo Imperativo 337
    Categoria de Aspecto. 338
        Denominações do Aspecto 339
            a. Aspecto *pontual* versus *durativo* 339
            b. Aspecto designando fases distintas de um processo 339
            c. Aspecto designando processo *contínuo* ou *descontínuo* 340
        Marcas do Aspecto Verbal em Português 340
    Categoria de Voz. 343
        Voz Ativa e Voz Passiva 343
            Funções da voz passiva na construção do texto. 344
        Voz Medial. 345
            a. Voz medial reflexiva. 346

  b. Voz medial recíproca..346
VERBOS AUXILIARES...346
  Classificação dos Verbos Auxiliares....................................348
    Auxiliares Temporais..348
    Auxiliar de Voz Passiva..348
    Auxiliares Aspectuais..348
    Auxiliares Modais...348
  Verbos Principais Empregados como Auxiliares........................349
  Verbos Auxiliares Empregados como Verbos Principais..................349
  Falsos Verbos Auxiliares..350
APÊNDICE...350
Particularidades da Conjugação dos Verbos Irregulares e/ou Defectivos mais Usuais..350

11. ADVÉRBIO..361

ADVÉRBIOS MODIFICADORES DE CONSTITUINTES DA ORAÇÃO..............362
LOCUÇÕES ADVERBIAIS..363
  Advérbios em Mente..363
  Advérbio Assim..364
  Advérbios Intensificadores...365
  Advérbios Não Predicativos..365
    De Tempo...365
    De Lugar..366
    Não, um Tipo Especial de Advérbio Não Predicativo..............367
      a. Escopo da negação.......................................367
      b. Dupla negação e elipse do advérbio de negação.................368
      c. Locuções negativas polares..................................369
  Advérbios Focalizadores...370
    Focalizadores de Inclusão.......................................370
    Focalizadores de Exclusão......................................370
  Advérbios Oracionais...371
    Advérbios de Circunscrição....................................371
    Advérbios Modalizadores......................................372
    Advérbios Aspectualizadores...................................372
    Advérbios Avaliativos...372
    Advérbios Interrogativos......................................373
  Advérbios como Marcadores Discursivos............................373
POSIÇÃO DO ADVÉRBIO..374
  Ordem dos Advérbios Oracionais...................................375

12. PREPOSIÇÃO..377

PREPOSIÇÃO E SEU CARÁTER RELACIONAL................................377
  Inversão de Antecedente /Consequente..............................378

ORIGEM DAS PREPOSIÇÕES 379
LOCUÇÕES PREPOSITIVAS 381
TERMO ANTECEDENTE 382
TERMO CONSEQUENTE 382
DOIS ANTECEDENTES E UM CONSEQUENTE 383
REPETIÇÃO E ELIPSE DA PREPOSIÇÃO 384
COMBINAÇÃO OU CONTRAÇÃO DE PREPOSIÇÕES COM OUTRAS PALAVRAS 385
PREPOSIÇÕES PLENAS E VAZIAS 391
   Preposições Vazias 391
   Significado das Preposições Plenas 391
RELAÇÕES CRIADAS PELAS PREPOSIÇÕES 392
   Relações Espaciais 392
   Relações Temporais 394
   Causalidade 394
DOMÍNIOS SEMÂNTICOS DE OUTRAS PREPOSIÇÕES 395
   Com e Sem 395
   Contra 395
A PREPOSIÇÃO DE E SUA FUNÇÃO RESTRITIVA 395
SINTAXE DE ALGUMAS PREPOSIÇÕES E LOCUÇÕES PREPOSITIVAS 397
   Acerca de, a Cerca de, Há Cerca de 397
   À Custa de, Custas 398
   Ao Encontro de, de Encontro a 398
   A Par de 398
   A Princípio, em Princípio 398
   Através de 399
   À Vista, a Prazo 399
   Somos Quatro, Estamos Quatro 399

13. CONJUNÇÃO 401
ORIGENS DAS CONJUNÇÕES 402
TIPOS DE CONJUNÇÃO 402
   Conjunções Coordenativas 402
   Conjunções Aditivas 402
   Conjunções Adversativas 403
   Conjunções Alternativas 404
   Conjunções Conclusivas 404
   Conjunções Explicativas 405
EXPRESSÕES CORRELATIVAS SOBREPOSTAS À COORDENAÇÃO ADITIVA 405
CONJUNÇÕES SUBORDINATIVAS 407
   Conjunções Subordinativas Integrantes 407
   Conjunções Subordinativas Adverbiais 408
      Conjunções Causais 408
      Conjunções Comparativas 409

Funções da comparação 410
Conjunções Concessivas 412
Conjunções Condicionais 412
Conjunções Conformativas 413
Conjunções Consecutivas 413
Conjunções Finais 413
Conjunções Proporcionais 413
Conjunções Temporais 414
CONJUNÇÕES QUE INTRODUZEM PERÍODOS 414

14. INTERJEIÇÃO 417

15. SINTAXE: ESTUDO DA ORAÇÃO SIMPLES 419

A FRASE 419
A Oração Simples 420
Interdependência de Sentido entre Orações 421
Análise Sintática da Oração Simples 421
Estrutura Argumental dos Verbos 422
    O Verbo como Predicador 423
    Os Argumentos do Verbo e a Oração 423
        Principais argumentos 425
Funções Sintáticas 426
    Sujeito 426
        a. Oração Sem Sujeito 427
        b. Sujeito Elíptico 428
        c. Posição do Sujeito 429
    Predicado 430
    Objeto Direto 430
        Objeto direto preposicionado 431
    Objeto Indireto 432
        a. Objeto indireto não prototípico 433
        b. Objeto indireto de interesse e de referência 435
    Predicativo: o Adjetivo como Predicador 436
Necessidade de as Orações Independentes e Principais Terem uma "Âncora" Temporal 436
Verbos de Ligação com Valor Aspectual e de Modalidade 438
Orações com Dois Predicadores. Predicados Verbo-Nominais 439
    Observação sobre o Verbo *Chamar* 441
    Predicativos de Objetos Indiretos não Prototípicos 442
Adjuntos Adverbiais 443
    Complementos Adverbiais 445
Estrutura dos Sintagmas dentro da Oração 445
    Princípio de Endocentricidade 446

Funções Sintáticas Compostas 447
   Composição dos Sintagmas Nominais 447
      a. Núcleo modificado por um especificador. 448
      b. Núcleo modificado por um quantificador 448
      c. Núcleo modificado por um qualificador. 448
   Outros Modificadores dentro do Sintagma Nominal 449
      a. Aposto. 449
      b. Complemento nominal 452
          Complementos nominais de núcleos adverbiais e adjetivais 454
      c. Vocativo 455
   Composição do Sintagma Verbal. As Locuções Verbais. 456
Vozes Verbais 457
   Voz Passiva 457
      a. Voz passiva analítica (ou com auxiliar *ser*). 457
      b. Construções ativas que não têm passivas correspondentes 458
      c. Voz passiva pronominal 459
          Construções impessoais analógicas à voz passiva pronominal. 459
   Voz Medial. 460
      a. Voz medial reflexiva. 460
      b. Voz medial recíproca. 461
Operações de Topicalização e Clivagem 462
   Topicalização. 462
   Clivagem 464

16. ORAÇÕES COMPLEXAS OU PERÍODO COMPOSTO 465

COORDENAÇÃO E SUBORDINAÇÃO 466
   Orações Coordenadas 466
      Aditivas 466
      Adversativas. 469
      Alternativas 471
      Conclusivas 472
      Explicativas 472
   Orações Subordinadas. 472
      Orações Subordinadas Substantivas 473
         a. Formas de apresentação 473
         b. Classificação das orações substantivas 474
      Orações Subordinadas Adjetivas 477
         a. Orações adjetivas complexas 479
         b. Justapostas. 480
         c. Orações adjetivas reduzidas de infinitivo 480
         d. Orações adjetivas reduzidas de gerúndio 481
      Orações Subordinadas Adverbiais 481
         a. Causais. 481
         b. Comparativas 483

  c. Concessivas 485
  d. Condicionais. 488
  e. Conformativas 489
  f. Consecutivas 489
  g. Finais 490
  h. Locativas 490
  i. Modais 491
  j. Proporcionais. 492
  k. Temporais 492
Estruturas desgarradas 493

17. SINTAXE E FUNCIONALIDADE INTERDISCURSIVA 495

Funcionalidade do aposto e das orações adjetivas 495
Funcionalidade das orações comparativas e das
comparações em geral 496
Funcionalidade das orações objetivas diretas 497
Verbo *dicendi* neutros e "comprometidos" 499
Incorporando a própria voz no próprio texto 501

18. CONCORDÂNCIA NOMINAL 503

Concordância nominal 504
 Preposição como Barreira para a Concordância 504
 Expressões Invariáveis 505
 Nomes de Cor 505
 Adjetivos Compostos 506
 Concordância com Particípios 507
 Concordância com o Predicativo 507
  Predicativo do Sujeito 508
  Predicativo do Objeto 508
 Concordância em Orações Equativas. 508
 Expressão Tal Qual 511
 Adjetivo Modificando Mais de um Substantivo 511
  Adjetivo posposto a mais de um substantivo 511
  Adjetivo anteposto a mais de um substantivo 512
  Dois adjetivos modificando um substantivo 514

19. CONCORDÂNCIA VERBAL 515

O sujeito está posposto ao verbo 515
O sujeito é um plural aparente 516
Concordância com expressões de sentido quantitativo 517
Concordância com numeral 519
 Concordância com Números Percentuais 519
 Sujeito Constituído por um Número Fracionário 520

Sujeito Constituído pela Expressão Cada Um + *Plural* 521
Sujeito Constituído pela Expressão Mais de Um. 521
Sujeito Junto das Locuções Cerca de, Menos de, Perto de. 521
CASOS ESPECIAIS. 521
  Expressão Um dos Que, Uma das Que 521
  Núcleos do Sujeito Antecedidos pelo Pronome Indefinido Cada 522
  O Sujeito É a Locução Um e Outro *ou* Nem Um Nem Outro 522
  Sujeitos Ligados pela Conjunção Ou. 523
  Sujeitos Unidos pelos Elementos Correlativos Não Só... Mas Também,
    Não Só... Mas Ainda, Tanto... Como, Tanto... Quanto 524
  O Sujeito São Pronomes Interrogativos (Quais, Quantos) *ou*
    Indefinidos no Plural (Alguns, Muitos, Poucos, Quaisquer, Vários)
    Seguidos de Pronomes Pessoal no Plural 524
  Pronomes Relativos Que e Quem *como Sujeitos* 525
  Vários "Sujeitos" Resumidos num Pronome Indefinido (Tudo, Nada,
    Outro, Ninguém, Alguém etc.) 526
CONCORDÂNCIA COM SUJEITO COMPOSTO 526
CONCORDÂNCIA COM O VERBO SER 527
CONSTRUÇÕES IMPESSOAIS 530

20. INFINITIVO FLEXIONADO: UM CASO PARTICULAR DA CONCORDÂNCIA VERBAL 533

INFINITIVO EM ORAÇÕES FINAIS 534
INFINITIVO EM ORAÇÕES SUBSTANTIVAS COM VERBOS
  FACTITIVOS E SENSITIVOS 535
INFINITIVO EM OUTRAS ORAÇÕES SUBORDINADAS REDUZIDAS
  DE INFINITIVO 537

21. COLOCAÇÃO DOS PRONOMES ÁTONOS 539

PRONOMES PESSOAIS OBLÍQUOS ÁTONOS. 539
ÊNCLISE E PRÓCLISE 540
  Situações em que a Próclise É Obrigatória. 541
    Em Orações Subordinadas Desenvolvidas (com Conjunção) 541
    Em Construções Negativas 541
    Em Construções com Pronomes Indefinidos e Demonstrativos 542
    Em Construções que Envolvam a Palavra *Ambos* 542
    Em Orações Interrogativas e Exclamativas 542
    Depois de Advérbios, Quando Não Há Pausa entre Ele e
      o Pronome Átono 542
COLOCAÇÃO DE PRONOMES EM RELAÇÃO AOS TEMPOS DO FUTURO 543
COLOCAÇÃO DE PRONOMES EM LOCUÇÕES VERBAIS 544
PRONOMES ÁTONOS E INÍCIO DE ORAÇÃO 546

22. PONTUAÇÃO 549
EMPREGO DE PONTO FINAL, RETICÊNCIAS, PONTO DE INTERROGAÇÃO
E PONTO DE EXCLAMAÇÃO 549
EMPREGO DA VÍRGULA 552
A SINTAXE E A VÍRGULA 553
   1. Os adjuntos adverbiais 555
      1. 1. Adjuntos adverbiais sob forma de orações 556
   2. Conjunções coordenativas adversativas deslocadas para
   o meio da oração 556
   3. Palavras e expressões explicativas ou de retificação 557
   4. Palavras ou expressões marcadoras de opinião 557
   5. Vocativo 557
   6. Orações ou fragmentos de oração inseridos dentro de outra oração 558
EMPREGO DA VÍRGULA DENTRO DOS TERMOS DA ORAÇÃO 558
TERMOS DE MESMA FUNÇÃO SOB FORMA DE ORAÇÕES 559
VÍRGULA EM ORAÇÕES COORDENADAS 560
USO DE VÍRGULA PARA SEPARAR O APOSTO EXPLICATIVO 560
ORAÇÕES ADJETIVAS RESTRITIVAS E EXPLICATIVAS 561
ELIPSE DO VERBO 561
TÓPICOS DE ORAÇÃO 562
EMPREGO DO PONTO E VÍRGULA 563
OUTROS SINAIS DE PONTUAÇÃO 564
   Dois-pontos 564
   Travessão 564
   Parêntese 565
   Aspas 565

23. REGÊNCIA 567
REGÊNCIA VERBAL 568
   Regência de Alguns Verbos 569

REFERÊNCIAS BIBLIOGRÁFICAS 597

ÍNDICE REMISSIVO 601

PALAVRAS INICIAIS

A maioria das gramáticas de língua portuguesa mantém a tradição de descrever a língua a partir de um método analítico, o que significa retirar os fatos gramaticais de seus contextos de uso, dividi-los em partes e nomear essas partes. Em consequência disso, o trabalho de quem precisa ou quer estudar gramática – quase sempre alunos do ensino fundamental e médio e também vestibulandos – é o de decorar os nomes dessas partes para devolvê-los em provas ou trabalhos, sem nunca conseguir aplicar o que estudou no uso real da língua em seu dia a dia. Daí o divórcio tradicional entre o estudo da gramática e a produção e o entendimento de textos, o que configura depoimentos como: – *Eu sei escrever, mas não me pergunte regras de gramática; faço tudo por intuição;* ou – *Sempre fui bem em redação e mal em gramática; procurava tirar nota boa em redação para compensar a nota ruim de gramática.*

Convicto de que o entendimento efetivo da gramática é uma poderosa ferramenta de controle e segurança – não apenas para estudantes, mas também para qualquer profissional – e que facilita enormemente a tarefa de ler e escrever, minha proposta, nesta *Gramática Integral da Língua Portuguesa*, é superar essa antiga e superada visão analítica, trabalhando a descrição gramatical de modo sistêmico, descrevendo os fenômenos gramaticais em contexto de uso, pondo foco tanto na sua funcionalidade quanto na sua motivação cognitiva e cultural. Nessa tarefa, procurei pôr ênfase na chamada língua padrão do português do Brasil, entendida como o uso idiomático dos grandes escritores do país, com ênfase nos mais modernos e ainda no uso da mídia veicular de prestígio, que engloba os jornais e revistas de maior expressão e obras atuais nas áreas das Ciências, Filosofia, História etc. Como as línguas estão em constante mudança, fiz questão de evitar posições puristas, apontando sempre novas alternativas que já estejam sendo aceitas no registro culto do idioma.

O Autor

INTRODUÇÃO

A LÍNGUA COMO SISTEMA DE REPRESENTAÇÃO, COMUNICAÇÃO E INTERAÇÃO SOCIAL

A Linguagem como Sistema de Representação

Em primeiro lugar, é preciso entender que uma língua é um *sistema de representação* do mundo em que vivemos e também de outros mundos que podemos criar com a nossa imaginação. Isso acontece por meio das palavras, que têm o poder de fazer surgirem, em nossas mentes, imagens ou conceitos daquilo que não está diante dos nossos olhos. Podemos, por exemplo, estando em São Paulo nos dias de hoje, conversar sobre a Revolução Francesa, ocorrida em Paris, em 1789. Entre os seres vivos, a espécie humana é a única capaz de fazer isso, graças ao uso da linguagem. As abelhas, as formigas, os chimpanzés têm relações sociais, de poder, de hierarquia e comunicam-se entre si, mas os seres humanos são os únicos capazes de criar representações utilizando símbolos vinculados à articulação ordenada de sons. Isso lhes facultou ter consciência de si próprios e, com a força da imaginação, explorar, além do presente, o passado e o futuro. Foi essa capacidade que nos transformou na espécie dominante do planeta e nos deu também o privilégio de transmitir nossa herança cultural às gerações seguintes, permitindo o desenvolvimento de um dos nossos maiores diferenciais competitivos: a capacidade de planejar o futuro.

O sistema de representação simbólica sofre variações, ao longo do tempo, uma vez que as palavras estão estreitamente ligadas a aspectos cognitivos, culturais, sociais e históricos de cada povo. O léxico do português do Brasil atual contém palavras de origem latina – muitas populares, outras eruditas – e uma vasta coleção de empréstimos de outras línguas, assimilada desde o surgimento do Reino de Portugal, no século XII, passando pela época do descobrimento, colonização, independência, república, até chegar aos dias de hoje.

A criação de palavras, sendo determinada por aspectos cognitivos e culturais, sofre influência de uma série de fatores. Para denominar, por exemplo, os pequenos ossos que compõem o mecanismo do ouvido interno, utilizamos, metaforicamente, palavras como: *estribo*, *bigorna* e *martelo*. Essa escolha está ligada a uma época em que se andava mais a cavalo, ferravam-se mais cavalos, e também à mente de alguém que foi capaz de ver semelhanças formais entre aqueles ossos e estes artefatos.

Uma outra fonte de representação linguística é a metonímia (uso da parte pelo todo), também bastante comum e que pode ser exemplificada pela palavra *vela*. Na verdade, são duas palavras. *Vela*, que provém do latim *velum*, é o nome que se dá a um componente das embarcações movidas a vento. *Vela*, derivada do verbo *velar*, que provém do latim *vigilare* e significa a ação de *tomar conta de*, designa, hoje em dia, um artefato cilíndrico, feito de cera e pavio. A origem desse significado é metonímica. Como, muitas vezes, a ação de velar (= vigiar) acontece à noite, atribuiu-se o nome de vela, que era sinônimo de vigília, ao artefato que iluminava essa vigília. Um outro significado de *vela*, também por metonímia, é o da pessoa que "vigia" o namoro de um casal.

Em países como França e Espanha, as velas eram fabricadas com uma cera de cor amarelada importada de uma localidade no norte da África, chamada *Bugia*. Por metonímia, esse artefato passou a chamar-se *bougie*, em francês, e *bugía*, em espanhol. Em português, temos o substantivo *bugio* que, também por metonímia, designa uma espécie de macaco nativo dessa localidade africana.

Uma vez criadas, as palavras costumam sofrer, ao longo do tempo, variações de sentido. *Coitado*, por exemplo, no século XII, era apenas aquele que sofria por não ter um amor correspondido. Hoje, pode ser uma pessoa submetida a uma situação qualquer de desconforto. Pode ser, por exemplo, aquele que não consegue "sair do vermelho" em sua conta bancária.

A Comunicação e a Interação Social

Além de poder "pensar" sobre coisas, pessoas e situações que não estão dentro do nosso campo visual ou dentro do nosso tempo, a linguagem permite que passemos aos outros esses pensamentos. Por meio da linguagem, podemos transmitir, comunicar a outras pessoas nossas ideias e emoções. Se um rapaz diz a uma garota: – *Juliana, você comprou as entradas?*, terá comunicado seu desejo de saber se as entradas foram compradas. Mas, se ele disser: – *Amor, você comprou as entradas?*, além de comunicar esse desejo, terá assinalado, pelo uso do vocativo *amor*, uma relação afetiva com a garota. Vocativos e expressões de tratamento, como *você*, *o senhor*, são marcas, também, de interação social.

Muitas vezes, conversamos com alguém apenas para "quebrar o gelo". Isso acontece, quando falamos sobre o tempo: dizer que está fazendo frio ou calor, se vai chover, não importa. O que importa é gerenciar a relação com o outro.

Por tudo isso, uma gramática tem de levar em conta, no processo da sua confecção, as funções de representação, comunicação e interação social inerentes à linguagem.

AS REGRAS DA GRAMÁTICA

De modo prático, podemos dizer que as regras da gramática da nossa língua estão internalizadas dentro de nossas mentes e sua utilização é inconsciente. Quando ouvimos uma frase como: "O *presidente* disse que *ele* viajará a São Paulo", sabemos, intuitivamente, que o pronome *ele* pode referir-se ao *presidente*. Mas, se a frase for dita ou escrita com o pronome *ele* antecedendo *o presidente*, como em: "*Ele* disse que *o presidente* viajará a São Paulo", sabemos que *ele* não pode jamais ser *o presidente*. Ninguém precisa ter frequentado escola para ser capaz de estabelecer essas relações.

Levando em conta esse fato, poderíamos concluir que estudar a gramática de uma língua deveria ser apenas um trabalho de explicitar as regras que os falantes dessa língua utilizam, quando se comunicam. Em parte, isso é verdade. Existe, entretanto, um outro lado da questão. As línguas humanas são faladas por grupos sociais complexos que têm uma história às vezes de mais de mil anos. Isso faz com que a "lógica gramatical" seja, muitas vezes, contrariada por um fator social ou histórico. Assim é, por exemplo, que temos palavras derivadas em *al*, como *corporal, convencional, material, mental*, vindas, respectivamente, de *corpo, convenção, matéria* e *mente*. Mas, estranhamente, a palavra *correio* não produziu *correial*. Ninguém diz que "o serviço *correial* de uma cidade está deficiente". O adjetivo usado é *postal* (de *posta + al*). Dizemos que "o serviço *postal* da cidade está deficiente". É que aí entrou em jogo um fator histórico: antigamente, o correio era feito a cavalo. O local onde se buscavam e entregavam as cartas era uma espécie de estrebaria chamada *posta*, onde os mensageiros, os carteiros da época, antes de prosseguir viagem, aproveitavam para trocar seus cavalos cansados por outros descansados. Desse substantivo é que foi derivado *postal*. Ainda hoje existe o termo *posta-restante* que denomina a correspondência que "restou ou sobrou na posta" por falta de endereço ou por não ter sido encontrado alguém que a recebesse. Veja o leitor que ninguém, nem mesmo o presidente de república, seria capaz de baixar hoje um decreto que obrigasse os falantes do português a dizer *correial* em vez de *postal*. Fica, pois, essa exceção autorizada a permanecer dentro do léxico pela memória histórica e pelo uso social. É por esse motivo que todas as línguas do mundo têm exceções.

1
FONÉTICA E FONOLOGIA

INTRODUÇÃO

Todas as línguas do mundo são constituídas de sons produzidos pela voz humana. A escrita é uma construção cultural que aparece mais tarde. Mesmo no mundo de hoje, nos mais diferentes cantos do planeta, falam-se línguas que nunca foram escritas e que certamente jamais o serão. Mas, como a escrita sempre esteve associada à elite administrativa e cultural das comunidades que a utilizavam, foi ela privilegiada em relação à fala. Essa atitude começou a ser questionada no Ocidente apenas no século XIX, a partir dos estudos da gramática comparada que tiveram início com a descoberta do Sânscrito, língua em que a pronúncia era bastante valorizada, em função do seu aspecto religioso.

OS SONS DA FALA

Durante o aprendizado da língua materna, falar acaba se tornando um ato tão natural quanto andar, pegar objetos com as mãos, olhar as estrelas ou ingerir alimentos. As pessoas quase não prestam atenção a essas atividades, a menos que alguma necessidade particular o exija. Falar, em última instância, consiste em acionar certos órgãos do corpo para emitir sons que veiculem significados. De maneira bastante simplificada, podemos dizer que quem fala envia sinais sonoros associados a significados e quem ouve capta esses sinais e, a partir deles, "recria" esses significados.

Outro fato que chama a atenção do investigador é que, trocando ou excluindo apenas uma unidade sonora de uma palavra, podem-se obter palavras diferentes, como em:

cama, fama, lama, ama.

Podem-se ainda obter palavras diferentes com a simples troca de posição das unidades sonoras de uma palavra como se vê em *mala, alma* e *lama*. Graças a essa possibilidade de permutar ou recombinar unidades sonoras, os seres humanos podem produzir, a partir de um número limitado dessas unidades, infinitas palavras.

FONÉTICA E FONOLOGIA: DOIS PONTOS DE VISTA PARA O ESTUDO DA FALA

Existem dois pontos de vista distintos para estudar os sons de uma língua: o da *fonética* e o da *fonologia*. A *fonética* estuda as unidades sonoras da palavra em sua dimensão física, em sua realidade material, chamando essas unidades simplesmente de *sons da fala*. Nessa perspectiva, cabe à fonética descrever que órgãos do corpo são acionados para produzir esses sons e que propriedades físicas distinguem um som de outro. Para a execução do som p, por exemplo, cabe à fonética dizer que, para produzi-lo, os dois lábios se unem e, pela força da expiração do ar contido nos pulmões, eles são abruptamente separados, gerando um som de explosão e que, para a execução do som t, a ponta da língua se encosta atrás dos dentes do maxilar superior e é separada, também abruptamente, pela força do ar vindo dos pulmões, gerando um som de explosão. Trata-se, pois, de dois sons diferentes do ponto de vista físico.

Já a *fonologia* estuda as unidades sonoras sob o ponto de vista do seu funcionamento para a distinção de significados. Dentro dessa perspectiva, ela tem especial interesse por aquelas unidades que, no interior das palavras, funcionam como elementos diferenciadores de significado. Essas unidades recebem o nome de *fonemas*.

Cabe à fonologia, por exemplo, estudar o fato de que, no par de palavras *tela/vela*, tanto o *t* quanto o *v* são fonemas, pois distinguem uma palavra da outra. Já no par *tia/tchia*, o som *tch* não está funcionando como um fonema, porque não distingue uma palavra de outra. Trata-se de uma forma diferente de pronunciar o mesmo fonema que, como veremos adiante, se chama *alofone*. Além disso, pertence também ao domínio da fonologia o estudo de outros tipos de alteração sonora que interferem no significado. Uma frase dita como: *A Alemanha ganhou a guerra franco-prussiana* tem um significado diferente se for dita como interrogativa em: *A Alemanha ganhou a guerra franco-prussiana?* Por interferir no significado, esse tipo de alteração sonora é também objeto da fonologia.

A Representação Gráfica dos Sons da Fala: Escrita e Transcrição Fonética

Na escrita, os sons são representados por sinais gráficos, as letras. Dessa forma, sinais sonoros são "convertidos" em sinais visuais. A representação da língua em letras não é uma operação livre de problemas. Um deles reside no fato de que a pronúncia das palavras se altera de época para época e de lugar para lugar, diferentemente da sua escrita, que está sempre ligada à tradição e a convenções preestabelecidas. Em vista disso, há sempre uma distância, maior ou menor, entre a palavra escrita e a falada, ou seja, não há uma correspondência biunívoca entre os sons e as letras. Na palavra *assar*, por exemplo, há cinco letras e quatro sons apenas: as duas letras *ss* representam um único som; na palavra *hora*, há quatro letras e três sons: a letra *h* não representa som algum, sendo mantida apenas por uma questão de convenção histórica; na palavra *fixo*, há quatro letras e cinco sons: a letra *x* representa dois sons distintos: *k* e *s*.

Por esse motivo, os estudiosos de fonética sentiram a necessidade de um alfabeto especial para representar, da forma mais aproximada, os sinais sonoros constituintes das palavras, o que foi conseguido pela International Phonetic Association, que criou um Alfabeto Fonético Internacional, em 1886. Esse alfabeto sofreu sucessivas revisões. As mais recentes ocorreram em 1993 e 1996. Cada língua extrai para si desse alfabeto os símbolos necessários à transcrição dos seus sons e fonemas. É desse alfabeto, pois, que extraímos os símbolos que utilizamos para descrever os sons do português, como se vê a seguir:

CONSOANTES

SINAL GRÁFICO DO ALFABETO FONÉTICO	LETRA(S) CORRESPONDENTR(S) NO ALFABETO PORTUGUÊS	EXEMPLIFICAÇÃO NO CONTEXTO DA PALAVRA
b	b	*b*ala
d	d	*d*ata
f	f	*f*ada
g	g (seguido de *a, o, u*) ou gu (seguindo de *e, i*)	*g*ato, *g*uerra
ʒ	j, g (seguido de *e* ou *i*)	*j*á, *g*ema
k	c, qu k (em empréstimos de línguas estrangeiras)	*c*asa, *qu*eijo, *k*afkiano
l	l	*l*ado
λ	lh	ve*lh*o
m	m	*m*ala
n	n	*n*ada
ŋ	nh	vi*nh*o
p	p	*p*ato
ɾ	r	namo*r*ada
r	rr (entre vogais) e r (em posição inicial)	ca*rr*o, *r*oda
s	ss, s, x, xc, sc, c, ç	pê*ss*ego, *s*apo, pró*x*imo e*xc*eder, de*sc*er, ma*c*io, a*ç*ude
ʃ	ch, x	*ch*ave, *x*adrez
t	t	*t*alco
v	v	*v*aca
z	z, s, x	bali*z*a, ca*s*a, e*x*ame

Em língua portuguesa, além dessas consoantes, existem algumas outras que serão estudadas e transcritas, quando tratarmos dos alofones ou variantes.

VOGAIS ORAIS

SINAL GRÁFICO DO ALFABETO FONÉTICO	LETRA(S) CORRESPONDENTR(S) NO ALFABETO PORTUGUÊS	EXEMPLIFICAÇÃO NO CONTEXTO DA PALAVRA
a	a (á)	d*a*do, *á*cido
ɐ	a (fechado)	*a*ma, c*a*ma
ɛ	e (é)	z*e*ro, p*é*
e	e (ê)	g*e*lo, ip*ê*
i	i	v*i*
ɔ	o (ó)	*o*bra, p*ó*
o	o (ô)	v*o*a, av*ô*
u	u	*u*va

VOGAIS NASAIS

SINAL GRÁFICO DO ALFABETO FONÉTICO	LETRA(S) CORRESPONDENTR(S) NO ALFABETO PORTUGUÊS	EXEMPLIFICAÇÃO NO CONTEXTO DA PALAVRA
ɐ̃	ã, a + n, a + m	l*ã*, *a*ntes, *a*mbos
ẽ	e + n, e + m	l*e*nço, t*e*mpo
ĩ	i + n, i + m	l*i*ndo, l*i*mpo
õ	õ, o + n, o + m	an*õ*es, c*o*ntar, l*o*mbo
ũ	u + n, u + m	m*u*ndo, b*u*mbo

SEMIVOGAIS

SINAL GRÁFICO DO ALFABETO FONÉTICO	LETRA(S) CORRESPONDENTR(S) NO ALFABETO PORTUGUÊS	EXEMPLIFICAÇÃO NO CONTEXTO DA PALAVRA
j	i	pa*i*
w	u	pa*u*

A transcrição fonética tanto de sons individuais como de palavras ou de frases inteiras é feita, por convenção, dentro de colchetes:

[k], [e]; [kafɛ], [sofa]; [ew bebi u kafɛ].

Já a transcrição fonológica, quando o ponto de vista assumido é o do funcionamento dos sons para a distinção de significados, é feita, também por convenção, entre barras:

/k/, /ɛ/; /kafɛ /, /sofa/; /ew bebi u kafɛ /.

É possível, com o uso do alfabeto fonético, ter uma ideia das diferenças existentes entre a convenção ortográfica em vigor no Brasil e a pronúncia das palavras. Observem-se alguns casos:

1) fixo. 2) cochicho. 3) excesso. 4) homem.
[fikso]   [koʃiʃo]   [esɛso]   [omẽj]

Quando necessário, a sílaba tônica das palavras (aquela pronunciada com maior força expiratória) pode ser assinalada por um apóstrofo precedendo tal sílaba. Um trecho como *a casa assombrada* poderia ser transcrita foneticamente da seguinte maneira:

[a 'kaza asõ'brada] (= a casa assombrada)

A utilidade do alfabeto fonético é muito grande. Para quem conhece a correspondência entre o sinal gráfico convencionado e o som representado, não há dificuldade em identificar a verdadeira pronúncia da palavra transcrita. Isso é válido tanto para palavras portuguesas quanto para estrangeiras. Digamos que um falante do português tenha dúvidas quanto à pronúncia de palavras que não façam parte do seu vocabulário, como *anexim*, por exemplo.

Um dicionário com os símbolos do Alfabeto Fonético Internacional registraria entre colchetes a pronúncia culta, assim:

anexim [ane'ʃĩ] (significa *provérbio, um dito popular*); *anexim* [ane'ksĩ] (significa, na fala popular antiga do Rio de Janeiro, calouro da Escola Politécnica que vinha de um curso *anexo* àquela escola).

Na consulta aos dicionários de línguas estrangeiras, a utilidade do Alfabeto Fonético Internacional é mais visível ainda. Quem quiser saber a pronúncia da palavra francesa *oiseau* (pássaro), só precisa ler sua transcrição fonética entre colchetes [wa'zo]. Para saber como se pronuncia a palavra inglesa *fish* (peixe), basta ler a transcrição [fiʃ].

A Produção dos Sons da Fala

O corpo humano possui vários conjuntos de órgãos especializados para o desempenho de diferentes funções. Chamamos, por exemplo, de aparelho digestório o conjunto de órgãos que servem para ingerir e processar os alimentos; de aparelho respiratório, o conjunto de órgãos que servem para aspirar o ar e dele retirar o oxigênio para o sangue; de aparelho reprodutor masculino ou feminino o conjunto de órgãos responsáveis, em ambos os sexos, pela criação de novos seres humanos.

Para falar, os seres humanos utilizam, ao mesmo tempo, parte do aparelho respiratório e parte do digestório. É por esse motivo que podemos engasgar quando tentamos falar e comer ao mesmo tempo. O processo da fonação (produção dos sons da fala) envolve, portanto, vários órgãos do corpo que, por comodidade, chamamos de *aparelho fonador*. Para facilitar o estudo da fonação, podemos segmentá-la em três etapas.

Primeira Etapa: Expiratória

O processo de fonação inicia-se com o trabalho dos *pulmões* que, comprimidos pelo diafragma, emitem jatos de ar que passam pelos *brônquios*, pela *traqueia* e atingem a *laringe*. São esses jatos de ar que provocam as vibrações sonoras da fala iniciando o processo da fala. Essa etapa recebe o nome de *expiratória* porque aciona órgãos do aparelho respiratório em sua etapa de *expiração*.

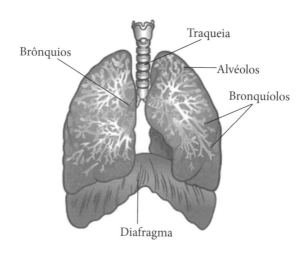

Segunda Etapa: Fonatória

Chama-se fonatória essa etapa porque é nela que surge a voz, os sons (*phoné*, em grego), na altura da laringe, cavidade localizada acima da traqueia. É aí que se situam as pregas vocais. Entre elas, há um espaço triangular denominado *glote*. Se as duas pregas vocais estão afastadas uma da outra, o ar passa livremente, sem produzir som algum. É o que acontece quando respiramos. Em outras palavras, quando a glote (o intervalo entre as duas pregas vocais) está aberta, não há produção da voz. Se, ao contrário, a glote está fechada em consequência da aproximação das pregas vocais, o ar expelido pelos pulmões as faz vibrar, o que produz a voz.

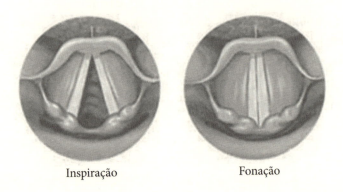

Inspiração   Fonação

Terceira Etapa: Articulatória

Nessa etapa, entram em ação órgãos situados acima da laringe que vão diferenciar e caracterizar de maneira nítida os sons produzidos em estado bruto nas pregas vocais. É importante salientar, no entanto, que existem certos sons da fala produzidos sem a vibração das pregas vocais (sem a etapa fonatória). Nesses casos, o ar expelido pelos pulmões passa livre por entre elas (que estão afastadas) e vai ser moldado apenas nas regiões situadas acima da laringe.

Na etapa articulatória, exercem papel importante a *língua*, o *palato duro* (céu da boca), os *dentes*, os *lábios*, a região dos *alvéolos* (cavidades onde se implantam os dentes) e o *véu palatino* ou *palato mole* (região flácida situada na parte posterior do céu da boca). Esses são os agentes finais do ato de fala.

O véu palatino ou palato mole é o final do "céu da boca", a região onde se situa a úvula, chamada vulgarmente de "campainha". O véu palatino é móvel. Quando respiramos, está sempre em posição de repouso, deixando o ar passar pelas cavidades nasais. Quando permanece em repouso, no ato da fala, temos os *sons nasais*. Quando se levanta, vedando o acesso do ar para as cavidades nasais, temos os *sons orais*.

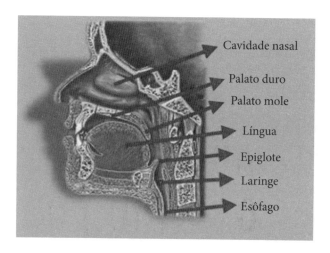

SÍLABA, VOGAL, CONSOANTE E SEMIVOGAL

Sílaba

Todo falante de uma língua percebe que as palavras em geral não são produzidas num só jato de ar, contínuo ou ininterrupto, mas em impulsos distintos que, se quisermos, podem ser separados uns dos outros com nitidez. Esses impulsos são as sílabas, que podem ser definidas como *o menor segmento sonoro com autonomia de pronúncia no interior de uma palavra*. Uma palavra como *literatura* pode ser separada em vários impulsos: *li-te-ra-tu-ra*; *tesoura*, em *te-sou-ra*. Segmentar esses diferentes impulsos e determinar onde começa um e termina outro fazem parte da intuição dos falantes que, exceto em casos especiais, não têm maiores dificuldades para isso. Seria estranho imaginar uma divisão silábica das duas palavras acima diferente da que vem exposta. Imaginem-se, por exemplo, divisões como estas: * *l-it-er-at-ur-a*, *

tes-o-ur-a. Qualquer falante do português minimamente alfabetizado diria, sem hesitar, que não é assim que se dividem as sílabas dessas palavras.

O modelo mais regular de sílaba é constituído pela sequência consoante--vogal (CV), como: *pé, me-sa, tí-tu-lo*. Mas há outras variações possíveis (abreviadamente V = vogal e C = consoante):

V:	*a*-ro-ma
VC:	*ár*-vo-re
CVC:	*bár*-ba-ro
VCC:	*abs*-tra-to
CCV:	*tra*-ba-lho
CVCC:	*pers*-pec-ti-va
CVCCC:	*felds*-pa-to (caso bem raro).

A sílaba terminada por vogal costuma ser chamada de aberta (com em *ca-la-da*, por exemplo); a que termina por consoante chama-se travada (como em *mor-der*). Na pronúncia coloquial do Brasil, a consoante final de uma sílaba travada tende a desaparecer. Em frases como:

Quer um café? Vai ficar em casa ou sair?

as palavras *quer, ficar* e *sair* são pronunciadas, coloquialmente, como: ['ke], [fi'ka], [sa'i]:

Qué um café? Vai ficá em casa ou saí?

Isso ocorre, porque a língua portuguesa, seguindo uma tendência do Latim Vulgar, procura evitar sílabas travadas na fala. Em Português Europeu e até mesmo em Galego, isso é resolvido acrescentando-se uma vogal *i* à palavra. Assim, *quer, ficar* e *sair* são pronunciadas coloquialmente como: *queri, ficari* e *sairi*. Às vezes com ditongação: *queiri, ficairi*. O verbo *vir*, no infinitivo, é pronunciado, em Português Europeu e Galego, como ['viri]: *Ele precisa viri amanhã*[1]. No Brasil, como [vĩ]: *Ele precisa vim amanhã*. O motivo é que, quando se retira o *r* de *vir*, o que sobra é a primeira pessoa do perfeito do indicativo do verbo *ver* (= vi)! Como a língua é um sistema adaptativo e os falantes querem o verbo *vir* e não *ver*, substituem essa primeira pessoa

---

1. Cf. Ataliba Teixeira de Castilho, *Grámatica do Português Brasileiro*, p. 51.

do verbo ver (= vi) pela primeira pessoa do perfeito do verbo *vir* (= vim), resolvendo o problema do travamento da sílaba. Afinal, a letra *m* apenas indica que a vogal anterior é nasal. Ou seja, em *vim*, a sílaba é destravada, pois termina, foneticamente, na vogal nasal ĩ.

De todos esses modelos silábicos, o mais frequente em português é o CV que, aliás, é o primeiro a ser aprendido pelas crianças.

Vogal

Vogal é o som que funciona como o centro ou o núcleo da sílaba. Do ponto de vista acústico, a vogal é o som que normalmente pode ser produzido com maior duração. Uma prova disso é que a voz cantada se apoia nas vogais para materializar a altura e a duração das notas musicais. Do ponto de vista articulatório (do movimento dos órgãos na fase articulatória), a produção das vogais exige menor estreitamento na cavidade bucal e menores obstáculos à passagem do ar expirado, nunca chegando ao ponto de interrompê-lo.

Consoante

Consoante é o som que se associa às vogais, podendo ocorrer antes ou depois delas. Do ponto de vista acústico, a consoante é ouvida sempre apoiada na vogal. Vem daí o seu nome: aquilo que soa junto com. Em português, uma palavra formada só por vogais é possível: *aí*; mas é inimaginável duas consoantes como *pp* soando sozinhas, sem apoio de uma vogal. Do ponto de vista articulatório, a consoante é produzida com menor grau de abertura que as vogais e com mais obstáculos à passagem de ar expirado, que é interrompido momentaneamente ou comprimido entre dois órgãos.

Semivogal

Semivogal, também chamada *glide* (pronuncia-se *glaide*), é o som que, do ponto de vista articulatório, se aproxima das vogais, mas que, na sílaba, ocupa o lugar marginal próprio das consoantes. Em português, existem apenas duas semivogais: *i* e *u* que, no alfabeto fonético, são representadas por [j] e [w]. Deve-se lembrar que, na escrita, essas duas semivogais podem vir representadas também pelas letras *e* e *o*, como em *mãe* e *mão* = [mãj] e [mãw]. Na palavra *Uruguai*, por exemplo, nas duas primeiras sílabas, o *u* [u] é vogal, pois está funcionando como base da sílaba; na terceira sílaba, o *a* é a base e tanto o *u* [w] quanto o *i* [j] são marginais, funcionando, portanto, como semivogais. Transcrevendo foneticamente, teríamos [uruˈgwaj]. Outros exemplos de semivogais ocorrem em palavras como:

boi [ˈboj], Mário [ˈmaɾjo], água [ˈagwa].

É bom salientar que, se vogal se define como base (ou núcleo) de sílaba, o número de sílabas de uma palavra é necessariamente igual ao número de vogais. Assim, na palavra *Paraguai* [paraˈgwaj] há: 3 sílabas, 3 vogais e 2 semivogais.

DESCRIÇÃO DOS SONS DO PORTUGUÊS

Consoantes

Classificação das Consoantes Segundo os Modos de Articulação Provocados pelos Graus de Abertura

Há várias consoantes no português, cada uma com um som diferenciado, inconfundível para qualquer falante nativo, na construção das palavras. O [p] soa nitidamente diferente do [v]; o [f], nitidamente diferente do [z] e assim por diante.

A diferença de abertura entre os órgãos articuladores (aqueles que se situam na cavidade bucal, como lábios, dentes, língua, véu palatino) interfere consideravelmente na diferenciação entre as consoantes. Tomando o grau de abertura como referência, notamos que, à medida que varia o intervalo entre os articuladores, partindo do zero, surgem mudanças qualitativas que são tradicionalmente chamadas de *modos de articulação das consoantes*.

a. Modo oclusivo (grau de abertura 0)

Dentre as consoantes, existem algumas que são produzidas a partir de um grau de abertura zero, resultante da aproximação total (oclusão) entre dois articuladores dentro da boca, ao mesmo tempo em que o véu palatino também se eleva, bloqueando a passagem do ar para as cavidades nasais. Essa oclusão provoca a interrupção total do fluxo de ar expelido pelos pulmões. Por isso, dá-se a esse tipo de consoante o nome de *oclusivas*. Com o afastamento instantâneo dos dois articuladores, o ar, retido na boca, sai em um só jato, produzindo algo parecido com uma explosão. Um exemplo típico de consoante oclusiva é o [p]. Para produzi-lo, ocorre:

1. bloqueio da passagem do ar para as cavidades nasais, pelo véu palatino, impedindo a saída do ar pelo nariz;
2. união dos lábios;
3. liberação repentina do ar comprimido na boca, produzindo uma "explosão".

Dependendo dos dois articuladores que se unem para o bloqueio do ar, as consoantes oclusivas se subdividem em:

a. BILABIAIS: produzidas pelo contato entre os lábios.

[p] (*p*ote)
[b] (*b*ota)

b. LINGUODENTAIS: produzidas pela pressão da ponta da língua sobre a parte posterior dos dentes do maxilar superior.

[t] (*t*aco)
[d] (*d*ata)

c. VELARES: produzidas pela pressão da raiz da língua (parte posterior da língua) sobre o véu palatino (região mole do céu da boca).

[k] (*c*orda, *qu*ente)
[g] (*g*ato, *gu*erra)

b. Modo fricativo (grau de abertura 1)

Certas consoantes são produzidas com um grau de abertura um pouco maior que o das oclusivas, com grande aproximação entre dois articuladores que, entretanto, não chega a interromper o fluxo de ar. Sobra um canal muito estreito pelo qual o ar passa comprimido, produzindo um som semelhante ao de uma fricção. Por esse motivo é que essas consoantes são chamadas de *fricativas*. Exemplo típico de consoante fricativa é o [f]. Para produzi-la, ocorre:

1. bloqueio da passagem do ar para as cavidades nasais, pelo véu palatino (o ar sai apenas pela boca);
2. pressão do lábio inferior sobre os dentes do maxilar superior;
3. passagem ininterrupta do ar, comprimido. (O som produzido é similar ao que se ouve dentro de um carro em alta velocidade com uma pequena fresta aberta nos vidros das janelas.)

Dependendo dos dois articuladores acionados para comprimir o ar, as consoantes fricativas classificam-se em:

a. LABIODENTAIS: produzidas pela pressão do lábio inferior sobre os dentes do maxilar superior.

[f] (faca)
[v] (vaca)

b. PRÉ-PALATAIS: produzidas pela pressão da parte anterior da língua e a região do palato duro imediatamente posterior aos dentes do maxilar superior.

[s] (sapo, cabeça, assustar, acender, exceto, ascensorista)
[z] (casa, exame, zebra)

c. PALATAIS: produzidas pela pressão da parte anterior da língua sobre o palato (céu da boca).

[ʃ] (chapa, enxofre)
[ʒ] (jeito, gente)

c. Modo nasal (grau de abertura 2)

Há três consoantes nasais que são produzidas a partir dos seguintes movimentos:

1. o véu palatino se abaixa, deixando livre o fluxo de ar para as cavidades nasais;
2. há um bloqueio que impede a saída do ar pela boca;
3. desfaz-se o bloqueio à passagem do ar pela boca e se produz a consoante.

O ouvido percebe então que o som, assim produzido, ressoa nas cavidades nasais (sai também pelo nariz). Dependendo dos articuladores que bloquearam a saída do ar pela boca, as consoantes nasais podem ser:

a. BILABIAIS: produzidas pela união dos dois lábios.

[m] (*m*apa)

b. LINGUODENTAIS: produzidas pela pressão da ponta da língua sobre os dentes do maxilar superior.

[n] (*n*ata)

c. PALATAIS: produzidas pela pressão da região média da língua sobre o palato.

[ɲ] (vi*nh*o)

As consoantes nasais são também chamadas de *falsas oclusivas*, porque, embora a oclusão entre os articuladores bucais seja total, o ar escapa livremente (em grau 2) pelas cavidades nasais. A interjeição *hum*, que exprime dúvida, desconfiança ou impaciência, fundamenta-se nessa característica de falsa oclusiva. Quando alguém diz *Hum...*, é justamente a nasal [m] que se prolonga por meio do escape do ar pelo nariz.

d. Modo lateral (grau de abertura 3)

Duas consoantes laterais são produzidas em português mediante o seguinte processo:

1. bloqueio das cavidades nasais (o ar sai apenas pela boca);
2. a língua, pressionada contra a parte posterior dos dentes superiores anteriores ou o palato, bloqueia a passagem central do ar, deixando livres apenas duas passagens laterais.

Dependendo dos articuladores acionados, as laterais podem ser:

a. LINGUODENTAIS: produzida pela pressão da ponta da língua contra a região central dos dentes do maxilar superior.

[l] (*l*ata)

b. PALATAIS: produzida pela pressão da parte anterior da língua sobre a região central do palato.

[λ] (ve*lh*o)

e. Modo vibrante (grau de abertura 3)

Apenas a consoante [r] é produzida com o batimento repetido e rapidíssimo da parte dianteira da língua na região dos alvéolos dos dentes dianteiros do maxilar superior. Daí o seu nome de consoante vibrante. (O som resultante é semelhante ao de um motor à explosão em funcionamento.)

[r] (ca*rr*o, ce*r*to)

f. Modo tepe (grau de abertura 3)

O modo *tepe* acontece por meio de uma única batida rápida da ponta da língua contra a zona alveolar dos dentes do maxilar superior. É o que acontece com o som de palavras como ca*r*o, p*r*ato, queb*r*ar. Não se deve confundir o tepe com as vibrantes, pois o tepe é produzido por um único batimento, ao passo que as vibrantes são produzidas por uma série de batimentos. Ex.:

[ɾ] (ca*r*o), em oposição ao [r] de ca*rr*o

Classificação das Consoantes Segundo as Zonas de Articulação

A partir da descrição dos diferentes modos de articular as consoantes, já se pôde perceber que, para produzi-las, entram em ação sempre dois articuladores: um ativo (um órgão que se movimenta, a língua, por exemplo); outro passivo (sempre fixo, como é o caso do palato). Pôde-se perceber também que a aproximação de dois articuladores se dá em diferentes regiões (ou zonas) da cavidade bucal. Quando se pretende classificar as consoantes segundo as zonas de articulação, costuma-se usar como referência o nome de um dos articuladores (normalmente o articulador passivo) ou dos dois. Assim: o [t] costuma ser chamado de *dental*, nome que faz referência apenas ao articulador passivo, ou *linguodental*, nome que faz referência a ambos os articuladores; o [f] é designado como *labiodental*, nome dado por referência ao articulador ativo (lábio inferior) e ao passivo (dentes superiores).

O esquema que segue expõe a classificação das consoantes do português, segundo a zona de articulação.

ZONAS DE ARTICULAÇÃO	ALFABETO FONÉTICO	SÍMBOLOS DOS EXEMPLOS EM PORTUGUÊS, SEGUNDO A ORTOGRAFIA EM VIGOR
1. BILABIAIS	[p], [b]	*p*ato, *b*arco (lábios unidos)
	[m]	*m*ato (lábios unidos + véu palatino abaixado)
2. LABIODENTAIS	[f], [v]	*f*aca, *v*aso (lábios inferiores encostados aos dentes do maxilar superior)
3. LINGUODENTAIS	[t], [d], [l]	*t*ábua, *d*ata, *l*ata (língua unida aos dentes do maxilar superior)
	[n]	*n*ata (língua unida aos dentes do maxilar superior + véu palatino abaixado)
4. ALVEOLARES	[ɾ], [r]	ca*r*o, ca*rr*o (língua encostada nos alvéolos dos dentes superiores)
5. PRÉ-PALATAIS	[s], [z]	*s*apo, ca*s*o (língua na parte anterior do palato)
6. PALATAIS	[ʃ], [ʒ]	*ch*á, *j*á (língua na parte central do palato)
	[λ]	ve*lh*o (língua na parte central do palato)
	[ɲ]	ve*nh*o (língua na parte central do palato + véu palatino abaixado)
7. VELARES	[k], [g]	*c*asa, *g*ota (parte posterior da língua na região velar)

Classificação das Consoantes Segundo o Funcionamento ou não das Pregas Vocais

A corrente do ar expirado pelos pulmões, ao passar pelas pregas vocais, pode encontrá-las unidas uma à outra, na glote. Nesse caso, o fluxo de ar faz com que elas entrem em vibração com a consequente produção de som. Mas, se as pregas vocais estiverem separadas, o fluxo de ar passa livre por elas, sem produzir vibração alguma. No caso das consoantes, embora a maioria seja produzida com vibração das pregas vocais, algumas delas não o são. Essa diferença é, portanto, significativa. O [s], por exemplo, é muito semelhante ao [z], pois:

a. ambos são produzidos por um estreitamento dos articuladores, provocando um ruído de fricção;
b. em ambos, o ar sai somente pela boca, uma vez que a passagem do ar para as cavidades nasais se acha bloqueada;
c. ambos são articulados com a pressão da língua sobre a região anterior do palato (são pré-palatais).

Pelo fato de serem articulados pelos mesmos órgãos e produzidos do mesmo modo, são chamados de sons *homorgânicos*. Mas há uma diferença entre ambos: o [s] é produzido sem a vibração das pregas vocais na etapa fonatória. O som que se ouve é apenas o resultado da fricção produzida pela passagem do ar, com dificuldade, entre os articuladores (língua e parte anterior do palato), semelhante ao escape de ar de um pneu. No caso do [z], além do ruído de escape de ar entre os articuladores na boca, ocorre a vibração das pregas vocais. Pressionando os dedos contra a garganta, é possível sentir essa vibração.

Eis um esquema que reproduz a correlação entre as consoantes surdas e suas homorgânicas sonoras:

SURDAS   [p t k f s ʃ]
SONORAS   [b d g v z ʒ]

Desse modo, é apenas a oposição surda/sonora que distingue fonologicamente pares de palavras como: *pomba/bomba, calo/galo, faca/vaca.*

Convém, por fim, assinalar que são apenas as oclusivas e as fricativas que se distinguem entre si a partir dos traços surdo × sonoro. Por isso, para as demais consoantes, por serem todas sonoras, tais traços não costumam ser assinalados na análise.

As consoantes do português podem ser classificadas, portanto, segundo os seguintes critérios: a) modo de articulação; b) zona de articulação; c) presença ou ausência do funcionamento das pregas vocais, sendo que esse último critério se reserva, como acabamos de ver, apenas para as oclusivas e fricativas.

Vogais

Na produção das vogais, há sempre vibração das pregas vocais na etapa fonatória. Na etapa articulatória, essas vibrações sonoras se multiplicam em vários sons diferenciados, graças a variados movimentos dos articuladores dentro da cavidade bucal: avanço ou recuo da língua, abaixamento ou levantamento da mandíbula, bloqueio da passagem do ar para as cavidades nasais, arredondamento dos lábios.

Do ponto de vista funcional, toda vogal é sempre o centro da sílaba; tanto é verdade que, nas sílabas fortes, é sobre ela que recai a força máxima da voz. As consoantes e as semivogais funcionam sempre como elementos marginais da sílaba.

Vogais Orais

Quando o ar expirado encontra o véu palatino bloqueando sua passagem para as cavidades nasais, ele sai apenas pela boca, produzindo as vogais orais (*os, oris*, em latim, significa boca). Exemplos: b**o**ta, *út*il, n**e**ve.

Se a mandíbula estiver aberta e a língua em posição de repouso, a vogal resultante será o [a]. À medida que a mandíbula vai se levantando, fechando a boca, e a língua se projeta para a frente, as vogais resultantes serão [ɛ], [e], [i], sendo o [ɛ] a mais baixa e o [i], a mais alta delas. Se, durante o levantamento da mandíbula, a língua recuar para a parte de trás da boca, as vogais resultantes serão [ɔ], [o], [u], sendo o [ɔ] a mais baixa e o [u], a mais alta delas. Concomitantemente ao recuo da língua, na produção das vogais [ɔ], [o], [u], os lábios se projetam para a frente, arredondando-se. Todos esses movimentos podem ser visualizados, com o uso de um espelho diante da boca.

Com base nos movimentos de abaixamento e levantamento da mandíbula, as vogais são classificadas em *baixas, médias* (*médio-baixas* e *médio-altas*) e *altas*, conforme o esquema abaixo, chamado de triângulo de Hellwag:

i		u	ALTAS
e		o	MÉDIO-ALTAS
ɛ		ɔ	MÉDIO-BAIXAS
	a		BAIXA

Sendo a vogal [a] produzida com a língua em posição de repouso, sua posição acaba sendo central, dentro da boca, no momento da articulação. Por esse motivo, ela recebe o nome de vogal central. As vogais [ɛ], [e] e [i], que são produzidas na parte anterior da boca, recebem o nome de vogais anteriores. As vogais [ɔ], [o] e [u], que são produzidas na parte posterior da boca, recebem o nome de vogais posteriores e são também chamadas de labializadas ou arredondadas, em função da projeção dos lábios, durante sua produção. O esquema a seguir permite visualizar essa distribuição.

ANTERIORES CENTRAL POSTERIORES

```
    i                    u
       e              o
          ɛ        ɔ
                a
```

Fundindo os dois quadros anteriores, teremos:

ANTERIORES CENTRAL POSTERIORES

```
    i              u    ALTAS
       e           o    MÉDIO-ALTAS
          ɛ     ɔ       MÉDIO-BAIXAS
             a          BAIXA
```

a. Graus de abertura das vogais

Quando tratamos das consoantes, falamos em graus de abertura, graus que vão do zero até o três e que servem de base para a classificação dos modos de articulação em oclusivas (grau 0), fricativas (grau 1), nasais (grau 2) e laterais e vibrantes (grau 3). A classificação das vogais em baixas, médio-baixas, médio-altas e altas também utiliza o critério dos graus de abertura, ou seja, *o tamanho do intervalo existente entre os articuladores, no momento da passagem do ar*. Acoplando, sob esse critério, as vogais às consoantes (e incluindo também as semivogais), teremos a seguinte escala de graus:

OCLUSIVAS	FRICATIVAS	NASAIS
p t k b d g	f s ʃ v z ʒ	m n ɲ
0	1	2

LATERAIS	/ VIBRANTES	/ TEPE	SEMIVOGAIS	VOGAIS			
l λ	r	ɾ	j w	i u	e o ɐ	ɛ ɔ	a
		3	4	5	6	7	8

Com base nessa visualização, fica fácil entender alguns mecanismos de assimilação de sons em português. Em alguns dialetos regionais e sociais, é comum a troca do [λ] pelo [l], como em [muˈλɛr] / [muˈlɛ], ou do [λ] pela semivogal [j], como em [muˈλɛr] / [muˈjɛ]. Se observarmos no quadro acima, as laterais (que incluem o [l] e o [λ]) têm o mesmo grau de abertura 3, e as laterais e semivogais têm graus de abertura adjacentes (3-4).

Vogais Reduzidas

Chamam-se reduzidas as vogais em posição final átona de palavras, seguidas ou não por consoantes, como:

casa(s), presente(s), vento(s), júri(s).

Essas vogais são pronunciadas de maneira bastante débil, com pouca intensidade do jato de ar; por isso recebem o nome de reduzidas. Sua representação fonética, em uma "transcrição estreita", seria feita por meio de um deslocamento de altura, em relação à representação dos outros sons, como em:

[ˈkaz^a], [preˈzẽt^e], [ˈvẽt^u]

As vogais médio-altas [e], [o] têm a tendência de transformar-se em [i], [u], respectivamente, em palavras como [deli] = dele, [gadu] = gado, e, às vezes, até mesmo de desaparecer depois de uma consoante surda que se torna africada, como em: [preˈzẽtʃ] = presente.

Vogais Nasais

Vamos supor, agora, que o véu palatino se encontre abaixado, permitindo que a coluna de ar passe simultaneamente pela boca e pelas cavidades nasais. Teremos agora as vogais nasais, [ɐ̃], [ẽ], [õ], [ĩ], [ũ].Como podemos observar na figura a seguir, não existem, em português, vogais nasais baixas ou médio-baixas. Temos as nasais médio-altas [ɐ̃], [ẽ], [õ] e as altas: [ĩ] e [ũ].

ANTERIORES		POSTERIORES	
ĩ		ũ	ALTAS
ẽ	ɛ̃	õ	MÉDIO-ALTAS

A vogal nasal [ã], médio-alta (produzida com levantamento da mandíbula, estando a língua em posição central), é transcrita foneticamente como [ɐ̃], para distinguir-se da vogal baixa [a]. Uma palavra como *ambas* será transcrita da seguinte maneira: [ɐ̃bas].

A indicação da existência de uma vogal nasal, no sistema ortográfico do português do Brasil, é feita pela presença do til (~), como em *lã*, ou pela presença das letras *m* ou *n*, após a vogal. Essas consoantes indicam que a vogal anterior é nasal, como em *campo* [kɐ̃pu] e *canto* [kɐ̃tu].

Vogais Tônicas e Átonas

As vogais podem ser também tônicas ou átonas. Vogais tônicas são aquelas sobre as quais recai a força maior da voz, chamada *acento tônico* (*tonus*, em latim quer dizer *tensão, força*). Exemplos: casa ['kaza], sério ['sɛrju], célebre ['sɛlebre]. Vogais átonas são aquelas que não têm acento tônico. Exemplos: ['kaz*a*], ['sɛrj*u*], ['sɛl*e*br*e*]. As sílabas que contêm as vogais tônicas são chamadas de *sílabas tônicas* e as que contêm as vogais átonas, de *sílabas átonas*.

Todas as palavras do português, sem exceção, possuem um *acento tônico lexical* em uma de suas sílabas. No momento em que assumem suas naturezas sintáticas, essas palavras podem ter ou não confirmado esse acento e isso depende de como vai ser pronunciada a frase. Vejamos a seguinte frase:

Para onde você vai?

Todas as palavras que a compõem têm um acento tônico léxico, pré-sintático. Lexicalmente falando, a preposição *para* é tônica. Seu acento tônico cai na primeira sílaba. Nunca se ouviu alguém falar, por exemplo, em preposição *pará*! Quando essas palavras passam a fazer parte da frase acima, *onde*, *você* e *vai* têm confirmados, pós-lexicalmente, seus acentos lexicais. O mesmo não acontece, contudo, com *para*, que acaba formando com *onde* um grupo de força chamado de *vocábulo fonético*:

(x)(x)(x)
Paraonde você vai?

Tanto isso é verdade, que a própria vogal tônica que a palavra *para* possui, no nível lexical, fica átona e desaparece dentro dessa estrutura sintática, permitindo pronúncias como:

(x)(x) (x)
Praonde você vai?

Ditongos e Tritongos

Dá-se o nome de *ditongo* à sequência formada por uma vogal e uma semivogal em uma mesma sílaba. As semivogais em português, como vimos, são sempre *i* e *u*, transcritas como [j] e [w]. Para entender melhor esse fato, vamos comparar foneticamente as seguintes palavras:

uva, ida, pai, pau

Fazendo a separação de sílabas, teremos:

u - va ; *i* - da ; pa*i* ; pa*u*

Notamos que, em *uva* e em *ida*, o *i* e o *u* funcionam silabicamente, ou seja, constituem bases de suas sílabas. Já em *pai* e *pau*, o *i* e o *u* estão agregados marginalmente (ou assilabicamente) à vogal *a* que constitui a base silábica dessas duas palavras. Estão, portanto, funcionando como vogais assilábicas ou semivogais. Logo, as sequências *ai* e *au* (de *pai* e *pau*) são classificadas como ditongos e assim transcritas: [aj], [aw]. Transcrevendo todas as palavras acima teremos: [uva], [ida], [paj], [paw]. Na escrita atual do português, as semivogais dos ditongos podem ser representadas pelas letras *e, i, o, u*, e até mesmo a letra *l* como em:

mã*e* [mẽj]   sér*i*e [sɛɾje]
pa*i* [paj]   famíl*i*a [familja]
mã*o* [mẽw]   mág*o*a [magwa]
o*u*ro [owro]   táb*u*a [tabwa]
anima*l* [animaw] pa*l*co [pawku]

Tritongo é a ocorrência de uma vogal ladeada por duas semivogais na mesma sílaba.

aguei [agwej]
quais [kwajs]

a. Ditongos crescentes e decrescentes

Essa classificação tem como base os graus de abertura que estudamos no item *Graus de Abertura das Vogais*. Tomando por base um ditongo qualquer, se a abertura de seus componentes crescer, ele será crescente, se decrescer, será decrescente. Nas palavras *pai* e *pau*, por exemplo, a abertura decresce, como podemos ver no esquema abaixo, em que o grau de abertura pode ser visualizado:

	[p a j]	[p a w]
GRAUS DE ABERTURA	8 4	8 4

De fato, de 8 para 4, a abertura ficou menor. Trata-se de *ditongos decrescentes*. Já nas palavras:

	[s ɛ ɾ j o] (sério)	[v a ɾ j a s] (várias)
GRAUS DE ABERTURA	4 6	4 8

tanto de 4 para 6, como de 4 para 8, a abertura ficou maior. Trata-se, portanto, de *ditongos crescentes*. Nos ditongos crescentes, como é fácil observar, a semivogal (grau mais fechado) precede a vogal de base da sílaba. Já, nos decrescentes, acontece o contrário: a semivogal aparece depois da vogal.

b. Ditongos e tritongos nasais

Os ditongos e tritongos também podem ser nasais:

a. ditongos nasais: órgão [ɔr-g̃ẽw]
                         mãe [mẽj]
                         também [tẽ-bẽj]

b. tritongos nasais: saguão [sa-gwẽw]
                         aguem ['a-gwẽj]

É interessante notar que a terminação [vogal + consoante nasal], em posição final de palavra, representa, no português moderno, um *ditongo nasal*:

mataram [ma-'ta-rẽw]
amém [a-'mẽj]

Hiatos

Na palavra *sa-ú-de* há três sílabas e três vogais. Nesse caso, o *u* não é uma semivogal, pois está funcionando como base de sílaba. Como se nota, ocorrem aí duas vogais contíguas (uma imediatamente ao lado da outra): *a* e *u*. Dá-se a isso o nome de *hiato*. Hiato se define, pois, como a sequência de duas vogais em sílabas diferentes:

a-í, sa-í-da, vo-ar.

OBSERVAÇÃO: Ditongos, tritongos e hiatos também são designados genericamente como *encontros vocálicos*.

Fonologia

A fonologia representa, como já dissemos no início deste capítulo, um outro ponto de vista sobre a fala humana, o da *funcionalidade distintiva*. Para que esse ponto de vista se torne mais claro, suponhamos que várias pessoas pronunciem, de maneiras diferentes, uma frase como *Meu tio viu o rato*. As maneiras diferentes poderiam ser, por exemplo, as seguintes:

[mew tio viw u ratu];
[mew tʃiu viw u hatu][2];
[mew tʃiw viw u ratu].

Apesar das diferenças de pronúncia, qualquer falante do português entenderia a frase com um significado único. Para fixarmo-nos apenas em dois aspectos, podemos dizer que esse falante ligaria os sons [t] e [tʃ] a um mesmo modelo, dentro da sua cabeça, e não confundiria *tio* com qualquer outra palavra da língua. A mesma coisa aconteceria com o [r] e o [h] de *rato*. Isso quer dizer que os falantes de uma língua têm, dentro de suas cabeças, modelos abstratos para cada uma das unidades distintivas, com níveis variá-

---

2. [h] é uma fricativa glotal. Ver p. 55.

veis de tolerância em relação a cada pronúncia particular. Já se alguém dissese: [mew tʃiu viw u gatu], o entendimento mudaria. O modelo memorizado que serve simultaneamente para [r] e para [h] não serve para [g]. Gato é outra palavra, diferente de rato; [g] corresponde, pois, a outro modelo, diferente de [r].

São justamente esses modelos internalizados em nossas mentes que recebem o nome de *fonemas*. Para diferenciá-los dos sons que os realizam na fala, os fonemas são transcritos, convencionalmente, entre barras. Se eu quero, por exemplo, mostrar que *p*, *g*, e *l* são fonemas, ou seja, são modelos diferentes, posso provar isso colocando, lado a lado, em *transcrição fonológica*, os seguintes pares:

/pata/   /pata/
/gata/   /lata/

A cada mudança de fonema, temos palavras diferentes. Esses pares criados para demonstrar a existência de fonemas distintos são chamados de *pares mínimos* ou *pares comutativos*. Fonemas são, pois, modelos sonoros que, permutados (comutados), dão origem a palavras de sentido diferente.

Variantes ou Alofones

Nas palavras dos exemplos anteriores (/pata/ /gata/ /lata/), alteramos apenas o primeiro elemento. A cada alteração feita, surgiu uma nova palavra. A mesma coisa não aconteceu, entretanto, quando há pouco alteramos o [t] para [tʃ] na palavra *tio*. Trocando essas duas unidades sonoras (pronunciando [tiu] ou [tʃiu]) não surgiu uma nova palavra. Logo, chegamos à conclusão de que a unidade sonora [tʃ] não é um fonema distinto de /t/, mas apenas uma variante ou alofone do fonema /t/. Esquematizando, teremos:

fonema /t/ – realizações sonoras possíveis: som [t] ou som [tʃ] (= alofone).

Portanto, [tʃ] é uma consoante oclusiva linguodental surda *africada* que funciona como alofone do fonema /t/.

Alguns casos de alofonia em português

a. fonema /t/ – alofone [tʃ] (oclusiva linguodental surda africada) (caso visto anteriormente). Acontece quando o /t/ é pronunciado antes da vogal /i/, como em *tio, tinha*: [tʃio], [tʃiɲa].

b. fonema /d/ – alofone [dʒ] (oclusiva linguodental sonora africada). Acontece quando o /d/ é pronunciado também antes da vogal /i/, como em *dia, didata*: [dʒia] [dʒidata].

OBSERVAÇÃO: Quando os fonemas *t* e *d* antecedem a vogal átona *e*, em final de palavra, e essa vogal se transforma em *i*, cria-se também condição para os alofones [tʃ] e [dʒ].

/este/   /sede/
passagem do *e* final a *i*   [esti]   [sedi]
surgimento dos alofones tʃ e dʒ   [estʃi]   [sedʒi]

c. fonema /r/ – alofone [h] (fricativa glotal sonora). Trata-se de um som produzido "no fundo da garganta". Acontece em muitas regiões do Brasil, em São Paulo, por exemplo, em posição inicial de palavra ou medial intervocálica.

posição inicial   /rɔda/ – [hɔda] (= roda)
posição medial intervocálica   /karu/ – [kahu] (= carro)

d. fonema /ɾ/ – alofone [ɽ] (vibrante retroflexa). Em sua produção, o ápice (ponta) da língua se flexiona para trás dentro da boca (*retro* = para trás, *flexo* = flexionar). Trata-se do chamado "erre caipira", pronunciado no interior de São Paulo e sul de Minas.

/kaɾu/ – [kaɽu] (= caro)
/kɛɾu/ – [kɛɽu] (= quero)

e. fonema /l/ – alofone [ɫ] (*l* velarizado) É um *l* produzido na região velar da boca. Acontece em algumas regiões do país, notadamente na pronúncia "cuidada" do Rio Grande do Sul, quando o *l* aparece em posição medial de palavra, seguido de consoante ou em posição final de palavra:

/alma/ – [aɫma] (= alma)
/bɾazil/ – [bɾaziɫ] (= Brasil)

Em outras regiões do país, notadamente em São Paulo, o *l* nessas posições é substituído pela semivogal [w]. Assim a pronúncia de *alma* e *Brasil* fica sendo: [awma] [braziw].

f. fonema /a/ – alofone [ɐ] (vogal central médio-alta). Ocorre antes dos fonemas *m* e *n*, seguidos de vogal:

/kama/ – [kɐma]
/kano/ – [kɐno]

Nessas palavras, em que o *a* aparece antes de uma consoante nasal, não podemos pronunciar essa vogal de forma baixa (ou aberta), da mesma maneira como a pronunciamos em *água*. Por outro lado, em c*a*ma ou c*a*no, o *a* não é uma vogal nasal como em *a*ntes (= [ẽtes]). O que há é apenas um levantamento da mandíbula, estando a língua em posição central. A abertura da passagem para as cavidades nasais, realizada pelo véu palatino, ocorre depois, no momento em que o *m* ou o *n* (de cama e cano) são pronunciados. No esquema a seguir, pode ser vista a posição dessa vogal comparada à altura das vogais *e* e *o*, igualmente médio-altas.

ANTERIORES	CENTRAL	POSTERIORES	
i		u	ALTAS
e	[ɐ]	o	MÉDIO-ALTAS
ɛ		ɔ	MÉDIO-BAIXAS
	a		BAIXA

É importante notar que, em [kɐma] e [kɐno], o ɐ é a vogal tônica. Em posição átona, precedendo consoante nasal, esse alofone é facultativo. Palavras como *banana* ou *caneta* podem ser pronunciadas como [banɐna] ou [bɐnɐna], [kaneta] ou [kɐneta].

Neutralização

Além da possibilidade de um fonema em português ter uma variante, como acabamos de ver, é possível que, em algumas posições, deixe de existir uma oposição entre dois fonemas. É o que acontece com as vogais médio-altas *e* e *o*, em posição final de palavras como mol*e* e dad*o*. De fato, se substituirmos as vogais finais dessas palavras pelas vogais *i* e *u*, respectivamente, que é o que acontece comumente na língua falada, não teremos palavras diferentes. Podemos dizer:

[mɔle] ou [mɔli]
[dado] ou [dadu]

Dizemos que houve aí uma *neutralização* da oposição que normalmente existe entre essas vogais, em posição tônica, em palavras como /roma/ /ruma/ ou /lema/ /lima/. Esse tipo de neutralização pode ocorrer também com as mesmas vogais em posição átona pré-tônica, como em:

[voar] ou [vuar]
[medir] ou [midir]

A *neutralização* é, pois, a perda da oposição distintiva, em uma dada posição, entre dois fonemas que existem dentro do sistema, enquanto que a *alofonia* é o surgimento de um som diferente, inexistente no sistema *fonológico* da língua, como uma opção a mais para a realização sonora de um fonema.

Um outro caso interessante de neutralização é o que acontece no Rio de Janeiro com o fonema /s/ que, em posição medial seguida de consoante, ou em posição final, neutraliza-se com o fonema /ʃ/. Exemplos:

[fɛsta] ou [fɛʃta]
[mas] ou [maʃ]

A Pronúncia das Palavras

Nas palavras tônicas em português, a sílaba tônica pode ocupar três posições:

– Na última sílaba, sendo então as palavras chamadas de *oxítonas*. Exemplos: ca*fé*, quin*tal*, fala*rão*;
– Na penúltima sílaba, sendo as palavras chamadas de *paroxítonas*. Exemplos: *cha*ve, *me*sa;
– Na antepenúltima sílaba, sendo essas palavras chamadas de *proparoxítonas*. Exemplos: *có*cegas, *lâm*pada.

Observando-se a pronúncia das palavras em português, pode-se falar de três grandes tendências genéricas:

a. o número de palavras proparoxítonas é o mais baixo, tanto assim que elas são também chamadas de *esdrúxulas*, isto é, exóticas, extravagantes;

b. o número de paroxítonas é o mais alto;

c. o número de oxítonas é intermediário relativamente às outras duas.

a. Prosódia

Um dos ramos da fonética é a prosódia, que, além de estudar a entoação da frase, preocupa-se em determinar a posição da sílaba tônica na palavra. A palavra *prosódia* vem do grego e significa "pronúncia regular das palavras". Em casos de dúvida quanto à pronúncia de uma palavra, a única saída é a consulta aos dicionários, que registram o uso mais comum, tido como mais prestigiado socialmente, seja por meio da acentuação gráfica, seja por meio de outros recursos. Suponhamos o falante diante de quatro dúvidas:

a. pronuncia-se *ibero* ou *íbero*?

b. pronuncia-se *fluido* ou *fluído*?

c. pronuncia-se *acrobata* ou *acróbata*?

d. na palavra *ruim*, o acento tônico recai sobre o *u* ou sobre o *i*?

A consulta ao dicionário desfaz as quatro dúvidas. O *Vocabulário Ortográfico da Academia Brasileira de Letras* assim registra essas palavras:

a. ibero (é), adj. e s.m.

Segundo a pronúncia culta, *bé*, com *e* aberto, é a sílaba tônica, não importando se a palavra é usada como adjetivo ou como substantivo.

b. fluido, adj. e s.m./ cf. fluído, do v. fluir.

Neste caso, há duas pronúncias, dependendo do significado: 1) *fluido* (com *u* tônico) é adjetivo ou substantivo masculino, significando, portanto, mole, frouxo (adjetivos) ou nome genérico de substâncias líquidas ou gasosas (substantivo); 2) *fluído* é particípio do verbo *fluir* (correr em estado fluido, correr em abundância): *As águas da chuva já haviam fluído para o leito do rio.*

c. acrobata, s. 2 gên.; acróbata.

Para esta palavra, o *Vocabulário* registra duas pronúncias igualmente aceitáveis, o que indica que os falantes de maior prestígio usam ambas. Os redatores do *Vocabulário*, no entanto, colocaram em primeiro lugar a pronúncia paroxítona por a considerarem a mais aconselhável.

d. ruim (ru:im), adj. 2 gên. e s.m.

Neste caso, o *Vocabulário* usa o expediente de colocar entre parênteses a sílaba tônica acentuada (*im*). Isso quer dizer que a pronúncia com a tônica no *u*, apesar de generalizada, não é costumeira entre os falantes prestigiados, ao menos em situações formais.

As ocorrências prosódicas contrárias às formas prescritivas costumam ser designadas pelo nome de *silabada* (mudança inadequada da sílaba tônica de um vocábulo). Há vários casos em que, no português do Brasil, se comete a silabada. Eis alguns deles, a título de ilustração:

DESLOCAMENTO (SILABADA)	TONICIDADE PRESTIGIADA
ariete	aríete (tronco de madeira para destruir muralhas)
cíclope	ciclope (gigante mitológico com um único olho na testa)
gratuíto	gratuito
levedo	lêvedo
maquinária	maquinaria
púdico	pudico (que tem pudor)
rúbrica	rubrica
uréter	ureter

b. Ortoepia

Ortoepia (do grego *orthós* + *epós* = maneira correta de dizer) é a parte da gramática que procura descrever a pronúncia das palavras, de acordo com o uso prestigiado. Desse modo, a parte anterior, intitulada *Prosódia*, também se insere na ortoepia, quando prescreve formas de acentuação de palavras, fundamentando-as no uso dos segmentos socialmente mais prestigiados.

No Brasil, existem diferenças no modo de pronunciar as palavras. Algumas delas estão vinculadas a uma determinada região geográfica, outras, a diferentes situações de uso.

c. Diferenças geográficas

Quando se trata de diferenças geográficas de pronúncia, uma das mais notadas é a que existe entre Portugal e Brasil. Qualquer brasileiro é capaz de identificar, por trás do sotaque, um falante português e um falante brasileiro. Mas, mesmo dentro do território brasileiro, há diferenças muito sensíveis. Vejamos alguns exemplos:

a. Na pronúncia tipicamente carioca, o *s* final de sílaba é produzido como fricativa palatal [ʃ], como nas palavras: *casas* [kazaʃ], *feliz* [feliʃ].

b. Em várias regiões do Nordeste brasileiro, o *e* e *o* átonos, muitas vezes, são pronunciados como vogais abertas diferentemente da pronúncia de São Paulo. É o que ocorre com as palavras:

   prestígio [prɛs'tiʒiu], *ferido* [fɛ'rido], *produto* [prɔ'duto].

c. Em várias regiões do Paraná, de Santa Catarina e do Rio Grande do Sul, a vogal *e* átona não tem som de *i*, como em outras regiões do país.

   ['ʒẽte de 'lõʒe] (gent*e* de long*e*).

d. Em certas regiões do Estado de São Paulo e sul de Minas, como vimos há pouco no estudo dos alofones, o *r* é pronunciado de modo retroflexo.

   porta [pɔr̲ta], *força* [for̲sa].

e. Nessas mesmas regiões, há, às vezes, a troca do *l* pelo r̲ como em:

   salto [sar̲tu], talco [tar̲ku].

d. Diferenças de situação

Além das diferenças geográficas, a pronúncia varia também segundo a situação em que se produz a fala. Um mesmo indivíduo pode pronunciar a mesma frase de duas maneiras distintas, dependendo do grau de formalidade que a situação exija. A tendência natural é que, em situações tensas e formais, a pronúncia saia "mais caprichada"; em situações distensas e coloquiais, a pronúncia saia "mais relaxada". Como se costuma dizer, certas situações nos obrigam a falar com todos os esses e erres; outras não. Um locutor de televisão, por exemplo, está obrigado a pronunciar com mais cuidado uma frase que, em conversa com amigos, seria produzida de outra forma. Imagine-se, a título de exemplo, uma frase como:

> As tropas foram até a fronteira para bloquear o avanço inimigo.

Em situação de alta formalidade (num telejornal, por exemplo) o locutor produziria a preposição *para* sem abreviá-la e o verbo *bloquear*, pronunciando claramente o erre final. Já em situação informal, entre outras alterações fonéticas, a preposição *para* seria alterada, virando *pra* e o verbo *bloquear* perderia o erre final.

e. Diferença entre pronúncia e grafia

É preciso sempre ter em mente que a grafia, dado o seu caráter mais conservador, nunca retrata com exatidão a pronúncia. Por isso, não se deve tomá-la como critério de pronúncia. Os iniciantes em leitura, em geral, deixam-se levar pela forma gráfica da palavra e, quando leem em voz alta, em geral o fazem de maneira artificial. Todas as palavras soariam diferentes da escrita num trecho como:

> Os dentes dos gatos.

A pronúncia delas, no Estado de São Paulo, soaria assim:

os = [uz]
dentes = [dentʃis]
dos = [duz]
gatos = [gatus]

Pronunciar esse trecho, pautando-se apenas pela ortografia, é expressar-se de modo artificial.

f. Elementos suprassegmentais

As palavras são constituídas de fonemas, unidades distintas que podem ser separadas umas das outras. Por isso, os fonemas são também chamados de elementos sonoros *segmentais*. Mas existem outros traços sonoros prosódicos, presentes na produção da fala, que possuem grande poder expressivo e podem interferir profundamente na comunicação. São os elementos suprassegmentais, como o ritmo e a entoação, que não são segmentáveis e que afetam cadeias inteiras de signos, assinalando as intenções de comunicação do enunciador. Não é estranho a nenhum falante o fato de que, sem alterar qualquer palavra de uma frase, seja possível modificar profundamente seu significado. Basta, para isso, que se eleve ou se abaixe a voz em certos lugares da frase, que se altere o lugar das pausas, que se varie o ritmo. Imagine-se, a título de exemplo, uma frase como esta:

Os impostos vão aumentar.

Sem alterar qualquer palavra, a frase pode ser produzida de três maneiras distintas, com três significados diferentes:

a. como afirmativa: *Os impostos vão aumentar.* Nesse caso, a intenção é a de transmitir uma informação para o leitor.

b. como interrogativa: *Os impostos vão aumentar?* A intenção, agora, é evidentemente outra: colocar em debate uma possibilidade.

c. como exclamativa: *Os impostos vão aumentar!* Nesse caso, a intenção é uma espécie de protesto.

As diferentes maneiras de dizer a frase (a elevação e o rebaixamento da voz, o ritmo, as pausas), ou seja, todas as variações de natureza suprassegmental são determinadas por motivações muito variadas. Interferem na produção da frase fatores como o tipo de relação que o falante quer estabelecer com seu interlocutor (formal, informal, afetiva); o tipo de discurso (político, religioso, didático); o dialeto social; o dialeto regional; o estado emocional do falante e outros.

Os elementos suprassegmentais observados numa conversa de namorados, por exemplo, são totalmente diferentes dos que podem ser observados numa reunião de negócios. Os suprassegmentais de uma criança são diferentes dos observados na fala de um adulto. Os suprassegmentais que envolvem a fala de uma pessoa numa situação de euforia são diferentes dos que envolvem a mesma pessoa numa situação de depressão ou abatimento. Um conhecido recurso de humorismo é fazer um personagem utilizar padrões suprassegmentais não adequados a um certo tipo de discurso ou a uma determinada situação. É o caso, por exemplo, de um padre fazendo um sermão com voz de um locutor de futebol. Vejamos, com mais pormenores, alguns dos elementos suprassegmentais do português.

g. Ritmo

A ideia de ritmo se fundamenta na repetição de um determinado elemento, de maneira regular e periódica, durante a produção de um fenômeno. Em música, por exemplo, o ritmo de uma valsa se caracteriza pela repetição periódica de um tempo forte, seguido de dois tempos fracos. Todas as sequências sonoras produzidas na fala também são submetidas a esquemas rítmicos. Não existe fala sem ritmo. Na linguagem humana, o ritmo da fala se baseia na repetição regular de certos blocos sonoros que podem abranger mais de uma palavra. Neles, a sílaba tônica de uma das palavras é mais intensa e de maior duração do que as sílabas das outras palavras. É o que ocorre nestes famosos versos de Ataulfo Alves, com as sílabas proeminentes assinaladas por letras maiúsculas:

aMÉlia não TInha a meNOR vaiDAde.
aMÉlia é que Era muLHER de verDAde.

No ritmo, são também computadas as pausas que podem ser feitas pelo locutor, no meio de uma frase, criando um grupo prosódico átono como em:

Ele oLHOU para Ela (PAUSA) e soRRIU.

Alterações de ritmo podem alterar consideravelmente o sentido de uma frase. Um mesmo enunciado pode admitir diferentes agrupamentos rítmicos, cada um deles com sentidos diferentes. Examinemos a frase a seguir em duas versões de agrupamento rítmico:

Foi voCÊ que invenTOU toda aquela hisTÓria mentirosa.
Foi voCÊ que invenTOU toda aquela hisTÓria (PAUSA) mentiROsa.

Na primeira delas, *mentirosa* vem sintaticamente agrupada com *história* e o sentido da frase é que o falante acusa o interlocutor de ter inventado uma história falsa, mentirosa. Na segunda frase, *mentirosa* não vem agrupada sintaticamente com nenhum elemento da frase. Transforma-se num vocativo, um xingamento direto feito pelo falante.

Outro exemplo:

> Eu não FUI à BaHIa porque meu PAI me chaMOU
> Eu não FUI à BaHIa (PAUSA) porque meu PAI me chaMOU.

Na primeira versão rítmica, o entendimento é que houve uma viagem à Bahia, mas não motivada pela chamada do pai. Na segunda versão rítmica, o entendimento é que o enunciador não foi à Bahia, justamente pelo fato de seu pai tê-lo chamado.

Observe-se ainda outro caso em que a diferente divisão da frase em grupos rítmicos interfere no significado:

> *a*. As fazendas paulistas que são improdutivas serão desapropriadas.

> *b*. As fazendas paulistas (PAUSA) que são improdutivas (PAUSA) serão desapropriadas.

Em *a*, parte-se do pressuposto de que nem todas as fazendas paulistas são improdutivas. A desapropriação atingirá, portanto, apenas as que não produzem.

Em *b*, parte-se de outro pressuposto: de que todas as fazendas são improdutivas e a desapropriação, obviamente, atingirá todas elas. Na linguagem escrita, a versão *b*. teria duas vírgulas:

> *b*. As fazendas paulistas, que são improdutivas, serão desapropriadas.

Como se vê, na escrita, as vírgulas podem recuperar, com alguma facilidade, pausas rítmicas, responsáveis por indicações para a interpretação sintática.

h. Entoação

Além do ritmo, a entoação da frase é também um dos traços sonoros de natureza suprassegmental. A palavra *entoação*, que tem como base o radical *tom*, tem a ver com as variações de elevação e rebaixamento da voz durante a produção da frase. A entoação da frase resulta da alternância, do contraste entre tons, que sobem (ficam agudos) ou descem (ficam graves) em relação a uma linha média. Para demonstrar que a entoação é resultado do contraste, imaginemos uma frase em que todas as sílabas fossem pronunciadas no mesmo tom: seria uma frase inexpressiva, neutra, monótona (*num tom só*, do grego *mono* = um; *tonos* = som).

Poderíamos representar graficamente a entoação neutra por uma linha reta, com todas as sílabas produzidas na mesma altura:

Não poderá esquecê-lo.
_____

Não se sabe se uma frase assim é uma afirmação ou uma interrogação, nem sequer se ela está terminada. Mas se for dita com um rebaixamento no final, fica patente que se trata de uma afirmativa. Define-se, pois, uma linha melódica que poderia ter a seguinte representação:

Não poderá esquecê-lo.
_____⟍

A mesma frase pode ser dita com elevação de tom na parte final, entoação típica de frases interrogativas:

Não poderá esquecê-lo?
_____╱

Se a voz se mantiver nivelada, sem elevação ou rebaixamento, infere-se que a frase foi interrompida, sem chegar ao final:

Não poderá esquecê-lo...
_____

Nesse caso, o interlocutor fica à espera da complementação da frase.

A entoação tem, pois, uma importância fundamental na marcação dos tipos de frase e nas divisões dos seus limites. Assinala diferenças de significado e de intenções do enunciador.

Para que se percebam os vários efeitos produzidos pela entoação, deve-se levar em conta que esses efeitos resultam do contraste, ou seja, a elevação ou rebaixamento da voz em relação a um ponto médio é responsável pelos vários efeitos que o enunciador pretende criar. A variação brusca de tom é utilizada para assinalar uma "informação nova" em uma frase, aquilo que o enunciador quer colocar com mais relevo. Examinemos uma mesma frase marcada com várias mudanças bruscas de tom para concentrar o foco numa palavra ou noutra.

a. Maria comprou uma bicicleta.
b. Ma*ria* comprou uma bicicleta.
c. Maria com*prou* uma bicicleta.
d. Maria comprou uma bici*cle*ta.
e. Maria comprou *uma* bicicleta.

Em *a*, temos uma enunciação neutra, num padrão de frase afirmativa. Não existe relevância informativa especial. Em *b*, a informação nova está concentrada sobre *Maria*. Esta sentença poderia ser a resposta a uma pergunta como: *"Quem comprou uma bicicleta?"* Em *c*, a informação nova está concentrada sobre *comprou*. A frase poderia ocorrer no seguinte contexto: "Você disse que Maria detesta bicicletas? Pois bem: Maria *comprou* uma bicicleta". Já em *d*, a informação nova recai sobre *bicicleta*. Esta sentença tem cabimento num outro contexto como: "Tanta coisa mais importante para comprar e Maria comprou uma *bicicleta*". Em *e* concentrando-se a elevação de voz sobre *uma*, essa palavra passa a ser interpretada como um numeral e não como artigo indefinido. Ocorreria num contexto como este: "Quantas bicicletas Maria comprou? Maria comprou *uma* bicicleta".

i. Contornos entoacionais

Na pronúncia de uma sequência qualquer, pode haver manutenção do tom, elevação ou rebaixamento. No primeiro caso, diremos que o contorno entoacional está *nivelado*. No caso de elevação, diremos que o contorno é *ascendente* ou *agudo* e, no caso de rebaixamento, que é *descendente* ou *grave*.

Tomando a frase como um grupo entoacional, podemos dizer que, em português, a afirmação é produzida por um contorno nivelado, durante toda sua extensão, e descendente, em seu final como em:

Um imposto desnecessário é *um imposto injusto.*
(TOM MÉDIO, NIVELADO, GRAVE DESCENDENTE)

I. FRASES INTERROGATIVAS

Nas frases interrogativas, cuja resposta pode ser apenas *sim* ou *não*, o contorno entoacional é ascendente em seu final, sendo esta a única marca de interrogação em português para esse tipo de frase:

Um imposto desnecessário é *um imposto injusto*?
(TOM MÉDIO, NIVELADO, AGUDO ASCENDENTE)

Nas frases interrogativas que principiam com: *que, quem, qual, como, quando, onde, por que*, é nessas palavras que se concentra a elevação do tom, que se torna grave, no final, como nas frases afirmativas:

Quem venceu o último *grande prêmio*?
(AGUDO, NIVELADO, GRAVE DESCENDENTE)

Por que você chegou *tarde ontem*?
(AGUDO, NIVELADO, GRAVE DESCENDENTE)

Existe ainda um outro tipo de frase interrogativa, a chamada *pergunta-eco*, que acontece quanto alguém repete a pergunta feita por outra pessoa. Suponhamos, por exemplo, o seguinte diálogo:

A – Finalmente, tomaram uma providência. Quem tomou a providência?
B – Quem tomou a providência?! Só podia ter sido eu.

No caso da pergunta-eco feita por B, o contorno entoacional se eleva no pronome interrogativo e também no final da frase. Representando esses contornos, teríamos:

Quem tomou *a providência*?
(AGUDO, MÉDIO, AGUDO)

Nas frases interrogativas indiretas, o contorno entoacional é semelhante ao de uma frase afirmativa, uma vez que a função interrogativa é explicitada lexicamente:

Quero saber se *está chovendo*.
(TOM MÉDIO, DESCENDENTE)

Quero saber quem tomou *providências*.
(TOM MÉDIO, ... DESCENDENTE)

II. FRASES IMPERATIVAS

Nas frases imperativas a elevação do tom, em geral, concentra-se no verbo:

– *Cale* a boca!
(AGUDO   NIVELADO)

– *Feche* a porta!
(AGUDO   NIVELADO)

III. FRASES EXCLAMATIVAS

Embora as frases exclamativas comportem uma ampla gama de variações entoacionais, é possível delinear algumas de suas características suprassegmentais mais comuns. A elevação do tom, em geral, costuma recair sobre a palavra final, mas, ao contrário das interrogativas, há um alongamento da vogal tônica dessa palavra, como em:

O Brasil *ganhoou*!
As estátuas são *liindas*!
(TOM NIVELADO, AGUDO + VOGAL TÔNICA ALONGADA)

Quando a frase exclamativa se inicia por uma "palavra exclamativa" (como, que etc.), é geralmente nela que recai a elevação do tom. No final da frase, o tom se torna grave, podendo a vogal tônica da última palavra permanecer alongada ou não:

Como você é *preconceituo(o)so*!
(AGUDO, NIVELADO, GRAVE)

Que coisa mais *estra(a)nha*!
(AGUDO, NIVELADO, GRAVE)

O nome *frase exclamativa* é, entretanto, muito genérico. Esse rótulo serve para toda espécie de intenções e sentimentos que podem ser expressos por variadíssimos contornos entoacionais. Isso pode ser verificado em laboratório. Um ator de teatro, por exemplo, pode dizer uma frase como

É tarde! com os mais variados contornos entoacionais, passando emoções como surpresa, medo, alegria, sensualidade, desprezo, ironia.

A cultura ocidental reduz as marcas gráficas de entoação ao ponto final (.), ponto de interrogação (?) e ao de exclamação (!). Às vezes temos também as reticências (...), que marcam uma pausa, uma ruptura da frase antes do seu desfecho. A rigor, poderíamos ter, por exemplo, ponto de alegria, ponto de ironia, ponto de raiva ou de sensualidade. Ficaria um pouco estranho, talvez.

2
A ESCRITA

Numa definição ampla, escrita é qualquer processo de representação da linguagem verbal sobre uma substância material qualquer, seja uma parede, uma tabuinha encerada, uma folha de papel ou uma tela de computador. Nem todos os povos possuem uma escrita. As línguas que não a têm são chamadas de línguas ágrafas (= não escritas). As línguas indígenas do Brasil são línguas ágrafas.

A descoberta da escrita, por volta de 3200 a.C., na Suméria, região onde hoje se encontra parte do Iraque, corresponde ao fim da pré-história e ao princípio da história, pois ela permitiu aos homens algo muito maior do que a possibilidade de criar uma burocracia e transmitir a cultura de uma geração para outra. Afinal, todo conhecimento coletivamente válido tem de ser constituído linguisticamente e quem domina a escrita passa a contar com uma fantástica extensão de sua capacidade sociocognitiva. A escrita, possibilitando fixar, em um suporte qualquer, cálculos, reflexões e emoções, deu condições ao homem de construir grandes obras arquitetônicas, teorias científicas e filosóficas, além das obras da literatura. Não é por acaso que a descoberta do eixo e da roda aconteceu também entre os sumérios, na mesma época do descobrimento da escrita. Sem a escrita, estaríamos todos ainda na pré-história, sem acesso a qualquer tipo de ciência ou tecnologia.

Historicamente, a escrita passou por várias mudanças. Inicialmente era ideográfica, composta de ideogramas ou desenhos estilizados, que serviam para representar as ideias das coisas. Os hieróglifos egípcios e a escrita chinesa são exemplos típicos. No século XI a.C., surgiu uma nova forma de escrita, que, em essência, não diferia da maioria das escritas modernas. Foram os fenícios e os gregos os responsáveis por essa invenção que, certamente, se alinha entre as maiores descobertas da humanidade. As palavras passaram a ser representadas não mais por meio do registro dos conceitos que elas exprimiam, mas por meio do desenho dos sons de que eram formadas. Foram criados vários caracteres (as letras do alfabeto) que serviam para visualizar os sons constituintes das palavras. Por isso é que essa forma de escrita passou a ser conhecida por *alfabética*[1].

ORTOGRAFIA

Ortografia é a maneira correta de escrever as palavras de uma língua, de acordo com uma convenção. É pura ilusão achar que as pessoas poderiam escrever do jeito que falam. Como sabemos, há pronúncias diferentes, dependendo da região de que provém o falante. Onde um paulista pronuncia *festa*, um carioca pronuncia *fechta*. Será que seria útil termos essa dupla grafia em português? E quando as palavras são combinadas na frase? Quando dizemos *velhos tempos*, isso soa [vélhus tempus]. Mas, quando dizemos *velhos amigos*, isso soa [vélhuz amigus]. Será que seria útil mudarmos a escrita de *velhos*, escrevendo ora com *s*, ora com *z*? Como se vê, não podemos fugir a um sistema *convencional* de grafia.

Mas, como é que surgiu o sistema ortográfico atual do português? Bem, até o século XVI, não havia propriamente uma convenção. A pronúncia, sobretudo a dos nobres, exercia influência sobre a forma de escrever, e o resultado era uma total falta de uniformidade. Entre o século XVI e o início do século XX, surgiu o costume de procurar escrever de modo a que se pudessem identificar as formas primitivas originais das palavras. Surgiu, então, a chamada *ortografia etimológica*. Nessa época escreviam-se palavras como *chimica, theologia, pharmacia, philosophia*. O inglês e o francês utilizam até hoje esse modelo ortográfico. Em inglês, as palavras acima são escritas da seguinte forma: *chemistry, theology, pharmacy, metaphor*. Em francês, *chimique, théologie, pharmacie, métaphore*.

---

1. A palavra alfabeto é resultado das duas primeiras palavras do alfabeto grego: *alfa* (= a) e *beta* (= b).

No início do século XX, foram iniciados esforços para conseguir um sistema ortográfico que, abrangendo Brasil e Portugal, pudesse ser seguido de maneira uniforme, nas repartições governamentais e nas escolas. Após muitos anos de tentativa, surgiu o Acordo Ortográfico de 1943, que, conforme a Lei nº 2 623, de 21 de outubro de 1955, passou a ser obrigatório em todo o território nacional. A esse acordo foram incorporadas pequenas alterações por meio da Lei nº 5 765, de 18 de dezembro de 1971 e outras, por meio do Decreto-Lei 6 583/08 de 30 de setembro de 2008 que entrou em vigor em 1º de janeiro de 2009, unificando a grafia de todos os povos falantes da língua portuguesa no mundo. Esse novo sistema ortográfico passaria a ser obrigatório a partir de 1º de janeiro de 2013, mas foi adiado para o início de 2016, por meio do Decreto 7875/2012 de 28 de dezembro de 2012. Pode-se dizer que o sistema ortográfico atual, embora tenha natureza convencional, está construído dentro de um meio termo entre pronúncia e etimologia (origem das palavras).

O primeiro passo para dominar a ortografia de uma língua é a alfabetização. Nesse processo, a criança aprende a dominar as convenções entre as letras e os sons, bem como os valores que cada letra ou dígrafo[2] tem dentro da escrita. Esse aprendizado não leva, por si só, ao domínio da ortografia. É preciso, mais tarde, aprender a estabelecer relações entre a ortografia e a morfologia e saber, também, que a formação das palavras constitui uma fonte preciosa de informação ortográfica. Escrevemos *sumisse*, com *isse*, mas *velhice*, com *ice*, porque essas terminações veiculam informações morfológicas diferentes. *Isse* indica que o verbo está no imperfeito do subjuntivo e *ice*, que essa palavra é derivada de *velho* e que *ice* significa: qualidade, propriedade, estado, modo de ser.

Mas, somente isso não basta. O exercício constante da leitura e da escrita levará o aprendiz a fixar, "pelo olho", a grafia das palavras mais frequentes. Quem lê e escreve bastante acaba educando-se ortograficamente. Dessa maneira, palavras como *exceção*, *docente*, *discente* terão suas grafias fixadas na memória do usuário da língua. Uma orientação prática a ser seguida é o usuário procurar familiarizar-se com o conjunto de palavras mais frequentes no exercício de sua atividade, chamado de *léxico de situação*. Se alguém é advogado, seu léxico de situação conterá palavras como: *petição*, *sentença*, *acórdão* e outras bastante mais especializadas. Se se tratar de um médico,

---

2. Dígrafo são duas letras que representam um mesmo som, como *lh*, em *velho*, ou *nh*, em *venho*.

palavras como *bisturi, incisão, diagnóstico, estetoscópio* serão muito mais frequentes e comporão seu léxico de situação. Para as palavras menos usadas, como *berinjela*, por exemplo, o recurso é a consulta a um bom dicionário.

Vejamos, a seguir, algumas orientações de natureza morfológica que certamente serão úteis para um melhor domínio da ortografia.

Palavras Derivadas

Sufixo es/esa

Uma palavra se escreverá com sufixo *es/esa*, se for derivada de substantivo. Exemplos:

Substantivo	Substantivo derivado
campo	camponês
França	francês
burgo	burguês
príncipe	princesa

Sufixo ez/eza

Uma palavra se escreverá com sufixo *ez/eza*, se for derivada de adjetivo. Exemplos:

Adjetivo	Substantivo derivado
limpo	limpeza
claro	clareza
embriagado	embriaguez
sensato	sensatez

Sufixo ar

análise	analisar
parálise	paralisar[3]
liso	alisar
pesquisa	pesquisar

---

3. Paralisar [do gr. *parálysis*, "relaxamento, paralisia" + *ar*], Aurélio Buarque de Holanda Ferreira, *Novo Dicionário de Língua Portuguesa*, p. 1043.

Sufixo IZAR

real	realizar
agonia	agonizar
ameno	amenizar
final	finalizar

Sufixo AGEM

O sufixo *agem* sempre se escreve com *g*, nos seus vários sentidos: folhagem, criadagem, malandragem (indica coleção); lavagem, montagem, arbitragem, hospedagem, ladroagem, aprendizagem (indica o efeito de uma ação ou de um estado). *Viagem*, pela origem, é escrita com *g*. Antes de *a* e *o*, no entanto, o *g* se transforma em *j*: viajar, viajante, viajor.

Todas as formas de conjugação do verbo *viajar* conservam o *j*, mesmo antes de *e*: *viajei, viajemos, que eles viajem*. Daí resulta a oposição: "Desejo-lhes boa *viagem*". "Desejo que vocês *viajem* com segurança".

Sufixo UGEM

O sufixo *ugem* também se escreve com *g*: lanugem, penugem, ferrugem (indica porção ou matéria componente).

Sufixo OSO

O sufixo *oso* sempre se escreve com s: amoroso, cheiroso, prazeroso.

Sufixo INHO

Com o sufixo *inho*, conserva-se o *s* ou *z* da palavra de base:

asa + inha = asinha
burguês + inho = burguesinho
casa + inha = casinha
chinês + inho = chinesinho
lápis + inho = lapisinho
beleza + inha = belezinha
nariz + inho = narizinho

Casos Especiais

Palavras de Origem Tupi, Africana ou de Origem Desconhecida

Nas palavras de origem tupi, africana ou de origem desconhecida[4], usa-se *j* e não *g*: pajé (origem tupi), jiboia (origem tupi), jiló (origem africana), jerico (jumento – origem obscura).

Verbos Querer, Pôr e Derivados

Os verbos *querer*, *pôr* e todos os seus derivados não têm nenhuma forma em z:

eu quis, tu quiseste, eu quisera
eu pus, tu puseste, eu pusera
eu propus, tu propuseste, eu propusera

Palavras da Mesma Família

As palavras da mesma família, em geral, escrevem-se com a mesma letra. Exemplos:

PALAVRA	DERIVADAS
alto	altura, altitude, altivo, altaneiro, alto-falante
auto (gr. *autos* = por si próprio)	autobiografia, autografar, autoconfiança, automedicação
graça	gracioso, agraciar, engraçado, desgraça, gracejo
médico	medicina, medicamento, medicar, medicinal, medicação
pretensão	pretenso, pretensioso, pretensiosamente
trás	atrás, traseira, atrasado
parálise	paralisar, paralisação, paralisia

---

4. Essas palavras nomeiam, geralmente, coisas ligadas ao campo.

Uso das Letras

a. Letra H

A letra *h* não representa som algum no português. Utilizada em posição inicial e final, só é mantida por razões etimológicas ou para preservar hábitos da tradição escrita: hábil, harém, harmonia, harpa, haste, hidratar.

Por tradição, usa-se no início ou no final de certas interjeições: Hein? (interrogação) com a variante hem?, Hã? (interrogação), Hum? (indagação), Ah!, Oh!, Ih!, Eh! (exclamação).

Em posição interna na palavra, só se usa o *h* nos dígrafos *ch, lh, nh*: achatar, molhar, ninho.

No caso de palavras iniciadas por *h*, se ele vem separado de um prefixo por hífen, mantém-se o *h*; caso contrário, desaparece: anti-higiênico, super--homem, sobre-humano, mas reaver (re + haver), desumano (des + humano), inabitado (in + habitado).

OBSERVAÇÃO: Por tradição, *Bahia* (o Estado) escreve-se com *h*. Mas os derivados perderam-no: baiano, baião.

b. Letra K

A letra *k*, que voltou a fazer parte do nosso sistema ortográfico com o Decreto-Lei 6 583/08, é utilizada principalmente:

- nas abreviaturas consagradas, adotadas internacionalmente na linguagem científica:

  k = símbolo de grau Kelvin
  kg = quilograma
  kl = quilolitro
  km = quilômetro

- na transcrição de nomes próprios de notoriedade internacional e nas palavras derivadas desses nomes. Exemplos:

Nomes Próprios	Derivados
Bismarck	bismarckiano, bismarckista
Kafka	kafkiano

Nomes Próprios	Derivados
Kepler	kepleriano
Shakespeare	shakespeariano
Kardec	kardecista, kardecismo

c. Letra W

A letra *w*, também de volta ao nosso sistema ortográfico com o Decreto-Lei 6 583/08, é utilizada principalmente:

- em abreviaturas consagradas, de uso internacional. Exemplos:

  kw   = quilowatt
  kwh = quilowatt-hora
  w   = watt
  W   = oeste
  W.C. = water-closet

- na transcrição de nomes próprios de celebridades internacionais e nas palavras derivadas desses mesmos nomes. Exemplos:

Nomes Próprios	Derivados
Brown	browniano
Darwin	darwinismo, darwiniano, darwinista
Hollywood	hollywoodiano
Newton	newtoniano
Wagner	wagneriano, wagnerista
Weber	weberiano

d. Letra Y

A letra *y*, igualmente de volta à língua pelo mesmo decreto, é utilizada, principalmente:

- nas abreviaturas de uso internacional. Exemplos:

  y = símbolo químico do ítrio
  y = incógnita, em Matemática
  yb = símbolo químico do itérbio
  yd = jarda (= medida inglesa equivalente a 3 pés ou 914 mm)

- em nomes próprios de notoriedade internacional e nos seus derivados. Exemplos:

Nomes Próprios	Derivados
Byron	byroniano
Goya	goyesco
Taylor	taylorista

OBSERVAÇÃO: As palavras estrangeiras que ainda não se incorporaram ao nosso léxico devem ser transcritas entre aspas, de acordo com as normas da língua de origem, conservando o *k*, o *w* e o *y*. Exemplos:

Houve um "black-out" em São Paulo que durou horas.
O "show" foi ao ar livre.
Israel venceu a guerra do "Yom Kippur".

Com o advento dos processadores de texto, que permitem uma liberdade maior no uso das fontes, as aspas ficaram restritas aos textos manuscritos. No texto impresso, é mais comum o emprego do grifo em itálico. Desse modo, num texto impresso, essas palavras se escreveriam como: *black-out*, *show* e *Yom Kippur*.

O mesmo tipo de procedimento deve ser adotado em relação às demais palavras de origem estrangeira: se já foram aportuguesadas, transformando-se em empréstimos, devem ser grafadas de acordo com as nossas normas ortográficas; se não, devem ser transcritas de acordo com a grafia da língua de origem, entre aspas, em textos manuscritos, ou grifadas em itálico em textos impressos. A consulta a bons dicionários é o procedimento adequado para saber se a palavra já foi aportuguesada, ou se ainda é considerada estrangeirismo. Nossos dicionários registram, por exemplo, como já incorporadas ao nosso léxico palavras como:

caubói (do inglês cowboy)
estresse (do inglês *stress*)
surfe (do inglês *surf*)
xampu (do inglês *shampoo*)

Se os dicionários não registram uma palavra, é sinal de que ainda não foi incorporada ao léxico da língua. Não nos podemos esquecer, também, de que os dicionários são extremamente lentos em documentar as palavras que aparecem na língua.

Emprego das Iniciais Maiúsculas

Uma palavra tem a sua letra inicial maiúscula nos seguintes casos:

- No início de frase, verso ou citação direta. Exemplos:

FRASE: *A bem dizer, sou Ponciano de Azeredo Furtado, coronel de patente, do que tenho honra e faço alarde*[5].

VERSO: *Quase anônima sorris*
E o sol doura o teu cabelo,
Por que é que, pra ser feliz,
É preciso não sabê-lo?[6]

Há poetas, contudo, que preferem, imitando a tradição espanhola, utilizar a minúscula no início de cada verso, à exceção do primeiro da estrofe:

Não te aflijas com a pétala que voa:
também é ser, deixar de ser assim[7].

Citação Direta

Disse Protágoras: "*O homem é a medida de todas as coisas*".

- Empregamos também a inicial maiúscula nos nomes próprios de qualquer espécie: de pessoas, seus apelidos e alcunhas, animais, localidades, comunidades políticas e religiosas, nomes sagrados e mitológicos. Exemplos:

Pessoas, Apelidos e Alcunhas

Quem leu o romance anterior de *Machado de Assis* terá observado que o reencontro de *Quincas Borba*, o *Filósofo da Miséria*, com o antigo colega de escola, *Brás Cubas*, contribuiu para dar novo e curioso aspecto à narrativa denominada póstuma[8].

No texto acima, *Machado de Assis*, *Quincas Borba* e *Brás Cubas* são nomes próprios; *Filósofo da Miséria* é um apelido ou alcunha atribuído por Eugênio Gomes a Quincas Borba.

---

5. José Cândido de Carvalho, *O Coronel e o Lobisomem*, p. 3.
6. Fernando Pessoa, *Obra Poética*, p. 560.
7. Cecília Meireles, *Obra Poética*, p. 266.
8. Eugênio Gomes, em Machado de Assis, *Quincas Borba*, p. 5.

Animais

Vinha-lhe de padrinho [ao burrinho pedrês] jogador de truque a última intitulação [*Sete-de-Ouros*], de baralho, de manilha; mas, vida a fora, por amos e anos, outras tivera, sempre involuntariamente: *Brinquinho,* primeiro, ao ser brinquedo de meninos; *Rolete,* em seguida, pois fora gordo, na adolescência; mais tarde *Chico-Chato,* porque o sétimo dono tinha essa alcunha[9].

Localidades

A *Alemanha,* a *Inglaterra* e os *Estados Unidos* foram três dos muitos países que se envolveram na 2ª Guerra Mundial.

Comunidades Políticas e Religiosas

O *Partido dos Trabalhadores* sempre recebeu apoio da *Igreja Católica.*

Nomes Sagrados e Mitológicos

Deus é fiel e justo. É a verdade que eu digo em *Cristo,* não minto; disso me dá testemunho a consciência no *Espírito Santo*[10].

"*Marte,* porém soprava fogo
por estes campos e estes mares"[11].

- Nos nomes próprios de eras históricas e épocas importantes: *Idade Média, Seiscentos* (o século XVII).

Os nomes dos meses e dos dias da semana, entretanto, se escrevem com iniciais minúsculas: *janeiro, fevereiro, março, abril, maio, junho, julho, agosto, setembro, outubro, novembro, dezembro; segunda-feira, terça-feira, quarta--feira, quinta-feira, sexta-feira, sábado* e *domingo.*

- Em nomes, quando estão designando conceitos religiosos, políticos ou nacionalistas, como *Pátria, Nação, Igreja* etc.

- Em nomes que designam ciências, artes e disciplinas, como *Biologia, Física, Música, História do Brasil.*

---

9. João Guimarães Rosa, *O Burrinho Pedrês,* pp. 13-14.
10. São Paulo, *Carta aos Romanos,* 9,1. Em Bíblia Sagrada, p. 1476.
11. Cecília Meireles, *Obra Poética,* p. 597.

- Em nomes que designam altos cargos, dignidades e postos, como *Presidente, Imperador, Papa, Ministro da Saúde*.

- Em nomes de instituições (incluindo escolas de qualquer espécie e grau de ensino), edifícios públicos ou particulares. Exemplos: *Ministério das Relações Exteriores, Universidade de São Paulo, Banco do Brasil, Palácio dos Azulejos, Lojas Riachuelo*.

- Em nomes de publicações em que se incluem jornais, revistas, produções científicas, artísticas e literárias em geral. Exemplos: *Quincas Borba* (nome de romance); *Veja, Época, O Estado de S. Paulo* (nomes de revistas e jornais); "A Concordância em Português" (nome de tese de doutorado); *Casablanca* (nome de filme).

Não se iniciam com maiúsculas os artigos, as preposições, locuções prepositivas e combinações de preposição + artigo ou demonstrativo, escritos no interior de um nome composto cujas iniciais são maiúsculas. Exemplos: *Histórias sem Data; O Crime do Padre Amaro; Seis Personagens à procura de um Autor*.

- Em nomes de fatos históricos, atos solenes, de grandes empreendimentos públicos e de atos das autoridades da República. Exemplos: *Independência do Brasil, Descobrimento da América, Dia do Município, Decreto-Lei nº 346, Portaria de 22 de agosto*.

- Em substantivos comuns, quando personificados. Exemplos: a Capital da República, o Amor, a Virtude.

- Nos nomes dos pontos cardeais, designando regiões: "Os brasileiros do *Sul* têm mais chuva do que os do *Norte*".

Indicando direção, os pontos cardeais escrevem-se com letra minúscula: "A aeronave rumava em direção ao *sul*".

- Nas expressões de tratamento, tanto na versão por extenso quanto nas abreviaturas: Vossa Excelência ou V. Exª., Digníssimo ou DD., Meritíssimo ou MM.

Abreviaturas

As principais abreviaturas utilizadas em português são as seguintes:

A. – autor
A.C. ou a.C. – antes de Cristo
Al. – alameda
art. – artigo
Av. – avenida
bras. – brasileiro
C.el - coronel
cf. – confira
Cia. – Companhia
cm – centímetro(s)
D. – digno, Dom, Dona
D.C. ou d.C. – depois de Cristo
dm – decímetro
Dr. – Doutor
Dr.ª – Doutora
Drs. – Doutores
Dr.as – Doutoras
ed. – edição
Em.ª – Eminência
Em.mo – Eminentíssimo
Ex.ª – Excelência
Ex.mo – Excelentíssimo
fl. – folha
fls. – folhas
g – grama(s)
gên. – gênero
gen. – general
h – hora(s)
ha – hectare(s)
ib. – *ibidem* (= no mesmo lugar)
id. – *idem* (= o mesmo)
i. é – isto é
Il.mo – ilustríssimo
kg – quilo(s), quilograma(s)
km – quilômetro
l – litro(s)
lb – libra(s)
Ltda. – limitada
m – metro(s)
min – minuto(s)
mm – milímetro(s)

MM. – Meritíssimo
Mons. – Monsenhor
N. – norte
N.B. – note bem
N.E. – nordeste
N.O. – noroeste
N.T. – Novo Testamento
O. – oeste
ob. cit. – obra citada
op. cit. – *opus citatum* (= obra citada)
p. ou pág. – página
pp. ou págs. – páginas
Pe. – padre
p. ex. – por exemplo
p. f. – próximo futuro
pg. – pago
p. p. – próximo passado
P.S. – *post scriptum* (= depois do escrito)
ql – quilate
R. – rua
Rev. ou Rev.do – Reverendo
Rev.mo – Reverendíssimo
S.A. – Sociedade Anônima
sarg. – sargento
S. Em.ª – Sua Eminência
séc. – século
seg – segundo
S. Ex.ª – Sua Excelência
S. M. – Sua Majestade
S.O. – sudoeste
Sr. – senhor
Srs. – senhores
S. S. – Sua Santidade
S. S.ª – Sua Senhoria
tel. – telefone
v. – verso
V. – você
V. A. – Vossa Alteza
V. Em.ª – Vossa Eminência
V. Ex.ª – Vossa Excelência

v. g. – *verbi gratia* (= por exemplo)
V. M. – Vossa Majestade
V. Rev.ª – Vossa Reverência
V. Rev.ᵐᵃ – Vossa Reverendíssima

V. S. – Vossa Santidade
V. S.ª – Vossa Senhoria
V. T. – Velho Testamento
W. ou O. – oeste

As abreviaturas dos meses do ano são as seguintes: jan., fev., mar., abr., maio[12], jun., jul., ago., set., out., nov., dez.

OBSERVAÇÃO:

- Os símbolos técnicos, como *h, km, min, seg* etc. são escritos com letra minúscula, não têm plural e não são seguidos de ponto. Exemplos da maneira correta de escrever as horas:

Sete horas = 7h
Sete horas e trinta minutos = 7h30min
Dez horas = 10h
Vinte e duas horas e quarenta minutos = 22h40min

Não há espaço entre os números e os símbolos. A abreviatura *min* pode ser dispensada, pois é depreendida pelo contexto. Dessa maneira, podemos escrever: 7h30, 22h40.

- Em caso de plural, as letras maiúsculas são dobradas: V. M. = Vossa Majestade / VV. MM. = Vossas Majestades; S. A. = Sua Alteza / SS. AA. – Suas Altezas; EE.UU. = Estados Unidos[13].

- As letras maiúsculas dobradas podem ser usadas no singular, para indicar forma superlativa: DD. = Digníssimo, MM. = Meritíssimo.

Uso das Palavras

Palavras Homônimas Homófonas

Palavras homônimas homófonas são palavras de sentido diferente que têm a mesma pronúncia, mas que se escrevem de modo diferente:

---

12. De acordo com a ABNT, não se abreviam palavras com quatro letras ou menos.
13. A forma EUA (Estados Unidos da América) é uma tradução de USA (United States of America).

acento – sinal gráfico
assento – banco

caçar – perseguir e matar animais
cassar – invalidar (*cassar uma licença*)

censo – contagem de população
senso – juízo (*bom senso*)

cerrar – fechar
serrar – cortar com serra

cessão – ato de ceder (*cessão de direitos*)
seção – setor, parte de uma loja, fábrica ou repartição pública (*seção de pintura, seção de roupas esportivas, seção de pessoal*)
sessão – evento (*sessão de cinema, sessão do Senado*)

cheque – documento bancário (ordem de pagamento dirigida a um banco)
xeque – lance do xadrez, em que o rei é atacado por uma peça adversária

concertar – organizar, combinar, harmonizar (*concertar um plano*)
consertar – reparar, restaurar (*consertar a televisão*)

espiar – ver
expiar – remir, cumprindo pena (*ele está expiando os pecados*)

estrato – camada (*estrato social, estrato de rocha*), nuvem que se apresenta em camada horizontal bem definida
extrato – coisa que se extraiu de outra (*extrato de tomate, extrato bancário*)

incipiente – iniciante
insipiente – ignorante

tachar – acusar, censurar (*Tachou-o de covarde*)
taxar – impor tributo (*O governo taxa demasiado a pequena empresa*)

tacha – pequeno prego de cabeça larga e chata
taxa – tributo, imposto

Palavras Parônimas

Palavras parônimas são as que possuem sentidos diferentes, mas pronúncia e grafia parecidas:

acidente– acontecimento imprevisto que causa destruição material (*Houve um acidente envolvendo dois aviões*) *incidente* – acontecimento imprevisto que causa problema social ou político (*A crise dos mísseis cubanos foi o incidente mais importante da era Kennedy*)

aréola – região circular de cor rosada ou acastanhada que envolve o mamilo

auréola – círculo luminoso que circunda um astro ou, em pinturas, a cabeça de Cristo, da Virgem Maria ou de santos em geral.

arrear – pôr arreio em um animal de montaria ou tração
arriar – abaixar, deitar, perder as forças

atuar – agir
autuar – lavrar um auto contra alguém

casual – acidental, eventual
causal – que dá origem

desapercebido – sem provisões (*Não pôde pagar porque estava desapercebido*)
despercebido – sem ser notado (*O fugitivo passou despercebido pelos guardas*)

descrição – ato de descrever
discrição – qualidade de quem é discreto

descriminar – tirar o crime (*descriminar a maconha*)
discriminar – relacionar separadamente (*discriminar as despesas*) e, por extensão de sentido, separar com preconceito (*discriminação racial*)

despensa – local onde se guardam provisões
dispensa – ato de dispensar

elidir – eliminar, suprimir
ilidir – rebater, contestar

emergir – vir à tona
imergir – mergulhar

emigrante – que sai do país de origem
imigrante – que entra em país estrangeiro

eminente – notável (*O eminente jurista*)
iminente – prestes a acontecer (*É iminente um novo acordo entre os partidos de oposição*)

entrância – lugar de ordem de circunscrições judiciárias (*Itatiba é uma comarca de 2ª entrância*)
instância – grau de jurisdição (*O réu, não contente com o julgamento, recorreu para 2ª instância*)

estada – permanência de alguém em algum lugar (provém do verbo *estar + ada*)
estadia – prazo concedido para carga e descarga de um navio no porto e, por extensão, a qualquer veículo, como automóvel, aeronaves etc. (provém de *estada + ia*)

flagrante – situação em que alguém é surpreendido em ato ilegal (*prisão em flagrante*)
fragrante – perfumado

fusível – capaz de fundir-se, dispositivo de proteção contra sobrecarga elétrica
fuzil – arma militar

incontinênti – imediatamente, sem demora
incontinente – que não se contém (*incontinência verbal*)

mandado – incumbência, ordem escrita que emana de autoridade judicial ou administrativa
mandato – autorização que alguém confere a outro, poder político outorgado por meio de voto, procuração

prescrever – receitar (*prescrever medicação*), perder a validade ou vigência (*o crime prescreveu*)
proscrever – desterrar, proibir, condenar, expulsar (*A direção do clube proscreveu os sócios inadimplentes, A lei brasileira proscreve a pena de morte*)

ratificar – comprovar, confirmar
retificar – corrigir, emendar

sobrescrever (ou sobrescritar) – escrever sobre (*sobrescrever um envelope*)
subscrever (ou subscritar) – assinar, aprovar, obrigar-se a contribuição (*subscreveu a carta, subscreveu R$150,00 para a APAE*)

tráfego – trânsito
tráfico – comércio ilícito ou desonroso (*tráfico de escravos, tráfico de drogas*)

vultoso – de vulto, muito grande (*quantia vultosa*)
vultuoso – inchado

Palavras que Geralmente Apresentam Dúvida quanto à Grafia

à beça	abóbada	aerossol
ab-rogar	abrasar	alçapão
abajur	abscesso	alcoólatra
abalizado	adolescente	aleijado
abdome	aduzir	álibi

analisar	cãibra	engambelar
antessala	caixote	entronizar
antediluviano	carcaça	enviesar
anteprojeto	casimira	enxaqueca
aprazível	cassetete	enxurrada
arrasar	cataclismo	escassez
ascensão	catequese	espezinhar
aterrissagem	catequizar	espontaneidade
aterrissar	catorze/quatorze	espontâneo
atrás	cetim	esposar
atrasar	chocho	espúrio
atraso	chuchu	estrambótico
através	cinquenta	estrangeiro
azia	circuito	estupro
baliza	colmeia	etéreo
banquisa	concessão	exceção
batavo	contato	excelso
bávaro	contraoferta	excesso
bazuca	contracheque	excursão
bege	contramão	exegese
bem-vindo	cortesia	expectativa
beneficência	coxão mole	êxtase
beneficente	cozinha	extorsão
berinjela	crisântemo	extravasar
bijuteria	curtume	fac-símile
bílis	déficit	faccioso
bissexto	deslize	farsa
boate	destilado	fascículo
bombom	detectar	fascinar
brasa	discente	faxina
brasão	discriminar	feixe
bueiro	displicência	flecha
bússola	docente	fleuma
buzina	dúplex	florescer
búzios	écloga	fluido
cabeleireiro	eczema	focinho
cabine	eletricista	franqueza
cachê	elucubração	franzino
cacho	empecilho	frisar
cáften	encapuzado	friso
caftina	enfisema	fuselagem

fuso	madeireira	prevenir
gangue	magnificência	prezado
garagem	mágoa	primazia
gás	maionese	privilégio
giclê	maisena	puser
giz	majestade	pusesse
gorjear	maquilagem/maquiagem	quiser
gozar	maquilar/maquiar	quisesse
granjear	maquinaria/maquinário**	raso
guisado	meteorologia	rasura
hábitat	misto	rebuliço
herbívoro	monge	recorde
herege	muçarela	reivindicar
heresia	nuança	rejeitar
hesitar	obcecado	represa
holerite	obsessão	ressarcir
incrustação	opróbrio	revezar
incrustar	paçoca	rodízio
inexorável*	pajé	safári
insosso	pajem	salsicha
irrequieto	para-brisa	silvícola
isenção	para-choque	somatório
jiboia	para-lama	*stricto sensu*
jiló	paraquedas	superávit
jus	paralisar	sutiã
laje	paralisia	tabuada
lambuzar	pátio	terraplenagem
látex	pérgula	tessitura
lato sensu	perturbação	tigela
lazer	pesquisar	torácica
lêvedo	pichar	transcendência
lilás	piche	traslado
limusine	Pireneus	tríplex
lisonjear	poleiro	ultraje
losango	pretensão	umedecer
lúcifer	pretensioso	úmido

* Pronuncia-se "inezorável".
* No português do Brasil, a forma preferida tem sido *maquinário*, que encontra fundamento no fato de que o sufixo *ário*, além de indicar lugar onde se guardam coisas, como em *armário* e *santuário*, pode indicar também coleção, como em *vocabulário* e *vestuário*. A forma *maquinária*, resultado do "cruzamento" dessas duas formas, não existe na língua padrão.

vagem	vizinho	xampu
vaselina	viagem (substantivo)	xeque
vazar	viajar	xícara
vazio	viajem (v. viajar, subjuntivo)	xingar
venéreo	vodu	
vitrine	vultoso	

Emprego do Hífen

Hífen na Divisão Silábica

Emprega-se o hífen na divisão silábica e na translineação (divisão silábica na passagem de uma linha para outra):

or-ga-ni-za-ção
....................calendá-
rio.

Hífen com Pronomes Enclíticos e Mesoclíticos

Emprega-se o hífen para ligar ao verbo os pronomes oblíquos átonos, em posição enclítica ou mesoclítica: amá-*la* (posição enclítica); entender--*nos*-íamos (posição mesoclítica).

Os pronomes oblíquos também se ligam por hífen à palavra *eis*: eis-me, ei-lo.

As formas enclíticas *lo, la, los, las* ligam-se por hífen às formas oblíquas *nos, vos*: nos + lo = no-lo, vos + la = vo-la. Exemplo: "Essa notícia, ele no-la comunicou hoje pela manhã".

Hífen nas Palavras Compostas

Os elementos das palavras compostas por justaposição são normalmente separados por hífen, incluindo-se aquelas em que o primeiro elemento é reduzido. Exemplos: austro-húngaro, mestre-sala, porta-bandeira, grã-cruz.

Quando a palavra é composta por aglutinação, essa separação, em geral, não acontece: pontapé, vaivém.

Quando um dos elementos não tem mais autonomia sintática, a palavra composta não tem seus elementos separados por hífen. Exemplo: *benquisto*.

Não podemos, por exemplo, separar *quisto* de *bem* e dizer uma frase como: * "Ele tem quisto candidatar-se a deputado federal".

A forma usual seria *querido*: "Ele não tem querido candidatar-se a deputado federal".

O contrário acontece na palavra *bem-vindo*, pois ambos os elementos mantêm sua autonomia. Podemos dizer: *Ele trabalha bem, Ele tem vindo muito a São Paulo.*

OBSERVAÇÃO: As locuções, em geral, não têm seus elementos separados por hífen: de súbito, apesar de, de repente.

Hífen com Sufixos

Com raras exceções, os sufixos não se separam por hífen. Usa-se, entretanto, o hífen com os sufixos *açu*, *guaçu* e *mirim*, se a palavra antecedente terminar por vogal acentuada graficamente ou se a pronúncia o exigir. Exemplos: Moji-mirim, Moji-guaçu, araçá-mirim.

Hífen com Prefixos

A nova reforma ortográfica estabelece as seguintes orientações em relação ao uso/não uso de hífen com prefixos:

Sempre se usa hífen antes de *h*: anti-higiênico, super-herói.

Prefixo terminado em vogal:

Sem hífen, se a palavra seguinte principiar por vogal diferente: autoescola, antiácido.
Com hífen, se a palavra seguinte principiar por vogal igual à vogal final do prefixo: contra-ataque, micro-ônibus, anti-inflamatório.
Sem hífen, se a palavra seguinte principiar por consoante: anteprojeto, autogestão. Caso a consoante seja *r* ou *s*, essa consoante deve ser dobrada: antirreligioso, extrassístole.

Prefixo terminado em consoante:

Com hífen, diante da mesma consoante: inter-racial, inter-regional, sub-bibliotecário.

Sem hífen, se a palavra seguinte principiar por consoante diferente: intervocálico, supersônico.

Sem hífen, se a palavra seguinte principiar por vogal: interurbano, superinteressante.

Embora as novas regras tenham facilitado bastante o entendimento do uso do hífen com prefixos, acrescento a seguir uma lista alfabética dos principais prefixos, com as indicações de uso ou não do hífen.

A

ab – com hífen, antes de *r*: ab-reptício, ab-rogar.

ad – com hífen, antes de *r*: ad-reação, ad-rogação.

aero – sem hífen: aeróbico, aerodinâmica, aeromoça.

afro – com hífen: afro-americano, afro-brasileiro.

agro – sem hífen: agroindústria, agrometeorologia.

além – com hífen antes de qualquer letra: além-túmulo, além-mar.

alo – sem hífen: alocrômico, aloenxerto.

ambi – sem hífen: ambidestro, ambivalente.

andro – sem hífen: androcentrismo, androfobia.

anfi – sem hífen: anfiteatro, anfibiologia.

angulo – sem hífen: angulocular, angulotuberoso

ante – com hífen, antes de *h*: ante-histórico. Logo, sem hífen em: antecâmara, antediluviano, anteontem.
Se a palavra que segue o prefixo principiar por *r* ou *s*, essas consoantes devem ser dobradas: anterrepublicano, antessala.

antero – sem hífen, anteroabdominal, anteroinferior, anterodorsal, anteroposterior.
Se a palavra que segue o prefixo principiar por *r* ou *s*, essas consoantes devem ser dobradas: anterossuperior.

anti – com hífen, antes de *h*: anti-higiênico, anti-horário. Logo, sem hífen em: antiácido, antiestético, antiaéreo.
Se a palavra que segue o prefixo principiar por *r* ou *s*, essas consoantes devem ser dobradas: antirreligioso, antissocial.
Se a palavra que segue o prefixo principiar por vogal igual à final do prefixo, emprega-se o hífen: anti-inflamatório.

antropo – sem hífen: antropocentrismo, antropobiologia, antropogênese.
apo – sem hífen: apocromático, aponeurologia.
aquém – com hífen, antes de qualquer letra: aquém-mar, aquém-fronteiras.
arqui – com hífen, antes de *h*, *r* e *s*: arqui-hiperbólico. Logo, sem hífen em: arquiduque, arquimilionário.
Se a palavra que segue o prefixo principiar por *r* ou *s*, essas consoantes devem ser dobradas: arquirrabino, arquissacerdote.
Se a palavra que segue o prefixo principiar por vogal igual à final do sufixo, emprega-se o hífen: arqui-inimigo.
arterio – sem hífen: arteriosclerose, arteriografia, arteriotomia.
astro – sem hífen: astrobiologia, astrofísica, astronáutica.
audio – sem hífen: audiofrequência, audioamplificador, audiovisual.
auto – com hífen, antes de *h*: auto-hipnose. Logo, sem hífen em: autoacusação, autobiografia, autocrítica, autografar, autogestão, autoescola, autoestrada.
Se a palavra que segue o prefixo principiar por *r* ou *s*, essas consoantes devem ser dobradas: autorretrato, autossugestão.
Se a palavra que segue o prefixo principiar por vogal igual à final do prefixo, emprega-se o hífen: auto-ônibus, auto-oscilação.

B

bem – com hífen, antes de palavra que tem vida autônoma: bem-amado, bem-aventurado, bem-fazer, bem-feito, bem-estar, bem-vindo. Não há hífen, se a palavra não tem vida autônoma, como em: benquisto, benfazejo[14].
bi – sem hífen: biangular, bicampeão, bicentenário, bilabial, bimotor, bissexual.
bronco – sem hífen: broncopneumonia, broncopulmonar.

---

14. Não existem, no português atual, as palavras *quisto* (v. no particípio) ou *fazejo*, com vida autônoma. O mesmo não acontece com *amado*, *aventurado*, *fazer*, que têm vida autônoma. O *Vocabulário Ortográfico da Língua Portuguesa* registra *bem-fazer* e *benfazer*, mas apenas *benfeito*. O *Dicionário Houaiss Eletrônico* da língua portuguesa, atualizado em relação à nova ortografia, registra *bem-fazer* e *benfazer* e também *bem-feito* e *benfeito*. Seguindo o princípio que leva em conta as palavras com vida autônoma, acho preferível empregar ambas essas palavras com hífen.

C

cardio – sem hífen: cardiopatia, cardiovascular.

cefalo – sem hífen: cefalocordado, cefalopélvico, cefalorraquiano.

centro – sem hífen: centroavante, centronúcleo. Designando posição geográfica, é empregado com hífen: centro-americano, centro-africano, centro-europeu, centro-leste.

cerebro – sem hífen: cerebromedular, cerebrospinal.

circum – com hífen antes de *vogal* e *h*: circum-ambiente, circum-hospitalar, circum-murar, circum-navegação. Logo, sem hífen em: circumpolar, circumposto.

cis – sem hífen: cisalpino, cisandino, cisplatino.

co – com hífen antes de *h*: co-hipônimo, co-herdeiro[15]. Sem hífen em todas as outras combinações: coator, codevedor, coautoria, coadjuvante, coadunar, copiloto, coopositor, coorbital, coordenar, coocupar, coobrigar.

Se a palavra que segue o prefixo principiar por *r* ou *s*, essas consoantes devem ser dobradas: corredator, corréu, corré, cossegurar, cosseno.

contra – com hífen antes de *h*: contra-habitual. Logo, sem hífen em: contraindicar, contrainformação, contraoferta, contrapiso, contraproposta.

Se a palavra que segue o prefixo principiar por *r* ou *s*, essas consoantes devem ser dobradas: contrarregra, contrassenso.

Se a palavra que segue o prefixo principiar por vogal igual à final do sufixo, emprega-se o hífen: contra-ataque, contra-almirante.

D

dermato – sem hífen: dermatopatia, dermatografia.

dorso – sem hífen: dorsolateral, dorsopalatal.

---

15. O *Vocabulário Ortográfico da Língua Portuguesa* registra apenas *coerdeiro*. Mas o texto do Acordo Ortográfico da Língua Portuguesa, em sua base XVI, que trata do hífen nas formações por prefixação, recomposição e sufixação diz que: "só se emprega o hífen nos seguintes casos: a) Nas formações em que o segundo elemento começa por *h*: anti-higiênico, circum-hospitalar, *co-herdeiro*, contra-harmônico..." O grifo é meu. O *Dicionário Houaiss Eletrônico* da língua portuguesa, atualizado em relação à nova ortografia, registra ambas as grafias: co-herdeiro e coerdeiro. Palavras antigas em que o *h* já não era empregado, mesmo na antiga lei ortográfica, continuam a ser grafadas sem o *h*, como: coabitar, coabitação. A primeira data, segundo Houaiss, de 1662 e a segunda, de 1589.

E

eletro – sem hífen: eletroacústica, eletrobomba, eletrocardiograma.
ex – com hífen: ex-diretor, ex-professor, ex-presidiário.
extra – com hífen antes de *h*: extra-humano. Logo, sem hífen em: extraconjugal, extrajudicial, extralegal, extraescolar, extraoficial, extraordinário. Se a palavra que segue o prefixo principiar por *r* ou *s*, essas consoantes devem ser dobradas: extrarregulamentar, extrassensorial, extrassístole. Se a palavra que segue o prefixo principiar por vogal igual à final do prefixo, emprega-se o hífen: extra-abdominal, extra-atmosférico.

F

fisio – sem hífen: fisioterapia, fisiopático, fisioterápico.
fito – sem hífen: fitoterápico, fitogeografia, fitogênese.
foto – sem hífen: fotocópia, fotocondutividade, fotoemissão, fotofobia, fotorreação, fotossensível.

H

hetero – sem hífen: heteroagressão, heterogâmico, heterossexual.
hiper – com hífen antes de *h* e *r*: hiper-hedonismo, hiper-humano, hiper-rico, hiper-realismo. Logo, sem hífen em: hiperacidez, hiperbárico, hipercalórico, hiperestesia, hipersensível.
hipo – sem hífen: hipoacidez, hipoglicemia, hipocalórico.
homo – sem hífen: homoerotismo, homossexual, homofobia.

I

infra – com hífen antes de *h*: infra-hepático, infra-hióideo. Logo, não há hífen em: infracitado, inframencionado, infravermelho, infraestrutura. Se a palavra que segue o prefixo principiar por *r* ou *s*, essas consoantes devem ser dobradas: infrarrenal, infrassom. Se a palavra que segue o prefixo principiar por vogal igual à final do prefixo, emprega-se o hífen: infra-assinado, infra-axilar.
inter – com hífen antes de *h* e *r*: inter-humano, inter-helênico, inter-racial, inter-regional. Logo, não há hífen em: interurbano, intervocálico, interacadêmico.

intra – com hífen antes de *h*: intra-hepático. Logo, sem hífen em: intracraniano, intramuros, intramuscular, intraocular, intraoral, intraembrionário.
Se a palavra que segue o prefixo principiar por vogal igual à final do prefixo, emprega-se o hífen: intra-auricular, intra-abdominal, intra-articular.
intro – sem hífen: introvertido, introjetar, intrometer.

M

macro – sem hífen: macroclima, macroeconomia, macroestrutura, macronúcleo.
Se a palavra que segue o prefixo principiar por vogal igual à final do prefixo, emprega-se o hífen: macro-organização, macro-ônus, macro--osso.
magneto – sem hífen: magnetocauda, magnetofônico, magnetometria.
mal – com hífen antes de *vogal* e *h*: mal-agradecido, mal-estar, mal-humorado. Logo, sem hífen em: malcriado, maldizer, malfeitor, malmequer.
mega – sem hífen: megaevolução, megaevento, megafone, megabyte, megatérmico, megassismo, megaton.
Se a palavra que segue o prefixo principiar por vogal igual à final do prefixo, emprega-se o hífen: mega-absorção, mega-alteração, mega--abacaxi.
meta – sem hífen: metaestável, metacromatismo, metafonia.
micro – sem hífen: microacústica, microbiologia, microcaloria, microcâmera.
Se a palavra que segue o prefixo principiar por vogal igual à final do prefixo, emprega-se o hífen: micro-ônibus, micro-oscilação, micro--organismo.
mini – sem hífen: minibar, minibiblioteca, minicalculadora, minicasaco, minicomício, miniconto, minidesvalorização, minigolfe, minissaia, minivestido, minipílula, minissérie, minissubmarino.
morfo – sem hífen: morfogênese, morfossintaxe, morfotropia.
moto – sem hífen: motocicleta, motomecanização, motoniveladora, motobomba.
multi – sem hífen: multiarticulado, multibilionário, multicolorido, multirracial, multissegmentado.

Se a palavra que segue o prefixo principiar por vogal igual à final do prefixo, emprega-se o hífen: multi-instrumentista, multi-icônico.

N

neo – com hífen antes de *h*: neo-helênico, neo-hegeliano. Logo, sem hífen em: neoárido, neoevolucionismo, neolatino, neonazista, neoliberalismo.
Se a palavra que segue o prefixo principiar por *r* ou *s*, essas consoantes devem ser dobradas: neorrepublicano, neossocialista.
Se a palavra que segue o prefixo principiar por vogal igual à final do prefixo, emprega-se o hífen: neo-ocasional, neo-otoplasia.
neuro – sem hífen: neurobiologia, neurocirurgia, neuropsíquico, neurovegetativo.
novi – sem hífen: novilatino, novimensal.

O

ob – com hífen, antes de *r*: ob-reptício, ob-repção.
oculo – sem hífen: oculofacial, oculopupilar.
organo – sem hífen: organogênico, organometálico, organoplastia.

P

pan – com hífen, antes de *vogal, h, m* e *n*: pan-americano, pan-helênico, pan-mágico, pan-negritude. Logo, sem hífen em: pangermânico, pangermanismo.
para (preposição) – sem hífen: paradiagnóstico, parafuncional, parapsicologia.
para (verbo) – com hífen, antes de qualquer letra: para-brisa, para-choque, para-lama, para-raio. Exceções: paraquedas, paraquedismo, paraquedista.
pluri – sem hífen: pluricelular, plurilateral, pluripartidário.
poli – sem hífen: poliesportivo, polirrítmico, policromático, polifônico.
pós – com hífen, antes de qualquer letra: pós-graduação, pós-operatório, pós-verbal, pós-adolescente. Se esse prefixo for átono, não haverá hífen, como em: posposição.
pre – sem hífen: predestinado, predestinar. Sem hífen, mesmo que a palavra seguinte seja iniciada pela mesma vogal: preeleito.
pré – com hífen antes de qualquer letra: pré-clássico, pré-escolar, pré-amplificador. Se esse prefixo for átono, não haverá hífen, como em: predestinar.

pro – sem hífen: proconsul, procriar.

pró – com hífen antes de qualquer letra: pró-arte, pró-americano, pró-britânico.

proto – com hífen, antes de, *h*: proto-histórico, proto-homem. Logo, sem hífen em: protoactínio, protoestrela, protoindo-europeu, protoplaneta, protonotário, protolíngua.

Se a palavra que segue o prefixo principiar por *r* ou *s*, essas consoantes devem ser dobradas: protorrevolução, protossolar.

Se a palavra que segue o prefixo principiar por vogal igual à final do prefixo, emprega-se o hífen: proto-objeto, proto-oceano.

pseudo – com hífen, antes de *h*: pseudo-herói. Logo, sem hífen em: pseudo-arte, pseudociência, pseudobrasileiro, pseudoclassista.

Se a palavra que segue o prefixo principiar por *r* ou *s*, essas consoantes devem ser dobradas: pseudorrevelação, pseudossábio, pseudossigla.

Se a palavra que segue o prefixo principiar por vogal igual à final do prefixo, emprega-se o hífen: pseudo-otorrômbico.

psico – sem hífen antes de qualquer letra: psicobiologia, psiconeurose, psicossocial, psicossomático, psicodinâmica.

R

radio – sem hífen: radioamador, radioatividade, radiocomunicação, radiopatrulha, radioteatro, radiotransmissão, radiodiagnóstico.

re – sem hífen: refazer, relembrar. Sem hífen, mesmo que a palavra seguinte seja iniciada pela mesma vogal: reeleição, reenviar.

recém – com hífen antes de qualquer letra: recém-casado, recém-chegado, recém-nascido.

retro – sem hífen: retroagir, retronasal, retrosseguir, retrofoguete, retrocontagem.

S

sem – com hífen: sem-cerimônia, sem-fim, sem-sal, sem-vergonha.

semi – com hífen antes de *h*: semi-homem. Logo, sem hífen em: semiaberto, semianalfabeto, semieixo, semioculto, semibreve, semicircunferência, semideus, semifinal.

Se a palavra que segue o prefixo principiar por *r* ou *s*, essas consoantes devem ser dobradas: semirreta, semirrígido, semissintético.

Se a palavra que segue o prefixo principiar por vogal igual à final do prefixo, emprega-se o hífen: semi-intervalo, semi-internato.

sob – com hífen antes de *r*: sob-roda.

sobre – com hífen antes de *h*: sobre-humano. Logo, sem hífen em: sobreaviso, sobrecarregado, sobrenadar, sobreloja.

Se a palavra que segue o prefixo principiar por *r* ou *s*, essas consoantes devem ser dobradas: sobrerrestar, sobressaia.

Se a palavra que segue o prefixo principiar por vogal igual à final do prefixo, emprega-se o hífen: sobre-excelente.

socio – sem hífen: sociolinguística, sociopata, socioeconômico, sociorreligioso.

sub – com hífen, antes de *b*, *r* e *h*: sub-bibliotecário, sub-região, sub-reptício, sub-hepático. Logo, sem hífen em: subentender, subdiretor, subemenda, subfaturar, subgênero.

super – com hífen, antes de *h* e *r*: super-homem, super-herói, super-realista.

Logo, sem hífen em: superabundante, superaquecido, superdose, superfaturar, supersônico, supersecreto.

supra – com hífen, antes de *h*: supra-hepático, supra-humano. Logo, sem hífen em: supraexitante, supramencionado, suprapartidário.

Se a palavra que segue o prefixo principiar por *r* ou *s*, essas consoantes devem ser dobradas: suprarrenal, suprarrealismo, suprassumo, suprassegmental.

Se a palavra que segue o prefixo principiar por vogal igual à final do prefixo, emprega-se o hífen: supra-axilar.

T

tele – sem hífen: telecomunicações, teleguiado, teleobjetiva, telejornalismo.

termo – sem hífen: termoanálise, termodinâmica, termoelétrico, termonuclear.

trans – sem hífen: transatlântico, transalpino, transcodificação, transcontinental.

U

ultra – com hífen, antes de *h*: ultra-humano. Logo, sem hífen em: ultraexistência, ultraliberal, ultramoderno, ultraconservador.

Se a palavra que segue o prefixo principiar por *r* ou *s*, essas consoantes devem ser dobradas: ultrarrápido, ultrarromântico, ultrassocial.

V

vice – com hífen: vice-prefeito, vice-cônsul, vice-presidente.

Por motivo de economia, algumas palavras derivadas por prefixação são reduzidas apenas aos prefixos, quando seus sentidos podem ser depreendidos pelo contexto. É o caso, por exemplo, de *edição extra*, em vez de *edição extraordinária* ou de *horas extras* em vez de *horas extraordinárias*. O prefixo *extra* é utilizado também como substantivo, para denominar atores que atuam em algumas cenas de um filme, mas não pertencem ao elenco principal. Exemplo:

Harrison Ford começou no cinema, trabalhando como extra.

Exemplos com outros prefixos:

Deputado quer privatizar todas as *teles*. (por companhias *telefônicas*)
Pedimos dois *contras* e uma picanha. (por *contrafilés*)
Os computadores antigos tinham apenas 16 *megas* de memória RAM. (por *megabytes*)
É preciso pesar os *prós* e os *contras*, para fazer adaptações na suspensão de um carro.

Esses prefixos, substantivados ou adjetivados, em função do desaparecimento de suas bases, passam a ter plural da mesma forma que outros substantivos e adjetivos. Há substantivos originados por esse mesmo processo, bastante mais comuns em nosso dia a dia, como *moto* (por *motocicleta*) que tem plural *motos* e *foto* (por *fotografia*) que tem plural *fotos*.

ACENTUAÇÃO GRÁFICA

A acentuação gráfica também é regulamentada por convenção e faz parte do acordo ortográfico de 1943, modificado, parcialmente, em 1971 e em 2009. Para dominá-la mais adequadamente, é necessário conhecer alguma coisa sobre o acento fonético das palavras.

Palavras Tônicas e Palavras Átonas

A maior parte das palavras do português tem uma de suas sílabas pronunciada com força expiratória maior. Essa força é chamada de *acento tônico*. Assim é que palavras como *mesa, livro, armário, lâmpada* têm acento tônico nas seguintes sílabas: *me*sa, *li*vro, ar*má*rio, *lâm*pada. Algumas poucas palavras não têm acento tônico. São, por esse motivo, chamadas de palavras átonas. Isso acontece, por exemplo, com o pronome *me*, em uma frase como: "Ele *me* deu seu recado". Pronunciando essa frase, você verá que o *me* se apoia foneticamente no acento tônico de *deu*, formando com ele uma unidade fonética. É como se pronunciássemos assim: "Ele medeu seu recado", ou até mesmo: "Ele m'deu seu recado".

Posição do Acento Tônico em Português

Em português, o acento tônico pode cair na última sílaba, como em ca*fé*, na penúltima sílaba, como em *me*sa, ou na antepenúltima sílaba, como em *lâm*pada. As palavras que têm acento tônico na última sílaba são chamadas *oxítonas*, as que têm esse acento na penúltima sílaba, *paroxítonas* e as que têm acento na antepenúltima sílaba, *proparoxítonas*. Exemplos: ca*fé* = oxítona; *me*sa = paroxítona; *lâm*pada = proparoxítona.

Normalmente, não temos problema algum com a pronúncia dos acentos tônicos. A memorização das palavras inclui a memorização da sílaba tônica. Existem, entretanto, algumas palavras que costumam oferecer problemas nesse sentido. Eis aqui uma lista delas, com suas sílabas tônicas assinaladas:

acro*ba*ta
ae*ró*lito (meteorito)
ae*ró*stato (balão, veículo mais leve que o ar)
*á*libi (justificativa de presença em lugar diferente de um crime)
a*rí*ete (artefato para derrubar muralhas)
ar*qué*tipo (modelo, protótipo)
a*va*ro (apegado ao dinheiro)
ba*ta*vo (holandês)
*bá*varo (habitante da Baviera, Alemanha)
cir*cu*ito
desva*ri*o (ato de loucura)

filan*tro*po
*flu*ido
for*tu*ito (acidental, não intencional)
gra*tu*ito
han*ga*r
i*be*ro
*ím*probo (desonesto)
in*tu*ito
*lê*vedo (fermento)
maquina*ria*
mo*nó*lito (pedra de grandes dimensões)
*ô*mega (letra do alfabeto grego)
pu*di*co (recatado, casto, envergonhado)
ru*bri*ca
ru*im*
ure*ter* (canal que conduz a urina dos rins à bexiga)
zê*ni*te (lugar mais alto do céu, auge)

Algumas palavras possuem um *acento gráfico* para assinalar o *acento tônico*. As vogais *a*, *e*, e *o*, quando abertas, recebem acento agudo (´): pá, café, dólar. Quando fechadas, recebem acento circunflexo (^): âmago, três, avô. Como as vogais *i* e *u* não sofrem mudança de timbre (não podem ser abertas ou fechadas), recebem apenas o acento agudo, como em: ruído, súbito.

As regras convencionadas que regulamentam a acentuação gráfica das palavras do português do Brasil são as seguintes:

a. Regra das proparoxítonas

Todas as palavras proparoxítonas são acentuadas, sem exceção: súbito, exército, ânimo, dúvida, máquina.

b. Regras das oxítonas

Todas as palavras oxítonas terminadas em *a*(*s*), *e*(*s*), *o*(*s*) são acentuadas graficamente: até, fubá, café, está, avô.

Incluem-se também nessa regra:

a) monossílabos tônicos como: três, já, fé, pó;

b) formas verbais com pronomes átonos: fazê-lo, amá-lo, cantá-lo-íamos.

Todas as palavras oxítonas *de mais de uma sílaba* terminadas em *em* (*ens*) são acentuadas graficamente. Exemplos: refém, porém, parabéns.

Palavras como *quem, bem*, embora terminem por *em*, possuem uma única sílaba. Por esse motivo, não recebem acento gráfico.

Todas as palavras oxítonas terminadas em *ei, oi* e *eu* são acentuadas: papéis, herói, chapéu[16].

c. Regras das paroxítonas

São acentuadas graficamente todas as palavras paroxítonas terminadas em:

a) *ditongo* (duas vogais pronunciadas dentro de uma mesma sílaba)[17]: líng*ua*, princíp*io*s, própr*io*, órf*ão*, inventár*io*.

b) *l, n, r, x* (essas consoantes se encontram na palavra *rouxinol*, que pode ser usada para não esquecer a regra): úti*l*, amáve*l*, hífe*n*, éde*n*, éte*r*, dóla*r*, tóra*x*.

ATENÇÃO: As palavras *hifens* e *edens*, no plural, não têm acento, pois terminam em *s* e não em *n*.

c) *um, uns*: álb*um*, médi*uns*.

d) *i*(s), *us*: júr*i*, tên*is*, bôn*us*.

e) *ã*(s): órf*ã*, ím*ãs*.

f) *ps*: bíce*ps*, fórce*ps*.

---

16. Obs.: De acordo com o novo acordo ortográfico, os ditongos abertos em palavras paroxítonas, como em ideia, epopeia, heroico, paranoico, não são mais acentuados. Isso se deve ao fato de que, em algumas regiões de Portugal, a pronúncia desses ditongos é fechada: idêia, epopêia, herôico, paranôico. Como o objetivo do novo acordo ortográfico foi unificar a escrita em todos os países lusófonos, esses ditongos deixaram de ser acentuados graficamente. Mas, se a palavra em questão estiver submetida a alguma outra regra de acentuação gráfica, será acentuada, como *destróier, Méier*. Essas palavras são acentuadas, não por terem o ditongo aberto em português, mas por serem paroxítonas terminadas em *r*, como *revólver*, por exemplo. (Cf., mais à frente, as regras das paroxítonas.)

17. Na verdade, trata-se de uma vogal e uma semivogal, uma vez que vogal é apenas aquela que funciona como centro da sílaba. Na palavra *pai*, por exemplo, o *a* é o centro da sílaba e o *i*, uma vogal marginal chamada semivogal. O conjunto vogal + semivogal, portanto, é que forma um ditongo.

LEMBRETE: Os casos mais frequentes de acentuação gráfica em português envolvem a regra das proparoxítonas (todas são acentuadas) e a regra das paroxítonas terminadas em ditongo (todas elas são também acentuadas). Dominando apenas essas duas regras, você terá condições de acentuar corretamente a maioria das palavras de qualquer texto que vier a redigir. Em terceiro lugar, vem a regra das oxítonas terminadas em *a(s), e(s), o(s)*. Dominando mais essa regra, você estará a um passo de dominar quase toda a acentuação de um texto.

CASO ESPECIAL

- São acentuados o *i* e o *u* tônicos quando:
a) formarem hiato com a vogal anterior;
b) estiverem sozinhos em suas sílabas ou seguidos de *s* na mesma sílaba;
c) a sílaba seguinte não começar por *nh*. Exemplos: ba*ú*, sa*ú*de, sa*í*da, Lu*í*s.

OBSERVAÇÃO:

a) se não houver hiato, não haverá acento no *i* ou *u* tônicos, como em *tatu, Itu, aqui, Davi*.
b) se outra consoante que não seja *s* estiver na mesma sílaba, não haverá acento, como em *juiz, Raul*. No plural *juízes* (*ju-í-zes*), o *z* passa para a sílaba seguinte, ficando o *i* sozinho em sua sílaba. Isso faz com que esse plural seja acentuado.
c) palavras como *rainha, bainha* não são acentuadas, uma vez que a sílaba seguinte principia com *nh*.
d) se o hiato acontecer com um ditongo anterior em palavra paroxítona, não haverá mais acento, em função do novo acordo ortográfico. Exemplos: *feiura, baiuca*. A palavra *Piauí* continua acentuada, pois *au* é um hiato, não um ditongo.

OBSERVAÇÃO:

a) o Acordo Ortográfico de 2008 aboliu o trema. Dessa maneira, palavras como *freqüência, lingüiça* passam a ser escritas *frequência, linguiça*.
b) não há mais acentuação gráfica no primeiro *o* fechado das vogais duplas *oo, ee*. As palavras *vôo* e *crêem* passam a ser escritas *voo* e *creem*.

c) não há mais o acento agudo em formas como *apazigúe* e *averigúe*, que passam a ser escritas *apazigue* e *averigue*.

d. Regras do acento diferencial

A. DIFERENCIAL DE TIMBRE E DE INTENSIDADE

São acentuadas com acento circunflexo, em português:

a) a palavra *pôde*, do verbo *poder*, no passado (*Pizarro pôde vencer os incas porque tinha armas de aço e cavalos*), para diferenciar-se de *pode*, do mesmo verbo, no presente (*A oposição pode vencer as próximas eleições*).

b) o verbo *pôr* (*Eu vou pôr a impressora na mesa ao lado*), para diferenciar-se da preposição *por* (*Quando vou a Araraquara, passo por São Carlos*).

OBSERVAÇÃO: O substantivo *fôrma* (*Você sabe qual é a forma da fôrma do bolo?*) pode ser acentuado com circunflexo, facultativamente, para diferenciar-se do substantivo *forma* (*A peça tinha forma ovalada*). Apesar de facultativa essa regra, recomenda-se usar o acento circunflexo em *fôrma*, por motivo de clareza[18].

B. DIFERENCIAL MORFOLÓGICO

Esse acento aparece na terceira pessoa do plural dos verbos *ter* e *vir* (e seus derivados), para diferenciá-la da terceira pessoa do singular:

ele tem	eles têm
ele vem	eles vêm
ele detém	eles detêm
ele obtém	eles obtêm

---

18. O novo Acordo Ortográfico de 2008 eliminou todos os outros acentos diferenciais, como pólo, pára, pêlo, pêra, côa.

3
EMPREGO DO ACENTO GRAVE DA CRASE

CRASE E ACENTO GRAVE

Uma dúvida que atrapalha a vida de muita gente é saber quando colocar o acento grave (`), popularmente conhecido como *crase*, sobre uma vogal *a*. Comecemos, primeiramente, a entender o que significa *crase*. Crase é a fusão de duas vogais iguais em uma só vogal. Isso aconteceu, historicamente, em várias palavras da língua portuguesa. Uma palavra como *cor*, por exemplo, era pronunciada em Portugal, lá pelo século XII, *color*. Tempos depois, desapareceu o *l*, e a pronúncia passou a ser *coor*. Mais algum tempo, lá pelo século XIV, houve a fusão ou crase dos dois *os* e ficamos com a forma atual *cor*. Apesar disso, temos ainda hoje o adjetivo *colorido*, em que subsiste a antiga forma *color*.

A crase de que vamos tratar, entretanto, não acontece dentro de uma palavra, mas entre uma palavra e outra dentro de uma frase, quando duas vogais *as* se encontram em circunstâncias especiais. Imaginemos, inicialmente, uma frase como:

Fátima deu um presente a o namorado.

À primeira vista, você pode pensar que houve um erro de digitação, deixando a preposição *a* separada do artigo *o* e sugeriria que isso fosse consertado da seguinte maneira:

Fátima deu um presente *ao* namorado.

De fato, você tem razão! A preposição *a* e o artigo *o*, quando se encontram juntos em uma frase, formam uma unidade fonética e isso é representado na escrita, escrevendo ambos em uma só palavra. Mas, e se em vez do artigo *o*, nós tivéssemos o artigo *a*? Será que escreveríamos alguma coisa como: "Fátima deu um presente *aa* irmã mais nova". (?)

Sabemos que não. O que acontece é justamente a crase. Os dois *as* se reduzem foneticamente a um só e, para assinalar esse fato na escrita, colocamos sobre o *a* restante um acento grave: "Fátima deu um presente *à* irmã mais nova".

É por esse motivo que não tem muito cabimento falar em emprego da crase. O certo é falar em EMPREGO DO ACENTO GRAVE PARA INDICAR CRASE.

Condições para o Emprego do Acento Grave da Crase

De tudo isso que foi dito, podemos concluir que esse acento grave somente é utilizado quando duas condições necessárias estiverem presentes:

1ª *condição*: existir uma palavra, à esquerda do *a*, que exija a preposição *a*;

2ª *condição*: existir uma vogal *a*, à direita dessa preposição, normalmente representada pelo artigo *a*.

Outros exemplos:

Ceda *à* tentação; pode ser que ela não apareça outra vez.
A felicidade não é o pão, mas o sonho que se oferece *às* pessoas.

Nesses dois exemplos, tanto o verbo *ceder* quanto *oferecer* exigem a preposição *a*: quem cede cede *a* algo ou *a* alguém; quem oferece algo oferece *a* alguém. A primeira condição está, pois, preenchida. Por outro lado, os substantivos *tentação* e *pessoas* são femininos e admitem o artigo *a*. Temos, portanto, também a segunda condição preenchida. Logo, temos crase e, por isso, o acento grave da crase.

A segunda condição pode ser preenchida também pela primeira vogal do pronome demonstrativo *aquele, aquela, aqueles, aquelas, aquilo*, como em: "Enviei convites *à*queles professores de inglês". Ninguém diria ou escreveria "Enviei convites a aqueles professores de inglês".

Podemos, neste momento, concluir que não existe crase e, portanto, acento grave antes de:

a) substantivo masculino: "Os povos antigos andavam a cavalo". "Muitas lojas vendem a *prazo*".
b) verbo: "Ela continuava a *examinar* os relatórios".
c) artigo indefinido: "Ontem, fui a *uma* festa".
d) expressões de tratamento como Vossa Excelência, Vossa Senhoria: "Escrevi uma carta a *Vossa Excelência*".

De fato, nunca ouvimos, por exemplo, um deputado dizer a outro em plenário uma frase como: "A Vossa Excelência permite um aparte?" Ele diria, sim, "Vossa Excelência permite um aparte?" Em todos esses casos está faltando a segunda condição.

A mesma coisa acontece com a palavra *terra* com significado oposto a *bordo*. Os marinheiros que ficavam no alto do mastro de uma embarcação, quando avistavam terra, diziam – "*Terra à vista!*" e não – "*A terra à vista!*" Logo, teremos de escrever "Os marinheiros desceram a terra", sem o acento grave da crase, já que *terra*, nesse sentido, não admite o artigo *a*.

Às vezes, a segunda condição é facultativa. Isso acontece com os substantivos próprios femininos que nomeiam pessoas e com os pronomes possessivos. Antes dessas palavras, o artigo definido é facultativo. Tanto podemos dizer "Vera é uma excelente garota", como "A Vera é uma excelente garota". Podemos dizer igualmente "Sua tia telefonou ontem" ou "A sua tia telefonou ontem". Por esse motivo, podemos escrever, igualmente:

Enviei uma carta *a* Vera. (somente preposição)
Enviei uma carta *à* Vera. (preposição + artigo)
Telefonei ontem *a* sua tia. (somente preposição)
Telefonei ontem *à* sua tia. (preposição + artigo)

Algumas vezes, a segunda condição, embora não exista em situações normais, pode passar a existir. Ninguém diz, por exemplo: "Vim da casa agora", mas "Vim de casa agora", ou seja, a palavra *casa*, no sentido de lar onde moramos, não admite o uso do artigo. Por esse motivo, dizemos "Voltei a casa, para pegar minha pasta", sem o acento grave da crase. Basta, entretanto, que essa palavra apareça modificada por uma expressão, para passar a admitir artigo e, em consequência disso, admitir o acento da crase, como ocorre em: "Hoje fui à casa da Débora".

A mesma coisa acontece com os nomes de países e cidades. Alguns substantivos como *Brasília*, nome da nossa capital, não admitem artigo. Dizemos "Brasília foi construída nos anos cinquenta" e não *"A Brasília foi construída nos anos cinquenta". Por esse motivo, diremos "Vou a Brasília", sem acento grave de crase. Já *Bahia* admite artigo. Dizemos "A Bahia foi invadida pelos holandeses, no século XVI" e não *"Bahia foi invadida pelos holandeses no século XVI". Por esse motivo, diremos "Vou à Bahia".

Mas, se modificarmos *Brasília* por uma expressão qualquer, esse substantivo passará a admitir artigo. Podemos dizer, por exemplo: "A Brasília de JK era bem menor que a atual", mas nunca *"Brasília de JK era bem menor que a atual". Logo, teremos de escrever: "Em 1961, fui à Brasília de JK".

Outro caso semelhante é o da palavra *distância* que, se estiver sozinha, não admite artigo, mas, se estiver modificada por uma expressão que esclareça a distância, passa a admiti-lo, preenchendo a segunda condição para o acento da crase. Diremos, portanto: "Ensino a distância", "Vi um suspeito a distância", mas "Vi um suspeito à distância de 100 metros". Afinal, dizemos: "O bar fica a 20m *de distância*", e não *a 20m da distância* (palavra *distância* não modificada), mas dizemos "O bar fica *a 20m da distância curta a ser percorrida por você*" (palavra *distância* modificada).

Acento Grave da Crase em Locuções

Existe crase e, consequentemente, o acento da crase, em locuções femininas como: *à noite, à toa, à custa de, às três horas, à uma hora, à vista*.

OBSERVAÇÃO: O *uma* de *uma hora* não é artigo indefinido, mas numeral, como em "A (art.) uma (num.) hora que você me reservou no dentista não foi suficiente". Por isso, pode ser precedido do artigo *a*, provocando a existência da segunda condição da crase.

Toa é um substantivo feminino que nomeia o cabo que reboca uma embarcação. A embarcação rebocada navega, pois, *à toa*, ou seja, sem destino próprio, dependendo da direção do barco que a reboca. Quando alguém diz que "está *à toa*", faz uso de uma metáfora, com o objetivo de dizer que está sem rumo definido, que está sem fazer nada. O motivo pelo qual utilizamos o acento da crase em *à toa* é, pois, o fato de *toa* ser uma palavra feminina que admite artigo, preenchendo, assim, a segunda condição necessária para a existência da crase.

Alguns autores não concordam com o emprego do acento da crase na locução *à vista*, argumentando que, embora *vista* seja uma palavra feminina, o seu oposto, *prazo*, na locução *a prazo*, não admite artigo. De fato, ninguém diz *pagar ao prazo* e sim *pagar a prazo*.

Em *à vista*, entretanto, o que temos, do ponto de vista cognitivo, é o resultado da redução de uma expressão complexa como *comprar ou pagar alguma coisa à vista dessa coisa*. Certamente, por economia, em vez de dizer *paguei o carro à vista dele*, ou *comprei essa mesa à vista dela*, os falantes optaram por omitir o complemento (complemento nominal) de *vista*, uma vez que era facilmente recuperado pelo contexto. Trata-se de um procedimento bastante comum em língua portuguesa, como podemos ver nos exemplos:

A mochila destina-se *às mudas* [*de roupa*] para a viagem.
Esse pássaro é muito sensível *à muda* [*das penas*].
Refiro-me *às baixas emissões* [*de gases poluentes*] dos motores atuais.

Embora não verbalizado na expressão *à vista*, o complemento omitido constitui uma modificação da palavra *vista*. É claro que os falantes de hoje nem pensam mais nisso, mas não importa. Sintaticamente, fica licenciado o artigo definido *a*, antes de *vista*, segunda condição para o emprego do acento da crase. *Pagar alguma coisa à vista* equivale a *pagar $a_{(prep)}$ $a_{(art)}$ vista* [*dessa coisa*].

Algumas vezes, uma outra parte dessas locuções se acha omitida, mas, apesar disso, mantemos o acento da crase como em: "Comemos camarão à grega" (= Comemos camarão à (moda) grega.)

4
AS PALAVRAS DA LÍNGUA: O LÉXICO

Léxico é o estoque de palavras em disponibilidade em uma língua, num dado momento. Esse estoque não é constante; ele varia ao longo da história. Se consultássemos o léxico do português de quarenta anos atrás, não encontraríamos uma porção de palavras referentes, por exemplo, à informática, hoje muito comuns, como *pen drive, deletar, digitar* etc. Se recuássemos ainda mais, ao século XV, por exemplo, não encontraríamos palavras de origem indígena como *caiçara, caboclo, pajé*, uma vez que a América e o Brasil ainda não tinham sido descobertos.

Da observação desses dados, podemos concluir que o léxico está estreitamente ligado à vida social, à cultura e à história do povo que o utiliza. Mas também está ligado aos procedimentos cognitivos, ou seja, às formas de conhecimento do mundo. As palavras não são o decalque da realidade que pretendemos conhecer, mas sua interpretação, no momento em que as criamos. Passado o tempo, a relação entre uma palavra e a realidade nomeada pode sofrer mudanças. A palavra *formidável*, por exemplo, quando foi criada, significava *horroroso, descomunal*, que causa medo. Mais tarde, como tudo o que amedronta excessivamente também causa respeito e admiração, as noções de horror e de perigo acabaram sendo atenuadas e desapareceram, em favor do significado atual de *admirável, bom, excelente*. Um hipotético viajante do tempo, advindo da época de Cabral, que chegasse aos nossos dias iria com certeza correr das "*garotas formidáveis*" que alguém lhe quisesse apresentar.

Embora o português seja uma língua neolatina, surgida do latim trazido há mais de mil anos pelos romanos para a região onde hoje é Portugal, o léxico contemporâneo abrange, além de palavras latinas daquela época, numerosos empréstimos de outras línguas, incluindo o próprio latim clássico, desde o surgimento do Reino de Portugal, no século XII, até os dias de hoje. De maneira muito apropriada, Wittgenstein conceitua a linguagem por meio da seguinte comparação:

> Podemos ver nossa linguagem como uma velha cidade: uma rede de ruelas e praças, casas velhas e novas, e casas com remendos de épocas diferentes; e isso tudo circundado por uma grande quantidade de novos bairros, com ruas retas e regulares e com casas uniformes[1].

MUTABILIDADE DO LÉXICO

O léxico, como vimos, não é estático, mas mutável, em função da relação dinâmica que existe entre língua e sociedade, língua e história, língua e conhecimento de mundo. Cada geração deixa de usar algumas palavras utilizadas pela geração anterior, acrescenta novos sentidos a algumas outras existentes, cria novas palavras e toma emprestadas palavras de outras línguas de outras culturas, com as quais estabelece contato. Em vista dessas relações dinâmicas, há, no interior do léxico, um fluxo e refluxo das palavras.

NEOLOGISMOS

As palavras novas que entram para a língua são chamadas neologismos. Podem ser formadas dentro da própria língua, como *teledifusão*, ou *soldado-cidadão*, ou importadas de outra língua, como *e-mail*. Nesse último caso, são chamadas empréstimos. Duas necessidades explicam seu aparecimento: a da denominação de novas realidades que surgem ao longo da história (geralmente conquistas no campo da ciência, tecnologia, artes, indústria, comércio etc.) e a da mudança de classe gramatical.

A necessidade de denominação ocorreu, por exemplo, quando, tendo inventado um artefato que derrama água sobre o corpo como se fosse chuva,

---

1. Ludwig Wittgenstein, *Investigações Filosóficas*, p. 23.

o homem tratou de denominá-lo, criando para isso, no português do Brasil, a palavra *chuveiro*. Para denominar uma instituição que reunia pessoas para atividades de lazer, tomou-se emprestada do inglês a palavra *club* que ficou *clube* em português.

A necessidade de utilizar o conceito de *sucata* (um substantivo), dentro da classe dos verbos, fez com que fosse criado o neologismo verbal *sucatear* com largo uso hoje em dia, mas só dicionarizado recentemente, na primeira edição do *Dicionário Houaiss da Língua Portuguesa*. O mesmo aconteceu com o verbo *informatizar*, que foi criado a partir do substantivo *informática*.

EMPRÉSTIMOS

Os empréstimos surgem em função do contato entre culturas de línguas diferentes. Na história da língua portuguesa, recebemos muitas palavras de diferentes línguas, hoje já incorporadas definitivamente ao nosso léxico. Para citar apenas algumas, do francês recebemos palavras como *chapéu, maré, assembleia, bilhete, chefe, dama, chaminé, bicicleta*; do inglês, *clube, bar, lanche, revólver*; do italiano, *cenário, piano, alarme, sentinela, capricho, carnaval*; de línguas africanas diversas, importamos *dendê, samba, moleque, banzo, caçula, miçanga*; do tupi-guarani, *canjica, pajé, cuia, jiboia, jenipapo, jequitibá* e mais uma infinidade de topônimos (nomes geográficos), como: *Pindamonhangaba, Ibirapuera, Canindé, Itaquera, Pacaembu* etc.

Além dessas, muitas outras línguas contribuíram com empréstimos para a formação do léxico do português. No processo evolutivo da nossa língua, culturas diversas exerceram sua influência sobre a cultura luso-brasileira. Desde o século XVIII até a Segunda Guerra Mundial, no século XX, a França teve enorme influência entre nós e, por esse motivo, recebíamos a todo momento palavras francesas como *chauffer, toilette*, atualmente aportuguesadas em *chofer* e *toalete*.

Nos dias de hoje, o inglês substituiu o francês como língua de influência cultural. Basta entrar num *shopping center* qualquer e ler o nome das lojas. Ou abrir os jornais e ler sobre o que os turistas podem comprar nos *free shops*, ou que o *mix* de uma montadora está privilegiando os sedans médios (*mix* é a participação proporcional de produtos em uma empresa ou em ramos de negócio, como num *shopping center*).

Há algum tempo, havia severas restrições à utilização de palavras estrangeiras em nosso idioma. As pessoas que assim pensavam eram chamadas puristas e propunham, por exemplo, que uma palavra como *futebol* fosse substituída por *ludopédio*, *turista* por *ludâmbulo*, *maionese* por *mistifório* e *chofer* por *cinesíforo*. Em geral, essas atitudes puristas em relação a um determinado idioma intensificam-se em momentos históricos em que a busca de um rigor nacionalista é mais acentuada. Pensando em outros países, teríamos vários exemplos, em épocas distintas: na França de Luís XIV, o purismo do idioma foi extremado; a mesma coisa se tentou em Portugal na segunda metade do século XVIII, durante o Despotismo Esclarecido do Marquês de Pombal. No século XX, vale lembrar a Alemanha de Hitler ou a Itália de Mussolini, que chegaram, também por motivos políticos, a patrulhar seus idiomas, substituindo palavras importadas por formações vernaculares.

Atualmente, tais atitudes estão ultrapassadas. É inútil tentar policiar a linguagem contra os neologismos surgidos por empréstimo. Alguns deles permanecem e outros desaparecem completamente. Utilizá-los com moderação ou em excesso é simplesmente uma questão de bom ou mau gosto. Muitas vezes, a introdução de uma palavra estrangeira em um texto é apenas um expediente argumentativo de autoridade. O presidente de uma montadora de automóveis que declara que *os modelos básicos estão sendo fabricados em pouca quantidade, porque o mix da empresa foi alterado*, parece ser mais convincente do que se dissesse, simplesmente, que isso aconteceu *porque a participação proporcional de produtos da empresa foi alterada*. Além do fato de que é mais econômico falar *mix* do que *participação proporcional de produtos*.

EMPRÉSTIMOS E ESTRANGEIRISMOS

É possível fazer uma distinção entre empréstimos e estrangeirismos. Empréstimo é uma palavra que já está plenamente integrada ao léxico da língua como *sutiã* ou *garçom*. Estrangeirismo é uma palavra ainda não integrada, ou que ainda se acha em processo de integração, como a palavra *mix* – acima citada – e outras como *coffee-break* e *home office*.

A integração se dá, comumente, em duas fases:

1ª fase – há adaptações fonéticas da palavra estrangeira à pronúncia da língua que a recebe. A grafia original é mantida. Exemplo: pronunciar *estresse*, mas continuar a escrever *stress*.

2ª fase – as palavras recebem adaptações na grafia. Em vez de se escrever *stress*, escreve-se *estresse*, em vez de se escreverem *shampoo* e *football*, escrevem-se *xampu* e *futebol*. Nessa fase, é também comum formarem-se palavras derivadas como *estressar* e *xampuzinho*.

É importante ressaltar que, mesmo na condição de empréstimos integrados à língua, as palavras que entram no português costumam manter as flexões das línguas de origem. Como *gol* tem como plural *gols*, em inglês, dizemos, em português, *gols* e não *gois*. A palavra *blitz*, do alemão, faz o plural em português como *blitze*. Um caso interessante é a palavra *royal*, indicando uma tonalidade de azul em português. Como é um adjetivo, deveria ser flexionada no plural em um adjetivo composto, a exemplo de *vestidos azul-escuros*. Mas, como adjetivos não têm plural em inglês – língua de onde provém esse empréstimo – dizemos *vestidos azul-royal*.

Um fato bastante comum são os chamados empréstimos invisíveis, em que os falantes traduzem para o português uma palavra de outro idioma, mas usam-na no sentido original da língua de que provém. Um exemplo clássico é o da palavra *cachorro-quente*, que foi traduzida do inglês *hot-dog*[2], mas que mantém aqui o sentido original daquela língua. Atualmente, há no português uma verdadeira enxurrada desses *empréstimos invisíveis*, ou, melhor dizendo, *estrangeirismos invisíveis*, uma vez que ainda não estão incorporados oficialmente ao nosso léxico. Em vez de dizer que algo está *atualizado*, diz-se que está *no estado da arte* (de *state of art*, em inglês). Em vez de dizer que uma medida é obrigatória, diz-se que é *mandatória* (de *mandatory*, em inglês). Em vez de dizer que é preciso *rastrear* uma mensagem, diz-se que é preciso *traçá-la* (de *to track*, em inglês), como se pode ver no exemplo a seguir:

> Ao que tudo indica, as *fake news* (*notícias falsas*) referentes à vereadora assassinada Marielle Franco nasceram no WhatsApp. Mas é impossível *traçá-las*. (*O Estado de S. Paulo* – 31.03.2018)

---

2. Essa palavra foi criada nos Estados Unidos, no início do século passado, como uma gíria para denominar os sanduíches de salsicha baratos vendidos nas esquinas das grandes cidades. Também fazemos isso, no Brasil, quando denominamos os espetinhos de carne vendidos nas esquinas como "churrasquinhos de gato".

ARCAÍSMOS

Dois motivos têm o efeito de provocar a saída de palavras do léxico: a) o envelhecimento, o desuso ou o desaparecimento de coisas ou situações que existiam dentro de uma cultura; b) a necessidade, às vezes, de redenominar alguma coisa. As palavras que deixam de ser usadas recebem o nome de *arcaísmos*. Se ligarmos hoje a televisão ou abrirmos um jornal do dia, poderemos perceber que a frequência de palavras como *régua de cálculo, polainas, gasogênio* tende a zero.

No campo da redenominação, podemos lembrar que, na década de 1950, utilizava-se a palavra *cérebro-eletrônico* para designar aquilo que hoje chamamos de *computador*. *Cérebro-eletrônico*, nos dias de hoje, é um arcaísmo. É impossível encontrar um cérebro-eletrônico à venda nos classificados da seção de informática de um jornal.

Há trinta anos, uma jovem solteira recebia a denominação de *pequena, broto*. Houve até mesmo uma música de sucesso, nos anos 1960, que tinha por nome *Broto Legal*. Revistas da época, como O *Cruzeiro* ou *Manchete*, sempre faziam referência às *pequenas* que concorriam ao título de Miss Brasil e Miss Universo.

REAPROVEITAMENTO DE PALAVRAS, COM ALTERAÇÃO DE SENTIDO

Uma maneira bastante comum de resolver o problema da denominação, sem criar uma palavra nova, é o reaproveitamento de palavras já existentes no léxico, com alteração do seu sentido. Isso pode ser feito das seguintes maneiras:

a) *ampliando* o sentido de uma palavra, por *associação icônica ou de imagem*. Falamos, por exemplo, em *árvore de manivelas* do motor de um carro, fazendo uma associação icônica das manivelas como "galhos" ao redor de um tronco. Esse processo também é chamado de transferência metafórica. Outros exemplos são palavras como *afogar, morrer* ou *salvar* que foram transferidas metaforicamente para outras situações como: *o motor está afogado* (não funciona por excesso de combustível no sistema de alimentação); *Devem-se salvar todos os arquivos, antes de desligar o computador*. Neste último caso, entendemos que se trata simplesmente de armazenar arquivos no disco rígido do computador ou em outro local qualquer ("nuvem", "pen drive") e não de um ato heroico ou de fervor religioso.

b) *restringindo* o sentido de uma palavra. Foi o que aconteceu com a palavra *pernalta* que, virtualmente, poderia significar qualquer animal com pernas altas, como uma girafa, por exemplo, e que se aplica, atualmente, somente a bípedes com penas.

Algumas vezes, não se trata de criar uma nova denominação, mas de redenominar algo já existente e denominado. É o caso da função de dar proteção física a alguém. Antigamente, dizia-se: *"a primeira dama compareceu a uma inauguração acompanhada de alguns guarda-costas".* Depois, passou-se a dizer: *"a primeira dama compareceu acompanhada de alguns seguranças".* Temos aí o substantivo abstrato *segurança* com sentido alterado, a partir da redução do substantivo composto *guarda-de-segurança*, para denominar uma função que já tinha nome anterior. Talvez porque o termo *guarda-costas* tenha adquirido a conotação "politicamente incorreta" de capanga, jagunço, personagens sinistros vinculados à função de oferecer proteção apenas a bandidos e traficantes. Outra razão terá sido a proliferação, nas metrópoles brasileiras, de empresas que oferecem o que chamam de pessoal e sistemas de segurança.

Muitas vezes, circunstâncias curiosas acrescentam novas palavras à língua. Uma delas é a que envolveu o aparecimento, por empréstimo, da palavra *biquíni*. Originariamente, o nome *Bikini* designava apenas uma ilha, no Oceano Pacífico, bombardeada no dia 1º de julho de 1946 pelos norte-americanos, com uma explosão atômica. Nessa mesma ocasião, apareceu no mundo da moda feminina um minúsculo traje de banho de duas peças. Esse traje foi batizado, metaforicamente, por seu criador, o estilista francês Louis Réard, com o nome da ilha, em função do efeito comparativo entre a explosão que tinha espantado o mundo da época e a emoção que uma bela mulher vestida tão sumariamente causava nos ânimos masculinos.

NEOLOGIAS: PALAVRAS CRIADAS PARA CONTEXTOS ESPECÍFICOS

Existem palavras que são criadas e vivem apenas em determinados contextos. Trata-se de recursos da chamada função poética da linguagem, que tanto podem aparecer na linguagem jornalística ou publicitária, como na literária. Vejamos a seguinte passagem do conto *O Burrinho Pedrês*, de Guimarães Rosa:

Para ser um dia de chuva, só faltava mesmo que caísse água. Manhã noiteira, sem sol, com uma umidade de melar por dentro as roupas da gente. A serra neblinava, açucarada, e lá pelas cabeceiras o tempo ainda devia de estar pior[3].

Nesse expressivo fragmento encontra-se o adjetivo *noiteira* modificando o substantivo *manhã*. No léxico da língua portuguesa, dentre outros, existe, por exemplo, o adjetivo *noturno* (do latim *nocturnu*) que significa "referente à noite". Entretanto, para caracterizar manhã escura, sem sol, possuidora de umidade, o escritor foi buscar o sufixo *eira*, indicador de agente, para juntá-lo ao substantivo *noite*, criando o adjetivo *noiteira*, que possui uma certa artificialidade apropriada à manhã que o autor quis caracterizar. Esse adjetivo, contudo, não existe no dicionário. Trata-se de uma criação do escritor. Em princípio, poderíamos incluí-lo nos neologismos. Acontece que, ao contrário dos neologismos, que são incorporados ao léxico da língua (como *informatizar, escanear*), esse adjetivo se restringe apenas a um contexto específico da obra de Guimarães Rosa. Por esse motivo, prefiro chamá-lo de *neologia*.

ESTRUTURA DAS PALAVRAS

Quem estuda o léxico não pode deixar de focalizar privilegiadamente a palavra e sua estrutura interna. Inicialmente, é preciso dizer que as palavras não são a menor unidade de sentido dentro da língua, mas que existem segmentos menores que elas, com significados constantes e que se combinam para formá-las. Se tomarmos, por exemplo, uma frase como /a gata morreu/, podemos dividir seus componentes em elementos mínimos portadores de significação: /a/, /gat/, /a/, /morr/, /eu/. Esses elementos mínimos são denominados *morfemas*. Podemos perceber também que alguns deles funcionam como suportes de sentido. É o caso de /gat/ e /morr/, que têm como significado, respectivamente, um tipo de animal e um tipo de ação ou evento. Os outros funcionam como "instrumentos gramaticais". O primeiro /a/, um artigo definido, assinala que a referência sobre o animal é compartilhada pelo interlocutor. Trata-se de uma gata conhecida dos falantes. O segundo /a/ atribui o gênero feminino ao animal e o morfema /eu/ situa a ação de morrer no passado e na 3ª pessoa do singular. Os morfemas do primeiro tipo (*gat*,

---

3. João Guimarães Rosa, *O Burrinho Pedrês*, p. 15.

morr) trazem para o texto uma referência do mundo físico ou do mundo psicológico. São chamados *morfemas lexicais*. Os do segundo tipo (/a/, /a/, /eu/) trazem para o texto referências gramaticais de gênero, número, tempo, determinação, indeterminação etc. São chamados *morfemas gramaticais*.

A palavra é, portanto, uma unidade de significado superior aos morfemas. Trata-se de uma unidade construída, memorizada, que pode conter apenas um morfema, como *mar*, *amor*, *pó*, ou que pode conter mais de um morfema, como *finalidade* (*fin* + *al* + *idade*), *moralismo* (*moral* + *ismo*), *infelizmente* (*in* + *feliz* + *mente*). A partir de um único morfema lexical, podemos construir uma porção de palavras, fazendo uso de morfemas gramaticais:

          moral *idade*
          moral *izar*
   des moral *izar*
   i   moral
   a   moral
          moral *ista*.

Do que vimos até aqui, convém ressaltar:

a. As palavras são formadas de segmentos menores chamados *morfemas*;
b. Os morfemas podem ser *lexicais* e *gramaticais*;
c. Os morfemas lexicais constituem uma *base*;
d. Os morfemas gramaticais são "satélites" dos lexicais.

Chama-se *base* o suporte conceitual da palavra. Uma base pode constituir-se de apenas um morfema lexical (*base simples*) ou da junção de um morfema lexical e um afixo (*base complexa*).

Considerando, portanto, os dois tipos de morfemas especificados, *lexicais* e *gramaticais*, passaremos ao estudo mais pormenorizado dessas unidades. Recebem elas as seguintes denominações:

- RADICAL
- AFIXOS (PREFIXOS E SUFIXOS)
- DESINÊNCIAS
- VOGAIS TEMÁTICAS
- VOGAIS E CONSOANTES DE LIGAÇÃO.

Radical

O radical é um morfema lexical que serve de base a uma palavra e que concentra em si o núcleo do significado. É a parte da palavra que remete a significados externos à língua, seja no mundo físico, seja no psicológico. Na palavra *caminhar*, por exemplo, o radical *caminh* é a base do significado e serve de suporte para outras palavras como:

RADICAL

	caminh	*ante*
	caminh	*eiro*
en	caminh	*ar*

Afixos: Prefixos e Sufixos

Os afixos são morfemas que se agregam a bases para formar palavras novas. Mais precisamente, são elementos de derivação. Os afixos que antecedem a base são chamados de *prefixos*, os que vêm depois dela, *sufixos*.

Para criar uma palavra que signifique "aquele cujo ofício é tocar piano", toma-se como base *piano* e acrescenta-se o sufixo *ista*: está criada a palavra *pianista*, que significa exatamente o pretendido. Se quisermos criar uma palavra com o significado de "ação contrária à de montar", tomamos como base *montar* e acrescentamos o prefixo *des*. O resultado é *desmontar*.

A utilização de radicais e afixos nos processos de derivação tem duas vantagens importantes. A primeira é que se trata de um processo altamente econômico. Seria muito antieconômico se, para cada significado da língua, fosse necessário providenciar um segmento sonoro completamente distinto. A segunda vantagem está em permitir que o falante retenha na memória um grande estoque lexical, fixado por meio de associações entre esses radicais e afixos. Podemos até mesmo dizer, de um ponto de vista cognitivo, que o léxico de uma língua é em grande parte virtual, ou seja, os falantes de uma língua não dominam apenas um estoque de palavras, mas padrões gerais de construção que permitem, a todo o momento, criar e interpretar formas novas.

Bases Complexas

Uma base pode ser mais complexa do que um simples radical, ou seja, pode ser ela mesma a soma de um radical + afixo. É o que acontece, por exemplo, em uma palavra como *desmoralização*. Primeiramente, temos o substantivo *moral*, que funciona como base e a que se acrescenta o sufixo *izar*:

    moral   izar
    base simples sufixo

Esse conjunto, por sua vez, funciona como uma nova base a que se acrescenta o prefixo *des*:

    des   moralizar
    prefixo base complexa

A esse novo conjunto, novamente uma base complexa, podemos acrescentar ainda o sufixo *ção*, produzindo:

    desmoraliza   ção
    base complexa sufixo

Concluindo, podemos ver que uma base pode ser *simples*, quando contém apenas o radical, ou *complexa*, quando já contém um radical modificado por um afixo ou desinência.

Uma palavra também possui base complexa, quando é estruturada com mais de um radical, como *aguardente*, formada pelos radicais *água* e *ardente*. Do mesmo tipo são: *guarda-roupa, pontapé, cavalo-marinho, planalto*.

Desinências

Desinências são os morfemas que se colocam no final das palavras variáveis. Servem para indicar as categorias de gênero e número, nos nomes, e as categorias de modo, tempo, número e pessoa, nos verbos.

    menin(o) +   a   +   s   = meninas.
    radical   desinência desinência
                  de gênero   de número

    cant   +   e   + mos = cantemos.
    radical   desinência desinência
                de modo   de número
                (subjuntivo) (plural)
                + tempo   + pessoa
                (presente) (primeira)

O fato de um morfema representar mais de uma categoria, simultaneamente, recebe o nome de *cumulação*. Os morfemas verbais de tempo e modo e de número e pessoa são, pois, *morfemas cumulativos*.

Às vezes, a ausência de um morfema é significativa (produz significado) por contraste com a presença do seu oposto. É o que se convencionou chamar de *morfema zero*. A marca do singular nos nomes, por exemplo, é feita por meio da ausência do morfema *s*. O singular é, pois, marcado pelo morfema zero:

menino - 0 (zero)
menino - s.

Vogais Temáticas

Vogais temáticas são morfemas que se acrescentam ao radical, marcando classes de nomes e verbos. Existem vogais temáticas nominais e verbais. As vogais temáticas nominais são *a, e* e *o*. Exemplos: *cart-a, dent-e, menin-o*.

Às vezes, uma vogal temática só aparece antes de uma desinência concreta. Na palavra *mar*, por exemplo, a vogal temática *e* não aparece no singular, mas apenas na formação da base teórica do plural: *mare-s*.

As vogais temáticas verbais são três: *a, e* e *i* que indicam, respectivamente, a primeira, segunda e terceira conjugações. As vogais temáticas verbais podem aparecer também em adjetivos formados a partir de verbos como: *perdedor*, em que o *e* de *perde* é uma vogal temática de 2ª conjugação. Esse substantivo possui, portanto, duas vogais temáticas: o *e* da 2ª conjugação, que se manteve na derivação por sufixação, e outro *e*, que constitui agora a base teórica do plural: *perdedore-*s. É importante acrescentar que, no substantivo *perdedores*, apenas a segunda vogal temática, a nominal, é que se encontra em funcionamento.

Um caso interessante sobre vogais temáticas é o do verbo *pôr*, cujo infinitivo antigamente era *poer*, forma em que existia a vogal temática *e*, da 2ª conjugação. Essa vogal, contudo, foi absorvida pela vogal anterior, na formação do futuro (*poerei > poorei > porei*). Ao que tudo indica, o resultado dessa absorção foi transmitido ao infinitivo, que se tornou *pôr*. Daí ter-se criado, em português, um paradigma especial para o verbo *pôr* e seus compostos. No uso de seus tempos, é perfeitamente possível, entretanto, recuperar a vogal temática *e*, como se pode ver em: *pões, põe, pondes, põem.*

As vogais temáticas não se confundem com as desinências, uma vez que não significam categorias como gênero, número, tempo, modo ou pessoa. Em uma palavra como *amávamos*, por exemplo, temos o radical *am*, que é um morfema lexical (é suporte de significado, traz uma referência do mundo psicológico), as desinências cumulativas *va* (tempo imperfeito e modo indicativo) e *mos* (1ª pessoa e plural) que significam, respectivamente, as categorias de tempo/modo e pessoa/número. A vogal temática *a* não tem significado algum. Tem apenas uma função definida: situar o verbo no paradigma da 1ª conjugação. Por esse motivo, é geralmente analisada unida ao radical que, com esse acréscimo, recebe o nome de *tema*.

```
   am    +    á    +    va    +    mos.
 radical    v. temática   imperfeito    1ª pessoa
              tema       modo indicativo   plural
                            desinências
```

Vogais e Consoantes de Ligação

Vogais e consoantes de ligação são elementos que aparecem entre o radical e o sufixo ou entre dois radicais, com funções de eufonia, de soar bem, como *o* em gas-*ô*-metro ou *l* em cha-*l*-eira.

Alomorfes

Alomorfes são formas diferentes que um morfema pode assumir, sem alterar seu significado. *Firo*, por exemplo, do verbo *ferir*, é apenas uma outra forma assumida pelo radical *fer*, em contato com a desinência de 1ª pessoa do presente.

Outro exemplo se encontra na marca de feminino de alguns substantivos. Como sabemos, o gênero feminino é geralmente obtido pelo acréscimo da desinência *a* a um substantivo. Exemplo: gato / gat*a*. Mas, se tomarmos um outro substantivo, como *porco*, veremos que, para formar o feminino, além do acréscimo da desinência *a*, a vogal tônica dessa palavra se abre: *porca(ó)*. Concluímos, então, que, em alguns substantivos, o feminino se faz, simultaneamente, por meio do acréscimo da desinência *a* e pela abertura do *o* tônico e que, portanto (*ó....-a*) não é marca de outra categoria, mas apenas uma outra forma de assinalar o gênero feminino. Trata-se, desse modo, também de um alomorfe.

FORMAÇÃO DE PALAVRAS

Em português, as palavras podem ser formadas, principalmente, por meio de dois processos: *derivação* e *composição*.

Derivação

Derivação é o processo de formação de palavras que envolve o uso de afixos (*prefixos* ou *sufixos*).

Derivação Prefixal

Na derivação prefixal, acrescentamos um elemento chamado prefixo, antes da palavra.

```
re   + fazer = refazer
des  + leal  = desleal
in   + justo = injusto
```

Há quem defenda a tese de que a prefixação é um caso de composição e não de derivação, utilizando como argumento o fato de alguns prefixos em português possuírem uso autônomo, como *contra* e *entre*. Embora se possam formar, com esses prefixos, palavras como *contrapor* e *entrefechar*, esses elementos prefixais admitem ser utilizados de modo autônomo, em frases como:

> O São Paulo vai jogar *contra* o Corinthians.
>
> No estacionamento de alguns *shopping centers*, o espaço *entre* os carros é muito pequeno.

Tal argumento é, a meu ver, insuficiente, por duas razões: a) essa autonomia se reduz apenas a alguns prefixos, na verdade a pouquíssimos que já foram gramaticalizados como preposições; b) os prefixos não recebem normalmente acento tônico, como acontece com a primeira base de uma palavra composta.

Comparem-se, a título de exemplo, palavras compostas e palavras derivadas por prefixação:

a. Palavras compostas:
   iate-clube
   caneta-tinteiro
   obra-prima

   Todas elas possuem dois acentos tônicos, um deles na primeira base.

b. Palavras derivadas por prefixação:
   entrefechar
   contrapor
   injusto

   Todas elas possuem um só acento tônico e o prefixo não é acentuado.

   Além disso, os prefixos, diferentemente das bases, ocupam sempre posição fixa, à esquerda; nunca posição central, como as bases.

   O português, assim como outras línguas ocidentais, possui uma espécie de "estoque genético" composto por radicais e prefixos gregos e latinos, com os quais são formadas palavras novas no campo da ciência e tecnologia. É assim que, no campo da medicina e da psicologia, podemos formar palavras como: *adenoma* (tumor formado pelo tecido das glândulas); *heterofasia* (pronúncia inconsciente de uma palavra por outra); *coprolalia* (tendência ou impulso incontrolável de dizer palavrões, obscenidades).

   Alguns prefixos incorporam, às vezes, sentidos advindos de palavras compostas de que fazem parte. *Tele*, por exemplo, ao incorporar o sentido da palavra *televisão*, é empregado na formação de palavras como: *telenovela, teleator, telejornal*. O mesmo prefixo, incorporando o sentido da palavra *telefone*, é empregado para derivar palavras como: *telepizza, telemarketing, telessexo*.

Derivação Sufixal

   Na derivação sufixal, acrescentamos um elemento chamado *sufixo*, depois da palavra.

   justo + *iça* = justiça
   respeito + *oso* = respeitoso
   brasil + *eiro* = brasileiro
   casa + *inha* = casinha

A categoria de grau está também incluída no processo de derivação sufixal e não no de flexão dos substantivos e adjetivos, uma vez que não tem caráter sistemático e obrigatório como as categorias de gênero e número, por exemplo. Em uma frase como *As meninas são bonitas*, não podemos colocar apenas *meninas* na flexão de feminino plural, dizendo: *A meninas é bonita*. Já numa frase em que apareça o substantivo *garotinha*, no grau diminutivo, não há a menor necessidade de se "concordar em grau" construindo uma frase como: *Esta garotinha é bonitinha*. Nada impede que a tal garotinha seja apenas bonita ou até mesmo bonitona.

Existem, em português, processos altamente produtivos de criação de palavras por sufixação, especialmente nas seguintes áreas:

a. Derivação de adjetivos a partir de substantivos

Esse tipo de derivação se faz, principalmente, por meio dos seguintes sufixos:

– OSO
   fama – fam*oso*
   revolta – revolt*oso*
   mentira – mentir*oso*

Muitas vezes, o sufixo *oso* faz surgir um adjetivo de um substantivo já formado por um adjetivo primitivo derivado por meio do sufixo *idade*, como em:

   bondade – bond*oso*
   caridade – carid*oso*
   maldade – mald*oso*

Nesses casos, entra em ação um fenômeno fonético ou metaplasmo chamado *haplologia* (queda de uma sílaba no meio da palavra). *Bondade* daria *bondadoso*, mas, com a queda da sílaba *da*, resultou *bondoso*. O mesmo aconteceu com *caridade* (*caridadoso* > *caridoso*) e *maldade* (*maldadoso* > *maldoso*).

– UDO
   ponta – pont*udo*
   barriga – barrig*udo*
   pelo – pel*udo*
   bigode – bigod*udo*

Esse sufixo traz em si a ideia de excesso, vinculado geralmente ao corpo e com valor pejorativo.

– AL
  indivíduo – individu*al*
  matéria – materi*al*
  espírito – espiritu*al*
  colégio – colegi*al*
  morte – mort*al*

O sufixo *al* pode ainda derivar um adjetivo de outro adjetivo, como *celeste – celestial*.

– ES (origem popular) / ENSE (origem erudita)
  França – franc*ês*
  corte – cort*ês*
  monte – mont*ês*
  Viena – vien*ense*
  Brasília – brasili*ense*

Esses adjetivos derivados são comumente empregados como substantivos, em frases como: *Os **brasilienses** vivem mais de perto os problemas da República.*

– ÃO (origem popular) / ANO (origem erudita)
  Beira – beir*ão*
  Goiás – goi*ano*
  Piracicaba – piracicab*ano*
  América – americ*ano*

A forma erudita desse sufixo é mais produtiva do que a popular em português e forma também adjetivos que se empregam como substantivos, em frases como: *Os **americanos** venceram os **iraquianos** em duas ocasiões.*

Um alomorfe desse sufixo (*iano*) é utilizado para derivar adjetivos de substantivos próprios como em:

  Wagner – wagner*iano*
  Lacan – lacan*iano*
  Byron – byron*iano*

– ISTA
   violino – violinista
   piano – pianista
   classe – classista
   urologia – urologista
   Santos – santista

Esse sufixo indica geralmente atividades relacionadas à arte, ciência ou política. Mas indica também, mais raramente, gentílicos, como no último exemplo.

– EIRO (origem popular) / ARIO (origem erudita)
   verdura – verdureiro
   pedra – pedreiro
   seringal – seringueiro
   banco – banqueiro
   Brasil – brasileiro
   Campinas – campineiro
   banco – bancário
   comércio – comerciário

O sufixo *eiro* traz, em sua origem, a ideia de profissão com atividade braçal. Exemplo: *jornaleiro, padeiro, lixeiro, motoqueiro*. *Brasileiro* era, primitivamente, o português que tinha como atividade a exploração do pau-brasil. Posteriormente, adquiriu o significado gentílico atual, uma vez que, algum tempo depois da descoberta, muitos dos que exploravam o pau-brasil já tinham nascido no Brasil. Por analogia a *brasileiro*, nesse novo sentido, outros substantivos surgiram com esse sufixo, também com o significado gentílico, como *campineiro*. A forma erudita *ario* aplica-se no Brasil a assalariados dentro de uma profissão. Qualquer brasileiro sabe a diferença entre um *banqueiro* e um *bancário*. Cabe acrescentar que esses adjetivos derivados são mais comumente empregados como substantivos. Exemplo: *Banqueiros* e *bancários* não chegaram ainda a um acordo salarial.

b. Derivação de adjetivos a partir de verbos

– VEL
   durar – durável
   recarregar – recarregável
   beber – bebível
   vender – vendível
   suprir – suprível

Como se vê, na 1ª e na 3ª conjugações, a vogal temática permanece inalterada. Na 2ª conjugação, ela se altera para *i*.

– DIO (origem popular) / TIVO (origem erudita)
   escorregar – escorrega*dio*
   comemorar – comemora*tivo*
   pensar – pensa*tivo*
   vingar – vinga*tivo*

c. Derivação de substantivos a partir de substantivos

O sufixo *al* pode, também, ser responsável pela transformação de um substantivo em outro substantivo, traduzindo ideia coletiva, geralmente associada à aglomeração de plantas, mas não exclusivamente, como em:

   banana – banan*al*
   pinho – pinh*al*
   laranja – laranj*al*
   areia – are*al*
   pântano – pantan*al*

Nesse sentido, *al* acabou suplantando o sufixo *edo*, que também traduz ideia de coleção de vegetais, em palavras como: *arvoredo, vinhedo* etc. Há inclusive um alomorfe em *zal*, deduzido provavelmente de um radical com *z*, como *arrozal* (*arroz + al*), e aplicado a palavras como *café* e *sapé*, produzindo *cafezal* e *sapezal*.

Outro sufixo que também permite a derivação de um substantivo de outro substantivo é *eiro*, indicando árvore que produz um tipo de fruto, ou recipiente que contém alguma coisa, ou até mesmo um coletivo:

   pêssego – pessegu*eiro*
   pera – per*eira*
   laranja – laranj*eira*
   açúcar – açucar*eiro*
   flor – flor*eira*
   pedra – pedr*eira*

Por iconicidade, o gênero do substantivo derivado tende a corresponder ao gênero do substantivo primitivo. Assim, de *pêssego* (masculino), temos *pessegueiro* (masculino); de *manteiga* (feminino), temos *manteigueira* (feminino).

Além desses, temos também o sufixo *ada*:

faca – fac*ada*
bengala – bengal*ada*
cadeira – cadeir*ada*
papel – papel*ada*
boi – boi*ada*
criança – crianç*ada*

Esse sufixo expressa uma ação em função de um instrumento (*facada*, *bengalada*), ou um coletivo (*papelada*, *criançada*).

d. Derivação de substantivos a partir de verbos

O principal sufixo para formar substantivos a partir de verbos é *dor*, que indica o agente de uma ação.

pescar – pesca*dor*
comprar – compra*dor*
varrer – varre*dor*
vender – vende*dor*
fingir – fingi*dor*

A vogal temática do verbo, como podemos ver, é conservada na derivação.

Outros sufixos:

– DOURO (popular) / TÓRIO (erudito)
matar – mata*douro*
beber – bebe*douro*
embarcar – embarca*douro*
dormir – dormi*tório*
escrever – escri*tório*

– MENTO
isolar – isola*mento*
julgar – julga*mento*

– ÇÃO
consolar – consola*ção*
perseguir – persegui*ção*
enganar – engana*ção*

– DURA
>   morder – morde*dura*
>   varrer – varre*dura*
>   urdir – urdi*dura*

e. Derivação de substantivos a partir de adjetivos

O principal sufixo para a formação de substantivos, geralmente abstratos, a partir de adjetivos, é:

– IDADE
>   ameno – ameni*dade*
>   claro – clari*dade*
>   sério – serie*dade*
>   fácil – facili*dade*
>   digno – digni*dade*

Outros sufixos:

– EZ / EZA
>   pálido – palid*ez*
>   embriagado – embriagu*ez*
>   claro – clar*eza*
>   singelo – singel*eza*

– IA
>   valente – valent*ia*
>   arrogante – arrogânc*ia*
>   demente – demênc*ia*

– ISMO
>   estrutural – estrutural*ismo*
>   romântico – romant*ismo*
>   empírico – empir*ismo*
>   ideal – ideal*ismo*

f. Derivação de verbos a partir de substantivos e adjetivos

A partir de um substantivo, os verbos geralmente são formados pelo acréscimo da terminação verbal *ar*, da primeira conjugação.

>   muro – mur*ar*
>   análise – analis*ar*

Muitas vezes, o acréscimo de *ar* se dá simultaneamente ao acréscimo do prefixo *en* ou *a*, como em:

parede – *em*pared*ar*
faixa – *en*faix*ar*
terra – *a*terr*ar*
calma – *a*calm*ar*

Para formar um verbo a partir de um adjetivo, o sufixo mais utilizado é *izar*, por influência francesa.

real – real*izar*
verbal – verbal*izar*
concreto – concret*izar*

g. Derivação de verbos com ideia de aspecto

Os sufixos *ear* e *ejar* derivam verbos a partir de substantivos, acrescentando a eles a ideia de aspecto frequentativo ou iterativo (repetição da ação).

onda – ond*ear*
estaca – estaqu*ear*
ar – ar*ejar*
gota – got*ejar*

O sufixo *ecer* tem valor inceptivo (início da ação) e é utilizado conjuntamente com o prefixo *a* ou *en*.

manhã – *a*manh*ecer*
noite – *a*noit*ecer*
triste – *en*trist*ecer*
velho – *en*velh*ecer*

SUFIXOS FORMADORES DE GRAU

Os sufixos formadores de grau diminutivo em português são: *inho, ito* e *eto*.

mesa – mes*inha*
casa – cas*inha*
mala – mal*inha*
boca – boqu*ita*
mala – mal*eta*

Para formar o aumentativo, são utilizados os sufixos: *ão, alhão, zarrão, aço* e *arra*.

livro – livr*ão*
caneca – canec*ão*
grande – grandalh*ão*
homem – homenzarr*ão*
mulher – mulher*aça*
boca – boc*arra*

Os sufixos de grau frequentemente sobrepõem à ideia de tamanho pequeno ou grande a ideia de julgamento subjetivo.

Derivação Parassintética

Derivação parassintética é o processo pelo qual uma palavra nova é criada pelo acréscimo simultâneo de um prefixo e de um sufixo a uma base. Exemplos:

PREFIXO		BASE		SUFIXO		
en	+	garrafa	+	ar	=	engarrafar
es	+	claro	+	ecer	=	esclarecer
des	+	membro	+	ar	=	desmembrar

É importante enfatizar que, na derivação parassintética, o acréscimo de ambos os afixos *é simultâneo*. De fato, é impossível derivar, em português, palavras com as bases acima e apenas um dos afixos, seja o prefixo ou o sufixo, como se pode perceber pelo aspecto insólito de formações como:

* garrafar, clarescer, esclaro, membrar, desmembro (substantivo)

O mesmo não acontece com palavras como *desestruturar* e *reformar*, pois formas como *estruturar* e *formar* são perfeitamente corretas em português. Nesse caso, na ausência de simultaneidade, *não há derivação parassintética*. O que existe aí são dois processos sucessivos de derivação, o primeiro, *sufixal*, produzindo:

BASE		SUFIXO		
estrutura	+	ar	=	estruturar
forma	+	ar	=	formar

e o segundo, *prefixal*, produzindo:

PREFIXO		BASE COMPLEXA		
des	+	estruturar	=	desestruturar
re	+	formar	=	reformar

Derivação Imprópria ou Conversão

Chama-se de derivação imprópria ou conversão a migração de uma palavra que pertence originariamente a uma classe, para outra classe, sem nenhum acréscimo ou subtração de afixos a seu radical. Vejamos os seguintes exemplos:

a. De adjetivo a substantivo:

> O povo *americano* (*adjetivo*) votou nas eleições presidenciais, na última semana.
> O estudante entrou na lanchonete e pediu um *americano* (*substantivo*).

b. De verbo a substantivo:

> Ela queria *andar* (*verbo*) de moto de qualquer jeito.
> Percebeu que o *andar* (*substantivo*) dela era provocante.

c. De substantivo a adjetivo:

> Viu um *burro* (*substantivo*) na rua, puxando uma carroça.
> O seu amigo *burro* (*adjetivo*) telefonou outra vez.

d. De adjetivo a advérbio:

> Seu irmão é muito *alto* (*adjetivo*).
> Seu irmão já está falando *alto* (*advérbio*) de novo.

e. De particípio passado a substantivo:

> *Feridas* (*particípio passado*) as pernas, teve que abandonar o combate.
> Ele estava curando as *feridas* (*substantivo*).

f. De palavra invariável a substantivo:

> Ele saiu cedo *porque* (*conjunção*) pretendia ir ao dentista.
> Só não entendo o *porquê* (*substantivo*) dessa confusão toda.

O fator desencadeador desse processo de derivação parece ser, em alguns casos, a elipse, por economia. Assim, de *pedir um sanduíche americano*, terímos *pedir um americano*; de *blusa de cor de vinho, blusa vinho*; de *falar de modo alto, falar alto*. O sentido do substantivo integra-se conceptualmente à palavra derivada. Por esse motivo, essa mudança de classe provoca alteração de sentido, o que pode ser mais facilmente observado na passagem de adjetivo para substantivo ou de substantivo para adjetivo. *Americano* (adjetivo para substantivo) passa a denominar um sanduíche; *burro* (substantivo para adjetivo) não é mais nome de um animal, mas um qualificativo significando "pouca inteligência".

Derivação Regressiva

A derivação regressiva caracteriza-se pela supressão de elementos, ao invés de um acréscimo. Trata-se de um processo altamente produtivo em português, na formação dos chamados *deverbais*, que são substantivações de formas verbais:

atacar – ataque
brecar – breque
caçar – caça
descartar – descarte
ensinar – ensino
iniciar – início
lutar – luta
perder – perda
pescar – pesca
vender – venda

Existe uma questão semântica de particular interesse com relação aos processos de derivação envolvendo verbos e substantivos. O que surgiu primeiro: o verbo ou o substantivo? Nos exemplos acima, em que o significado é uma ação, podemos dizer que os substantivos derivam dos verbos. Em outros casos, em que o significado é um objeto concreto, como *pedra, telefone*, obviamente esses substantivos é que deram origem aos verbos *empedrar* e *telefonar*, e não o contrário.

Há situações, entretanto, em que é difícil determinar o que veio antes. É o que acontece com *grito/gritar* e *tosse/tossir*, por exemplo. Somente um estudo acurado da história dessas formas poderia dar a resposta definitiva.

Um critério para resolver a maioria desses problemas consiste em considerar como deverbal a formação que puder ser utilizada com sentido verbal. Uma frase como: *A volta dos soldados alegrou os familiares,* pode ser parafraseada assim: *Os soldados terem voltado alegrou os familiares.* Já *O esmalte de Mariângela provocou espanto,* não pode ser transformada em *Mariângela ter-se esmaltado provocou espanto.* Logo, a direção do primeiro exemplo é: *voltar – volta* e a do segundo exemplo, *esmalte – esmaltar.*

Produtividade da Derivação

As possibilidades de criação de novas palavras são teoricamente infinitas, se levarmos em conta apenas o sistema que as permite. Na prática, entretanto, isso não acontece. Há afixos mais produtivos do que outros, como os que envolvem as noções de negação e de grau. Basta ver a enorme quantidade de palavras que podemos formar a todo momento com o sufixo *inho: casinha, lapisinho, bonitinho, quadrinho, verdinho, calminho* etc.

Os prefixos *des* e *in* e, mais recentemente, a palavra *não,* transformada em prefixo, são também responsáveis por um número infinito de criações lexicais:

descasado, despossuído, desmamado
infeliz, inábil, incorreto
não cortante, não optante, não leitor.

O fato de já existir no léxico uma palavra derivada constitui obstáculo à criação de outra com o mesmo sentido. Por esse motivo, é difícil aceitar palavras como *contação,* ou *espionação,* uma vez que já existem *contagem* e *espionagem.* Inovações desse tipo algumas vezes acontecem, mas com inevitável alteração de sentido, como em *recebimento / recepção; coroamento / coroação, contagem* (dos votos) */ contação* (de histórias).

Muitas vezes, por falta de repertório, algumas pessoas valem-se de afixos para criar palavras que as possam auxiliar na comunicação, na prosa cotidiana. Mesmo que inadequadas, por já existirem as devidas derivações no léxico, o processo acontece e as pessoas acabam se entendendo.

A formação de palavras insólitas ocorre com certa frequência, nas mais variadas formas de comunicação e de expressão (conversa diária, imprensa, obras literárias), de forma intencional, com o objetivo de produzir os mais variados efeitos de sentido.

Na literatura, essas formações conseguem surpreender o leitor de modo singular, uma vez que se apresentam de forma extremamente original, ampliando o universo de significados e recuperando o significado de palavras conhecidas, como ocorre em um dos versos do final de um poema de Drummond intitulado *A um Hotel em Demolição*, motivado pela demolição do hotel Avenida, na cidade do Rio de Janeiro.

> Estou comprometido para sempre
> eu que moro e *desmoro* há tantos anos
> O Grande Hotel do Mundo sem gerência
>
> em que nada existindo de concreto
> – avenida, avenida – tenazmente
> de mim mesmo sou hóspede secreto[4].

Composição

Na composição, junta-se uma base a outra para formar uma palavra. Sua principal função é a denominação, que pode ser descritiva, descritiva e metafórica ou totalmente metafórica. São exemplos de denominação descritiva palavras compostas como:

couve-flor, guarda-roupa, para-raios, porta-janela, quebra-nozes, saca-rolhas, sofá-cama.

Nessas denominações, podemos inferir o significado do composto pela compreensão de seus constituintes. Um *sofá-cama*, por exemplo, é um sofá que também serve de cama. Um *saca-rolhas* é um instrumento para sacar rolhas.

São exemplos de denominação descritiva e metafórica palavras compostas como:

peixe-espada, funcionário-fantasma, sequestro-relâmpago

Um peixe-espada é um peixe, mas não é uma espada. Espada refere-se à forma alongada do seu bico. Funcionário-fantasma é um funcionário, mas não um fantasma. Fantasma refere-se, metaforicamente, ao fato de ele não aparecer no trabalho, "ser invisível" como os fantasmas. Sequestro-relâmpago

---

4. Carlos Drummond de Andrade, *Antologia Poética*, p. 271.

é um sequestro, mas não um relâmpago. Relâmpago refere-se ao fato de ser rápido como um relâmpago.

Na denominação totalmente metafórica, o significado não é o resultado da soma do significado de ambas. É o que se pode observar em palavras compostas como:

> copo-de-leite, louva-a-deus, olho-de-gato, rabo-de-gato, sempre-viva.

Um *copo-de-leite* não é uma espécie de copo, mas uma flor. Um *olho-de-gato* não é um olho, mas um artefato que reflete a luz.

Justaposição e Aglutinação

Do ponto de vista morfológico, as palavras compostas cujos elementos se mantêm íntegros são chamadas compostas por *justaposição*, como *guarda-costas, arranha-céu*. As palavras compostas cujos elementos perdem sua integridade são chamadas compostas por *aglutinação*. Exemplos: *aguardente* (*água* + *ardente*), *fidalgo* (*filho de algo*). Quando a palavra composta é formada por dois substantivos, o primeiro funciona como núcleo e o segundo, como especificador:

> *sofá - cama*
> (núcleo) (especificador)

Quando a palavra composta é formada por um adjetivo e um substantivo, o substantivo funciona como núcleo e o adjetivo como especificador, independentemente da ordem:

> *obra - prima*
> (núcleo) (especificador)
>
> *boa - vida*
> (especificador) (núcleo)

Nos compostos em que o primeiro elemento é um verbo, o segundo elemento tem função análoga a um complemento verbal, refletindo a estrutura sintática de um predicado.

PREDICAÇÃO	PALAVRA COMPOSTA
guardar roupa	guarda-roupa
sacar rolhas	saca-rolhas

Hibridismos

Palavras compostas, cujos elementos de composição provêm de línguas diferentes (ambas diferentes do português), recebem a classificação adicional de *hibridismos*.

GREGO E LATIM
automóvel (por si mesmo + móvel)
monocultura (um + cultura)
televisão (longe + ver)

LATIM E GREGO
altímetro (alto + medida)
decímetro (dez + medida)
sociologia (companheiro + estudo)

FRANCÊS E GREGO
burocracia (escritório + poder)

ALEMÃO E GREGO
zincografia (zinco + escrita)

Outros Processos de Formação de Palavras

Abreviações

Às vezes, uma nova palavra é criada pela supressão de um elemento, sem que se caracterize derivação regressiva. Isso acontece, quando uma palavra é abreviada. É o caso de palavras como:

PALAVRA INTEIRA	ELEMENTO RETIRADO	PALAVRA ABREVIADA
cinema	ma	cine
fotografia	grafia	foto
microcomputador	computador	micro
motocicleta	cicleta	moto
teleobjetiva	objetiva	tele

A maioria das palavras derivadas por abreviação é dissilábica e paroxítona.

Às vezes, a abreviação acontece com a retirada de um dos constituintes da palavra, como em *foto*, que resulta da retirada de *grafia* da palavra *fotografia*. Outras vezes, o elemento é retirado de maneira aleatória, não correspondendo a nenhum constituinte morfológico da composição, como em *cine*, de que se retirou a sílaba final *ma*.

Existem até mesmo casos mais radicais. Uma palavra composta como *Escola Politécnica* acabou sendo reduzida pelos paulistas simplesmente para *Póli*.

Esses casos de derivação não se confundem com a derivação regressiva, porque, no caso da redução, a palavra resultante pertence à mesma classe que a original, o que não acontece com a derivação regressiva. Em uma frase como:

Meu primo estudou na *Escola Politécnica*

podemos substituir a forma integral pela reduzida, sem alteração do sentido:

Meu primo estudou na *Póli*.

Ao contrário, se substituirmos o verbo *descartar* pela sua derivada regressiva *descarte*, em uma frase como:

Ele acabou de descartar um ás.
* Ele acabou de *descarte* um ás.

teremos uma frase incorreta, pois *descarte* é um substantivo e não mais um verbo.

Onomatopeias

Onomatopeias são palavras que lembram, aproximadamente, os sons de coisas representadas.

auau (cão)
cocorocó (galo)
miau (gato)
mu (boi ou vaca)
piu (passarinho ou pinto)
ping-pong (bolinha de tênis de mesa)
tique-taque (relógio de corda ou automático)
zum (inseto ou objeto em velocidade)

É importante que se entenda a onomatopeia como imitação e não reprodução fiel de um som. De fato, as onomatopeias se integram ao sistema fonético da língua. O canto do galo, por exemplo, se encontra assim incorporado em algumas línguas, adaptado a seus sistemas fonético-fonológicos:

Português: cocorocó.
Português arcaico: cacaracá.
Francês: coquericó.
Inglês: *cock-a-doodle-do*.
Alemão: *kikiriki*.

Quando a onomatopeia é incorporada a uma classe de palavra (substantivo, adjetivo ou verbo) passa a chamar-se onomatopeia lexicalizada.

Todos prestavam atenção ao *tique-taque* do relógio (substantivo).
O relógio *tique-taqueava* alto (verbo).
O carro *zunia* pela estrada (verbo).
Aquela conversa *ping-pong* entre os candidatos não me agrada de maneira nenhuma (adjetivo).

Siglas e Acrônimos

Siglas e acrônimos são vocábulos construídos pela união das primeiras letras de várias palavras que compõem uma expressão. Exemplos:

Instituto Nacional de Seguridade Social = INSS
Acidente vascular cerebral = AVC
Óxido desoxirribonucleico (**d**eoxyribo**n**ucleic **a**cid em inglês)= DNA
Instituto Brasileiro de Opinião Pública de Estatística = IBOPE
Organização do Tratado do Atlântico Norte = OTAN
Universidade de São Paulo = USP

As siglas são pronunciadas letra por letra, soletrando, como nos três primeiros exemplos: i, n, s, s – a, v, c – d, n, a.

Os acrônimos são pronunciados silabicamente, como nos exemplos seguintes: i, bo, pe – o, tan – usp.

O emprego desses recursos permite "aliviar" nossa memória de curto prazo. Afinal, é bem mais fácil lembrar de DNA do que de Ácido desoxirribonucleico. Muitos deles têm origem em outras línguas e ficam "opacos" através do tempo, transformando-se em substantivos comuns como: *radar* (radio detection and ranging) e *laser* (light amplification by stimulated emission of radiation).

Algumas siglas e acrônimos acabam sendo tomados como bases para processos de derivação, como em:

> A comunidade *uspiana* (de USP = Universidade de São Paulo) estará representada em Brasília.

> O *petismo* (de PT = Partido dos Trabalhadores) nasceu com o apoio da Igreja Católica.

Em certos contextos, uma sigla ou acrônimo podem deixar de significar o título original, adquirindo outros sentidos. É o caso da palavra *ibope*, que pode aparecer em frases como:

> Não adianta insistir, que o seu discurso moralista não dá mais *ibope*!

CLASSIFICAÇÃO DAS PALAVRAS DO LÉXICO

Critérios de Classificação

São três os critérios costumeiramente usados para classificar as palavras do léxico:

Critério Semântico

Leva em conta o significado das palavras. Segundo o critério semântico, por exemplo, podemos dividir as palavras em duas grandes classes: *palavras lexicais* e *palavras gramaticais*. As palavras lexicais são aquelas que contêm ao menos um morfema lexical, que, como vimos no início deste capítulo, é o segmento que representa alguma coisa do mundo físico ou psicológico. Exemplos: rua, chuva, nevar, correr, limpo, alto, amor, saudade, medo, desejo etc.

As palavras gramaticais são aquelas que servem como instrumentos, estabelecendo relações entre elementos da própria língua ou representando as próprias palavras lexicais. Exemplos: o, um, este, esse, aquele, lá, onde, suas, com, de, para, que, se etc.

Critério Morfológico

Morfé (*morphe*, em grego) significa forma. Esse critério leva em conta as configurações formais das palavras. Agrupam-se numa classe palavras que possuem as mesmas (ou muito semelhantes) propriedades ou características formais. É segundo o ponto de vista morfológico que podemos definir:

- *advérbio* como palavra invariável;
- *verbo* como a única classe de palavras que admite desinências marcadoras de tempo;
- *adjetivo* como a única classe de palavras que admite o sufixo *íssimo* (íssima, íssimos, íssimas) como marcador de grau de superioridade.

Critério Sintático

Esse critério leva em conta as combinações que as palavras de cada classe admitem no interior da frase. Em outras palavras, leva em conta as correlações possíveis entre as palavras de cada classe. É do ponto de vista sintático que podemos definir:

- *adjetivo* como palavra que se refere (vem associada) ao substantivo;
- *advérbio* como palavra que se refere ao verbo, ao adjetivo ou ao próprio advérbio.

Há classes que costumam ser definidas a partir dos três critérios em conjunto. Observe-se, por exemplo, uma das definições de advérbio que circulam na nossa tradição gramatical:

Advérbio é palavra invariável que modifica o verbo, o adjetivo ou o próprio advérbio, designando circunstância.

Como se pode notar, acumulam-se aí os três critérios acima descritos. Ao dizer que o advérbio é palavra invariável, está-se usando um critério formal ou morfológico; ao dizer que ele modifica o verbo, adjetivo ou advérbio, explora-se um critério sintático; ao dizer que designa circunstância, explora-se um critério semântico.

Essa mistura de critérios é motivada, de um lado, pela tentativa de dar precisão à definição; de outro, pela complexidade de cada classe, incapaz de ser definida apenas por um único critério. Nas definições que apresentaremos neste livro, usarei, como é costume, um ou mais de um dos critérios já explicitados, conforme a necessidade e a conveniência. A insuficiência de um critério pode ser compensada pelo acréscimo de outro. Utilizarei também a divisão tradicional das palavras em dez classes: substantivo, adjetivo, artigo, numeral, pronome, verbo, advérbio, preposição, conjunção e interjeição.

RADICAIS GREGOS, PREFIXOS GREGOS E LATINOS

Apresento, ao final deste capítulo, uma relação dos principais radicais gregos e prefixos gregos e latinos que poderá ser de alguma utilidade para aqueles que tiverem interesse em conhecê-los.

Radicais Gregos

RADICAL GREGO	SIGNIFICADO	EXEMPLO NA PALAVRA
agogo	conduzir	demagogo (povo + conduzir)
algia	dor	nevralgia (nervo + dor)
anemo	vento	anemômetro (vento + medir)
antropo	homem	antropologia (homem + estudo)
arcaio/arqueo	antigo (de *arkés* = princípio)	arqueologia (antigo + estudo)
aristo	ótimo	aristocracia (ótimo + poder)
arque	governo, comando	oligarquia (poucos + governo)
biblio	livro	biblioteca (livro + proteção)
bio	vida	biologia (vida + estudo)
caco	mau	cacofonia (mau + som)
cali	belo	caligrafia (belo + escrita)
cefalo	cabeça	acéfalo (ausência + cabeça)
cloro	verde	clorofila (verde + folha)
cosmo	universo	cosmologia (universo + estudo)
cracia	poder	democracia (povo + poder)
crono	tempo	cronometria (tempo + medida)
demo	povo	democracia (povo + poder)
derma (dermato)	pele	dermatologia (pele + estudo)
eritro	vermelho	eritrópode (vermelho + pé)
fago	comer	aerofagia (ar + comer)
filo	amigo	filosofia (amigo + sabedoria)
filo	folha	filófago (folha + comer)
fobia	medo/aversão	acrofobia (altura + medo)
fone	som/voz	telefone (longe + voz)
fos (foto)	luz	fotofobia (luz + medo)
gamia	casamento	poligamia (muitos + casamento)
gastro	estômago	gastrite (estômago + infecção)
grafo	escrever/descrever	datilografia (dedo + grafia)
grama	peso	quilograma (mil + peso)
grama	escrito, inscrição	telegrama (longe + escrever)
hidro	água	hidrofobia (água + aversão)
hipo	cavalo	hipopótamo (cavalo + rio)
ictio	peixe	ictiologia (peixe + estudo)
lito	pedra	litografia (pedra + escrever)
logo	palavra/discurso/estudo	biologia (vida + estudo)

RADICAL GREGO	SIGNIFICADO	EXEMPLO NA PALAVRA
mancia	adivinhação	quiromancia (mão + adivinhação)
metro	medida	hidrômetro (água + medida)
miso	aversão/ódio	misógino (ódio + mulher)
morfe/morfo	forma	morfologia (forma + estudo)
necro	morte	necrópole (morte + cidade)
neo	novo	neologismo (novo + palavra)
oligo	poucos	oligarquia (poucos + governo)
ornito	pássaro	ornitologia (pássaro + estudo)
ped(o)/paido	criança	pediatria (criança + cura)
pluto	riqueza	plutocracia (riqueza + poder)
poli(s)	cidade	acrópole (alto + cidade)
potamo	rio	potamografia (rio + descrição)
quiro	mão	quiróptero (mão + asa)
sacaro	açúcar	sacarômetro (açúcar + medida)
sema	sinal	semáforo (sinal + portador)
talasso	mar	talassofobia (mar + medo)
tanato	morte	eutanásia (boa + morte)
tele	longe	televisão (longe + ver)
teo	Deus	teologia (Deus + estudo)
tese	ação de colocar	antítese (oposto + colocar)
topo	lugar	topônimo (lugar + nome)
trofia	nutrição/desenvolvimento	atrofia (ausência + desenvolvimento)
xeno	estrangeiro	xenofobia (estrangeiro + aversão)
zoo	animal	zoologia (animal + estudo)

Prefixos Gregos

PREFIXO GREGO	SIGNIFICADO	EXEMPLO NA PALAVRA
a (an)	negação/privação	afônico (sem + voz)
aná	inversão (de baixo para cima)	anagrama (inversão + letra)
anfi	duplicidade	anfíbio (duplo + vida)
anti	ação contrária	antiaéreo
apo	afastamento	apogeu (afastamento + terra)
arqui (arce)	superioridade	arquiduque, arcebispo
cata	movimento do alto para baixo	catádromo (para baixo + correr)
dia	movimento através	diagnóstico (através + conhecimento)
di	dois	dissílabo (dois + sílaba)
e – en	posição interna	encéfalo (dentro + cabeça)

PREFIXO GREGO	SIGNIFICADO	EXEMPLO NA PALAVRA
ec – ex	fora	ecdêmico (fora + povo)
		ectópico (fora + lugar)
		êxodo (fora + caminho)
endo	dentro	endoscopia (dentro + examinar)
epi	posição superior	epitáfio (sobre + túmulo)
eu	bem, bom	eufonia (bom + som)
hemi	metade	hemisfério (metade + esfera)
hiper	excesso	hipertensão (excesso + tensão)
hipo	deficiência/inferioridade	hipotrofia (deficiência+desenvolvimento)
meta	para além	metapsíquico (além + psíquico)
para	ao lado/proximidade	parapsicologia (ao lado + psicologia)
peri	em torno de	periscópio (em torno + ver)
pro	anterioridade/em frente	prólogo (anterior + discurso)
sin	união/simultaneidade	sincrônico (simultâneo + tempo)

Prefixos Latinos

PREFIXO LATINO	SIGNIFICADO	EXEMPLO NA PALAVRA
ab (abs)	afastamento	abjurar (afastamento + jurar)
ad (a)	proximidade, direção	adjazer (perto + jazer)
		afixar (perto + fixar)
ambi	duplicidade	ambidestro (dois + direito)
ante	anterioridade	antedatar
bem	bem, bom êxito	bendizer
bi	dois	bissexual
circum	movimento em torno	circum-navegação
cis	posição aquém	cisalpino (aquém + Alpes)
com (con ou co)	companhia	combater
		colaborar (junto + trabalhar)
contra	oposição	contradizer
de	origem/afastamento	deportar, decair
des	negação/separação, ação contrária	desleal, desfazer
em (en ou in)	movimento para dentro	enterrar, ingerir
ex (es ou e)	movimento para fora	exportar, emigrar (fora + migrar)
		escorrer
extra	fora de	extra-oficial
in (im ou i)	negação	infeliz, ilegal
infra	abaixo, posição inferior	infra-assinado

PREFIXO LATINO	SIGNIFICADO	EXEMPLO NA PALAVRA
inter	entre, posição intermediária	intervir
intra	posição interior	intramuscular (dentro + músculo)
intro (in)	movimento para dentro	introduzir (dentro + levar)
		incursão (dentro + caminhada)
justa	junto de	justapor (junto de + pôr)
mal	mal	maldizer
ob (o)	oposição, posição em frente	obstar (oposição + estar)
		opor (oposição + pôr)
pene	quase	penúltimo (quase + último)
per	completamente	perfurar (furar completamente)
pos	posição posterior	pospor
pre	anterioridade	predizer
preter	além de	preternatural (além + natural)
pro	anterioridade, em frente	prosseguir (em frente + seguir)
re	movimento para trás, de novo	refrear, reler
retro	movimento para trás	retroceder (para trás + ceder)
semi	metade	semicírculo
soto (sota)	posição inferior	sotopor (abaixo + pôr)
sub (sob – so)	inferioridade, de baixo para cima	subscrever, sopé, sobpor (debaixo + pôr)
super (sobre)	posição superior	super-homem, sobreloja
supra	posição superior	supracitado
trans (tra – tres –tre)	além de	transpassar, travestir, tresnoitar
tri	três	tripartido
ultra	além do limite	ultrapassar
vis (vice)	no lugar de	vice-cônsul

Correspondência entre Prefixos Gregos e Latinos

PREFIXO GREGO	EXEMPLO	PREFIXO LATINO	EXEMPLO	SIGNIFICADO
a (an)	amoral, anarquia	des, in	imoral, desnecessário	privação, negação
anfi	anfíbio	ambi	ambivalente	duplicidade
anti	antiaéreo	contra	contradizer	ação contrária
apo	apogeu	ab	abjurar	afastamento
cata	cataclismo	de	decair	movimento de cima para baixo

PREFIXO GREGO	EXEMPLO	PREFIXO LATINO	EXEMPLO	SIGNIFICADO
di	dissilábico	bi	bilabial	dois
dia, meta	diálogo	trans	transformação	através de, mudança
ec, ex	êxodo	ex	exportar	movimento para fora
en	encéfalo	in	ingerir	interioridade
endo	endovenoso	intra	intramuscular	posição interior
epi	epiderme	supra	supracitado	acima, superior
eu	eufonia	bene	benefício	bem, bom
hemi	hemiciclo	semi	semicírculo	metade
hipo	hipotrofia	sub	subterrâneo	sob, inferior
para	paráfrase	ad	adjacente	proximidade, ao lado
peri	perímetro	circum	circunscrever	em torno de
pro	prólogo	pre	previsão	anterioridade
sin	sintonia	cum	combater	simultaneidade

5
SUBSTANTIVO

Substantivo é a palavra que designa seres em geral, tanto os animados e inanimados do mundo físico, como *homem, gato, água, mesa*; quanto os da fantasia ou da ficção, do mundo psicológico, como *papai-noel, saci, Bentinho, Capitu*.

O substantivo pode nomear um ser particular, como quando dizemos: o meu *carro*, a *mulher* com quem me casei, mas pode também nomear um conceito, comprimindo todos os seres de uma classe numa só palavra, como quando dizemos coisas como: O *carro* foi uma invenção do século XX, ou A *mulher* passou a ter maior importância na sociedade a partir do século XX. Nessa última situação, dizemos que o substantivo nomeia um conceito.

Outras classes de palavra, dependendo do contexto, podem também funcionar como substantivos. Isso acontece frequentemente com os adjetivos, como nos seguintes exemplos:

> Os *importados* vão subir de preço.
> O jogador cobrou mal o *lateral*.
> Meu *celular* está sem bateria.

Veja que *importados, lateral* e *celular* estão no lugar de *produtos importados, arremesso lateral* e *telefone celular*. Em função da contiguidade, os sentidos dos substantivos *produtos, arremesso* e *telefone* são incorporados conceptualmente, respectivamente, aos adjetivos *importados, lateral* e *celular* que passam a significar, agora, os significados dos todos de que provêm.

Esses novos substantivos criados a partir da reanálise de adjetivos podem também ser usados no singular para denominar conceitos como em:

O *celular* parece ser hoje em dia algo indispensável.
O *negro* no Brasil ainda sofre preconceitos.
O *jovem* deve pensar sempre no futuro.

Outras classes de palavra podem, também, funcionar como substantivos, como nos seguintes exemplos:

Sempre é uma palavra muito perigosa. (advérbio)
O *eu* das pessoas costuma ditar as regras de conduta. (pronome)
Viver é muito perigoso. (verbo)

EXTENSÃO DO SIGNIFICADO DOS SUBSTANTIVOS

Os substantivos possuem também uma propriedade chamada de extensão, determinada pelo número de categorias a que se aplicam. O substantivo *animal*, por exemplo, tem extensão maior do que *ave* e *ave*, extensão maior do que *pássaro*, que, por sua vez, tem extensão maior do que *andorinha*. Representando esquematicamente, teremos:

animal
    ave
        pássaro
            andorinha

Como se vê, o significado de andorinha está contido em *pássaro*, que está contido em *ave*, que está contido em *animal*. Em contrapartida, o significado de *animal* contém *ave*, que contém *pássaro*, que contém andorinha.

O substantivo de significado mais extenso (aquele que contém outro ou outros) chama-se *hiperônimo* (*hiper*, do grego, = superior / acima; *ônoma* = nome); o substantivo de significado menos extenso (aquele que está contido em outro) chama-se *hipônimo* (*hipo*, do grego, = inferior / abaixo; *ônoma* = nome).

Os hiperônimos costumam ser usados para recuperar hipônimos que aparecem em frases anteriores, configurando aquilo que chamados de coesão textual léxica. Exemplo:

Um avião da TAM foi atingido por uma *gaivota* na madrugada de ontem após decolar do aeroporto Santos Dumont. O *pássaro* entrou na turbina esquerda, obrigando a aeronave a voltar ao aeroporto.

Veja que o substantivo *pássaro* recupera o substantivo *gaivota* que aparece na oração anterior.

ESPÉCIES DE SUBSTANTIVO

SUBSTANTIVOS COMUNS E PRÓPRIOS

Substantivos comuns são aqueles que nomeiam indivíduos ou conceitos.

Indivíduos: Esta *maçã* é vermelha. (uma maçã individual)
Conceitos: *Morango* é uma fruta pequena. (vale para todos os morangos do mundo)

Substantivos próprios nomeiam indivíduos com identidade única:

D. Pedro I proclamou a Independência.
São Paulo é uma grande cidade.
O *Banco do Brasil* foi fundado em 1808.

É importante destacar que os substantivos próprios só têm significado no nível interdiscursivo. Se meu interlocutor atribui um significado individual a *D. Pedro I*, é porque compartilha comigo o conhecimento de quem foi *D. Pedro I*. Mas, se digo a ele que *Amélia* chegou e ele não sabe quem é *Amélia*, esse substantivo não tem o menor significado para ele. Ao contrário dos substantivos comuns, que são descritivos e já entram numa frase com um significado prévio, os substantivos próprios adquirem significado apenas numa situação compartilhada de discurso.

Quando os substantivos próprios se referem a seres humanos, são chamados de *antropônimos (antropos,* do grego, = homem; *ônoma* = nome). É o caso de *D. Pedro I, Paulo, Rodrigo, Maria, Vera, Angélica.* Quando se referem a localidades, são chamados de *topônimos (tópos,* do grego, = lugar; *ônoma* = nome), como *Itália, São Paulo, Praça da Sé, Rua General Osório* etc. A referência pode, contudo, vincular-se a entidades de outras naturezas, como *Casas Pernambucanas, Universidade de São Paulo.* Há quem chame esses nomes próprios de "*pantônimos*" (*pan,* do grego, = tudo / todo; *ônoma* = nome).

Além do nome próprio de batismo, as pessoas possuem os nomes de família, provindos do pai e da mãe, que são chamados no Brasil de sobrenomes. Dentro de casa, o nome próprio de batismo pode, por economia, ser reduzido. Em vez de *Juliana*, podemos dizer *Ju*, em vez de *Aparecida*, *Cida*. Essas reduções têm o nome de *hipocorísticos*.

Existe a possibilidade de nomes próprios se transformarem em comuns. Quando se diz, por exemplo, que "entre todas as *marias* apenas três eram brasileiras", *marias*, no caso, virou substantivo comum.

Substantivos Concretos e Abstratos

Substantivo concreto é aquele que designa seres que têm existência própria, separada e distinta de qualquer outra forma de existência. São concretos os substantivos que designam seres que existem no universo natural (*água, terra, fogo, árvore, peixe, navio, escola, prédio*) ou os que são concebidos em universos possíveis e também criados pela fantasia (*Deus, saci, fantasma, dragão, duende, fada, centauro*).

O substantivo abstrato é aquele que designa ações, sentimentos, estados e qualidades, considerados fora dos seres a que pertencem como: *viagem, amor, estrago, beleza*.

Esse tipo de substantivo corresponde a nomes criados por um artifício do pensamento: toma-se a ação, a qualidade ou o estado dos seres e imagina-se que existam separados deles. Na frase *O carro corre*, por exemplo, a palavra *corre* aparece como verbo (uma ação atribuída ao *carro*). Podemos, contudo, imaginar a ação de correr como se ela existisse por si mesma, separada do *carro*. Cria-se, então, a palavra *corrida*, que é um *substantivo abstrato*, isto é, *abstraído* ou *separado* do ser que o suporta. *Abstrair* vem do latim: *abs* = longe, afastado + *trahere* = levar, significando, portanto, em sua origem, *levar para longe, afastar, separar*.

O mesmo acontece com as qualidades e os estados dos seres. Na frase *Ela comeu uma fruta doce*, a palavra *doce* ocorre como adjetivo, indicando uma qualidade ou estado da fruta. Mas, pode-se imaginar essa qualidade em si mesma, desvinculada de qualquer substantivo. Surge então o substantivo abstrato *doçura*.

Os substantivos abstratos são, portanto, derivados de verbos ou adjetivos. Em alguns poucos casos, contudo, eles não têm esse tipo de relação formal de derivação. É o caso, por exemplo, de substantivos como *medo* e *saudade*. Não existe o verbo *medar* ou o verbo *saudadar*.

O fato de os falantes sentirem necessidade de usar o significado de verbos e adjetivos na classe dos substantivos tem uma explicação: verbos e adjetivos são predicadores e, por isso, quando os usamos, temos de agregar a eles outros elementos (tecnicamente chamados de argumentos) como agente, objeto afetado, experienciador etc. Se eu digo algo como: *Vendeu*, alguém perguntará *o quê?* Se digo: *Vendeu o carro*, perguntará *quem?* Se digo algo como: *Está feliz*, perguntará *quem?* Para que esse verbo e esse adjetivo façam sentido, tenho de acrescentar esses elementos, dizendo, por exemplo: *Minha prima vendeu o carro. Ela está feliz.*

Mas, se eu derivar dos verbos *vender* e do adjetivo *feliz* substantivos abstratos, posso usar os significados deles sem esses acréscimos. Posso dizer, por exemplo, que *No Natal passado as vendas aumentaram 15%*, sem dizer quem vendeu (os agentes) ou o que foi vendido (os objetos afetados pela venda). Posso dizer, também, que *A felicidade até existe*, sem dizer quem é feliz (experienciador).

Uma frase como *Minha mãe foi comprar, mas volta logo*, é malformada, pois falta o objeto afetado pela compra, requerido pelo verbo *comprar*; mas isso "tem conserto": posso trocar o verbo *comprar* pelo substantivo abstrato *compra* e refazer a frase como: *Minha mãe foi fazer uma compra, mas volta logo*. Veja que, agora, a frase não apresenta problemas. Dizemos que o verbo *fazer*, nesse caso, funciona como um verbo suporte.

Mas há mais ainda sobre o emprego dos substantivos abstratos. Vejamos o seguinte trecho:

A Anvisa suspendeu a comercialização de um fitoterápico vendido pela internet. A suspensão vale também para a manipulação desse remédio.

Veja que o substantivo abstrato *suspensão* tem aqui a função de recuperar, por coesão textual, toda a frase anterior (o fato de a Anvisa ter suspendido a comercialização do fitoterápico vendido pela internet). Trata-se de um recurso fantástico de coesão textual! No lugar de *suspensão*, o autor do texto poderia ainda ter usado um sinônimo mais geral de *suspensão* (o hiperônimo) e dizer que a *medida* vale também para a manipulação desse remédio. *Medida* é um substantivo abstrato derivado do verbo *medir*.

Algumas vezes, o substantivo abstrato pode ser empregado como a intenção de avaliar o que foi dito em uma oração anterior. Exemplo:

Muitos motoristas dirigem falando ao celular. Essa *irresponsabilidade* tem produzido muitos acidentes.

Aqui, além de recuperar por coesão léxica o conteúdo da oração anterior, o autor faz uma crítica ao motorista infrator. Nesses casos, o substantivo abstrato é sempre derivado de um adjetivo. No exemplo acima, do adjetivo *irresponsável*.

Fora dessas duas situações, nominalizar verbos criando substantivos abstratos é completamente desnecessário e tira a clareza do texto. Compare as duas situações a seguir:

a) **Textos com Nominalizações Desnecessárias:**

A mídia possui um papel relevante, quando se trata de *formação* de opiniões e *estabelecimento* de padrões.

A privatização tem como princípio a *melhora* dos serviços e a *diminuição* dos valores cobrados e *possibilidade* de *afastamento* da responsabilidade dos órgãos públicos.

b) **Textos Usando Verbos no Lugar das Nominalizações:**

A mídia possui um papel relevante, quando se trata de *formar* opiniões e *estabelecer* padrões.

A privatização tem como princípio *melhorar* os serviços e *diminuir* os valores cobrados, *possibilitando afastar* a responsabilidade dos órgãos públicos.

Como se vê, os trechos em b) ficam muito mais claros e têm leitura mais fácil.

Substantivos Coletivos

Coletivos são substantivos que, na forma singular, designam um conjunto de indivíduos: *multidão, povo, boiada, clientela*. Constituem uma forma de conceber agrupamentos de seres como se eles tivessem personalidade própria, distinta da de cada um dos seus componentes. O que se fala da multidão não é propriamente o que se diria de cada um dos elementos que a compõem.

O coletivo representa uma forma de economia de linguagem. Certos agrupamentos de seres, por possuírem designação própria, dispensam uma expressão mais complexa de palavras. Em vez de dizer, por exemplo:

Às 10 horas da manhã, o navio pesqueiro já tinha localizado duas grandes quantidades de peixe.

podemos dizer, de modo mais econômico, que:

Às 10 horas da manhã, o navio pesqueiro já tinha localizado dois cardumes.

Muitas vezes, o emprego apropriado de um coletivo revela conhecimento do tema que está sendo tratado. Em vez de dizer: *O conjunto de obras e objetos de arte do museu foi danificado pela enchente,* pode-se dizer mais sinteticamente e com mais propriedade: *O acervo do museu foi danificado pela enchente.*

Os coletivos podem, também, servir para fazer julgamentos implícitos. Comparem-se as duas frases a seguir:

O destaque foi a *equipe* que acompanhava o governador.
O destaque foi a *fauna* que acompanhava o governador.

O emprego do coletivo *fauna*, como metáfora, na segunda frase, serve para desqualificar os acompanhantes do governador.

Certos substantivos coletivos indicam um conjunto com quantidade precisa e, apesar disso, não se enquadram na classe dos numerais e sim, dos substantivos. Encontram-se nessa condição substantivos como: mês, ano, década, século, dúzia, vintena, novena etc.

No final do capítulo há uma lista dos coletivos mais usados em português que poderá ser consultada, em caso de necessidade.

Substantivos Simples e Compostos

Quanto às formas que os constituem, os substantivos podem ser classificados como:

simples: aqueles que são constituídos por apenas uma palavra. Exemplo: casa, pé, árvore, vida.

compostos: aqueles que são formados por mais de uma palavra. Exemplo: pontapé, aguardente, couve-flor, sofá-cama.

FLEXÕES DO SUBSTANTIVO

O termo *flexão*, da mesma família do verbo *flectir* (= dobrar, curvar), designa as modificações na parte final de algumas palavras, para veicular categorias gramaticais como gênero, número ou pessoa. As flexões do substantivo indicam as categorias de *gênero* e *número*.

Gênero

Gênero é a categoria gramatical que serve para distribuir os substantivos em duas grandes classes: masculinos e femininos. Não se deve daí deduzir que a sexualidade constitua o principal fundamento dessa oposição linguística, uma vez que palavras que nomeiam seres inanimados e, portanto, assexuados podem pertencer tanto ao gênero masculino como ao feminino. Cadeira e mesa são substantivos femininos; lápis e automóvel, masculinos.

Historicamente, contudo, a oposição entre masculino e feminino é influenciada também pelo sexo, como podemos ver nos exemplos:

MASCULINO	FEMININO
menino	menina
esposo	esposa
patrão	patroa
professor	professora
aluno	aluna

Entretanto, mesmo entre os que designam seres animados, há substantivos cuja forma gramatical é masculina, embora representem seres de ambos os sexos. É o caso de substantivos como: o urubu, o cachalote, o cônjuge.

Como se vê, são masculinos na forma, mas designam tanto seres do sexo masculino quanto do feminino. *Cônjuge*, por exemplo, designa tanto *o esposo* quanto *a esposa*. Da mesma forma, existem substantivos com forma gramatical feminina que representam seres do sexo masculino e feminino como a onça, a cobra, a criança.

Motivações de natureza etimológica (que dizem respeito à origem das palavras) e também o princípio da iconicidade são normalmente responsáveis por essas diferenças de gênero. Iconicidade é um princípio cognitivo pelo qual procuramos representar fatos e coisas da maneira mais próxima possível da maneira como vemos a realidade, dentro da nossa história e herança cultural. É por iconicidade, por exemplo, que, comparando mentalmente as ramificações laterais de um rio aos nossos braços, chamamos esse afluentes de *braços*, e assim também chamamos as partes laterais de uma cadeira ou poltrona em que apoiamos os nossos braços: os *braços* da cadeira ou da poltrona.

Os substantivos derivados de verbos por meio do sufixo *mento*, por exemplo, são sempre masculinos: o juramento, o casamento, o pagamento, o consentimento. Mas se o sufixo formador for *ção*, os substantivos são femininos: a ebulição, a ignição, a punição, a prescrição.

As árvores frutíferas (com o sufixo *eiro*) têm, em geral, por iconicidade, o mesmo gênero das frutas que produzem:

a maçã   a macieira
a pera   a pereira
a goiaba   a goiabeira
o pêssego   o pessegueiro
o abacate   o abacateiro
o caqui   o caquizeiro

Outro tipo de motivação é a própria cultura na qual se inscreve uma dada língua. No português, por exemplo, quando há substantivos de radicais iguais, mas de graus diferentes, o grau menor é feminino, enquanto o grau maior é masculino:

MASCULINO	FEMININO
o portão	a porta
o facão	a faca
o corujão	a coruja
o figurão	a figura
o perdigão	a perdiz

Provavelmente, entra aí, também por iconicidade, o fato de que o homem é, normalmente, maior que a mulher.

Há palavras, porém, cuja determinação do gênero causa dificuldades. Isso acontece especialmente com as palavras terminadas em *e*, como *alface* (fem.) ou *eclipse* (masc.), certamente pelo fato de essa terminação, ao contrário de *o* e de *a*, não estar associada a nenhum dos dois gêneros.

Cabe ainda registrar que o latim, língua da qual deriva o português, possuía, além do masculino e do feminino, o gênero neutro, que no português foi absorvido pelo masculino. Apesar disso, ainda existem resíduos do neutro no significado de alguns pronomes como: *isso, aquilo, tudo, nada*. Esses pronomes não se referem nem ao gênero masculino, nem ao feminino. Trazem também resíduos do neutro os infinitivos substantivados (*o viver, o sonhar*) e os adjetivos substantivados (*o belo, o justo, o verdadeiro, o bom*).

Classificação dos Substantivos Quanto ao Gênero

Os substantivos do português podem ser agrupados em três classes, no que se refere ao gênero:

a. Substantivos de gênero único

São os que, do ponto de vista gramatical, têm apenas uma forma (ou masculina ou feminina), podendo referir-se tanto a seres animados quanto inanimados.

Masculinos, nomeando seres:

animados: jacaré, colibri, bode, cavalo, homem, cônsul, barão.
inanimados: carro, relógio, mar, pente, planeta.

Femininos, nomeando seres:

animados: onça, cobra, cabra, égua, mulher, criança, consulesa, baronesa, galinha.
inanimados: mesa, rosa, varanda, camisa, porta.

CONSIDERAÇÕES SOBRE OS SUBSTANTIVOS DE GÊNERO ÚNICO

Quando designam seres animados, os substantivos podem ser divididos em três tipos, segundo os seres que designam e os recursos que a língua usa para distinguir o sexo.

1º tipo: os chamados *substantivos epicenos*, que designam animais e distinguem os sexos por meio do acréscimo das palavras *macho* e *fêmea*.

o jacaré macho   o jacaré fêmea
o colibri macho   o colibri fêmea
a cobra macho   a cobra fêmea
a onça macho   a onça fêmea.

2º tipo: os chamados *substantivos sobrecomuns*, que designam pessoas cujo sexo se explicita apenas pelo contexto:

a testemunha
a criança
a pessoa
a vítima

Exemplos:

Ele se casou com uma índia em 1823, apadrinhou quatro indiozinhos e foi *testemunha* de sete casamentos "mistos". (*Folha de S. Paulo*, 30. 12. 2010.)

Machado e a diretora editorial do grupo, Luciana Vilas Boas, falaram à **Folha**, tendo por *testemunha* a assessora de imprensa Gabriela Máximo. (*Folha de S. Paulo*, 14. 11. 2010.)

No primeiro texto, o substantivo sobrecomum *testemunha* nomeia uma pessoa do sexo masculino, porque retoma o pronome *ele* que é masculino. No segundo, nomeia uma pessoa do sexo feminino, a assessora de imprensa Gabriela Máximo.

3º *tipo*: os substantivos *heterônimos* (do grego *heter* (o) = outro; *ônoma* = nome), substantivos que têm radical distinto para cada gênero. Tais substantivos nomeiam seres da mesma espécie, mas de sexos diferentes. Um, masculino, designa o macho da espécie e outro, feminino, designa a fêmea da espécie.

MASCULINO	FEMININO
o bode	a cabra
o cavalo	a égua
o homem	a mulher
o boi	a vaca

Incluem-se entre os heterônimos os substantivos de gênero único em que uma forma derivada por sufixo designa a fêmea da espécie:

MASCULINO	FEMININO
abade	abadessa
ator	atriz
barão	baronesa
cerzidor	cerzideira
conde	condessa
cônsul	consulesa
czar	czarina
diácono	diaconisa

duque	duquesa
embaixador	embaixatriz (= esposa do embaixador)
	embaixadora (= funcionária chefe de embaixada)
galo	galinha
herói	heroína
imperador	imperatriz
jogral	jogralesa
ladrão	ladra / ladrona
maestro	maestrina
perdigão	perdiz
poeta	poetisa
príncipe	princesa
rapaz	rapariga (mais comum em Portugal)
rei	rainha
réu	ré
sacerdote	sacerdotisa
sultão	sultana

O texto a seguir exemplifica bem a diferença entre *embaixadora* e *embaixatriz*:

No caso do homem diplomata, ter uma *embaixatriz* (como é chamada a mulher do *embaixador*) que acompanhe a carreira dele é quase uma exigência no currículo. "A *embaixatriz* tem uma função importantíssima. Ela administra a casa, os empregados e cuida do protocolo", diz Vera Pedrosa. "A *embaixadora* sozinha, ou mesmo casada, tem um trabalho duplo." (*Folha de S. Paulo*, 10. 12. 1995.)

b. Substantivos de dois gêneros

I. SUBSTANTIVOS DE DOIS GÊNEROS NÃO MARCADOS POR FLEXÃO

Pertencem a esta classe os chamados substantivos *comuns-de-dois--gêneros:*

artista, cliente, jornalista, pianista, presidente.

Esses substantivos, embora não tenham marcas de flexão, concordam no masculino, quando se referem ao sexo masculino, e no feminino, quando se referem ao sexo feminino. Assim, a concordância com artigos, adjetivos, pronomes etc. indica se o comum-de-dois se refere ao sexo masculino ou ao feminino. Exemplos:

A editora lança no final do mês *A Onda*, de Susan Casey, que está na lista dos mais vendidos do *New York Times*. Nele, *a jornalista* conta suas viagens em busca das maiores ondas do planeta. (*Folha de S. Paulo*, 6. 11. 2010, adaptado.)

A ideia de que "o mundo é plano" e acessível em uma tela de computador, que motivou *o jornalista* americano Thomas Friedman e deu título ao seu premiado livro, ganha mais espaço no dia a dia das empresas no Brasil. (*Folha de S. Paulo*, 26. 12. 2010.)

No primeiro texto, temos *jornalista* denominando Susan Casey (*a jornalista*), sexo feminino. No segundo, *jornalista* denominando Thomas Friedman (*o jornalista*).

II. SUBSTANTIVOS DE DOIS GÊNEROS MARCADOS POR FLEXÃO

Pertencem a essa classe um grande número de substantivos que, ao lado da forma masculina, possuem a forma feminina correspondente marcada pela desinência *a*.

MASCULINO	FEMININO
gato	gata
lobo	loba
mestre	mestra
professor	professora

OBSERVAÇÕES SOBRE A FLEXÃO DE GÊNERO:

a. O gênero masculino não tem desinência própria. Sua marca é a ausência da desinência *a* do feminino. Por esse motivo, costuma-se dizer que o masculino é marcado pelo morfema zero.

b. O gênero feminino é marcado, como vimos, pela desinência *a*, em três situações:

1. O feminino é formado pelo simples acréscimo da desinência *a*, sem qualquer alteração. Isso acontece quando a base masculina termina em consoante ou na vogal *u*:

bacharel	bachare*la*
professor	professo*ra*
burguês	burgue*sa*
juiz	juí*za*
peru	peru*a*

2. O feminino é formado pelo acréscimo do *a*, com a queda da vogal temática da base do substantivo. Essa queda recebe o nome de *apócope*. É o que ocorre com os substantivos terminados pela vogal temática *o / e*.

   alun(o)   aluna
   mestr(e)   mestra
   governant(e) governanta
   mong(e)   monja
   parent(e)   parenta

Essa queda (apócope) da vogal temática *o* ou *e* corresponde a uma regra geral em português, quando à base substantiva se agregam sufixos ou desinências iniciadas por vogal, como podemos ver nos exemplos:

   pov(o)   + inho = povinho
   gat(o)   + inho = gatinho
   dent(e)   + inho = dentinho
   elefant(e) + inho = elefantinho

3. O feminino é formado pelo acréscimo do *a* à base alterada do substantivo. É o que acontece com os substantivos terminados em *ão*, como se pode ver pelos casos seguintes:

MASCULINO	BASE ALTERADA	+ DESINÊNCIA	FEMININO
irmão	irm	ã	irmã
	(QUEDA DO ÃO)		
patrão	patro	a	patroa
	(TROCA DO ÃO PELO O)		
solteirão	solteiron	a	solteirona
	(troca do *ão* por *on*)		

Os substantivos enquadrados nessa regra são, no geral, formas aumentativas que veiculam um valor negativo:

   bonachão   bonachona
   espertalhão espertalhona
   figurão   figurona
   pobretão   pobretona
   solteirão   solteirona

Todos sabemos que dizer que uma mulher é *solteira* significa apenas que ela ainda não se casou, mas dizer que é *solteirona* significa que ela já passou da idade de casar-se e vai aí uma crítica implícita.

Um caso curioso e totalmente isolado, mas que merece registro, é o de *avô avó*. Aqui, o *ó* aberto contém a desinência *a*, em função da seguinte evolução histórica: avó*la* > avó*a* > avó*ó* > avó.

Como se vê, a desinência *a* foi assimilada completamente pelo radical.

Em certos substantivos, a vogal tônica *ô* (fechada) se abre com a agregação da desinência *a*. É o caso de:

porc(o)	+	a	=	porca
(ô)				(ó)
mort(o)	+	a	=	morta
(ô)				(ó)
senhor	+	a	=	senhora
(ô)				(ó)

III. PALAVRAS HOMÔNIMAS DE GÊNEROS DIFERENTES

Há certos substantivos masculinos que possuem substantivos homônimos (pronúncia e grafia iguais, mas sentidos diferentes) de gênero feminino:

o agravante	pessoa que interpõe agravo (recurso jurídico)
a agravante	circunstância que agrava
o capital	riqueza ou valor disponível
a capital	cidade onde se encontra o governo de um país ou estado
o cisma	separação
a cisma	suspeita, desconfiança
o crisma	óleo santo
a crisma	cerimônia religiosa
o cura	vigário
a cura	restabelecimento da saúde
o grama	unidade de medida
a grama	capim
o guarda	policial, vigia
a guarda	vigilância, corporação de vigilância
o guia	pessoa que orienta outras
a guia	formulário para preenchimento
o pimenteiro	o recipiente para polvilhar pimenta
a pimenteira	a planta da pimenta

o moral	ânimo
a moral	ética
o polícia	homem pertencente à corporação policial
a polícia	corporação policial

Há mais de uma razão para justificar oposições de gênero e diferenças de significado como essas. Uma delas é a diferença de origem das palavras do par: *grama* (= capim), por exemplo, é de origem latina; *grama* (= unidade de medida) é de origem grega. Outra razão está em que, nesses pares, a forma feminina, por ter provindo de um plural latino em *a*, designa ideia coletiva. É o caso de *o lenho* (= tronco) e *a lenha* (= feixe de madeira para queimar). Uma terceira razão é que o gênero pode ser motivado pela omissão de uma palavra que fica subentendida. É o caso de *o guarda*, que, originariamente feminino, assumiu a forma masculina por causa da elipse de um substantivo masculino, provavelmente *o oficial* ou *soldado da guarda*. Outros exemplos podem ser vistos em:

o boia-fria: o (trabalhador) boia-fria
o caixa: o (livro) caixa (livro onde se registra a entrada e saída do dinheiro)

c. Substantivos com gênero oscilante

Existem alguns substantivos em português, sobretudo aqueles que designam seres inanimados, que oferecem dúvidas quanto ao gênero. Uma palavra como *champanha* é, muitas vezes, tratada como feminina. Os dicionários, entretanto, classificam-na como masculina. A razão dessa hesitação é que essa palavra termina em *a*. Existe também a variante masculina *champanhe*.

A listagem que segue contém algumas dessas palavras de gênero oscilante, com as formas prescritas.

1. Palavras *masculinas*, com a terminação de origem grega *ma*:
   Anátema, estratagema, aneurisma, fibroma, coma, telefonema.

2. Palavras terminadas em *a*:
   masculinas: champanha, formicida, guaraná;
   femininas: omoplata, ordenança, sentinela.

3. Palavras terminadas em *e, o, ão*:
   masculinas: ágape, cataclismo, dó, eclipse, lança-perfume, somatório;
   femininas: alface, aluvião, apendicite, bólide, comichão, dinamite, faringe, tribo.

Há palavras em que essa oscilação de gênero atinge até mesmo o uso culto. Nesses casos, os dicionários e gramáticas abonam os dois usos indistintamente. É o caso de:

   o diabetes   a diabetes
   o personagem   a personagem
   o pijama   a pijama

Número dos Substantivos

A categoria de número serve para indicar a quantidade de seres designados pelo substantivo.

O singular pode indicar não só uma unidade, mas também, como vimos no início do capítulo, toda uma espécie:

   O *leão* é um animal perigoso.
   Maçã faz bem para a saúde.

Os substantivos *leão* e *maçã*, nesses exemplos, referem-se não a uma única unidade, mas a toda a espécie de leões e de maçãs. Utilizamos o singular pelo plural, diariamente, quando dizemos frases como: *Preciso comprar um sapato novo. Vou cortar o cabelo hoje à tarde.* É claro que são *dois sapatos*. É claro que são *milhares de cabelos*.

No português, o singular do substantivo não é marcado pela presença de uma desinência própria, mas pela ausência da desinência *s*. O plural é marcado pela presença da desinência *s*.

SINGULAR	PLURAL
Ausência da desinência	presença da desinência *s*
livro	livros
página	páginas

Formação do Plural

O plural nos substantivos portugueses é formado pelo acréscimo da desinência *s* à base singular.

caso + s = casos
vida + s = vidas

Tal acréscimo do *s* pode ocorrer de duas maneiras distintas:

1. a desinência *s* é adicionada pura e simplesmente à base (sem alteração alguma). Acontece quando o substantivo singular é constituído por uma base livre terminada em vogal, ou por ditongos em geral.

casa	+	s	=	casa*s*
café	+	s	=	café*s*
caqui	+	s	=	caqui*s*
avó	+	s	=	avó*s*
peru	+	s	=	peru*s*
órfã	+	s	=	órfã*s*
mãe	+	s	=	mãe*s*
sócio	+	s	=	sócio*s*

2. a desinência *s* é adicionada a uma base alterada, fazendo surgir uma variante (que é chamada de alomorfe). É o que acontece em vários casos como os seguintes:

a. Substantivos terminados em al, el, ol, ul

O *s* é acrescentado a uma base alterada terminada em *i*:

jornai + s = jornais

Na verdade, essa base presa tem origem na evolução das palavras que, no plural, perderam um *l* em sua evolução fonética.

	PORTUGUÊS ANTIGO		PORTUGUÊS ATUAL
SINGULAR	jornal(e)	>	jornal
PLURAL	jorna(l)es > jornaes	>	jornai + s.

Em português, *o l* só desapareceu entre duas vogais (posição intervocálica). No singular, a queda do *e* final (segunda vogal) eliminou essa condição e o *l* permaneceu. No plural, depois da queda do *l*, o *e* de *ae* passou a *i* (*ai*), por ditongação.

A explicação histórica para esses plurais decorre, portanto, da diferente evolução fonética das palavras de cada grupo.

Uma "regra" prática pode ser formulada para descrever, modernamente, a formação do plural das palavras terminadas em *l*:

O plural dos substantivos terminados em *al*, *el*, *ol* e *ul* se faz com a troca do *l* por *is*.

jornal	jornais
anel	anéis
anzol	anzóis
paul	pauis

Com alguns substantivos desse grupo, sobrevive no plural a forma latina. É o caso de:

consules = cônsule + s
males = male + s

Outros substantivos desse mesmo grupo admitem as duas formas de plural:

aval	avais ou avales
mel	méis ou meles
fel	féis ou feles

b. Substantivos terminados em il

As palavras terminadas em *il* átono, assim evoluíram:

fossile + s > (a) fossies > (b) fossees > (c) fósseis

a = queda do *l* entre vogais;
b = o *i*, por ser átono, assimila-se ao *e*;
c = o *ee* se transforma em ditongo.

As palavras terminadas em *il* tônico tiveram evolução diferente, produzindo outra forma de plural.

funile + s > (a) funies > (b) funiis > (c) funis

a = queda do *l* entre vogais;

b = o *i*, por ser tônico, mantém-se (o *e* é que se assimila ao *i*);
c = crase (fusão) dos dois *is*.

Em termos práticos, quando o substantivo de base (singular) termina em *l* precedido de *i* (*il*), dois casos devem ser considerados:

a. O *il* tônico (palavras oxítonas), caso em que o plural se faz pela queda do *l*, na base e pelo acréscimo do *s*.

   ani(l) + s = anis
   barri(l) + s = barris
   esmeri(l) + s = esmeris
   funi(l) + s = funis

b. O *il* átono (palavras paroxítonas), caso em que se troca o *il* por *ei*, na base, e se acrescenta *s*.

   fóssei + s = fósseis
   têxtei + s = têxteis
   projétei + s = projéteis
   réptei + s = répteis

OBSERVAÇÃO: Os mesmos alomorfes acionados para o plural dos substantivos terminados em *l* reaparecem em outras palavras do léxico como, por exemplo, nos diminutivos plurais desses mesmos substantivos:

   jornai + zinhos = jornaizinhos
   anei + zinhos = aneizinhos
   fossei + zinhos = fosseizinhos

c. Substantivos terminados em ão

O acréscimo da desinência *s* de plural aos substantivos terminados em *ão* se dá em três situações distintas:

a. Acréscimo puro e simples, sem qualquer alteração: *ão* + *s* = *ãos*.

Este é o procedimento usado para pluralizar todos os substantivos paroxítonos terminados em *ão* e alguns oxítonos.

   acórdão + s = acórdãos   bênção + s = bênçãos
   órfão + s = órfãos   órgão + s = órgãos

sótão + s = sótãos
mão + s = mãos
cristão + s = cristãos
irmão + s = irmãos

chão + s = chãos
cidadão + s = cidadãos
desvão + s = desvãos
pagão + s = pagãos

b. O acréscimo do s se dá em relação a uma base alterada em ãe.

BASE	BASE ALTERADA + DESINÊNCIA		PLURAL
cão	cãe	s	cães

Enquadram-se nessa regra um número pequeno de substantivos terminados em ão.

alemão	alemães
cão	cães
capelão	capelães
capitão	capitães
catalão	catalães
charlatão	charlatães
escrivão	escrivães
guardião	guardiães
sacristão	sacristães
tabelião	tabeliães

c. O acréscimo do s se dá em relação a uma base alterada em õe.

BASE	BASE ALTERADA + DESINÊNCIA		PLURAL
balão	balõe	s	balões

No português atual, a formação do plural em ões se generalizou bastante, incluindo todos os substantivos derivados de verbo por meio do sufixo ção (*destruição – destruições*) e todos os aumentativos (*vozeirão – vozeirões*).

balão	balões
botão	botões
canção	canções
confissão	confissões
coração	corações
gavião	gaviões
nação	nações
operação	operações
opinião	opiniões

casarão   casarões
dramalhão   dramalhões

Na história da língua portuguesa, durante muito tempo, desde suas origens, desde o século XII até o século XV, essas três formas de plural das palavras em *ão* concorriam entre si. Somente a partir do século XVI, começa a haver uma estabilização, com predomínio da forma *-ões*. Quanto às formas do singular, também foram generalizadas em *-ão*, no mesmo período. Encontramos, por exemplo, em um texto do final do século XIV, a seguinte sequência:

o boi pequeno aprende a arar do grande e
quem quer castigar o *leon* fere o *cam*[1]

Essas formas podem ser explicadas pela seguinte evolução fonética:

SINGULAR
leone > leon > leão (por analogia às formas do singular em *ão*)

PLURAL
leones > leões (com queda do *n* intervocálico, nasalando a vogal anterior)

SINGULAR
cane > cam > cão (por analogia às formas do singular em *ão*)

PLURAL
canes > cães (com queda do *n* intervocálico, nasalando a vogal anterior)

Historicamente, verifica-se que foi o singular que se uniformizou, sofrendo um número maior de modificações, por razões de analogia, o que faz com que, hoje em dia, o plural é que tenha aparência de irregularidade ou exceção.

Eis uma lista de casos em que há hesitação, e, por esse motivo, mais de um plural é considerado correto:

SINGULAR   PLURAL
ancião   anciãos
                 anciões

---

1. José Leite de Vasconcellos, *Textos Arcaicos*, p. 52.

charlatão	charlatães
	charlatões
guardião	guardiães
	guardiões
refrão	refrães
	refrãos
	refrões
sacristão	sacristães
	sacristãos

Nos textos que seguem, temos exemplos das duas formas de pluralização de *ancião*:

A tragédia *Os Persas*, encenada pela primeira vez em 472 a.C., se inicia com o diálogo entre o coro (formado pelos *anciãos*) e a rainha Atossa, enquanto aguardam notícias da invasão liderada por Xerxes, filho de Atossa. (*Folha de S. Paulo*, 28.5.1995.)

A Antiguidade prezou na lembrança o dom da velhice à vida política; era a razão de ser da autoridade dos *anciões*, fundada no saber de experiência. (*Folha de S. Paulo*, 12.3.1995.)

d. Substantivos terminados em r, s e z.

Os substantivos terminados em *r, s* ou *z*, em princípio, fazem o plural a partir de bases presas (alomorfes) com recuperação da vogal temática *e*. Exemplo:

mar	mare	+	s	=	mares
bar	bare	+	s	=	bares
colher	colhere	+	s	=	colheres
burguês	burguese	+	s	=	burgueses
camponês	camponese	+	s	=	camponeses
raiz	raíze	+	s	=	raízes
cruz	cruze	+	s	=	cruzes

Os substantivos não oxítonos terminados em *s* ficam invariáveis no plural.

o ônibus	os ônibus
o pires	os pires
o lápis	os lápis
o atlas	os atlas

OBSERVAÇÃO: *Cais* (monossílabo) também é invariável no plural: o cais, os cais.

Os substantivos *júnior* e *caráter* formam o plural com recuperação da vogal temática *e* (como todos os substantivos terminados em *r*) e com deslocamento da sílaba tônica:

júnior	juniores
caráter	caracteres

Monte Azul e Sertãozinho jogam hoje pela segunda rodada da Copa São Paulo de *Juniores*. (*Folha de S. Paulo*, 8.11.2011.)

Acho que, graças ao Twitter, o número de "avistamentos" e "contatos" com seres espaciais vai diminuir. Porque agora esse povo de vidinha besta encontrou nos posts de 140 *caracteres* um jeito de se expressar e ser alguém. "Estou tomando uma cerveja com meu primo", "veja esta foto da maçaneta do meu carro"...(*Folha de S. Paulo*, 3.1.2011.)

A palavra *cateter* faz plural *cateteres*. Mas, no Brasil, já se tornou usual a pronúncia *catéter* e plural *catéteres*[2].

Os raros substantivos terminados em *x* são invariáveis no plural.

o clímax	os clímax
o tórax	os tórax
o látex	os látex
o ônix	os ônix

e. Substantivos terminados em n

Fazem o plural com o acréscimo puro e simples do *s*.

| sêmen | + | s | = | semens |
| pólen | + | s | = | polens |

Cânon faz o plural com o alomorfe *canone*, com recuperação da vogal temática: o *cânon*, os *cânones*.

Gérmen faz o plural *germens* ou também *gérmenes* (pouco usado no Brasil). Existe também a variante *germe*, plural *germes*.

Abdômen faz o plural *abdomens* ou *abdômenes* (pouco usado no Brasil). Existe também a forma *abdome*, plural *abdomes*.

---

2. Antônio Houaiss, *Dicionário Eletrônico Houaiss da Língua Portuguesa*, 2009.

Hífen faz o plural *hifens* ou também *hífenes*.
Alúmen faz o plural *alumens* ou, também, *alúmenes*.

f. Substantivos terminados em m

Fazem o plural em *ns*.

reportagem	reportagens
álbum	álbuns
bandolim	bandolins
som	sons

Bases Presas com Vogal Tônica Aberta na Formação do Plural

À semelhança do que ocorre com o feminino, algumas bases presas apresentam a vogal tônica aberta, na formação do plural. É o que acontece, entre outros, com os substantivos a seguir:

SINGULAR COM A VOGAL TÔNICA FECHADA (ô)	PLURAL COM A VOGAL TÔNICA ABERTA (ó)
caroço	caroços
contorno	contornos
coro	coros
corpo	corpos
esforço	esforços
forno	fornos
foro	foros
fosso	fossos
jogo	jogos
olho	olhos
porto	portos
reforço	reforços

Casos Especiais

a. Substantivos que só se usam no plural

Um caso curioso é o das palavras que só existem no plural. Com relação a algumas delas, não temos a menor hesitação em empregá-las apenas no plural, como núpcias, víveres, afazeres, férias, costas. Outras, entretanto, costumam oferecer dúvidas. É o caso de *óculos,* por exemplo, cujo uso, de acordo com a norma culta, pode ser visto no texto a seguir:

> Não chore no trabalho. Bem, a verdade é que toda mulher chora, mesmo na firma. Então, mantenha o glamour. Use *óculos* gigantes que disfarcem as suas lágrimas. Se você for chefe, vão comentar que você é desequilibrada. E, se você não for, vão comentar que você é desequilibrada também. (*Folha de S. Paulo*, São Paulo, 17.12.2001.)

A palavra *calças* tem sido usada, no português do Brasil, tanto no plural como no singular. Exemplos:

> Ainda usava *calças* curtas quando meu pai me levou pela primeira vez a Interlagos. (*Folha de S. Paulo*, São Paulo, 1.1.1994.)

> "O prefeito já nos prometeu a mão de obra e o cimento", acrescentou o dirigente, coincidentemente vestido com uma calça cinza-cimento, amassada e um blazer azul-marinho. (*Folha de S. Paulo*, 8.1.1994.)

Dentro da frase, a concordância é feita, obviamente, no plural.

> Os *anais* do congresso estarão disponíveis amanhã.

b. Singular e plural com sentidos diferentes

Algumas vezes, a forma singular possui significado diferente da forma plural. É o que acontece com palavras como:

bem (virtude, obra boa)	e	*bens* (posses, recursos materiais)
condolência (compaixão)	e	*condolências* (pêsames, votos de pesar)
costa (região litorânea)	e	*costas* (dorso, parte posterior)
féria (renda do dia)	e	*férias* (período de descanso)
haver (crédito)	e	*haveres* (bens, posses)

Há situações em que algumas dessas palavras, mesmo no plural, conservam o sentido do singular, o que é facilmente percebido pelo contexto.

> Os motoristas dos ônibus deverão prestar contas de suas *férias* diárias.
> O novo sistema de rastreamento por radar permite vigilância bastante além das *costas* brasileiras.

c. Plural dos nomes de letras

Os substantivos que representam as letras do alfabeto (a, b, c etc.) admitem plural em *s*.

Os ás, os bês, os cês, os erres, os esses.

O plural de *x* é invariável. Exemplo:

Esses são os *xis* da questão.

Na escrita, esses plurais podem ser "abreviados" com a duplicação das letras.

Os *aa*, os *bb*, os *cc*, os *ss*, os *rr*, os *xx*.

d. Plural dos substantivos próprios

Os substantivos próprios, quando empregados como referência genérica, pluralizam-se como os comuns.

Os Alves, os Almeidas, os Abreus, os Gonçalves.

Entretanto, quando se quer referir a uma família em bloco, concebida na sua totalidade, usa-se o nome próprio no singular, mas a concordância se faz no plural.

Mas é lá (Cemitério da Consolação em São Paulo) também o lugar onde gerações de intelectuais se confundem, como o crítico de cinema Paulo Emílio Salles Gomes, perto demais dos *Matarazzo* e distante do escritor Mário de Andrade, de quem [sic] teria mais afinidades. Mário, aliás, pode ser encontrado quase ao lado de um desafeto: o também escritor Monteiro Lobato. (*Folha de S. Paulo*, 2.11.1995.)

e. Plural dos substantivos estrangeiros

Os substantivos de origem estrangeira costumam fazer o plural de acordo com as normas da língua de origem, uma vez que, geralmente, tanto o singular quanto o plural são igualmente importados. Exemplos:

campus – campi (latim, por meio do inglês)
curriculum – curricula (latim)
topos – topoi (grego)
logos – logoi (grego)

gol – gols (inglês)
shopping center – shopping centers (inglês)
lady – ladies (inglês)

leitmotiv – leitmotive (alemão)
blitz – blitze (alemão)

É claro que, se o substantivo for traduzido, o plural passa a fazer-se de acordo com as regras da língua portuguesa:

currículo – currículos
câmpus – câmpus (aqui, a rigor, não há plural, uma vez que as palavras terminadas em s não têm plural, como vimos há pouco)

f. Plural dos substantivos compostos

Regra geral: Entre os elementos integrantes do substantivo composto, só vão para o plural os adjetivos e substantivos não precedidos de preposição.

SINGULAR	ELEMENTOS COMPONENTES	PLURAL
cirurgião-dentista	subst, subst	cirurgiões-dentistas
erva-doce	subst, adj	ervas-doces
segunda-feira	adj, subst	segundas-feiras
abaixo-assinado	adv, adj	abaixo-assinados
guarda-noturno	subst, adj	guardas-noturnos
guarda-louça	verbo, subst	guarda-louças
sempre-viva	adv, adjetivo	sempre-vivas
lua-de-mel	subst, prep, subst	luas-de-mel
pé-de-cabra	subst, prep, subst	pés-de-cabra

As palavras *abaixo* e *sempre* são advérbios. A palavra *guarda* é, originalmente, verbo e em *guarda-louça* está sendo utilizada como verbo. Como não são nem substantivos nem adjetivos, não têm plural.

O motivo pelo qual não se flexionam no plural os substantivos precedidos de preposição é que a preposição funciona como uma barreira para a concordância. Se pedirmos a um falante nativo do português que passe para o plural a frase:

A mesa *de* ferro é grande.

ele dirá:

As mesas de ferro são grandes.

em que o substantivo *ferro*, depois da preposição, não recebe a marca de plural. Esse mesmo procedimento se transfere aos substantivos compostos com preposição. Em *luas-de-mel*, a marca de plural de *luas* não se transfere para o substantivo *mel*, pelo mesmo motivo.

Há casos, entretanto, em que o substantivo após a preposição aparece no plural não em virtude da concordância, mas porque, mesmo no singular, é sempre usado no plural. Exemplo:

O quadro *de avisos* está mal colocado.

Obviamente, o plural será:

Os quadros de avisos estão mal colocados.

Muitas vezes, a preposição não vem explicitada, mas existe uma relação de subordinação do segundo ao primeiro elemento, o que impede o plural do segundo elemento. É o que ocorre com:

caneta-tinteiro	canetas-tinteiro
cavalo-vapor	cavalos-vapor
hora-aula	horas-aula
salário-família	sálarios-família
tíquete-alimentação	tíquetes-alimentação
bolsa-família	bolsas-família

Poderíamos facilmente ter versões desses substantivos, com preposição explícita, como:

caneta *com* tinteiro
cavalo *de* vapor
hora *de* aula
salário *para* família
tíquete *para* alimentação
bolsas *para* família

Mas não poderíamos ter versões em que os elementos componentes se somassem, unidos, por exemplo, pela conjunção *e*:

* caneta e tinteiro
* cavalo e vapor
* hora e aula
* salário e família
* tíquete e alimentação

Ao contrário, os substantivos compostos em que o segundo elemento tem uma relação de coordenação com o anterior podem ter uma versão com a conjunção *e* intercalada entre eles, como em:

cirurgião e dentista
sofá e cama
abelha e mestra
couve e flor

Não há, portanto, nenhuma preposição implícita, bloqueando a passagem da concordância. É por esse motivo que ambos os elementos vão para o plural:

cirurgiões-dentistas
sofás-camas
abelhas-mestras
couves-flores

Ocorre, entretanto que, pelo caráter dinâmico do léxico e das alterações de sentido ao longo da história, essa relação de subordinação pode se tornar menos presente na memória dos falantes. Como consequência, em alguns casos, o segundo componente de um desses substantivos compostos pode também ir para o plural. Por esse motivo é que os dicionários[3] registram, para alguns substantivos compostos, duas formas de plural:

SINGULAR	PLURAL DOS DOIS COMPONENTES	PLURAL APENAS DO PRIMEIRO COMPONENTE
pombo-correio	pombos-correios	pombos-correio
peso-pena	pesos-penas	pesos-pena
navio-escola	navios-escolas	navios-escola
fruta-pão	frutas-pães	frutas-pão

3 Cf. Antônio Houaiss, *Dicionário Eletrônico Houaiss da Língua Portuguesa*, 2009.

Em tais casos, não há uma forma prescrita com exclusão da outra. Se o usuário da língua quiser interpretar, por exemplo, um substantivo como *peso-pena* como *peso-de-pena*, poderá pluralizá-lo como *pesos-pena*. Caso contrário, poderá, tranquilamente, optar pela alternativa *pesos-penas*.

I. SUBSTANTIVOS COMPOSTOS POR VERBOS REPETIDOS

No português atual, existe franca preferência pela variação apenas da segunda ocorrência do verbo:

corre-corre   corre-corres
quebra-quebra   quebra-quebras
pega-pega   pega-pegas

Quando se trata de verbos com sentidos opostos, ambos ficam invariáveis:

o leva-e-traz   os leva-e-traz
o perde-ganha   os perde-ganha

II. COMPOSTOS DE GRÃO, GRÃ, BEL + SUBSTANTIVO

Nos substantivos compostos de *grão, grã, bel* + substantivo, só o segundo elemento vai para o plural:

grão-mestre   grão-mestres
bel-prazer   bel-prazeres

III. COMPOSTOS POR ONOMATOPEIA

Nos compostos formados por onomatopeia, em que o som da palavra simula a coisa representada, só varia o último elemento:

bem-te-vi   bem-te-vis
tique-taque   tique-taques
quero-quero   quero-queros

Na verdade, os elementos desses compostos não podem ser analisados como pertencentes a classes gramaticais específicas. Em *bem-te-vi*, não temos, a rigor, uma sequência *advérbio/pronome/verbo*. Trata-se apenas de um apoio arbitrário para imitar o canto de um pássaro. Dessa maneira, podemos dizer que tais substantivos se comportam, na formação do plural, como um bloco morfológico único e, por esse motivo, fazem o plural como qualquer substantivo simples faria.

O plural de *padre-nosso* é *padres-nossos*, uma vez que *padre* é substantivo e *nosso* tem plural. Mas existe também nos dicionários o plural *padre-nossos*, por influência de *ave-maria* que faz plural em *ave-marias* uma vez que *ave*, neste caso, não é nem substantivo nem adjetivo, mas o imperativo do verbo *aveo*, em latim, que significa *salve*, uma saudação que introduz o vocativo *Maria*.

IV. COMPOSTOS NÃO SEPARADOS POR HÍFEN

Os compostos não separados por hífen pluralizam-se como se fossem simples, em um só bloco:

vaivém   vaivéns
girassol   girassóis
malmequer   malmequeres

g. Plural de siglas

As siglas são abreviações de substantivos compostos. Logo, quando o último elemento puder ir para o plural, a sigla correspondente irá para o plural. Na escrita, haverá o acréscimo de um *s* minúsculo. Exemplos:

SINGULAR	PLURAL	SIGLA NO PLURAL
Centro de processamento de *dados*	centros de processamento de *dados*	CPDs
Registro *geral*	registros *gerais*	RGs
Objeto voador não *identificado*	objetos voadores não *identificados*	OVNIs
Organização não *governamental*	organizações não *governamentais*	ONGs

Quando o último elemento não vai para o plural a sigla fica também no singular. Exemplos:

SINGULAR	PLURAL	SIGLA NO PLURAL SEM *S*
Cadastro de pessoa *física*	cadastros de pessoa *física*	CPF
Forças armadas revolucionárias da *Colômbia*	(Colômbia não tem plural)	FARC

Por isso, dizemos as ONGS, os OVNIS, mas os CPF, as FARC.

Grau do Substantivo

Grau é uma categoria que serve para designar as variações de quantidade ou de intensidade *para mais* ou *para menos* a que estão sujeitos os substantivos e também os adjetivos e advérbios.

Em se tratando do substantivo, a categoria de grau serve para indicar as variações de tamanho ou de intensidade que o afetam.

Com relação à maioria dos substantivos concretos, o grau, em princípio, indica variações de tamanho:

   braço   = tamanho normal
   bracinho = tamanho inferior ao normal
   bração   = tamanho superior ao normal

Com relação aos substantivos abstratos, o tamanho tem de ser entendido de maneira metafórica, como variação de intensidade ou manifestação emotiva, como em *confusãozinha* e *belezinha*.

Grau Diminutivo

Serve para indicar que o substantivo representa algo abaixo de proporções medianas ou normais. Do ponto de vista formal, o substantivo em grau diminutivo vem acompanhado de sufixos específicos (*inho, ito, ote, ulo...*) ou associado a adjetivos quantificadores (*pequeno, mínimo, minúsculo* etc). Em outros termos, a língua portuguesa dispõe de dois processos distintos para marcar o grau diminutivo:

a) *processo sintético*, com o uso de sufixos diminutivos agregados a uma base substantiva:

   casinha (casa + *inha*)
   frangote (frango + *ote*)
   menininho (menino + *inho*) ou meninote (menino + *ote*)

b) *processo analítico*: a marca do diminutivo é dada por adjetivos qualificadores.

   casa pequena; casa minúscula
   frango pequeno; frango miúdo
   menino pequeno; menino miúdo

Grau Aumentativo

Serve para indicar que o substantivo representa algo acima das proporções consideradas como normais. Do ponto de vista formal, vem acompanhado de sufixos específicos (*ão, acho, alhão*...) ou associado a adjetivos indicadores de proporção aumentada. Tanto o aumentativo, como o diminutivo dos substantivos, podem ser indicados por dois processos distintos:

a) processo sintético (por meio de sufixos aumentativos):

> casa*rão*
> fran*gão*
> menin*ão*

b) processo analítico (por meio de adjetivos quantificadores):

> casa grande; casa enorme
> frango grande; frango imenso
> menino grande; menino descomunal

Sufixos de Grau do Substantivo

São vários os sufixos indicadores de grau no português e sua distribuição não é aleatória.

1) O sufixo aumentativo mais comum no português contemporâneo, sem dúvida, é *ão* (cachor*rão*, menin*ão*, formi*gão*).
   O sufixo *alhão* tem conotação pejorativa em substantivos como *espertalhão, dramalhão*.

2) O sufixo diminutivo mais usual é *inh* (*o, a*): livr*inho*, lapis*inho*, gat*inho*, corp*inho*.

3) O sufixo aumentativo *udo* agrega-se, na grande maioria dos casos, a substantivos designativos de partes do corpo humano (cabeludo, ossudo, narigudo, orelhudo, bocudo, peludo) e tem, geralmente, conotação pejorativa. Dizer que alguém tem cabelo grande pode ser até elogio. Dizer, porém, que é cabeludo pode ser até mesmo um insulto.

4) As palavras com o sufixo diminutivo *ulo*, em sua grande maioria, são eruditas. Exemplos: óv*ulo*, nód*ulo*, homúnc*ulo*, glób*ulo*, ventríc*ulo*, opúsc*ulo*.

Além desses, existem outros sufixos de grau em português, como os seguintes:

A) Diminutivos:

acho:	rio	–	ri*acho*
ebre:	casa	–	cas*ebre*
ejo:	lugar	–	lugar*ejo*
isco:	chuva	–	chuv*isco*

B) Aumentativos:

aça:	barca	–	barc*aça*
arra:	boca	–	boc*arra*
az:	carta	–	cart*az*
ázio:	copo	–	cop*ázio*
ona:	mulher	–	mulher*ona*

O sufixo *ão*, sobretudo na fala popular, é usado para formar substantivos a partir de verbos. No caso, vem sempre agregado a verbos de primeira conjugação e forma substantivos que designam um ato exagerado e em geral depreciado.

VERBO	SUBSTANTIVO
babar	bab*ão*
brigar	brig*ão*
chorar	chor*ão*
bicar	bic*ão*
sujar	suj*ão*

Grau Não É Flexão

Uma última observação sobre a categoria de grau merece registro: ao contrário do que se vê na maioria das gramáticas da língua portuguesa, o grau se enquadra como derivação sufixal e não como flexão do substantivo.

Os morfemas que marcam o grau são *sufixos* e não *desinências*; os sufixos se definem como elementos de derivação e não como marcas de flexão das palavras, função própria das desinências. Duas são as diferenças básicas entre os sufixos e as desinências:

1) Os sufixos quase sempre provocam mudança de classe das palavras a que se agregam ou, quando isso não ocorre, provocam alterações de sentido. As desinências, ao contrário, não fazem uma coisa nem outra. Exemplo:

2)

BASE	SUFIXO	PALAVRA DERIVADA
menino	ice	meninice (*substantivo abstrato*)
(*substantivo concreto*)	ada	meninada (*substantivo coletivo*)

Como se vê, os sufixos interferem no sentido da base. Há casos, inclusive, em que os sufixos aumentativos ou diminutivos dão origem a significados distintos. É o caso de:

faca   facão
sala   salão
porta   portão

e também dos substantivos com sufixo *ulo*, vinculados à linguagem científica:

óvulo, nódulo, ventrículo.

3) O uso dos sufixos depende da escolha do falante, ou seja, não é imposto pela estrutura gramatical da frase. Com as desinências, ocorre exatamente o oposto. Vejamos as seguintes frases:

Aquelas *cidadezinhas* escondidas ficaram iluminadas quando chegou a eletricidade.

Veja que apenas *cidade* ficou no diminutivo. Não há nenhuma necessidade de concordância de grau. Se grau fosse flexão, teríamos forçosamente de dizer:

*Aquelas *cidadezinhas escondidinhas* ficaram *iluminadinhas*, quando chegou a eletricidade.

Já no caso da flexão, a concordância é obrigatória. Temos de dizer *Aquelas boas casas do centro foram destruídas* e não *Aquela boa casas do centro foi destruída*.

Com base nesses argumentos é que se consideram as variações de grau como formas derivadas e não como formas flexionais do substantivo.

APÊNDICE

Lista dos Coletivos mais Usuais

COLETIVO	CONJUNTO
acervo	de obras de um museu, de uma biblioteca
aglomerado	de coisas ou pessoas reunidas
	de galáxias
antologia	de textos literários escolhidos
arquipélago	de ilhas
biblioteca	de livros
cacho	de bananas, de uvas
cardume	de peixes
código	de leis ou normas
corja	de gente de má conduta
elenco	de atores
enxame (ou colmeia)	de abelhas
fauna	de animais de uma certa região
feixe	de objetos pequenos, de lenha, capim
flora	de vegetais de certa região
frota	de navios, ônibus, táxis (de um mesmo proprietário)
gabinete	de ministros de Estado
herbário	de plantas
hinário	de hinos
malhada	de ovelhas
manada	de bois, de búfalos
matilha	de cães
multidão	de pessoas reunidas
penca	de bananas, de chaves
pinacoteca	de quadros
quadrilha	de bandidos, de ladrões
ramalhete	de flores
rebanho	de bovinos ou ovinos em geral
resma	de quinhentas folhas de papel
século	de cem anos
tertúlia	de amigos em reunião familiar
time (ou equipe)	de atletas
tripulação	de pessoas em serviço num meio de transporte
tropa	de pessoas ou animais em deslocamento
turba	de muitas pessoas reunidas
vara	de porcos

6
ARTIGO

O artigo é uma classe de apenas duas palavras: *o* e *um*, com as flexões de gênero e número:

o, a, os, as (artigo definido)
um, uma, uns, umas (artigo indefinido)

O artigo pode modificar um substantivo ou uma sequência de palavras que tem como base um substantivo.

Modificando um substantivo: *o* [carro]
Modificando um grupo nominal cuja base é um substantivo: *o* [meu carro novo]

ARTIGO DEFINIDO

O artigo definido (o, a, os, as) indica que o enunciador acredita que seu enunciatário compartilha com ele a referência do substantivo ou do grupo nominal ao qual ele antepõe essa palavra. Isso pode acontecer de três maneiras:

a) o substantivo nomeia alguma coisa que está presente no próprio ambiente de uma conversa. É o caso em que o falante aponta, por exemplo, para um relógio na parede da sala em que ambos se encontram e diz:

O relógio está atrasado.

Esse tipo de referência recebe o nome de referência dêitica.

b) o substantivo nomeia alguma coisa que, embora não esteja presente no ambiente da fala, tem sua referência compartilhada, anteriormente, por ambos. É o caso, por exemplo, de uma situação em que duas pessoas estão conversando num bar à noite, e uma delas diz:

> Soube, pelo noticiário da TV, que amanhã o sol vai brilhar o dia inteiro.

Veja que não há necessidade de que seja dia e de que os interlocutores estejam ao ar livre vendo o sol. Os dois simplesmente compartilham, previamente, a ideia de que existe o sol.

c) o substantivo nomeia alguma coisa cuja referência acaba de ser posta em uma frase anterior, como em:

> Comprei ontem um computador. O computador tem 500 gigas de HD.

Esse tipo de referência recebe o nome de *referência anafórica*. O artigo definido, nesse caso, funciona como um agente de *coesão textual*, processo pelo qual conseguimos recuperar, em uma frase, termos de uma frase anterior.

Às vezes, a referência textual do artigo definido pode estar contida em outro texto, ou em uma fala anterior que deve ser lembrada pelo interlocutor para a compreensão de uma fala atual. Trata-se de uma *referência anafórica anterior*. É o que acontece com títulos em jornais e revistas como no exemplo seguinte: "A vacina estava vencida".

O redator desse título de matéria pressupõe que o leitor tenha lido outros textos publicados em edições anteriores, sobre a utilização de um tipo de vacina para combater alguma enfermidade. Com esses dados, o leitor sabe identificar de que vacina se trata, e esse conhecimento prévio justifica o uso do artigo definido.

ARTIGO INDEFINIDO

O artigo indefinido (um, uma, uns, umas) indica que a referência do substantivo marcado por ele não é compartilhada previamente pelo interlocutor, como no exemplo: Comprei **um** relógio novo ontem. Muitas vezes, o emprego do artigo indefinido indica que o substantivo marcado por ele vai ser retomado mais à frente, como acontece, por exemplo, no início dos contos de fada:

Era uma vez um rei e uma princesa num reino distante...

Isso cria a expectativa de que os substantivos marcados por esses artigos serão retomados a seguir, o que de fato pode acontecer em uma frase seguinte, em que os artigos definidos substituem, anaforicamente, os indefinidos:

...O rei e *a* princesa moravam há muito tempo *no* reino e a princesa ia fazer dezoito anos.

Às vezes o artigo indefinido é empregado para modificar numerais, atenuando sua precisão e sugerindo cálculo aproximado. É o que podemos ver em frases como:

Ele deve ter pagado por essa casa *uns* quatrocentos mil reais.
Faz *uns* dois meses que não chove.

Conclusão: o artigo definido aponta sempre para o que precede aquilo que se diz ou escreve, seja no ambiente da fala, no repertório dos falantes ou em frases anteriores do texto. O artigo indefinido aponta sempre para frente, para o que ainda há de vir ao longo do texto.

AUSÊNCIA DO ARTIGO

Quando não se coloca artigo algum antes de um substantivo, ele fica reduzido a um grau máximo de generalização e indeterminação. Nada se sinaliza. Não há um antes nem um depois:

Uma boa dieta inclui *peixe*, *legumes* e *frutas*.
Guerra é guerra.
Gosto não se discute.
Amizade não tem preço.

COMBINAÇÃO DOS ARTIGOS COM AS PREPOSIÇÕES

Combinações com o Artigo Definido

O artigo definido pode combinar-se com as preposições *a*, *de*, *em* e *por* da seguinte maneira:

a + o(s) = ao(s)
a + a(s) = à(s)

de + o(s) = do(s)
de + a(s) = da(s)

em + o(s) = no(s)
em + a(s) = na(s)

por + o(s) = pelo(s)
por + a(s) = pela(s)

OBSERVAÇÃO:

1) A combinação da preposição *a* com o artigo *a* recebe o nome especial de *crase* (fusão de duas vogais numa só). Na escrita, essa fusão é assinalada pelo acento grave (`). Ex.: Vou à (= *a* preposição + *a* artigo) festa de aniversário.

2) A combinação da preposição *em* com o artigo *o* (*os*, *a*, *as*) ocorreu no período arcaico do idioma, a partir da forma *en* que se juntou à também antiga forma *lo* do artigo, com a seguinte evolução: *enlo> enno> eno> no*. Por esse motivo, torna-se difícil reconhecer, hoje em dia, a preposição *em* nessa combinação. Seu único vestígio acabou sendo o som *n*.

3) A combinação da preposição *por* com o artigo *o*, presente no português moderno, é fruto da evolução da combinação, também no período arcaico do idioma, entre a antiga preposição *per* e a antiga forma *lo*, do seguinte modo: *perlo> pello> pelo*. Do ponto de vista atual, podemos dizer que *por* alterna com *per*.

Isoladamente, temos *por*:

Viajei *por* muitos países.

Em combinação com o artigo definido, temos *per*:

Viajei *pelos* lugares mais interessantes da Europa.

4) Se a preposição afetar não uma palavra, mas uma oração inteira, ela não poderá combinar-se com o artigo. Exemplos: *A ideia de [o presidente viajar] foi precipitada.*, e não **A ideia do presidente viajar foi precipitada*; *A recessão ocorreu por [os políticos terem gastado demais.]*, e não **A recessão ocorreu pelos políticos terem gastado demais.*

Combinações com o Artigo Indefinido

Os artigos indefinidos em português combinam-se com as preposições *de* e *em*, da seguinte maneira:

de + um(uns) = dum(duns)
em + um(uns) = num (nuns)

OBSERVAÇÃO: A combinação *de* + *um* (*uns*) se faz com a queda da vogal final da preposição: *dum, duns*.

A combinação da preposição *em* com o artigo *um* (*uns*) deu-se também na fase arcaica do idioma, da seguinte maneira: *en* + *um* > *enum* > *num*, com a queda da vogal inicial *e*. No português moderno, admitem-se indiferentemente as formas *de um* ou *dum, de uma* ou *duma, em um* ou *num, em uma* ou *numa*.

ARTIGO DEFINIDO E NOME PRÓPRIO DE PESSOA

Os nomes próprios de pessoas, pelo fato mesmo de serem próprios, já designam algo conhecido do interlocutor, numa situação de discurso, como vimos no capítulo do substantivo. Por isso, o uso do artigo antes deles tem um caráter redundante. Apesar disso, é bastante comum usar o artigo definido antes de nomes próprios em português, como: o João, a Maria. Em certas regiões do Brasil, porém, a presença do artigo definido antes do substantivo próprio serve para denotar intimidade.

ARTIGO DEFINIDO ANTES DE NOME PRÓPRIO DE LUGAR

Quanto aos topônimos (nomes próprios de localidades), em geral, é também redundante a presença do artigo definido. Ainda assim, alguns nomes de países e de cidades são sempre precedidos desse artigo. Dizemos, por exemplo, *a Suíça* e não *Suíça, o Brasil* e não *Brasil*. Soaria bastante estranha para qualquer falante do português uma frase como:

* Há pessoas que saem de Brasil e vão depositar dinheiro em Suíça.

Há outros nomes de localidades que foram fixados historicamente sem artigo definido, como *Portugal, Brasília, Campinas* etc. Assim, é perfeitamente gramatical uma frase como:

Não há muitas pessoas que saem de Brasília e vão depositar dinheiro em Portugal.

Não existe nenhuma explicação lógica para a presença ou ausência dos artigos definidos diante dos topônimos. É muito provável que as razões estejam situadas no campo do léxico, ou seja, os artigos definidos já formariam, com os topônimos que o exigem, uma espécie de locução. Assim, os artigos ficaram agregados aos nomes próprios como uma espécie de parasita. Uma situação em que isso se manifesta com nitidez é a dos nomes próprios de obras artísticas como: *Os Sertões, Os Lusíadas, A Ilustre Casa de Ramires*, a ponto de não podermos, em casos como esses, sequer combinar a preposição com o artigo. Temos de escrever: Li trechos de *Os Sertões*, de *Os Lusíadas* e de *A Ilustre Casa de Ramires*. Inclusive, quando utilizamos preposições antes desses nomes, ou as mantemos separadas (de *Os Sertões*) ou utilizamos apóstrofo (d'*Os Sertões*).

Alguns topônimos que não admitem artigo definido podem, contudo, passar a admiti-lo, para assinalar algum tipo de referência adicional. Dizemos, por exemplo:

Vim de Viena,

ou:

Estive em Paris,

sem artigo definido. Mas, se dissermos:

Vim da bela Viena.
Vim da Viena de Strauss.

Estive na famosa Paris.
Estive na Paris das barricadas de 68.

o definido é necessário, porque não se trata mais dos substantivos *Viena* ou *Paris* modificados pelo artigo definido, mas de sequências complexas acompanhadas de novas referências. Nesse caso, o artigo modifica a expressão inteira:

a [bela *Viena*]
a [*Viena* de Strauss]
a [famosa *Paris*]
a [*Paris* das barricadas de 68]

Casos como esses constituem um forte argumento a favor da tese segundo a qual o artigo definido (tanto quanto os pronomes, como iremos ver) pode modificar não apenas um substantivo isolado numa frase, mas toda uma sequência léxica de que ele é base.

Em algumas situações, entretanto, o artigo definido não pode ser utilizado antes de nomes próprios, quaisquer que sejam, como nas seguintes frases:

> * Esse rapaz se chama o Geraldo.
> * O nome deste rapaz é o Geraldo.
> * O nome desse país é a Suíça.
> * A marca desse carro é o Ford.

Isso se deve ao fato de que, em todos esses exemplos, o substantivo próprio não traz referência alguma, isto é, não designa nem uma pessoa nem uma coisa. Está sendo utilizado apenas para dizer que uma entidade – um indivíduo, um país ou um carro – possui uma determinada *etiqueta linguística*.

Pelo mesmo princípio, podemos explicar uma frase como a seguinte:

> Compareceram as delegações de três Estados: Rio de Janeiro, Paraná e Rio Grande do Sul.

Os nomes desses Estados possuem, normalmente, o artigo definido agregado como "parasita". No texto em questão, contudo, esses topônimos estão sendo utilizados apenas como "etiquetas" linguísticas da expressão *três Estados*. Prova disso é que, se retirarmos essa expressão e não colocarmos o artigo, a frase ficaria agramatical:

> * Compareceram as delegações de Rio de Janeiro, Paraná e Rio Grande do Sul.

Para torná-la gramatical, basta colocar o artigo no primeiro substantivo. Nos seguintes, ele fica implícito:

> Compareceram as delegações d*o* Rio de Janeiro, Paraná e Rio Grande do Sul.

OBSERVAÇÃO:

1) Existem algumas outras construções em que topônimos que normalmente exigem o artigo definido dispensam esse artigo. É o que se observa geralmente em títulos de matéria jornalística como:

> Amazonas elege governador.

O editor do jornal *O Estado de S. Paulo*, por exemplo, faz a seguinte observação, em seu *Manual de Redação e Estilo* a respeito da economia do uso de artigos em títulos de matéria:

Artigo. Pode ser dispensado, na maior parte dos casos, para economizar sinais: *Deputado acusa CUT! Peso do pacote divide governo*[1].

2) Um outro tipo de construção, em que o uso obrigatório do artigo é dispensado, ocorre antes de um topônimo que, em verdade, não funciona como tal, uma vez que está nomeando equipes esportivas, como no exemplo:

O jogo entre Brasil e Suíça deve ser bastante equilibrado.

ARTIGO DEFINIDO E REFERÊNCIA GENÉRICA

O artigo definido pode ser usado antes de substantivos de significação genérica, isto é, que se referem à totalidade dos membros de uma espécie, ou de uma classe.

A água ferve a cem graus ao nível do mar.
Os golfinhos têm grande inteligência.
O homem é o lobo do homem.

O ARTIGO EM EXPRESSÕES SUPERLATIVAS

Outro fato de particular interesse é o deslocamento do substantivo modificado pelo artigo definido à esquerda do artigo, com o objetivo de pôr esse substantivo como tópico daquilo que se quer dizer:

Oração sem topicalização:

O governo tomou *as mais oportunas decisões*.

Realçando o substantivo *decisões*, colocando-o antes do artigo:

O governo tomou *decisões as mais oportunas*.

A repetição do artigo definido nesse procedimento de topicalização é considerada um desvio da língua padrão, como no exemplo abaixo:

* O governo tomou *as* decisões, *as* mais oportunas.

1. Eduardo Martins (org.), *O Estado de S. Paulo – Manual de Redação e Estilo*, 1990.

7
ADJETIVO

Adjetivo é a palavra que modifica substantivos, conferindo a eles atributos ou qualidades. Quando dizemos *caixa quadrada*, o adjetivo *quadrada* é um atributo. Se dissermos *caixa bonita*, o adjetivo *bonita* é uma qualidade que depende do julgamento de quem a vê.

Uma importante característica do adjetivo é que ele pode, assim como o verbo, funcionar como um elemento predicador. De fato, sempre que usamos um verbo ou adjetivo, temos de predicá-los a alguém ou a alguma coisa. Se dissermos apenas:

Vendeu
Feliz

essas palavras (exatamente porque são predicadores) não fazem o menor sentido numa conversa ou num texto que não tragam uma referência anterior aos atores envolvidos nelas. Mas, se dissermos:

Meu vizinho vendeu a casa.
Ele ficou feliz.

temos um sentido. Dizemos que, relacionados a vender, temos os argumentos *meu vizinho* (agente) e *a casa* (objeto afetado). Dizemos que, relacionado a *feliz*, temos o argumento *Ele* (o experienciador). Vimos um pouco disso, quando estudamos os substantivos abstratos, no capítulo do substantivo. No presente capítulo, nosso foco é o adjetivo como predicador.

ADJETIVOS RESTRITIVOS E EXPLICATIVOS

Comparem-se as duas frases a seguir:

Os congressistas *desonestos* têm a pior avaliação do público.
Os congressistas, *desonestos*, têm a pior avaliação do público.

Na primeira delas, *desonestos*, empregado sem vírgulas, é um adjetivo restritivo. Entende-se que apenas os congressistas que são desonestos têm avaliação negativa. Já, na segunda frase, *desonestos*, empregado entre vírgulas, torna-se um adjetivo explicativo. Nesse caso, todos os congressistas têm avaliação negativa. É como se o adjetivo explicativo entre vírgulas ganhasse um significado de causa (*porque são desonestos*).

ADJETIVOS DINÂMICOS E ESTATIVOS

Dinâmicos são os adjetivos que podem, em posição predicativa, participar de construções com verbos auxiliares como *estar, continuar, começar* etc. É o caso de *violento, vulgar, pacífico, carinhoso, agressivo, severo, generoso, dócil* e outros semelhantes, em frases como:

Maria está sendo *vulgar*.
Maria continua *carinhosa*.
Maria ficou *agressiva*.

Eles também possibilitam construções imperativas como:

Maria, seja *severa*!
Maria, seja *carinhosa*!

Estativos são os adjetivos incompatíveis com essas construções. É o caso de: *loiro, negro, branco, brasileiro, alto, baixo* e outros semelhantes. Trata-se de adjetivos que denominam qualidades permanentes, inerentes ao ser, que fazem parte de sua essência. Frases como as que seguem são agramaticais:

* Maria está sendo *alta*.
* Maria está sendo *loira*.

Do mesmo modo, frases imperativas com esses adjetivos também seriam agramaticais:

* Maria, seja *brasileira*!
* Maria, seja *alta*!

É claro que frases com esses adjetivos poderiam ganhar *status* de gramaticais em situações de linguagem figurada. *Brasileiro* poderia ser empregado, por exemplo, metaforicamente significando *patriota*. Se Maria estivesse querendo decidir se compra um produto importado e outro similar, fabricado no Brasil, alguém poderia dizer-lhe: *Seja brasileira, compre o produto do seu país!*

ADJETIVOS GRADUÁVEIS E NÃO GRADUÁVEIS

Graduáveis são os adjetivos que admitem variação de grau para mais ou para menos. Os adjetivos dinâmicos, sobretudo, são graduáveis.

A gradualidade de um adjetivo se mede pela possibilidade de enquadrá-lo numa comparação, como nas seguintes frases:

São Paulo é mais *extenso* que Sergipe.
São Paulo é mais *populoso* que Goiás.
O alemão é mais *branco* que o latino-americano.

Existem adjetivos, contudo, sobretudo os estativos, que não são graduáveis e, portanto, não se enquadram em estruturas comparativas. *Bípede, quadrúpede, hexagonal, triangular, atômico, molecular, infinito, grávida* etc. estão nesse caso. Não tem sentido, por exemplo, dizer que:

* Ele é um animal mais bípede do que outro.
* Esse é um quartzo mais hexagonal que aquele.

Tais adjetivos também não admitem intensificação. São agramaticais, portanto, sequências como:

* Ele é muito *bípede*.

* O animal é pouco *quadrúpede*.
* Aquela mulher era a mais *grávida* de todas.

Há contextos, no entanto, em que tais adjetivos podem ser graduáveis como:

Maria não para de falar no novo bebê que está esperando. Ela é a mulher *mais grávida* que vi em minha vida.

ADJETIVOS INERENTES E NÃO INERENTES

Inerentes são adjetivos que afetam semanticamente apenas o substantivo modificado por eles. Os não inerentes, embora sintaticamente ligados a um substantivo, afetam semanticamente todo o predicado em que estão inseridos:

A) *Inerentes*
   O cerrado possui terras *cultiváveis*.
   O assaltante usava roupa *escura*.
   O tribunal produziu um relatório *perfeito*.

B) *Não inerentes*
   Meu pai era um *perfeito* estranho.
   Ele é um *completo* idiota.
   Aquele senador é um contraventor *consumado*.

Com os adjetivos inerentes, podemos criar frases atributivas, em que os substantivos aparecem como sujeitos e os adjetivos como predicativos:

As terras são *cultiváveis*.
A roupa era *escura*.
O relatório é *perfeito*.

Já com os não inerentes, isso não é possível. As frases a seguir são, por esse motivo, agramaticais:

* O estranho era *perfeito*.
* O idiota era *completo*.
* O contraventor era *consumado*.

O que acontece é que *perfeito, completo* e *consumado*, embora estejam sintaticamente ligados a *estranho, idiota* e *senador*, não se referem especificamente a eles, mas à totalidade das orações em que aparecem. O que é *perfeita* é a atribuição da "estranheza" ao meu pai, o que é *completo* é a atribuição da "completude" ao idiota e o que é *consumado* é a atribuição da "contravenção" ao senador. Tanto é verdade, que podemos criar versões daquelas frases, com os adjetivos transformados em advérbios:

> Meu pai era *perfeitamente* um estranho.
> Ele era *completamente* idiota.
> O senador era, *consumadamente*, um contraventor.

Outro aspecto particularmente importante encontrado nos adjetivos não inerentes consiste no fato de eles qualificarem uma frase inteira, como:

> É *provável* que a ministra seja candidata a presidente.
> É *possível* que Cícero tenha escrito um livro de retórica.

Tais adjetivos podem, contudo, modificar sintaticamente substantivos – de maneira não inerente – mantendo o sentido original de qualificadores de frases. É o que acontece em frases como:

> A ministra é uma *provável* candidata a presidente.
> Cícero é o *possível* autor de um livro de retórica.

ADJETIVOS QUE PROJETAM UMA QUALIDADE ANIMADA EM COISAS INANIMADAS

Algumas vezes, um adjetivo pode predicar uma qualidade de um ser animado a um ser inanimado como em:

> Essa janela foi *inteligente*.
> Esta é uma sala *simpática*.

É claro que inteligente foi quem projetou a janela, e simpático foi quem construiu ou decorou a sala.

Em *Grande Sertão: Veredas*, de Guimarães Rosa, Riobaldo, menino que não sabia nadar, faz o seguinte comentário quando navegava no rio São Francisco em uma canoa feita de peroba, madeira pesada que, ao virar, afunda.

Até fosse crime, fabricar dessas [canoas] de madeira *burra*! (p. 106)

Obviamente, que burro foi quem construiu a canoa com uma madeira que não boiava, uma madeira "afundadeira", segundo o autor.

ADJETIVOS PARTICIPIAIS

No português, é alta a ocorrência de adjetivos originários do particípio dos verbos. Aliás, o próprio nome *particípio* revela isso de forma significativa: o particípio verbal é uma forma que *participa*, ao mesmo tempo, da natureza de duas classes de palavra: verbo e adjetivo.

> As indústrias brasileiras sofrem concorrência dos produtos *importados*.
> As pilhas *descartadas* devem ter um destino especial.

Importados é adjetivo derivado do particípio do verbo *importar* e *descartadas*, do particípio do verbo *descartar*.

Os substantivos modificados por tais adjetivos participiais são normalmente seres afetados pela ação indicada pelos particípios, mas, algumas vezes, aparecem também como agentes. Exemplos:

> Ele é um homem *estudado* e *viajado*.
> Meu pai era um homem muito *lido*.

Quando o verbo tem duplo particípio, com *acendido/aceso*; *salvado/salvo*, é a forma irregular que funciona como adjetivo.

> Muitos fiéis mantêm velas *acesas* para o culto a Iemanjá.
> Existem histórias reais de pessoas *salvas* por um canivete suíço.

ADJETIVOS DERIVADOS DE SUBSTANTIVOS

É possível a transferência de substantivos para a classe dos adjetivos, o que é feito, basicamente, pela ação de sufixos:

> urso *polar*   (de *polo* + *ar*)
> comédia *musical* (de *música* + *al*)
> objeto *metálico* (de *metal* + *ico*)

dia *chuvoso* (de *chuva* + *oso*)
vontade *férrea* (de *ferro* + *eo*).

Muitas vezes, os sufixos formadores de adjetivos (*ar, al, eo, ico, oso* etc.) agregam-se a formas antigas de substantivos que, por não serem mais usadas, são chamadas de formas presas, uma vez que só existem presas a esses sufixos. É o caso de adjetivos como: *popular, corporal, aéreo*. As formas antigas podem ser vistas quando separamos os sufixos como em:

populo + ar = popular
corpore + al = corporal
aero + eo = aéreo.

Essas formas antigas aparecem também em outras palavras como: *aeróbico, aeração, aerodinâmica, corporação, corporativo* etc.

Alguns poucos adjetivos provêm de substantivos, por prefixação, como:

in + color = incolor
in + dolor = indolor

Color e *dolor* são formas antigas de *cor* e de *dor*, respectivamente, e aparecem também em *colorido, dolorido*.

LOCUÇÕES ADJETIVAS

Nem sempre existe um adjetivo apropriado para modificar um substantivo. Se queremos fazer referência a uma porta pela qual as pessoas devem entrar, não podemos dizer que *a porta entradeira fica à direita*, pois esse adjetivo não existe no léxico do português. Lançamos mão, pois, de um substantivo precedido de preposição que recebe o nome de *locução adjetiva* e dizemos, simplesmente, que *a porta de entrada fica à direita*.

Uma das mais famosas locuções adjetivas da literatura brasileira foi a empregada por Machado de Assis, em *Dom Casmurro*, para descrever os olhos de Capitu:

> Retórica dos namorados, dá-me uma comparação exata de poética para dizer o que foram aqueles olhos de Capitu. Não me acode imagem capaz de dizer, sem quebra da dig-

nidade do estilo, o que eles foram e me fizeram. Olhos *de ressaca*? Vá, de ressaca. É o que me dá ideia daquela feição nova. Traziam não sei que fluido misterioso e enérgico, uma força que arrastava para dentro, como a vaga que se retira da praia, nos dias de ressaca[1].

Muitas vezes, o adjetivo correlato à locução adjetiva é construído sobre uma forma antiga, normalmente grega ou latina. Exemplos:

Cor de chumbo = cor *plúmbea* (*plumbum* em latim é chumbo).
Raios de luz = raios *lúcidos* (*lucem* em latim é luz).

Muitas vezes, esses adjetivos são empregados com significados metafóricos como em alma lúcida, visão lúcida.

ADJETIVOS EMPREGADOS COMO SUBSTANTIVOS

Como vimos no capítulo do substantivo, muitos adjetivos podem mudar da classe dos adjetivos para a dos substantivos por um processo de derivação que chamamos de derivação imprópria ou conversão como em:

O *rico* quase sempre não se preocupa com o *pobre*.
Meu *celular* está sem bateria.

O motivo dessa derivação é a economia. De *homem rico* ou *homem pobre* passamos a dizer apenas *rico* e *pobre*, subentendendo o substantivo anterior integrado a esses adjetivos. O significado de homem é o resultado da integração conceptual do substantivo ao adjetivo que lhe é adjacente. De *telefone celular*, passamos a dizer apenas *celular*, subentendendo *telefone* em *celular*. Podemos até mesmo dizer coisas como: *Ele comprou um pré-pago*, em que se subentendem, nesse novo substantivo, as palavras *telefone* e *celular*.

Os chamados adjetivos pátrios, que indicam nacionalidade, procedência ou lugar de origem de pessoas ou coisas, são também comumente substantivados. Usamos *ingleses, brasileiros, franceses* como substantivos, tendo integrado previamente o substantivo homens a eles (*homens ingleses, homens brasileiros, homens franceses*). Podemos utilizar esses novos substantivos no singular como em: O *inglês* é mais contido do que o *francês*. Temos, aqui, uma

---

1. Joaquim Maria Machado de Assis, *Dom Casmurro*. Em *Obra Completa*, vol. 1, p. 843.

integração conceptual de todos os ingleses em *inglês* e de todos os franceses em *francês*. É dessa forma, como vimos no capítulo do substantivo, que se criam os conceitos.

POSIÇÃO DO ADJETIVO EM PORTUGUÊS

Diz-se que a posição normal do adjetivo em português é depois do substantivo. Exemplos:

Para crescer é preciso ter estabilidade *econômica*.
É importante adicionar valor *agregado* aos produtos *exportados*.

Ninguém diria, por exemplo,

? Para crescer é preciso ter *econômica* estabilidade.
? É importante adicionar *agregado* valor aos *exportados* produtos.

Mas ninguém reclama quando dizemos coisas como:

O Banco Central fará um *grande* esforço para manter a atual meta de inflação.
Os captadores de recursos propõem um *novo* marco regulatório do terceiro setor.

Embora muitos estudiosos de estilística digam que os adjetivos são antepostos apenas quando têm valor subjetivo, isso não é verdade, como atestam os exemplos acima. Afinal, adjetivos ditos subjetivos como *bonito* e *lindo* tanto podem vir antes quanto depois dos substantivos que modificam:

A comissão fez um trabalho *bonito* (ou um *bonito* trabalho).
Minha irmã comprou um vestido *lindo* (ou um *lindo* vestido).

Com alguns adjetivos, como *belo*, por exemplo, é difícil encontrar exemplos de posposição ao substantivo. O mais comum são frases como:

O álbum duplo contém um *belo* encarte.
Em *bela* jogada pela esquerda, ele invadiu a área e fez o gol.

Seria bem mais difícil encontrar versões como:

? O álbum duplo contém um encarte *belo*.
? Em jogada *bela* pela esquerda, ele invadiu a área e fez o gol.

A conclusão a que podemos chegar é que a posição de alguns adjetivos já vem fixada em construções previamente instauradas na memória dos falantes. Um caso emblemático é a construção com o adjetivo *mero*, que significa *simples, apenas*. Ninguém diz: "Ele é um assistente *mero*", mas "Ele é um *mero* assistente", com o adjetivo anteposto. Já adjetivos atributivos, como *quadrado, redondo, azul* etc., integram uma construção em que são necessariamente pospostos, como em: "uma mesa *quadrada*, um copo *redondo*, uma blusa *azul*". Ninguém diz: "uma *quadrada* mesa", "um *redondo* copo", "uma *azul* blusa".

Existem, também, certas expressões em que o adjetivo tem seu sentido consideravelmente alterado quando muda de posição em relação ao substantivo que modifica. É o caso de:

Um advogado *falso* (falso = mentiroso).
Um *falso* advogado (falso = impostor, não autêntico, não verdadeiro).

Um homem *simples* (simples = sem afetação).
Um *simples* homem (simples = não mais que).

Uma outra maneira de alterar a posição do adjetivo, geralmente avaliativo, é a topicalização, processo pelo qual o adjetivo é deslocado à esquerda do substantivo, separado pela preposição *de*. É o que se observa em frases como:

A *descuidada* da mulher dele esqueceu as chaves de novo (= sua mulher *descuidada*).
A *malvada* da pinga é que me atrapalha (= a pinga *malvada*).

FLEXÃO DO ADJETIVO

Em português, o adjetivo admite flexão em gênero e número, de maneira muito semelhante à do substantivo, embora suas desinências sirvam apenas para assinalar a concordância com o substantivo. Se o adjetivo *bonito* se aplica a *homem*, assume a forma masculina: *homem bonito*. Se se aplica a *mulher*, assume a forma feminina: *mulher bonita*. Uma qualidade ou atributo, em princípio, não são nem masculinos nem femininos, nem têm singular ou plural. O adjetivo assume a *forma masculina*, quando modifica um substantivo masculino, e assume a *forma feminina*, quando modifica um substantivo feminino. O mesmo se dá com o singular e o plural. A rigor, podemos dizer que um adjetivo não possui gênero e número, mas apenas *forma de gênero* e *forma de número*.

Gênero do Adjetivo

Adjetivos Uniformes

Alguns adjetivos têm a mesma forma tanto para o gênero masculino quanto para o feminino. Por isso, são chamados de adjetivos uniformes:

um café *quente*   uma sopa *quente*.
um homem *gentil*   uma garota *gentil*.

Adjetivos Biformes

São os que têm uma forma para o masculino e outra para o feminino:

FORMA DO MASCULINO	FORMA DO FEMININO
um castelo *assombrado*	uma casa *assombrada*
um homem *simpático*	uma garota *simpática*

Formação do Feminino

Como nos substantivos, a forma feminina é marcada pelo acréscimo da desinência *a*, sendo possível distinguir três casos:

1º CASO: TERMINAÇÃO EM CONSOANTE OU VOGAL U

A desinência *a* agrega-se à base masculina sem alteração dessa base. É o que se dá com os adjetivos terminados em *consoante* ou na *vogal u*.

BASE MASCULINA	DESINÊNCIA A	FORMA DO FEMININO
arrasador	+ a	arrasadora
cru	+ a	crua
escocês	+ a	escocesa
espanhol	+ a	espanhola
nu	+ a	nua

2º CASO: TERMINAÇÃO EM VOGAL O

A desinência *a* agrega-se à base masculina com a queda da vogal temática do adjetivo. Isso acontece com os adjetivos terminados pela vogal temática *o*:

FORMA DO MASCULINO	FORMA DO FEMININO
bel(o)	bela
espert(o)	esperta
meig(o)	meiga

Adjetivos femininos com abertura da vogal tônica

Em alguns poucos adjetivos, além de haver o acréscimo da desinência *a*, a vogal tônica *o* fica aberta no feminino.

MASCULINO	FEMININO
vogal tônica fechada (ô)	vogal tônica aberta (ó)
indisposto	indisposta
brioso	briosa
formoso	formosa
grosso	grossa

3º CASO: TERMINAÇÃO EM *ÃO* E *EU*

A desinência *a* agrega-se à base masculina com a consequente alteração na forma da base. É o que acontece com os adjetivos terminados em *ão* e *eu*.

Adjetivos Terminados em ão:

Neste caso, o acréscimo da desinência *a* pode acarretar as alterações que seguem:

a) A terminação *ão* é substituída por *ã*.

vão	vã
são	sã
cristão	cristã

b) A terminação *ão* é substituída por *ona*.

solteirão	solteirona
chorão	chorona

c) A terminação *ão* é substituída por *oa*. Isto é mais frequente entre os substantivos que entre os adjetivos. Exemplo com adjetivo:

beirão   beiroa (habitantes da Beira, região de Portugal)

Adjetivos Terminados em eu:

Nestes, o acréscimo da desinência *a* também provoca alterações na base, que podem ser como as seguintes:

a) em adjetivos terminados pelo ditongo aberto *éu*, permuta-se *éu* por *oa*.

povo *ilhéu*   gente *ilhoa*
homem *tabaréu*   mulher *tabaroa* (pessoa ingênua, caipira)

b) em adjetivos terminados pelo ditongo fechado *eu*, troca-se *eu* por *eia*.

costume *plebeu*   origem *plebeia*
pensamento *ateu*   conduta *ateia*
povo *hebreu*   herança *hebreia*
homem *pigmeu*   estatura *pigmeia*
território *cananeu*   terra *cananeia*

Exceções: judeu / judia, sandeu (= tolo, estúpido) / sandia.

Algumas Características dos Adjetivos

a) Excluindo aqueles cuja terminação em *a* já é decorrente da forma do feminino (belo / bela), os adjetivos terminados em *a* e todos os terminados em *e* são uniformes: *persa, budista, fascista, nazista, socialista, israelita, indígena, idólatra, peralta, entusiasta; coerente, competente, forte, quente, contente, impotente, leve, celeste*. Exemplos:

O estado persa
A mulher persa
Os jovens nazistas
As mulheres nazistas
O médico competente
A enfermeira competente

b) Alguns adjetivos terminados em *ês* são uniformes: *cortês, descortês, montês, pedrês.*

cabrito *montês* (= do monte)
cabra *montês*
burrinho *pedrês* (= de cor preta e branca)
galinha *pedrês*

c) São uniformes também os comparativos terminados em *or*: *melhor, pior, menor, posterior, anterior, inferior, interior, maior*. Além dos comparativos, são uniformes os adjetivos: *multicor, incolor, indolor, sensabor*.

líquido *incolor*   lente *incolor*
corte *indolor*   cirurgia *indolor*

Superior também é uniforme (*plano superior, qualidade superior*). Quando se refere, porém, a *madre* (autoridade máxima de uma ordem religiosa), assume a forma feminina: madre *superiora*.

Trabalhador, quando substantivo, faz o feminino em *trabalhadora* (*as trabalhadoras da expedição*); mas, quando adjetivo, faz também o feminino em *trabalhadeira* (É uma conquista da classe *trabalhadora* / Trata-se de uma empregada *trabalhadeira*).

Gerador e *motor*, enquanto adjetivos, admitem dois femininos: *geradora* e *motora*; *geratriz* e *motriz*:

força *motora* ou força *motriz*
máquina *geradora* ou máquina *geratriz*.

d) Entre os adjetivos terminados em *u*, *hindu* e *zulu* são uniformes.

povo *hindu*   população *hindu*
idioma *zulu*   língua *zulu*

e) *Mau* faz o feminino *má*.

homem *mau*   mulher *má*

f) Os adjetivos terminados em *l* são uniformes.

trabalho *convencional*   atitude *convencional*
homem *sensível*   mulher *sensível*
corpo *frágil*   pedra *frágil*
céu *azul*   cor *azul*

Exceção: *espanhol/espanhola*

g) São ainda uniformes os adjetivos:

– terminados em *ar*: *exemplar*, *ímpar*
– paroxítonos terminados em *s*: *simples*, *reles*
– terminados em *z*: *feliz*, *capaz*, *veloz*

Exceção: *andaluz/andaluza*

– terminados em *m*: *virgem*, *ruim*, *comum*

Exceção: *bom/boa*

Feminino dos Adjetivos Compostos

Regra geral: só o último elemento assume forma feminina:

tratado *luso-brasileiro*   convenção *luso-brasileira*
motivo *didático-pedagógico*   causa *didático-pedagógica*

Se o último adjetivo for uniforme, o composto fica invariável em gênero.

movimento *político-social*   ação *político-social*

Faz exceção a essa regra o adjetivo composto *surdo-mudo*, em que ambos os elementos assumem forma feminina:

um menino *surdo-mudo*   uma criança *surda-muda*

Isso acontece por iconicidade. Não se trata, a rigor, de uma única característica mas de duas: surdez e mudez.

Nos adjetivos compostos de nome de cor, em que o segundo elemento é um substantivo, esse segundo elemento é invariável:

tecido verde-*oliva*   farda verde-*oliva*
pulseira amarelo-*ouro*   blusa amarelo-*ouro*

NÚMERO DO ADJETIVO

Quanto ao número, o adjetivo flexiona-se também de maneira praticamente idêntica à do substantivo, com o acréscimo da desinência *s*, típica de plural.

mesa bonita   mesas bonitas
remessa rápida   remessas rápidas

Formação do Plural

Como regra geral, o plural dos adjetivos é formado pelo acréscimo da desinência *s* à base singular e, como nos substantivos, isso pode ocorrer de duas formas distintas:

1º caso: Terminação em vogal ou ditongo

O acréscimo da desinência *s* não acarreta alteração alguma na base singular. É o que se dá quando a forma singular termina por vogal ou ditongo diferente de *ão*:

governo *socialista*   governos *socialistas*
povo *forte*   povos *fortes*
mar *revolto*   mares *revoltos*
época *áurea*   épocas *áureas*
estilo *plebeu*   estilos *plebeus*

2º caso: Terminação em *ão*, *l*, *r*, *z*

O acréscimo da desinência *s* provoca alterações na base singular, dando origem a uma variante ou alomorfe. É o que ocorre nos seguintes casos:

Adjetivos Terminados em ão

O acréscimo do *s* se dá:

a) sem qualquer alteração da base singular.

comportamento *são*   comportamentos *sãos*
esforço *vão*   esforços *vãos*

b) com a troca de *ão* por *ões* (casos mais comum).

menino *chorão*   meninos *chorões*
chefe *mandão*   chefes *mandões*
candidato *fanfarrão*   candidatos *fanfarrões*

c) com a troca de *ão* por *ães*.

    médico *alemão*   médicos *alemães*

OBSERVAÇÃO: Alguns adjetivos, como *charlatão*, seguem mais de uma dessas regras:

    prestidigitador *charlatão*   prestidigitadores *charlatões* / *charlatães*

ADJETIVOS TERMINADOS EM L

a) Quando o *l* vem precedido de *a, e, o, u* (*al, el, ol, ul*) o acréscimo do *s* provoca a queda do *l* e faz surgir um *i* antes do *s*.

    contrato *ilegal*   contratos *ilegais*
    amigo *fiel*   amigos *fiéis*
    campeão *espanhol*   campeões *espanhóis*
    mar *azul*   mares *azuis*

b) Quando o *l* vem precedido de *i* (*il*), o acréscimo do *s* se dá de dois modos distintos:

– Se o *il* é tônico, o *s* entra no lugar do *l*.

    gesto *gentil*   gestos *gentis*
    atitude *viril*   atitudes *viris*

– Se o *il* é átono, transforma-se em *eis*.

    solo *estéril*   solos *estéreis*
    terra *fértil*   terras *férteis*

ADJETIVOS TERMINADOS EM R E Z

O acréscimo do *s* faz surgir a vogal temática *e*.

    ambiente *familiar*   ambientes *familiares*
    animal *feroz*   animais *ferozes*

ADJETIVOS TERMINADOS EM S

O plural se dá de dois modos:

a) com recuperação da vogal temática *e*, se forem oxítonos.

funcionário *cortês* funcionários *corteses*
povo *francês* povos *franceses*

b) sem variação alguma, se não forem oxítonos.

história *piegas* histórias *piegas*
cidadão *reles* cidadãos *reles*

Plural dos Adjetivos Compostos

a) Nos adjetivos compostos, somente o segundo elemento da composição vai para o plural, se for um adjetivo. Isso inclui os nomes de cor que forem adjetivos.

encontro político-*partidário* encontros político-*partidários*
país latino-*americano* países latino-*americanos*
partido social-*democrata* partidos social-*democratas*
blusa azul-*escura* blusas azul-*escuras*
olho azul-*claro* olhos azul-*claros*

b) Se o segundo elemento for um substantivo, ele não sofre variação:

vestido amarelo-*laranja* vestidos amarelo-*laranja*
farda verde-*oliva* fardas verde-*oliva*
nuvem amarelo-*ouro* nuvens amarelo-*ouro*

Isso se deve ao fato de que, antes do substantivo usado para significar nome de cor, fica subentendida a expressão *cor de*, que contém a preposição *de*. Como sabemos, as preposições constituem barreira para a concordância em português. Ninguém diz, em português, *as mesas de madeiras*, mas *as mesas de madeira*, por causa da preposição *de*. Assim como dizemos *blusas cor de rosa* ou *blusas rosa* e não *blusas cor de rosas*, dizemos, também, *vestidos amarelo-laranja*.

c) São exceções às regras anteriores os adjetivos azul-marinho, azul-celeste que são invariáveis:

blusa azul-marinho blusas azul-marinho
blusa azul-celeste blusas azul-celeste

Com o adjetivo *surdo-mudo*, há concordância tanto de gênero quanto de número em ambos os adjetivos:

menino *surdo-mudo*   meninos *surdos-mudos*
menina *surda-muda*   meninas *surdas-mudas*

Grau do Adjetivo

A categoria de grau serve para indicar com que intensidade a qualidade expressa pelo adjetivo ocorre nos seres representados pelo substantivo. Para marcar o grau do adjetivo, a língua portuguesa faz uso de dois expedientes:

a *comparação* (grau comparativo),

e

a *intensificação* (grau superlativo).

Comparativo

O grau comparativo se exprime por meio do confronto explícito, normalmente entre dois indivíduos ou elementos:

O ouro é mais caro do que a prata.

Algumas poucas vezes, duas qualidades são comparadas num mesmo indivíduo ou evento:

Aquele homem é mais educado do que sincero.

São três os tipos de comparativo:

a. Comparativo de superioridade

Indica que a qualidade expressa pelo adjetivo é mais intensa no primeiro que no segundo membro da comparação:

O chumbo é mais pesado do que o ferro.

O comparativo de superioridade é formado por uma construção sintática que, esquematicamente, pode ser assim descrita:

MAIS	ADJETIVO	QUE (OU *DO QUE*)
mais	velho	que / do que
mais	barato	que / do que
mais	antigo	que / do que

O advérbio *mais*, nesses casos, pode vir reforçado por outro intensificador: *bem, muito, significativamente* etc.

A gasolina está bem mais barata neste posto do que nos outros.

Esse sistema de comparação é chamado de *analítico*. Há, entretanto, alguns casos em que o comparativo de superioridade é expresso de maneira *sintética*, por meio do sufixo *or*, herdado do latim. São apenas quatro:

melhor = mais bom
maior = mais grande
pior = mais ruim
menor = mais pequeno

Exemplos:

Os relógios suíços são *melhores* do que os japoneses.
Os tablets são *menores* do que os notebooks.

Mesmo com esses adjetivos, as formas analíticas (mais bom que, mais grande que...) podem ser usadas, quando se confrontam duas qualidades em um mesmo indivíduo. Exemplo:

Essa casa é *mais grande* do que espaçosa.

É importante que se diga que o emprego de *mais pequeno*, mesmo comparando qualidades em indivíduos diferentes, não é errado, pois é o comparativo de superioridade do adjetivo pequeno. Podemos, pois dizer, acertadamente:

O apartamento da minha irmã é *mais pequeno* do que o do meu amigo.

Essa comparação é semanticamente equivalente a:

O apartamento da minha irmã é *menor* do que o do meu amigo.

OBSERVAÇÃO: As formas *superior, inferior, anterior, posterior* e *ulterior* são, pela sua origem latina, comparativos de superioridade. Apesar disso, muitas vezes essa superioridade é duplicada com o uso de mais, como em:

> Esse é um tecido *mais inferior*.
> Esse produto é *mais superior*.

Bastaria dizer:

> Esse é um tecido *inferior*.
> Esse produto é *superior*.

b. Comparativo de igualdade

Indica que a qualidade expressa pelo adjetivo ocorre com a mesma intensidade em dois indivíduos ou eventos. Seu esquema é:

> *tão...* [adjetivo]... *quanto* (ou *como*).
>
> Recife é *tão* bonito *quanto* / *como* o Rio de Janeiro.

Na língua falada, é muito comum o uso de expressões como *que nem* e *feito* no 2º termo da comparação de igualdade:

> Ele é inteligente *que nem* um doutor.
> Esse vestido é azul *feito* céu.

A origem de *que nem* é uma redução sintática de uma forma original: *Ele é tão inteligente que nem um doutor é tão inteligente quanto ele*. Por motivo de economia, essa maneira de dizer foi reduzida a *Ele é inteligente que nem um doutor*.

Feito é resultado da redução, também por economia, de uma expressão maior como: *Esse vestido é azul como se fosse feito de céu*.

c. Comparativo de inferioridade

Indica que a qualidade expressa pelo adjetivo é menos intensa num indivíduo ou evento do que em outro indivíduo ou evento. Pode ser esquematizado assim:

> *menos...* [adjetivo]... *que* (ou *do que*).

Exemplo:

A riqueza é *menos* importante *do que* a educação.

Superlativo

O grau superlativo serve para indicar que a qualidade do ser ou evento nomeado pelo substantivo é elevada. A palavra *superlativo* vem do latim (*super* = grande + *latus* = largo). Quer dizer *muito ampliado*. Há dois tipos de superlativo em português: o absoluto e o relativo.

a. Superlativo absoluto

Serve para indicar que uma qualidade existe em alto grau no ser ou evento nomeado por um substantivo sem, no entanto, confrontar essa qualidade com a de outro ser ou evento:

No próximo verão a moda trará vestidos *curtíssimos*.
Gostei muito daquela festa *animadíssima*.

A qualidade expressa pelo superlativo absoluto se opõe virtualmente à mesma qualidade em grau normal. *Curtíssimo* entende-se por confronto virtual com *curto*.

I. FORMAS DE SUPERLATIVO ABSOLUTO

O superlativo absoluto é formado, no português, por meio de dois processos:

a) *sintético*, que consiste no acréscimo dos sufixos *íssimo* (com a variante *imo* usada com bases terminadas em *r* e *l*) e *érrimo* à forma normal do adjetivo:

claro + íssimo = claríssimo
fácil + imo   = facílimo
áspero + imo   = aspérrimo

b) *analítico*, com a anteposição de advérbios de intensidade aos adjetivos em grau normal:

muito claro
bastante fácil
excessivamente áspero

II. FORMAÇÃO DO SUPERLATIVO ABSOLUTO SINTÉTICO

Muitas vezes, o acréscimo do sufixo superlativo provoca alterações na base do adjetivo, tornando-a próxima da base latina. Isso se explica pelo fato de muitos superlativos absolutos terem entrado no português por via erudita, sofrendo influência do latim. O superlativo *soberbo*, por exemplo, é *superbíssimo* (sufixo *íssimo* agregado à base latina *superbus*); de *pobre* é *paupérrimo* (em latim *pauper*); de *magro* é *macérrimo* (em latim *macer*).

Muitas vezes, ao lado da forma erudita, há uma forma popular construída com base no adjetivo em sua forma atual. É o caso de *pobríssimo* e *magríssimo* (ou *magérrimo*) que ocorrem a par das formas eruditas *paupérrimo* e *macérrimo*.

Apresentamos, a seguir, uma lista de superlativos eruditos que, dadas a suas particularidades, merecem registro:

GRAU NORMAL	SUPERLATIVO ABSOLUTO SINTÉTICO ERUDITO
acre	acérrimo
amargo	amaríssimo
antigo	antiquíssimo
célebre	celebérrimo
cristão	cristianíssimo
cruel	crudelíssimo
doce	dulcíssimo
dócil	docílimo
fiel	fidelíssimo
frio	frigidíssimo
geral	generalíssimo
humilde	humílimo
incrível	incredibilíssimo
livre	libérrimo
magro	macérrimo
mísero	misérrimo
miúdo	minutíssimo
negro	nigérrimo
nobre	nobilíssimo
notável	notabilíssimo

GRAU NORMAL	SUPERLATIVO ABSOLUTO SINTÉTICO ERUDITO
pessoal	personalíssimo
pobre	paupérrimo
provável	probabilíssimo
pugnaz	pugnacíssimo
sagrado	sacratíssimo
são	saníssimo
soberbo	superbíssimo

OBSERVAÇÃO: Além dos dois processos básicos de formação do superlativo absoluto (por sufixos ou por intensificação de advérbios), existem, no português, dois expedientes que produzem resultados similares:

a) repetição do adjetivo:

> Era uma menina *triste, triste*.
> Caía uma chuva *fina, fina, fina*.

b) acréscimo de certos prefixos intensificadores (arqui, super, hiper, ultra).

> Ele é *arqui*milionário.
> É um restaurante *super*barato.
> É uma atitude *hiper*-revoltante.

b. Superlativo relativo

Indica que o ser representado pelo substantivo possui certa qualidade no grau mais elevado (ou menos) dentre todos de um dado conjunto. Pode ser de:

a) *superioridade*

> Ele foi *o mais rápido* dos pilotos.

b) *inferioridade*

> Ele foi *o menos rápido* dos pilotos.

Na verdade, o superlativo relativo é uma espécie de grau comparativo entre um indivíduo e sua classe, que a tradição gramatical resolveu denominar de superlativo relativo.

FORMAÇÃO DO SUPERLATIVO RELATIVO

O esquema de formação do superlativo relativo é o seguinte:

a) superioridade:
artigo definido (*o/a*) + *mais* + adjetivo + *de* (ou *dentre*).

Ele foi *o mais famoso dos* (*dentre os*) pilotos de sua época.

b) inferioridade:
artigo definido (*o/a*) + *menos* + adjetivo + *de* (ou *dentre*).

Ele foi *o menos famoso de* (*dentre*) os pilotos de sua época.

Machado de Assis, em seu romance *Dom Casmurro*, criou um personagem, José Dias, cuja característica era o uso abusivo dos superlativos. Vejamos, a título de curiosidade, o início do capítulo IV, em que Machado atribui a ele essa característica:

> Um dever amaríssimo!
> José Dias amava os superlativos. Era um modo de dar feição monumental às ideias; não as havendo, servia a prolongar as frases[2].

Diminutivo

O diminutivo é feito, geralmente, com o acréscimo do sufixo *inho*, como em:

novinho
fininho
quietinho

Muitas vezes o adjetivo diminutivo tem função apenas afetiva como em: criança *boazinha*, carro *novinho*.

---

2. Joaquim Maria Machado de Assis, *Dom Casmurro*. Em *Obra Completa*, vol. 1, p. 812.

8
PRONOME

NATUREZA DOS PRONOMES

Quando duas pessoas conversam, estabelece-se uma condição chamada de *situação de discurso*. Uma fala, a outra ouve. Mais à frente, a outra assume a palavra (muitas vezes sobrepondo sua fala à da primeira) e a primeira ouve. Daí a pouco, trocam-se os papéis novamente e, depois, outra vez e mais uma vez.

Durante esse diálogo, ambos os interlocutores referem-se a si próprios e também ao outro como pessoas desse discurso. Quem assume a palavra se nomeia *eu* e nomeia o outro *você* (ou *tu*). Mudando o turno, quem era *eu* passa a ser *você* ou *tu*, e quem era *você* ou *tu* passa a ser *eu*.

Eu e *você* (ou *tu*) são chamados *pronomes pessoais*, uma vez que nomeiam as pessoas que participam da situação de discurso. Ficam no lugar do nome dessas pessoas. Daí sua origem = pro + nome (em lugar do nome).

Há situações em que pode também ser nomeada outra pessoa que não participe diretamente do diálogo, como em:

Ela está vestida de azul. (interlocutor apontando para uma mulher)

REFERÊNCIA DÊITICA, ANAFÓRICA E CATAFÓRICA DOS PRONOMES

Os pronomes têm referência dêitica (do grego *deiktikos* = que mostra ou demonstra), quanto se referem diretamente a pessoas ou coisas que estão no ambiente da fala. Quando alguém diz algo como:

Eu digo a *você* que discos-voadores não existem.

eu e *você* têm referência dêitica, porque tanto quem fala como quem ouve se acham presentes nesse ato da fala. Se alguém diz algo como:

Você vai enviar *isso* pelo correio? (apontando para um pacote sobre a mesa)

o pronome *isso* também têm referência dêitica, pois indica diretamente um objeto dentro do cenário da fala.

Os pronomes têm referência anafórica (do grego *anaphorá* = ação de repetir) quando se referem a um termo que já foi apresentado anteriormente, como em:

Assis Chateaubriand, o homem que criou o MASP, tinha um Rolls-Royce 1953. *Ele* *o* tinha "herdado" do presidente Getúlio Vargas.

Nesse texto, os dois pronomes da segunda frase têm referência anafórica. *Ele* recupera *Assis Chateaubriand* e *o* recupera *um Rolls-Royce 1953*. Essa função anafórica é uma importante ferramenta de coesão textual, uma vez que "amarra" semanticamente as frases entre si.

Algumas raras vezes, a referência textual aparece depois do pronome, como em:

Logo no início da reunião, você diz *isto*: que não podemos esperar mais dois meses pelo contrato.

Nessa frase, a referência ao pronome *isto* se encontra depois dele: *que não podemos esperar mais dois meses pelo contrato*. Esse tipo de referência recebe o nome de REFERÊNCIA CATAFÓRICA (do grego *kataphorá* = ato de lançar de cima para baixo).

Outro fato a ser lembrado é que o pronome *ele* pode referir-se também a coisas inanimadas, tanto deiticamente como anaforicamente. Imaginemos duas pessoas olhando um carro coberto de poeira e uma dizendo à outra:

– *Ele* precisa ser lavado.

Nesse caso, o pronome *ele* refere-se, deiticamente, a um ser inanimado. Vejamos agora uma frase como:

Supermercados deixam de oferecer sacolas plásticas, a partir desta semana. *Elas* serão substituídas por caixas de papelão ou por sacolas de pano retornáveis.

Elas refere-se, anaforicamente, a *sacolas plásticas*, objetos inanimados, termo presente na frase anterior.

Como vemos, o pronome pessoal *ele*, em português, não é, rigorosamente, um pronome "pessoal", no sentido de nomear apenas seres humanos.

PRONOMES SUBSTANTIVOS E PRONOMES ADJETIVOS

Nos textos em que aparecem, os pronomes podem ocupar lugares normalmente ocupados por substantivos, como no texto abaixo:

E, outra coisa: o diabo, é às brutas; mas Deus é traiçoeiro! Ah! Uma beleza de traiçoeiro – dá gosto! A força *dele*, quando quer – moço – me dá o medo pavor! Deus vem vindo: ninguém não vê. *Ele* faz é na lei do mansinho – assim é o milagre. E Deus ataca bonito, se divertindo, se economiza[1].

Nesse texto, as duas ocorrências do pronome *ele* se referem ao substantivo *Deus*. Muitas vezes, contudo, os pronomes ocupam o lugar de sequências mais complexas em que o substantivo aparece apenas como base. É o que acontece no seguinte trecho:

No meu livro de capa verde estão escritos os desejos dos outros. *Ele* se chama agenda. Os meus desejos, não é preciso que ninguém me lembre deles[2].

O pronome *ele* se refere não ao substantivo livro, isolado, mas à sequência *o meu livro de capa verde*.

Em ambos os casos, os pronomes são chamados de *pronomes substantivos*.

---

1. João Guimarães Rosa, *Grande Sertão: Veredas*, p. 15.
2. Rubem Alves, *O Retorno e Terno*, p. 74.

Os pronomes podem também assumir papéis próprios do adjetivo, modificando substantivos, como em:

Segundo dados da Sociedade Brasileira de Cirurgia Plástica, o Brasil é o segundo país que realiza *essa* cirurgia.

Nesse caso, o pronome *essa* modifica o substantivo *cirurgia*, ocupando um lugar de um adjetivo. De fato, podemos modificar a palavra *cirurgia* por adjetivos como *grande, pequena, arriscada* etc. Por esse motivo, pronomes desse tipo recebem o nome de *pronomes adjetivos*.

PRONOMES PESSOAIS

Os pronomes pessoais representam as três pessoas do discurso: 1ª pessoa (aquela que fala), 2ª pessoa (a pessoa a quem se fala) e 3ª pessoa (a pessoa ou algo de que se fala). Podem apresentar-se nas seguintes formas:

	CASO RETO	CASO OBLÍQUO	
		FORMAS ÁTONAS	FORMAS TÔNICAS
SINGULAR	eu	me	mim, comigo
	tu	te	ti, contigo
	ele, ela	se, o, a, lhe	si, consigo (a ele, por ele)
PLURAL	nós	nos	conosco (a nós, de nós)
	vós	vos	convosco (a vós, de vós)
	eles, elas	se, os, as, lhes	si, consigo (a eles, por eles)

O quadro acima é, contudo, bastante antigo e não corresponde ao uso que o português brasileiro atual faz dos pronomes. Se atualizássemos esse quadro com o que de fato se usa, principalmente na língua falada, teríamos:

	CASO RETO	CASO OBLÍQUO	
		FORMAS ÁTONAS	FORMAS TÔNICAS
SINGULAR	eu	me	mim, comigo
	você (tu)	o, a, lhe	com você
	ele, ela	se, o, a, lhe	si, consigo (a ele, por ele)
PLURAL	nós	nos	conosco (a nós, de nós)
	vocês	os, as, lhes	com você (a vocês, de vocês)
	eles, elas	se, os, as, lhes	si, consigo (a eles, por eles)

Ou seja, o pronome *você(s)* ocupou o lugar de *tu* e de *vós* na maior parte do Brasil. No Sul do país, o *tu* ainda se mantém, mas a concordância é feita usualmente na terceira pessoa (*Tu vai*) e, no plural, é usado o pronome *vocês* (*Vocês vão*).

Caso Reto e Caso Oblíquo

Os termos *reto* e *oblíquo* têm sua origem em uma metáfora da gramática grega. *Reto* significava "emparelhado com o verbo", em concordância com ele, ou seja, *função sujeito*. Já *oblíquo* significava "desvio da concordância verbal", ou seja, *função complemento*.

A escolha entre o caso reto e o caso oblíquo é feita, pois, com base na função sintática que o pronome exerce dentro de uma oração. Em uma frase como:

Sistemas modernos de navegação fornecem direção ao motorista.

se o sujeito (*Sistemas modernos de navegação*) for substituído por um pronome, a forma selecionada será *eles*, pertencente ao caso reto:

Eles fornecem direção ao motorista.

Se substituirmos o objeto direto *direção*, teremos de utilizar a forma oblíqua *a*, que serve para esse tipo de complemento:

Sistemas modernos de navegação *a* fornecem ao motorista.

Se substituirmos o objeto indireto *ao motorista*, utilizaremos a forma *lhe*, adequada a esse tipo de complemento:

Sistemas modernos de navegação fornecem-*lhe* a direção.

As formas *o, a, os, as* são exclusivas do objeto direto; as formas *lhe, lhes*, exclusivas do objeto indireto. As outras formas (*te, se, nos, vos*) servem para os dois complementos. Observem-se os exemplos a seguir:

Eu não *te* via há muito tempo. (*te* = objeto direto)
Eu *te* dei um relógio, no mês passado. (*te* = objeto indireto)

A forma *se* é, entre outras atribuições, reflexiva, ou seja, assinala que o sujeito é, ao mesmo tempo, agente e paciente da ação verbal. Em outras palavras, o *se*, enquanto pronome reflexivo, tem sempre o sujeito da frase como referência. Assim em:

> Maria *se* vestiu às pressas.

o objeto direto tem a mesma referência que o sujeito *Maria*, ao indicar que ela, ao mesmo tempo em que pratica a ação de vestir, também é paciente dessa ação.

Os pronomes retos *ele, ela, eles, elas, nós* e *vós* podem também ser utilizados como complemento verbal, desde que preposicionados.

> Sistemas modernos de navegação fornecem direção *a ele*. (ele = objeto indireto)
>
> Nem ele entende *a nós* nem nós *a ele*[3]. (ele = objeto direto preposicionado)

Formas Átonas e Formas Tônicas

As formas átonas, como o nome indica, são aquelas que, não tendo acento próprio, se apoiam foneticamente em outras palavras dentro da frase. Os pronomes átonos apoiam-se foneticamente no verbo, recebendo, por esse motivo, o nome de *clíticos*. Quando vêm depois do verbo, são chamados *enclíticos*; quando vêm antes dele, *proclíticos*.

> Ela viu-*me* ontem. (pronome enclítico)
> Ela *me* viu ontem. (pronome proclítico)

As formas tônicas aparecem sempre precedidas de preposição.

> Não vá <u>sem</u> mim.
> Não esperava isso <u>de</u> ti.
> Eu dei <u>a</u> ela todo o carinho.

Na forma *comigo*, assim como nas formas *contigo, consigo, conosco* e *convosco*, a preposição *com* já se encontra dentro do próprio pronome, embora muita gente tenha perdido consciência disso.

---

3. Luís Vaz de Camões, *Os Lusíadas*, p. 272.

Entre Ele e Mim

Depois de preposição, não se emprega o pronome *eu*. Dizemos, então: entre *ele* e *mim*, sem *mim* e *ela* e não entre *ele* e *eu*, sem *eu* e *ela*.

Para Mim, Para Eu Fazer

Vejamos as seguintes frases:

Esse contrato é para *mim*, aquele é para você.
Esse contrato é para *eu* assinar.

Na primeira delas, o pronome *mim* é apenas uma unidade lexical regida pela preposição *para*. Na segunda, a preposição *para* rege não uma unidade lexical, mas uma oração inteira (eu assinar) cujo sujeito é o pronome *eu* que, por isso, deve permanecer no caso reto.

Combinações de Pronomes

Os pronomes átonos *me, te, lhe, nos* e *vos* podem combinar-se com os pronomes *o, a, os, as*, das seguintes maneiras:

me	+	o (a, os, as)	=	mo (ma, mos, mas).
te	+	o (a, os, as)	=	to (ta, tos, tas).
lhe	+	o (a, os, as)	=	lho (lha, lhos, lhas).
nos	+	o (a, os, as)	=	no-lo (no-la, no-los, no-las).
vos	+	o (a, os, as)	=	vo-lo (vo-la, vo-los, vo-las).

Trata-se de combinações raras no português do Brasil atual, mas podem ser encontradas na língua literária mais antiga.

Tais eram as reflexões que eu vinha fazendo, por aquele Valongo fora, logo depois de ver e ajustar a casa. Interrompeu-*mas* um ajuntamento; era um preto que vergalhava outro na praça[4].

---

4. Joaquim Maria Machado de Assis, *Memórias Póstumas de Brás Cubas*. Em *Obra Completa*, vol.1, p. 581.

Pronomes Pessoais e Suas Referências

Como vimos, no início deste capítulo, a 1ª pessoa (*eu*) tem como referência o enunciador, a pessoa que fala; a 2ª pessoa, o enunciatário ou interlocutor, a pessoa a quem se fala (*você, tu*) e a 3ª pessoa exclui tanto o enunciador como o interlocutor, referindo-se a uma "terceira parte" não envolvida diretamente na interlocução que, como vimos há pouco, tanto pode ser uma pessoa como uma coisa. Para efeito de concordância, todos os termos de uma frase, exceto aqueles que têm como núcleo um pronome de 1ª ou 2ª pessoa, são caracterizados como 3ªs pessoas. Exemplo: *As meninas chegaram*. Nessa oração, dizemos que o verbo *chegar* concorda com o sujeito, *as meninas*, na 3ª pessoa do plural.

A 1ª pessoa do plural pode assumir referências mais complexas. Para ilustrar as referências possíveis dos pronomes, vamos usar alguns símbolos, designando os participantes de uma situação de comunicação:

E (enunciador) = o autor de uma mensagem, aquele que fala ou escreve (singular ou plural);
I (interlocutor) = o destinatário da mensagem, aquele que ouve ou lê (singular ou plural);
O (outros) = qualquer outra referência excluída das definições de E ou I.

Vejamos, agora, o seguinte quadro exemplificativo:

	E	I	O	PESSOA	EXEMPLO
SINGULAR	+	–	–	1ª	Eu canto, porque o instante existe.
	–	+	–	2ª	Tu és / você é como o rosto das rosas.
	–	–	+	3ª	Ela estava ali sentada.
PLURAL	+	–	–	1ª	Nós escrevemos este artigo...
	+	+	–	1ª	Nós (eu e você) precisamos conversar.
	+	+	+	1ª	Nós, seres humanos, somos mortais.
	–	+	–	2ª	Vós vereis feitos ainda mais maravilhosos.
	–	–	+	3ª	Eles eram muito sinceros.

Como vemos, a 1ª pessoa do plural tanto pode ter como referência mais de um enunciador, o enunciador mais o(s) interlocutor(es), ou o enunciador mais o(s) interlocutor(es) e mais outras pessoas, simultaneamente.

O uso da 1ª pessoa, envolvendo o enunciador e o interlocutor, é bastante utilizado no texto escrito, em quase todos os gêneros. No texto literário, faz do interlocutor uma espécie de cúmplice do narrador. Vejamos o seguinte trecho do romance *Quincas Borba* de Machado de Assis:

> Esqueceu o projeto do sinete; mas a fórmula viveu no espírito de Rubião, por alguns dias: – Ao vencedor as batatas! Não a compreenderia antes do testamento, ao contrário, *vimos* que a achou obscura e sem explicação. Tão certo é que a paisagem depende do ponto de vista, e que o melhor modo de apreciar o chicote é ter-lhe o cabo na mão[5].

O uso da 1ª pessoa do plural na frase (vimos) tem o efeito de trazer o interlocutor / leitor para uma passagem anterior do livro, em que a expressão em questão ainda não tinha sido entendida por Rubião.

Nós *como 1ª Pessoa do Singular*

O pronome *nós* é, às vezes, utilizado com o objetivo de acrescentar ao texto uma espécie de caráter institucional, quando um pesquisador diz (ou escreve) algo como:

> Quando *nós* realizamos a primeira experiência, ainda não havia dados suficientes para conclusões desse tipo.

Fazendo isso, ele procura diluir sua autoria na própria instituição a que pertence, misturando sua voz à voz de seus pares.

Políticos podem utilizar esse recurso para identificar-se com as vozes do seu partido. Funcionários de empresa fazem a mesma coisa, quando redigem cartas. Quando o gerente de um banco diz a um cliente:

> *Nós* precisamos de mais garantias para liberar seu empréstimo.

o uso do *nós*, diluindo a figura do gerente na instituição bancária de que ele é o porta-voz, funciona como um elemento de preservação da sua face.

---

5. Joaquim Maria Machado de Assis, *Quincas Borba*. Em *Obra Completa*, vol. 1, p. 657.

Pronome Vós *como Tratamento de Respeito*

O pronome *vós*, originalmente, servia apenas para nomear vários interlocutores. Em termos históricos e culturais, contudo, passou a designar papas e reis, dentro da crença de que, ao dirigir-se ao pontífice ou a um rei (na época em que eles eram vistos como tendo natureza divina), as pessoas se dirigiam a duas pessoas ao mesmo tempo, ao papa e a Deus ou ao rei e a Deus. Dado o caráter respeitoso desse uso, o pronome *vós* foi adaptado para nomear qualquer pessoa singular que estivesse em uma hierarquia superior, dentro de uma relação social assimétrica. No português atual, esse uso já desapareceu por completo. Em francês, porém, é usado até hoje, havendo uma nítida diferença de hierarquia entre tratar alguém por *vous* ou por *tu*.

Variantes dos Pronomes Oblíquos Átonos o, a, os, as

Os pronomes oblíquos átonos *o, a, os, as* podem assumir variantes, também chamadas de alomorfes (formas diferentes com o mesmo significado), quando colocados depois das formas verbais. Esses alomorfes são: *lo, la, los, las, no, na, nos, nas*. Vejamos um exemplo na conjugação do verbo vender:

```
vendo     + o = vendo-o.
vendes    + o = vende-lo.
vende     + o = vende-o.
vendemos  + o = vendemo-lo.
vendeis   + o = vendei-lo.
vendem    + o = vendem-no.
```

As formas *vendes, vendemos* e *vendeis* também foram alteradas para *vende, vendemo* e *vendei*, ou seja, também se apresentam como alomorfes. A explicação, tanto para os alomorfes pronominais quanto para os alomorfes verbais, está na história da língua. Antigamente, na época da formação da língua portuguesa, as formas dos pronomes oblíquos átonos eram apenas *lo, la, los, las*. Quando utilizadas depois das formas verbais resultavam em:

vendolo
vendeslo
vendelo

vendemoslo
vendeislo
vendemlo

O *l* desapareceu entre duas vogais, como aconteceu em palavras portuguesas como *dor*, que antigamente era *dolor* (a forma do adjetivo *dolorido* traz um vestígio desse *l*). O *l* precedido de *s* (ou *z* ou *r*) fez com que o *s* (ou *z* ou *r*) sofresse um processo de assimilação e se transformasse também em *l*. Já o *l* precedido de *m* (ou ditongo nasal *ão, õe*) assimilou-se, ele próprio, parcialmente ao *m* (ou ditongo nasal *ão, õe*) transformando-se em *n*. O resultado dessas modificações pode ser visto nas seguintes formas, ainda numa fase antiga do idioma:

vendoo
vendello
vendeo
vendemollo
vendeillo
vendemno

faz   + lo = fallo.
fazer + lo = fazello.
dão   + lo = dãono.

Logo depois disso, os dois eles (*ll*) transformaram-se em um só (como aconteceu também com o pronome latino *ille*, que hoje se fala e se escreve *ele*). Todas essas alterações chegaram à forma atual, em que os pronomes átonos se separam, na escrita, por meio de um hífen:

vendo-o
vende-lo
vende-o
vendemo-lo
vendei-lo
vendem-no

faz   + lo = fá-lo.
fazer + lo = fazê-lo.
dão   + lo = dão-no.

Resumindo de modo prático, quando o verbo termina em *r*, *s*, e *z*, essas consoantes são retiradas e o pronome átono *o* (*a*, *os*, *as*) assume a forma *lo* (*la*, *los*, *las*). Quando o verbo termina em *m*, ou ditongo nasal (*ão*, *õe*), essa consoante mantém-se e o pronome *o* (*a*, *os*, *as*) assume a forma *no* (*na*, *nos*, *nas*).

Os pronomes oblíquos átonos *lhe*, *lhes* não provocam nenhuma modificação no verbo.

vendo-lhe
vendes-lhe
vende-lhe
vendemos-lhe
vendeis-lhe
vendem-lhe

O pronome *nos*, proclítico, ocasiona a perda de *s* final da forma verbal na 1ª pessoa do plural:

aproximamo(s)-nos
encontramo(s)-nos.

LOCUÇÕES PRONOMINAIS DE TRATAMENTO

Além de serem sistemas de representação e de comunicação, as línguas humanas também são fatos sociais e históricos. Um dos campos em que isso talvez mais se evidencie é no das formas de tratamento entre as pessoas. Houve épocas em que as diferenças sociais eram bem mais rígidas do que nos dias de hoje. Em situações de grande diferença social, a pessoa que estivesse em posição inferior não podia dirigir-se diretamente ao seu interlocutor, mesmo tratando-o de *vós*, forma protocolar de respeito, como vimos há pouco. Devia fazer isso indiretamente, dirigindo-se a uma qualidade dele, como *excelência*, *majestade* etc. Dizer uma frase como:

Vossa Excelência receberá seu passaporte em casa.

equivalia a dizer:

"A Excelência (que vós possuis) receberá seu passaporte em casa".

Daí, a concordância em 3ª pessoa (*receberá, seu* passaporte). Por esse motivo é que essas locuções de tratamento também são chamadas de *formas indiretas de tratamento*.

Quanto ao gênero, o procedimento estritamente gramatical obrigaria a concordância de um adjetivo com o gênero feminino das expressões de tratamento, o que nos levaria, falando, por exemplo, com um homem que fosse presidente da República, a construir frases como:

Vossa Excelência está cansada?

Por motivo de iconicidade (tendência de representar linguisticamente a realidade que existe no mundo), entretanto, o adjetivo assume a flexão correspondente ao sexo da pessoa representada. Dessa maneira, teremos de dizer, dirigindo-nos a esse homem presidente da República:

Vossa Excelência está cansado?

Se se tratasse de uma presidente mulher ou da rainha da Inglaterra, deveríamos dizer:

Vossa Excelência está cansada?
Vossa Majestade está cansada?

As principais locuções pronominais de tratamento utilizadas ainda no português do Brasil são as seguintes:

POSIÇÃO DO INTERLOCUTOR	TRATAMENTO	VOCATIVO EM CORRESPONDÊNCIA
Rei ou Imperador	Vossa Majestade	Majestade
Presidente da República	Vossa Excelência	Excelentíssimo Senhor Presidente da República
Vice-Presidente da República	Vossa Excelência	Excelentíssimo Senhor Vice-Presidente da República
Presidente do Congresso Nacional	Vossa Excelência	Excelentíssimo Senhor Presidente do Congresso Nacional
Presidente do Senado Federal	Vossa Excelência	Senhor Presidente do Senado Federal

POSIÇÃO DO INTERLOCUTOR	TRATAMENTO	VOCATIVO EM CORRESPONDÊNCIA
Senador	Vossa Excelência	Senhor Senador
Presidente da Câmara dos Deputados	Vossa Excelência	Senhor Presidente da Câmara dos Deputados
Deputado Federal	Vossa Excelência	Senhor Deputado
Presidente do Supremo Tribunal Federal	Vossa Excelência	Excelentíssimo Senhor Presidente do Supremo Tribunal Federal
Ministro de Estado	Vossa Excelência	Senhor Ministro
Secretário de Estado	Vossa Excelência	Senhor Secretário
Procurador Geral da República	Vossa Excelência	Senhor Procurador Geral
Chefe do Estado Maior das Forças Armadas	Vossa Excelência	Senhor Chefe
Chefe do Gabinete Militar da Presidência da República	Vossa Excelência	Senhor Chefe
Secretários da Presidência da República	Vossa Excelência	Senhor Secretário
Governador de Estado	Vossa Excelência	Senhor Governador
Vice-Governador de Estado	Vossa Excelência	Senhor Vice-Governador
Deputado Estadual	Vossa Excelência	Senhor Deputado
Prefeito Municipal	Vossa Excelência	Senhor Prefeito
Vereador	Vossa Senhoria	Senhor Vereador
Desembargador	Vossa Excelência	Senhor Desembargador
Juiz	Vossa Excelência	Senhor Juiz
Embaixador	Vossa Excelência	Senhor Embaixador
Cônsul	Vossa Senhoria	Senhor Cônsul
Cônsul-Geral	Vossa Senhoria	Senhor Cônsul Geral
Decano do Corpo Consular	Vossa Senhoria	Senhor Cônsul Decano
Marechal	Vossa Excelência	Senhor Marechal
General de Exército	Vossa Excelência	Senhor General de Exército
General de Divisão	Vossa Excelência	Senhor General de Divisão
General de Brigada	Vossa Excelência	Senhor General de Brigada

POSIÇÃO DO INTERLOCUTOR	TRATAMENTO	VOCATIVO EM CORRESPONDÊNCIA
Almirante de Esquadra, Vice-Almirante ou Contra-Almirante	Vossa Excelência	Senhor Almirante
Marechal do Ar	Vossa Excelência	Senhor Marechal do Ar
Tenente Brigadeiro	Vossa Excelência	Senhor Tenente Brigadeiro
Major Brigadeiro	Vossa Excelência	Senhor Major Brigadeiro
Brigadeiro	Vossa Excelência	Senhor Brigadeiro
Capitão de Mar e Guerra	Vossa Senhoria	Senhor Capitão de Mar e Guerra
Coronel (exército)	Vossa Senhoria	Senhor Coronel
Coronel (aeronáutica)	Vossa Senhoria	Senhor Coronel
Capitão de Fragata	Vossa Senhoria	Senhor Capitão de Fragata
Capitão de Corveta	Vossa Senhoria	Senhor Capitão de Corveta
Major (exército)	Vossa Senhoria	Senhor Major
Major (aeronáutica)	Vossa Senhoria	Senhor Major
Tenente Coronel (Exército)	Vossa Senhoria	Senhor Coronel
Tenente Coronel (Aeronáutica)	Vossa Senhoria	Senhor Coronel
Papa	Vossa Santidade	Santidade
Cardeal	Vossa Eminência	Eminência Reverendíssima
Arcebispo	Vossa Excelência Reverendíssima	Excelência Reverendíssima
Bispo	Vossa Excelência Reverendíssima	Excelência Reverendíssima
Monsenhor, Cônego ou Pastor	Vossa Reverendíssima	Reverendíssimo Senhor
Madre	Vossa Reverendíssima	Reverendíssima Madre
Irmã	Vossa Reverendíssima	Reverenda Irmã
Reitor de Universidade	Vossa Magnificência	Magnífico Reitor

OBSERVAÇÃO: Nos casos em que a autoridade etc. for do sexo feminino, o vocativo é Senhora etc.

Quando se fala de uma terceira pessoa ausente, substitui-se o *vossa* por *sua*, na forma de tratamento. O chefe de gabinete de um presidente deverá, referindo-se a ele, quando fala a um visitante, dizer algo como:

> *Sua* Excelência vai recebê-lo em quinze minutos.

Há um outro tratamento de cortesia, bastante difundido no Brasil, que é o emprego das expressões *o senhor*, *a senhora*. Exemplo:

> Eu tenho cem guarda-costas e um deseja matar-me, mas não sei qual é. O *senhor* Mitterrand tem cem amantes e uma o trai, mas ele não sabe qual é. E o *senhor* tem cem economistas. Um pode salvar a Rússia, mas o *senhor* não sabe qual é. (José Sarney, *Folha de S. Paulo*, 1.1.1996.)

Quando em função adjetiva, associados a substantivos, *senhor* e *senhora* são substituídos por *seu* e *dona*, como em:

> A Mangueira também tem seus deuses, os deuses do samba, vivos e mortos, como *Dona* Zica, *Dona* Neuma, *Seu* Cartola, Delegado. (*Folha de S. Paulo*, 1.1.1996.)

A propósito das locuções pronominais de tratamento, é bastante expressivo o uso que delas fez o jornalista Gilberto Dimenstein, no texto abaixo:

> PS. Por falar em jatinhos e OAS (nome de empresa construtora), recebi mais um fax de ACM (Antônio Carlos Magalhães). Notável mudança. No começo, sem a devida permissão, ele usava um íntimo e inadequado "*você*". Depois, evoluiu corretamente para "*senhor*". Ontem exagerou: usou um impróprio "*excelência*". Aviso: por motivos de convicção religiosa, dispenso, em telegramas futuros, o tratamento de "*santidade*". (*Folha de S. Paulo*, 17.6.1992.)

O Pronome *você*

O pronome *você*, que substitui hoje o pronome *tu* na maior parte do Brasil, tem origem na locução pronominal de tratamento *Vossa Mercê*. Mercê significava, antigamente, recompensa ou paga que um rei dava a quem lhe prestasse serviços. Por esse motivo, eram os soberanos portugueses, até o século XIV, tratados por *Vossa Mercê*. Essa expressão, depois de se estender e vulgarizar, acabou transformada em *vossemecê*, *vosmecê* e, atualmente, em *você*, mantendo apenas as sílabas tônicas da antiga expressão. Na língua oral, aparece às vezes mais reduzida ainda, sob as formas *ocê* e *cê*.

Trata-se, então, de um pronome que, por sua função, pertence à 2ª pessoa do discurso, já que indica a pessoa com quem se fala, mas que, pela sua origem, se articula com os outros pronomes de 3ª pessoa, o que faz com que seja chamado de pronome indireto de 2ª pessoa. De fato, as formas átonas correspondentes a *você* são *o, a, os, as, lhe, lhes* e isso é quase sempre fonte de ambiguidades. Imaginemos que alguém se dirija a outra pessoa, dizendo:

> Pedro, foi bom que *você* veio. O fiscal do Ibama esteve aqui no rio, dizendo que alguém pescou um tucunaré com menos de 20 centímetros. Ele disse que queria vê-*lo*.

Esse *lo* de *vê-lo* tanto pode ser *Pedro*, o interlocutor, quanto o *tucunaré* pescado ilicitamente. Por esse motivo, embora não sancionada pela norma culta, é empregada, na língua oral, a forma átona *te*, de 2ª pessoa, articulada com *você*. Desse modo, o texto anterior, caso o objetivo da visita do fiscal fosse ver Pedro, ficaria assim:

> Pedro, foi bom que *você* veio. O fiscal do Ibama esteve aqui no rio, dizendo que alguém pescou um tucunaré com menos de 20 centímetros. Ele disse que queria *te* ver.

Outro expediente também não sancionado, mas utilizado na língua oral, para evitar a ambiguidade, é o uso do pronome *lhe*, no lugar de *lo*: "Ele disse que queria *lhe* ver".

Uma forma, entretanto, de resolver o problema dentro da norma culta é utilizar o próprio pronome *você* na função de complemento verbal, o que daria ao texto citado a seguinte feição:

> Pedro, foi bom que *você* veio. O fiscal do Ibama esteve aqui no rio, dizendo que alguém pescou um tucunaré com menos de 20 centímetros. Ele disse que queria ver *você*.

PRONOMES POSSESSIVOS

Pronomes possessivos são aqueles que modificam um substantivo ou uma sequência mais complexa cuja base é um substantivo, atribuindo sua referência à posse de uma das pessoas do discurso. Assumem as seguintes formas em português:

SINGULAR	1ª pessoa	meu, minha, meus, minhas
	2ª pessoa	teu, tua, teus, tuas
	3ª pessoa	seu, sua, seus, suas
PLURAL	1ª pessoa	nosso, nossa, nossos, nossas
	2ª pessoa	vosso, vossa, vossos, vossas
	3ª pessoa	seu, sua, seus, suas

Vejamos o seguinte texto:

O mergulho autônomo, em que o mergulhador carrega *seu* suprimento de ar num cilindro de aço ou alumínio, só virou realidade, quando o oceanógrafo francês, Jacques Cousteau, inventou o *aqualung*, em 1943. (*Superinteressante*, 1, 1992.)

Nesse texto, o pronome possessivo *seu* modifica a sequência *suprimento de ar*, cuja base é o substantivo *suprimento*, concordando com ele em gênero e número e atribuindo sua posse ao termo *o mergulhador* que, no texto, representa a 3ª pessoa do discurso, aquela de quem se fala. Trata-se, portanto, de uma referência anafórica, como vimos.

Há muitas situações, todavia, em que não se pode, a rigor, falar de posse, a não ser em sentido figurado. Suponhamos as seguintes frases:

Meu irmão viajou na semana passada.
Meu resfriado piorou.
Seu avião sai às dez horas.

Parece óbvio que ninguém possui ou é dono de um irmão ou de um resfriado. A última frase é ambígua. *Seu avião* tanto pode significar a aeronave que alguém vai utilizar enquanto passageiro – o que é bem mais comum –, quanto a aeronave que, de fato, pertence a alguém.

Uma Ambiguidade com o Pronome de Terceira Pessoa

O pronome *você*, referente ao interlocutor, combina-se com as formas de 3ª pessoa, como vimos há pouco. O mesmo acontece com *seu, sua, seus, suas*, que tanto podem referir-se à 3ª pessoa do discurso, propriamente dita, quanto ao interlocutor (2ª pessoa do discurso). Exemplos:

O boia-fria leva sua comida para o trabalho.
Você pode ficar descansado, que eu levo a sua mala.

No primeiro exemplo, *sua* refere-se à 3ª pessoa do discurso. No segundo, à 2ª pessoa do discurso.

Algumas vezes, o próprio contexto encarrega-se de desfazer eventuais ambiguidades. Em uma passagem como:

> Padre Cícero é celebrado como santo por muitos nordestinos que acreditam em *seus* milagres.

o contexto elimina qualquer possibilidade de dupla interpretação, uma vez que milagres são atribuídos a santos.

Já, no trecho a seguir, isso fica mais difícil:

> João gastou duas horas procurando *sua* lanterna e não conseguiu descobrir onde estava.

Aqui não se sabe de quem é a lanterna. Tanto pode ser de quem a esteve procurando, quanto do interlocutor. Uma maneira de desfazer essa ambiguidade, consiste em substituir *sua* por *dele*, no caso de o dono da lanterna ser aquele que a procurava:

> João gastou duas horas procurando a lanterna *dele* e não conseguiu descobrir onde estava.

Em textos literários, encontramos às vezes a expressão *dele* utilizada, pleonasticamente, na presença do possessivo, para desfazer esse tipo de ambiguidade.

> (D. Plácida) queria ser casada. Sabia há muito que a mãe o não fora e conhecia algumas que tinham só o *seu* moço *delas*:....[6]

Seu vem reforçado por *delas*, para evitar a interpretação de que *seu* se refere a Dona Plácida.

Artigo + Possessivo

Os artigos, tanto os definidos quanto os indefinidos, podem ser empregados junto aos pronomes possessivos.

---

6. Joaquim Maria Machado de Assis, *Memórias Póstumas de Brás Cubas*. Em *Obra Completa*, vol. 1, p. 585.

> *A minha* amiga Márcia viaja hoje.
> Deixei o recado com *o seu* porteiro.

Há situações em que o emprego do artigo antes do possessivo ganha relevância. Como em:

> Telefonou, hoje pela manhã, *um seu* amigo pedindo um endereço.
> Esse copo é *o seu*.

O indefinido antes do possessivo, no primeiro exemplo, indica que quem atendeu ao telefone não compartilha com o interlocutor a identidade desse amigo. Já o definido, no segundo exemplo, reforça o caráter dêitico de *esse*. O falante aponta o copo ao interlocutor.

Em situações em que o pronome possessivo retoma um substantivo já marcado por um outro pronome possessivo, o uso do artigo definido é obrigatório, como na frase a seguir:

> Meu carro é vermelho, *o seu* é azul.

A versão:

> * Meu carro é vermelho, *seu* é azul.

fica malformada, uma vez que é o artigo definido que retoma, anaforicamente, o termo *carro*, da oração anterior, fazendo a coesão do texto.

Posição do Possessivo

Comumente, o pronome possessivo é colocado antes do substantivo ou da sequência de que ele é base, como nas frases:

> Acabei de ler *seu recado*.
> Acabei de ler *seu surpreendente recado*.

Pode também aparecer posposto, como em:

> Acabei de ler *recado seu*.
> *Três amigos meus* telefonaram.
> *Amigo meu* que não me visita não é amigo.
> Deixar o gato na chuva foi *ideia sua*.
> *Filha minha* não entra em casa depois da meia-noite.

Um emprego curioso das formas *seu, sua, seus, suas* acontece em expressões como: *Seu tonto!, Sua boba!* A meu ver, esses pronomes substituem a expressão *de você* que aparece em expressões como: *Tonto de você!, Boba de você!*

PRONOMES DEMONSTRATIVOS

Pronomes demonstrativos são palavras que localizam seres no ambiente em que duas ou mais pessoas estão falando. Os principais são *este, esse, aquele, isto, isso* e *aquilo*. *Este, esse* e *aquele* apresentam formas variáveis em gênero e número e *isto, isso* e *aquilo* são invariáveis:

	FORMAS VARIÁVEIS				FORMAS INVARIÁVEIS
	SINGULAR		PLURAL		
	MASC.	FEM.	MASC.	FEM.	
1ª PESSOA:	este	esta	estes	estas	isto
2ª PESSOA:	esse	essa	esses	essas	isso
3ª PESSOA:	aquele	aquela	aqueles	aquelas	aquilo

Por tradição, quem fala se refere ao que está próximo da sua pessoa por meio do pronome *este* e ao que está próximo da pessoa com quem fala por meio do pronome *esse*. Exemplo:

Este relógio que está em meu pulso é automático; *esse*, que está em seu pulso, é movido a quartzo.

Tudo o que está longe de ambos é designado por meio do pronome *aquele*. Exemplo:

Aquelas árvores lá fora no jardim estão perdendo as folhas, agora no outono.

A noção de proximidade, contudo, pode ser ampliada, dependendo do limite a que o falante faz referência. Se o espaço próximo ao falante for estendido até o jardim, ele poderá dizer, por exemplo:

Estas árvores do meu jardim são maiores do que as do jardim da minha mãe.

Pesquisas recentes demonstram que essa distinção está desaparecendo no português atual do Brasil. As pessoas usam indiferentemente *este(s) esta(s) isto, esse(s) essa(s) isso*, para designar tanto o que está perto delas, quanto para designar o que está perto do interlocutor, dizendo, por exemplo:

Esse relógio que está no meu pulso é igual a *esse* que está em seu pulso.

Na maioria dos casos, as formas variáveis têm função adjetiva: modificam um substantivo, como em *essa carta, aquele menino*. Podem, entretanto, ocorrer com função substantiva, como em:

O Ministro da Saúde, *esse* sabe das coisas.

As formas invariáveis dos pronomes demonstrativos ocorrem exclusivamente com função substantiva, como em:

Isso é um marcador de combustível usado nos primeiros carros fabricados nos Estados Unidos.

Uso Textual dos Pronomes Demonstrativos

Os pronomes demonstrativos foram adaptados para indicar referências dentro do próprio texto. Elas são anafóricas, se recuperam elementos já mencionados em orações anteriores, como em:

The Economist classifica a Suíça como o país inventor da democracia direta. *Esse* país europeu realizou quase 450 consultas populares em nível nacional nos últimos 130 anos. (*Folha de S. Paulo*, 2.1.1997.)

No exemplo, o pronome *esse* colocado à esquerda da palavra *país* assinala que sua referência deve ser procurada dentro do próprio texto. O leitor, então, estabelece uma relação anafórica entre *esse país* e *Suíça*. Esse tipo de procedimento configura um processo de *coesão textual*.

Algumas vezes, o pronome demonstrativo tem referência catafórica, ou seja, refere-se a um termo que aparece depois dele.

Esse político fala demais, o *João da Silva*.
Isto [de colocar vassoura em pé atrás da porta, para espantar visita,] é coisa de folclore.

A referência de *esse* no primeiro texto é *João da Silva*. A de *isto*, no segundo, é o evento de colocar a vassoura em pé atrás da porta. Aliás, em textos, os demonstrativos invariáveis *isto, isso, aquilo* referem-se sempre a um evento, seja anafórica ou cataforicamente, como em:

> Em 1770, Diderot, filósofo francês, aconselhou à imperatriz Catarina II a abrir uma escola em cada cidade russa. Além *disso*, o filósofo dizia que os pais deveriam ser obrigados a enviar seus filhos à escola.

O pronome *isso* refere-se ao evento narrado na frase anterior: o conselho de Diderot a Catarina II.

Em referência anafórica, o pronome *este* pode ser utilizado formando uma correlação com *aquele*, conforme se observa em:

> Segundo dizia o escritor português Almeida Garret, a *inocência* e a *modéstia* são belas virtudes. *Aquela* pode ser perdida por acidente; *esta*, apenas por ação voluntária.

Aquela refere-se ao termo anterior mais distante (*a inocência*); *esta*, ao termo anterior mais próximo (*a modéstia*).

Empregando o demonstrativo como recurso de coesão textual, é indicado, por questões de clareza, utilizar o pronome *esse*, em caso de referência anafórica, reservando o pronome *este*, para o caso de haver necessidade de fazer referência dêitica ao próprio texto.

> O incidente policial envolvendo Gérard Lebrun o levou a um depoimento franco e sincero sobre sua vida pessoal prestado a *este* jornal. *Nesse* depoimento o filósofo francês declarou que tem poucos amigos, companheiros de vida intelectual, mas acrescentou: "Sei que *esses* amigos, quando ouvirem falar *dessa* história, não virarão as costas para mim". (*Folha de S. Paulo*, 1.1.1997.)

Note-se que o pronome *este* é utilizado pelo autor para referir-se, deiticamente, ao próprio jornal *Folha de S. Paulo*. Já as ocorrências do pronome *esse* têm todas elas referência anafórica, promovendo a coesão do texto. Ganha-se bastante clareza, com esse procedimento.

Um exemplo curioso de uso dêitico do demonstrativo *este* é o realizado pelo jornalista e escritor Carlos Heitor Cony no trecho:

> Havia ali uma concha acústica pintada de azul, cheia de estrelinhas prateadas. Uns caras tocavam outros cantavam, era um show de artistas daquele tempo. Os microfones eram quadrados e *deste* tamanho. (*Folha de S. Paulo*, 22.9.1999.)

O pronome *este* tem como referência o próprio repertório do autor. É como se Cony estivesse "mostrando" o microfone ao leitor.

Pronomes Demonstrativos e Referência Temporal

Os pronomes demonstrativos podem também referir-se a situações temporais, sempre a partir do tempo da enunciação, ou seja, do momento em que a pessoa fala ou escreve. Esse é o caso, por exemplo, do demonstrativo *isso* (*nisso*) utilizado, no trecho a seguir, em que Bentinho, no romance *D. Casmurro*, de Machado de Assis, conversa com Capitu, no quintal da casa da menina e, em dado momento, olha para o muro onde ela tinha escrito o nome de ambos, à maneira de namorados:

> Pensei em dizer-lhe que ia entrar para o seminário e espreitar a impressão que lhe faria. Se a consternasse é que realmente gostava de mim; se não, é que não gostava. Mas todo esse cálculo foi obscuro e rápido, senti que não poderia falar claramente, tinha agora a vista não sei como...
> – Então?
> – Você sabe...
> *Nisso* olhei para o muro, o lugar em que ela estivera rabiscando, escrevendo ou esburacando, como dissera a mãe[7].

Nisso quer dizer naquele momento.

Em função temporal, *este* costuma ser o tempo da enunciação, *esse*, um tempo anterior relativamente próximo e *aquele*, um tempo anterior mais distante.

Dessa maneira, num dia 7 de setembro, por exemplo, marcando deiticamente a concomitância entre o dia 7 e a sua fala, alguém poderá dizer:

> *Neste* dia, em que comemoramos nossa independência...

Referindo-se a um momento anterior, poderá dizer, como no texto a seguir:

> Todos os anos os donos de aeronaves são obrigados a realizar um serviço chamado IAM (Inspeção Anual de Manutenção). É *nesse* momento que acontecem irregularidades.

---

7. Joaquim Maria Machado de Assis, *Dom Casmurro*. Em *Obra Completa*, vol. 1, p. 823.

Os proprietários negociam para obter a legalização do avião sem cumprir todos os itens que necessitaria regularizar. (*Folha de S. Paulo*, 2.1.1997.)

O emprego de *este* pode funcionar como um expediente para trazer para o presente um fato do passado. É com esse pronome que Camões principia a primeira estrofe do canto segundo de seu poema *Os Lusíadas*, quando quer referir-se ao entardecer de um dia de abril de 1497, momento em que a nau-capitânia de Vasco da Gama vai receber uma delegação de habitantes de uma ilha:

> Já *neste* tempo o lúcido planeta
> Que as horas vai do dia distinguindo,
> Chegava à desejada e lenta meta,
> A luz celeste às gentes encobrindo[8].

O pronome *aquele*, ao contrário, serve para situar um fato em um passado mais remoto. É o que acontece, por exemplo, quando o evangelista São Mateus principia a narração da morte de São João Batista:

> *Naquele* tempo, o tetrarca Herodes ouviu o que dizia de Jesus e disse aos seus cortesãos: – É João Batista. É ele que ressuscitou dos mortos e por isso a virtude dos milagres opera nele. (Mt. 14: 1.)[9]

O demonstrativo *esse* é o único que assinala, anaforicamente, um tempo futuro ao momento da elocução, como acontece no samba-canção *Ronda* de Paulo Vanzolini:

> Porém com perfeita paciência
> Volto a te buscar, hei de encontrar
> Bebendo com outras mulheres,
> Rolando um dadinho, jogando bilhar
> E *nesse* dia então
> Vai dar na primeira edição:
> "Cena de sangue num bar da Avenida São João"[10].

O dia em que haverá a "cena de sangue" no bar é posterior ao momento da elocução. Existe apenas na imaginação do compositor e é introduzido pelo demonstrativo *esse*.

---

8. Luís Vaz de Camões, *Os Lusíadas*, p. 68.
9. Bíblia Sagrada, p. 1231.
10. Disponível em :<letras.mus.br/paulo-vanzolini>. Acesso em 23. jul. 2014.

O Demonstrativo o

A palavra *o* pode funcionar também como demonstrativo, antecedendo uma oração adjetiva. Exemplos:

O [que você viu ontem] foi apenas uma cena de ciúme.
Tudo *o* [que você publicou] deverá ser posto no currículo.

Em ambos os casos o *o* equivale a *aquilo*: Aquilo que você viu; tudo aquilo que você publicou...

Tal, Mesmo, Semelhante, Tanto

a. Tal

O demonstrativo *tal* pode ser empregado

a) No lugar dos demonstrativos *este, esse, aquele* em suas diversas flexões:

Nunca pensei em *tal* fato
Tais foram as minhas preocupações.

b) Em expressões correlatas com qual:

Xingamentos nenhuns produzem *efeitos tais* qual uma só lágrima no momento certo.

Como qualquer pronome demonstrativo, *tal* pode ter referência anafórica:

Há um ano e sete meses, os vereadores realizam sessões num salão do primeiro andar do Palácio Anchieta (centro da cidade). *Tal* salão não tem espaço reservado ao público ou à imprensa. (*Folha de S. Paulo*, 3.1.1997.)

Nesse texto, *tal*, modificando *salão*, retoma essa mesma palavra na frase anterior, promovendo a coesão textual.
Às vezes, pode ter referência catafórica, como em:

Muito útil *esse tal* de "Aurélio", não? Mas, pensando bem, incompleto.

b. Mesmo

Mesmo funciona como pronome demonstrativo adjetivo, quando estiver modificando um substantivo:

Podemos nos encontrar novamente na próxima semana, na *mesma* hora e no *mesmo* local.

Mesmo pode funcionar também como pronome substantivo, como em:

Algumas editoras produzem bons títulos infantis. O *mesmo* vale para algumas empresas que produzem livros digitais.

Às vezes, a referência de *mesmo* não está dentro do texto em que aparece, mas em um texto anterior, compartilhado pelos interlocutores. É o que acontece em uma frase como:

Sua mãe apareceu aqui, contando as *mesmas* histórias.

Nela, o demonstrativo *mesmas* remete a uma experiência anterior. Trata-se de uma referência anafórica indireta.

OBSERVAÇÃO: Deve ser evitado o emprego do demonstrativo *mesmo* para retomar anaforicamente termos de uma oração anterior como no trecho:

Recebemos duas escrivaninhas esta semana. *As mesmas* serão usadas na sala da recepção.

Em seu lugar, pode ser usado um pronome, como em:

Recebemos duas escrivaninhas esta semana. *Elas* serão usadas na sala da recepção.

ou um substantivo hiperônimo (cf. capítulo do Substantivo), como em:

Recebemos duas escrivaninhas esta semana. *Esses móveis* serão usados na sala da recepção.

c. Semelhante

Semelhante funciona como demonstrativo, indicando identidade:

Nunca tinha visto *semelhante* arrogância.

Duas pessoas vivem melhor quando têm hábitos *semelhantes*.

Ninguém assumiu a autoria do atentado, mas as autoridades disseram que ataques *semelhantes* já haviam sido praticados por fundamentalistas islâmicos.

d. Tanto

Tanto funciona como pronome demonstrativo, quando tiver referência anafórica, funcionando no lugar de *isso*:

> Insultaram-no e torturaram-no. Confesso que ele não merecia *tanto*. (Não merecia *isso*)

PRONOMES RELATIVOS

Pronomes relativos são aqueles que têm dupla função: representam anaforicamente um termo antecedente e introduzem uma nova oração, chamada oração adjetiva.

> Tempos atrás, pacientes psiquiátricos eram submetidos a uma cirurgia *que* se chamava lobotomia frontal.

Nesse texto, o pronome *que* representa o termo *cirurgia* e introduz a oração que o modifica, como se fosse um adjetivo em relação a esse termo. É por esse motivo que as orações introduzidas pelos pronomes relativos são chamadas de *orações adjetivas*.

Os pronomes relativos assemelham-se aos pronomes pessoais, pelo fato de representarem anaforicamente um termo antecedente. Diferenciam-se deles, entretanto, pelo fato de terem uma função a mais: a de introduzir ou *relacionar* a oração adjetiva com a anterior, que contém o seu antecedente. Daí o nome de *pronomes relativos*. Comparemos o exemplo anterior com outra versão, contendo pronome pessoal:

> Tempos atrás, pacientes psiquiátricos eram submetidos a uma cirurgia. *Ela* se chamava lobotomia frontal.

Tanto o pronome relativo quanto o pessoal representam anaforicamente o antecedente *cirurgia*. O pronome *ela* (pessoal), entretanto, não relaciona as duas orações numa só frase. Já o pronome *que* (relativo) o faz.

A despeito da função que desempenham na oração introduzida, os pronomes relativos sempre se colocam no início da oração que introduzem:

> Muitas são as dores [*que* o organismo usa] para protestar contra maus tratos.

O pronome *que*, embora esteja como complemento do verbo *usar*, representando *dores* (*o organismo usa <u>as dores</u>*), coloca-se no início da oração e não depois do verbo *usar*.

Os principais pronomes relativos em português são *que, o qual (a qual, os quais, as quais), quem, cujo (cuja, cujos, cujas)*. Submetem-se eles à regência dos verbos e dos nomes a que estão ligados, dentro de suas orações. Assim, se o termo que estiver representado dentro da oração adjetiva for precedido de preposição, o pronome relativo deverá também assumir essa preposição, como nos exemplos:

Gosto da cidade (gosto *de*). → Esta é a cidade *de que* gosto.
Refiro-me à cidade (refiro-me *a*). → Esta é a cidade *a que* me refiro.

Em outros termos, pode-se dizer que a preposição que antecede o pronome relativo está sob o comando do verbo que vem depois dele.

Que

O pronome relativo *que* é o mais frequente entre todos os pronomes relativos. É utilizado quase sempre não precedido de preposição, como em:

Dessas marchas a pé havia uma *que* eu fazia com prazer.

Mas é empregado também precedido de preposição, como em:

O momento mais atroz de um conflito é aquele *em que* amigos e inimigos não mais se distinguem.

A casa *de que* eu falei fica na rua Canadá.

É oportuno lembrar que, em frases em que o pronome *que* for precedido da preposição *por*, ambos devem ser grafados separadamente.

A situação de penúria *por que* passa o tesouro exige reformas no setor público.

Qual

O pronome relativo *qual*, obrigatoriamente precedido de artigo definido, representa anaforicamente seu antecedente e concorda com ele em gênero e número como em:

A virgindade feminina era tão importante, que tinha plena aplicação o dispositivo pelo *qual* o marido podia anular o casamento contraído com mulher deflorada. (*Folha de S. Paulo*, 4.1.1997.)

Por não ter nem gênero nem número, muitas vezes o pronome *que* induz a erros de concordância, como os que podemos observar nos seguintes trechos extraídos de redações de estudantes universitários de primeiro ano:

Mas também existem nas margens do Rio Jari, em frente a Monte Dourado, *a favela* construída sobre palafitas *que surgiram* de uns anos para cá.

Em apenas 13 anos Ludwig transformou essa área num setor único de desenvolvimento agroindustrial, e além disso, no único *espaço que separam* Belém de Manaus.

Talvez, por esse motivo, as pessoas que têm pouca experiência em escrever exagerem no emprego de *qual*, uma vez que, tendo flexão de gênero e número, esse pronome "auxilia" a concordância verbal. O emprego desse pronome, entretanto, é mais frequentemente utilizado em duas situações:

a) para evitar ambiguidade:

As mulheres dos trabalhadores russos em que o governo tanto confiava apoiaram o golpe.

Essa frase permite duas leituras: *o governo confiava nas mulheres dos trabalhadores russos*; *o governo confiava nos trabalhadores russos*. Essa ambiguidade desaparece com o emprego de *qual*:

As mulheres dos trabalhadores russos *nas quais* o governo tanto confiava apoiaram o golpe.

As mulheres dos trabalhadores russos *nos quais* o governo tanto confiava apoiaram o golpe.

b) Depois de preposições de mais de uma sílaba, que são tônicas:

O antepenúltimo fato foi a Guerra do Golfo, *durante a qual* ficou demonstrada como é vã, para os países pobres, qualquer tentativa de perseguir o nível de eficiência bélica das potências. (Revista *Veja*, 20.5.1992.)

É grande progresso que o ministro Flores tenha aberto a possibilidade de criação do Ministério da Defesa, assunto *sobre o qual* até há pouco os militares não queriam nem ouvir. (Revista *Veja*, 20.5.1992.)

O pronome *que* é átono, ao contrário de *qual*, que é tônico. Numa combinação com preposições tônicas, essas preposições podem apoiar-se foneticamente no pronome *qual*, formando com ele um grupo prosódico, mas não podem apoiar-se no pronome *que*, pois ele próprio, sendo átono, apoia-se na palavra seguinte. De fato, se compararmos as duas frases seguintes, a segunda é prosodicamente bem mais adequada:

> A reunião *após que* eu conversei com você durou duas horas.
>
> A reunião *após a qual* eu conversei com você durou duas horas.

Quem

O pronome relativo *quem* se refere sempre a pessoas ou coisas personificadas e, quase sempre, vem precedido de preposição.

> O senador Nabuco, porém, foi *quem* iniciou, guiou, arrastou um grande movimento em sentido contrário, do campo conservador para o liberal[11].

> Os homens, por não desagradar aos maus de *quem* se temem, abandonam muitas vezes os bons, a quem respeitam[12].

> Tudo isto me era agora apresentado pela boca de José Dias, que me denunciara a mim mesmo, e a *quem* eu perdoava tudo, o mal que dissera, o mal que fizera, e o que pudesse vir de um e de outro[13].

Cujo

O pronome relativo *cujo* tem função exclusivamente adjetiva. Examinemos a seguinte passagem, para melhor compreendermos seu uso:

> Santa Fé é o nome da capital do Estado norte-americano do Novo México, *cujo* estilo mistura influências dos índios da região e a herança dos colonizadores espanhóis.

---

11. Joaquim Nabuco, *Minha Formação*, p. 23.
12. Marquês Maricá, *Máximas, Pensamentos e Reflexões*. Disponível em: <http://www.bn.br>. Acesso em 9. abr. 2012.
13. Joaquim Maria Machado de Assis, *Dom Casmurro*. Em *Obra Completa*, vol. 1, p. 821.

Nesse texto, *cujo* tem como antecedente o termo *a capital do Estado norte-americano do Novo México*, mas carrega também dentro de si a informação de que esse termo desempenha, na oração subordinada, uma função possessiva: *cujo estilo = estilo da capital do Estado do Novo México*.

Tal como os pronomes possessivos, o pronome *cujo* concorda em gênero e número com o substantivo que modifica:

> Há muitas pessoas jovens e sadias, *cujos órgãos* poderiam servir para salvar outras pessoas nos hospitais credenciados para transplantes.

> Na Rússia, cerca de 30 pessoas ficaram presas no ano passado, em um túnel *cujas saídas* foram bloqueadas por avalanches.

Às vezes, o pronome *cujo* aparece dentro de um complemento precedido de preposição. Nesse caso, ele se posiciona entre a preposição (sempre sem artigo) e o substantivo que modifica:

> *Hemp* é a expressão em inglês para cânhamo, planta têxtil originária da Ásia, *de cujas fibras* é possível industrializar vários produtos.

Quanto, Onde, Como

Quanto funciona como pronome relativo, quando tiver por antecedente *tudo, todo, todos, todas, tanto*. Exemplo:

> Há muita imaginação em *tudo quanto* é "mensagem do além" e profecia mística.

Onde e *como* podem funcionar como pronomes relativos, desde que estejam representando algum antecedente. O antecedente de *onde* pode ser qualquer expressão que indique lugar, como:

> Tom Jobim disse uma vez que a inspiração para as suas canções não vinha só de praias cariocas, mas também de cidades do interior como Dois Córregos, *onde* seu avô foi criado. (*Folha de S. Paulo*, 1.1.1997.)

O antecedente de *onde*, no texto acima, é a cidade de *Dois Córregos*, que é um lugar.

É muito comum encontrarem-se construções defeituosas, em que o pronome *onde* tem como antecedente uma expressão não locativa.

Voltamos de uma viagem *onde* conhecemos belas cidades da Espanha.

A reunião *onde* ficaram acertadas as medidas de proteção à indústria nacional finalmente aconteceu ontem.

Na linguagem escrita culta, o pronome *onde,* nesses textos, é substituído por *em que*, pois tanto *viagem* quanto *reunião* não são lugares, mas eventos:

Voltamos de uma viagem *em que* conhecemos belas cidades da Espanha.

A reunião *em que* ficaram acertadas as medidas de proteção à indústria nacional finalmente aconteceu ontem.

Onde e Aonde

O *a* de *aonde* equivale à preposição *para*. Logo, devemos empregar *aonde* sempre que o sentido for de movimento. Em outras palavras, sempre que pudermos substituir *onde* por *para onde*. Caso contrário, diremos *onde*. Isso vale tanto para situações em que esses pronomes tenham função relativa quanto para situações em que tenham função interrogativa. Exemplos:

O lugar *onde* ele mora é calmo.
O lugar *aonde* ele vai fica longe. (= O lugar para onde ele vai fica longe)
Onde você mora?
Aonde você vai? (= Para onde você vai?)

O antecedente de *como* pode ser qualquer palavra ou expressão que indique *modo, maneira.*

O aparecimento do micróbio *Vibrio cholerae* no Peru deu dicas valiosas sobre o *modo como* se comportam as epidemias.

O *jeito como* o autor trabalha com as pinturas, a partir de fotografias tiradas por ele próprio, produz sua originalidade.

Isolamento de Pronomes Relativos

É bastante comum, em português, um pronome relativo ficar isolado do resto de sua oração, pelo encaixe de uma outra oração depois dele. Exemplo:

O presente *que* [minha mãe disse] que *você enviou para mim* demorou duas semanas no correio.

Esse tipo de construção pode acontecer também com outros pronomes relativos:

A TV americana entrevistou as vítimas *a quem* [todos sabem] que *foram enviados os donativos da Cruz Vermelha.*

O Ministro tranquilizou os brasileiros *cujos vistos* [já se sabia] que *ainda não tinham sido liberados.*

PRONOMES INTERROGATIVOS

São pronomes interrogativos as palavras *que, quem, qual* e *quanto*, empregadas na formulação de perguntas. *Que* funciona tanto como pronome substantivo quanto pronome adjetivo:

Que você pediu ao garçom? (*que* é pronome interrogativo substantivo)
Que bebida você pediu ao garçom? (*que* é pronome interrogativo adjetivo, pois modifica o substantivo *bebida*)

Qual e *quanto* funcionam como pronomes adjetivos:

Qual vestido você comprou?
Quantos apartamentos você reservou?

Nessas orações, *qual* modifica *vestido,* e *quantos* modifica *apartamentos.*
Às vezes, o substantivo modificado por esses dois pronomes pode estar ausente da frase, sendo subentendido apenas pelo contexto, como em:

Eu já comprei meu carro. *Qual* você comprou? (Subentende-se *qual carro* você comprou)
Quanto você pagou por seu carro? (Subentende-se *quanto dinheiro* você pagou por seu carro?)

Quem só é empregado como pronome substantivo:

Quem descobriu o Brasil?
Quem vai pagar essa conta?

Os interrogativos *que* e *quem* são invariáveis. *Qual* se flexiona em número (*qual, quais*); *quanto*, em gênero e número (*quanto, quanta, quantos, quantas*).

Da mesma forma que os pronomes relativos, os interrogativos se colocam no início da oração de que fazem parte, como pode ser observado em todos os exemplos anteriores. Às vezes, por motivo de ênfase, eles acabam ficando nas posições originais das funções sintáticas que exercem, como nas seguintes versões:

Você pediu *o que* ao garçom?
Você convidou *quem* para a festa?
Você comprou *qual* vestido?
Você reservou *quantos* apartamentos?

O pronome interrogativo *que*, quando deslocado, recebe o acréscimo da palavra *o*, antigo pronome demonstrativo que hoje já não tem mais essa função (Você comprou *o quê*?). Por analogia, é bastante comum, hoje em dia, a anteposição da palavra *o* também ao pronome *que* deslocado para o início da frase, como em:

O que você compraria com esse dinheiro?

Pronomes Interrogativos Precedidos de Preposição

Do mesmo modo que os pronomes relativos, os interrogativos podem ser precedidos de preposição.

Com quem você deseja falar?
De que você estava falando?
Contra quem você vai lutar?
Durante qual reunião você tratou desse assunto?
Por que você não disse isso antes?

Quando o pronome *que* aparece em final de oração, deve receber acento gráfico para marcar sua tonicidade, como em:

Você não quer comer por *quê*?

Um fato importante a ser observado é que o pronome interrogativo *que*, ao contrário do relativo *que*, pode ser antecedido de preposição tônica, de mais de uma sílaba:

Durante que reunião você tratou desse assunto?
Sobre que você vai falar hoje à noite?

Isso se deve ao fato de o pronome interrogativo, apesar de ser átono, ao receber o acento entoacional da interrogação, tornar-se *prosodicamente tônico*.

Deslocamento dos Pronomes Interrogativos

Os pronomes interrogativos, tal como os relativos, podem aparecer deslocados à esquerda, ultrapassando os limites da própria oração da qual fazem parte, encabeçando, nesse caso, o período inteiro, como pode ser observado nos exemplos a seguir:

Que você acha que o Paulo vai pedir ao garçom?
Quem você acha que devemos convidar para a festa?
Qual vestido você imagina que ela comprou?
Quantos ingressos você quer que eu reserve?
Por que você acha que ele não apareceu outra vez?

Ocorre, nesses casos, a inserção de uma oração entre o pronome interrogativo e o resto da oração à qual ele pertence, como pode ser visto nas seguintes versões esquemáticas:

Que [[você acha] que] o Paulo vai pedir ao garçom?
Quem [[você acha] que] devemos convidar para a festa?
Qual vestido [[você imagina] que] ela comprou?
Quantos ingressos [[você quer] que] eu reserve?
Por que [[você acha] que] ele não apareceu outra vez?

O aparecimento de um *que*, após cada uma das orações inseridas, é provocado pelo próprio processo de inserção dessas orações. A análise da primeira frase, por exemplo, deve ser feita da seguinte maneira:

Oração principal: você acha que
Oração subordinada objetiva direta: *Que...* o Paulo vai pedir ao garçom?

Reforço dos Pronomes Interrogativos

Os falantes do português costumam reforçar os pronomes interrogativos. A frase:

Que *é que* Paulo pediu ao garçom?

é uma interrogação reforçada da frase:

Que Paulo pediu ao garçom?

É que não é uma expressão fixa, fossilizada, mas fruto de um processo mais geral e bastante dinâmico em língua portuguesa, chamado *clivagem*, utilizado para colocar foco em certos termos da oração.

A clivagem pode ser feita apenas com o verbo *ser* repetindo o tempo do verbo da oração, se o termo a ser focalizado estiver depois desse verbo.

Juliana comprou as ameixas *foi* no supermercado.
Juliana comprou *foi* as ameixas no supermercado.

Se o termo focalizado estiver no início da oração, surge um *que* expletivo à direita desse termo:

Foi Juliana *que* comprou as ameixas no supermercado.

Nesse último caso, o verbo *ser* pode "libertar-se" do tempo do verbo da oração e pode também pospor-se ao termo focalizado:

Juliana *é que* comprou ameixas no supermercado.

Esse mesmo recurso é utilizado para o reforço dos pronomes interrogativos. Na frase:

Que *é que* Paulo pediu ao garçom?

a locução *é que* está sendo usada como expediente de focalização do pronome interrogativo *que*.

O verbo *ser*, em um caso desses, pode também ficar no passado ou no futuro:

Que *foi que* Paulo pediu ao garçom?
Que *será que* Paulo pediu ao garçom?

Nesse último caso, o futuro acrescenta à frase, pragmaticamente, um efeito de expectativa, como podemos ver também no exemplo a seguir:

Por que *será que* todo produto endereçado a mulheres tem que receber uma cobertura xaroposa e açucarada? (*Folha de S. Paulo*, 29.1.1997.)

O verbo *ser* pode ser apagado nas expressões *foi que*, *é que*, resultando disso uma duplicação aparente do *que*:

Que *que* Paulo pediu ao garçom?

Esse processo de reforço pode até mesmo chegar à triplicação:

Que *que* é *que* Paulo pediu ao garçom?

Os outros pronomes interrogativos também podem ser reforçados pela clivagem.

Mas *quem é que* nunca "farofou" à beira-mar? Os farofeiros hoje estão em todas as classes sociais – a diferença está no tipo de farofa que carregam. (*Folha de S. Paulo*, 12.1.1997.)

Qual dos vestidos *foi que* você comprou?

Interrogação Indireta

Às vezes, o falante pode utilizar interrogações indiretas, acrescentando ao pronome verbos ou expressões verbais com *querer saber*, *gostar de saber*, *perguntar*:

Quero saber também se, para esse emprego, é necessário apresentar diploma de curso universitário.
Gostaria de saber qual é a mensalidade do curso de ciências aeronáuticas.
Pergunto também por que ele foi atingido à bala.

Essa prática pode sinalizar intenções de polidez, de veemência ou ironia, dependendo do contexto e da entoação. No diálogo indireto, a interrogação é também indireta e introduzida por verbos como *perguntar*, *indagar* e outros:

Santos *perguntou* se o desarmamento será só dos fazendeiros.
Minha mulher *indagou* a ele como faria para pagar o serviço.

PRONOMES INDEFINIDOS

Pronomes indefinidos são pronomes que se aplicam a uma 3ª pessoa não identificável no contexto. Podem ser variáveis e invariáveis.

| | VARIÁVEIS | | | INVARIÁVEIS |
| | MASCULINO | | FEMININO | |
SINGULAR	PLURAL	SINGULAR	PLURAL	
algum	alguns	alguma	algumas	alguém
nenhum	nenhuns	nenhuma	nenhumas	ninguém
certo	certos	certa	certas	tudo
muito	muitos	muita	muitas	nada
pouco	poucos	pouca	poucas	cada
tanto	tantos	tanta	tantas	algo
quanto	quantos	quanta	quantas	outrem
outro	outros	outra	outras	quem
todo	todos	toda	todas	
vário	vários	vária	várias	
qualquer	quaisquer	qualquer	quaisquer	

Existem ainda *locuções pronominais indefinidas*, que são grupos de palavras com valor de pronomes indefinidos.

cada um
cada qual
quem quer que
todo aquele que
seja quem for
seja qual for

Os pronomes indefinidos *alguém, ninguém, algo, nada, outrem, tudo* e *quem* empregam-se apenas como pronomes substantivos:

Não tenho medo de *nada* nem de *ninguém*.
Simulou estar sendo chamado por *alguém* na fila de trás.
Não esperava *algo* tão emocionante.
O artigo 171 se refere ao crime de estelionato (obter para si ou para *outrem* vantagem ilícita em prejuízo alheio).
Eu ouço *tudo*, trago para mim e monto meu ponto de vista.
Não havia *quem* pudesse convencê-lo a aceitar o cargo de ministro.

Os indefinidos *cada* e *qualquer* são sempre pronomes adjetivos.

Cada dia sem gozo não foi teu
Foi só durares nele. Quanto vivas

Sem que o gozes, não vives[14].

Qualquer caminho leva a toda parte,
Qualquer caminho
Em *qualquer* ponto seu em dois se parte
E um leva onde indica a estrada
Outro é sozinho[15].

Todo

O pronome *todo* pode ser substantivo ou adjetivo.

Substantivo

Todos o admiram.

Adjetivo

Tomam posse hoje os novos prefeitos em *todo* o Brasil.

Como pronome adjetivo, *todo* pode indicar totalidade numérica ou totalidade das partes:

a. Totalidade numérica

Todas as academias de polícia devem incluir o estudo dos direitos humanos.

A fé religiosa, muito forte na Idade Média, não impediu, com *todas* as rezas, sacrifícios e perseguições aos infiéis, que a expectativa de vida das pessoas fosse em torno de 30 anos. (*Folha de S. Paulo*, 1.1.1997.)

b. Totalidade das partes

Todo, embora seja um pronome indefinido; como quantificador, pode ser um quantificador determinado, abrangendo uma totalidade. Por esse motivo, o grupo nominal modificado por ele deve ser antecedido por um artigo definido, como ocorre em:

14. Fernando Pessoa, *Obra Poética*, p. 289.
15. *Idem*, p. 497.

Ele armou *toda* a trama.
[= Todas as partes da trama]

Ao assinarem um acordo de paz cuja elaboração durou cinco anos, a guerrilha e o governo da Guatemala selaram o fim de um sangrento período na história de *toda* a América Central. (*Folha de S. Paulo*, 1.1.1997.)
[= todos os países ou partes da América Central]

Quando *todo* for sinônimo de *qualquer*, passa a ser um quantificador indeterminado e, por esse motivo, dispensa o artigo definido, como nos exemplos:

Toda menina deve estudar balé.
Toda donzela tem um pai que é uma fera.

Um outro fato que chama a atenção com relação ao pronome *todo* é que ele pode mover-se com certa liberdade ao longo de uma oração, como abaixo:

Todas as meninas devem estudar balé.
As meninas *todas* devem estudar balé.
As meninas devem *todas* estudar balé.
As meninas devem estudar *todas* balé.
As meninas devem estudar balé *todas*.

Um, Uma, Uns, Umas

Um (*uma, uns, umas*) pode também funcionar como pronome indefinido, como se vê no poema XV de Via Láctea, a seguir, dedicado por Olavo Bilac à "ultima mulher amada":

Inda hoje, o livro do passado abrindo,
Lembro-as e punge-me a lembrança delas;
Lembro-as e vejo-as, como as vi partindo,
Estas cantando, soluçando aquelas.

Umas de meio olhar piedoso e lindo
Sob as rosas de neve das capelas;
Outras, de lábios de coral, sorrindo,
Desnudo o seio, lúbricas e belas...[16]

---

16. Olavo Bilac, *Via Láctea*. Disponível em: <www.culturabrasil.org/vialactea.htm>. Acesso em: 22.07.2014.

OBSERVAÇÃO:

1. O pronome *algum* anteposto ao substantivo tem valor positivo:

    Sempre se encontra *alguma* coisa.

    Posposto ao substantivo, assume valor negativo:

    Não se encontra coisa *alguma* nesta casa.

2. A palavra *quem*, quando não tem antecedente expresso em frases não interrogativas, funciona também como pronome indefinido.

    Quem conquista um posto de comando deve honrar suas obrigações.
    Quem tudo quer tudo perde.

9
NUMERAL

Substantivos no singular indicam seres isolados; substantivos no plural, mais de um ser. A desinência *s* de *casas* indica que esse substantivo se refere a mais de uma casa. Mas essa desinência não é suficiente para designar, com precisão, de quantas casas estamos falando. Se, por exemplo, o presidente da república disser na televisão que *construirá casas* em seu governo, o telespectador saberá que deverá haver mais de uma casa, mas não terá como saber quantas, exatamente. Mas, se ele disser que *construirá cinco mil casas*, a quantidade delas será sabida de maneira exata.

Existem certas palavras, portanto, que, agregadas ao substantivo, servem para mostrar, com exatidão, a quantidade dos seres designados. A tradição gramatical nem sempre denominou essas palavras de uma mesma maneira. Ainda hoje, a gramática francesa as considera como adjetivos numerais. A nomenclatura gramatical brasileira enquadra esse tipo de palavra numa classe especial: os numerais.

Numeral é, portanto, a classe de palavra que serve para designar com exatidão a quantidade dos seres representados por um substantivo. Exemplos:

> O jornal vendeu *duzentos mil* exemplares.
> *Dois terços* dos deputados votaram contra o projeto.
> Os investidores conseguiram o *dobro* do dinheiro que aplicaram.

Existe ainda um subtipo de numeral que serve para indicar não a quantidade, mas o lugar que determinado ser ocupa em uma sequência ordenada:

O candidato passou em *oitavo* lugar.
O *segundo* item continha erros.

CLASSIFICAÇÃO DO NUMERAL

CARDINAIS

São os numerais que indicam quantidade pura e simplesmente, como *um, dois, três, quatro...* Cardinal vem de *cardinalis* do latim, que significava relativo a eixo, principal.

Houve *trinta* casos de dengue.
Havia *três* carros na garagem.

ORDINAIS

Indicam a posição relativa de um ou vários seres numa determinada sequência:

Dirija-se ao *quinto* guichê à direita.

Quinto significa a posição imediatamente posterior aos quatro primeiros.

MULTIPLICATIVOS

Indicam quantas vezes uma quantidade é multiplicada:

Os aplicadores conseguiram o *triplo* do que investiram.
Triplo significa três vezes.

FRACIONÁRIOS

Indicam em quantas partes uma quantidade ou porção é dividida:

Na Europa, em geral, um carro custa *um terço* do preço que custa no Brasil.
Um terço significa uma parte de uma porção dividida em três.

Do ponto de vista sintático, os numerais podem modificar os substantivos, como se fossem adjetivos.

O juiz expulsou *dois* jogadores.
O jogador cometeu *dupla* falta.
O corredor favorito chegou apenas em *quarto* lugar.

Nesses casos, indicam a quantidade ou a posição dos seres representados pelos substantivos a que se referem.

Podem ocorrer também como substantivos, indicando quantidade de maneira genérica:

Dois mais *dois* são *quatro*.
Um quarto é igual a *dois oitavos*.

Nesses casos, o que de fato ocorreu foi a substantivação dos numerais, que passam a designar quantidades de maneira absoluta, isto é, sem referência a qualquer tipo de ser.

Existem também substantivos que servem para designar quantidades exatas e precisas, assemelhando-se, por isso, à classe dos numerais. É o caso de uma longa lista de substantivos do português, tais como:

semana   =   *sete* dias
mês   =   *trinta* dias
lustro   =   *cinco* anos
decênio =   *dez* anos
século   =   *cem* anos
milênio =   *mil* anos
quadra   =   *quatro* versos, *quatro* cartas de baralho
terceto =   *três* versos
quinteto =   conjunto musical de *cinco* vozes ou *cinco* instrumentistas
légua   =   *seis* quilômetros

Todos esses nomes enquadram-se na classe dos substantivos e não na dos numerais. Uma das razões dessa classificação é que tais palavras não são usadas para quantificar outros substantivos, mas para designar uma quantidade definida de seres concebida como uma unidade distinta. Em alguns casos, a noção de quantidade, implícita nesses substantivos, já desapareceu. No português atual, poucas pessoas conseguem perceber o número *sete* (de *septem* em latim) no interior da palavra *semana*. Tanto que é muito comum falar-se em *semana de cinco dias*, por exemplo.

NUMERAIS E OS SERES NÃO CONTÁVEIS. OS CLASSIFICADORES PARTITIVOS

Substantivos, quando representam seres não contáveis, não são afetados diretamente por um numeral. É o caso, por exemplo, de *areia, água, manteiga*. Não costumamos dizer *duas areias, três águas* ou *dez manteigas*. A maneira como resolvemos esse problema foi "extrair" partes iguais dessas substâncias e contá-las.

Temos diversas palavras para designar essas partes iguais. Podemos dizer *punhado* de areia, *lata* de areia, *copo* de água. Esses vocábulos (*punhado, lata, copo*) são chamados de *classificadores partitivos*, porque servem para medir as partes iguais dessas substâncias não contáveis. Depois de termos escolhido um classificador partitivo, aplicamos os numerais a esses classificadores, dizendo: *um punhado de areia, duas latas de areia, três copos d'água*.

Inicialmente, os seres humanos utilizavam como classificadores partitivos as partes do seu próprio corpo, como podemos ver em:

duas *braçadas* de flores (braço).
um *punhado* de areia (punho).
vintes *pés* de altura (pé).
três *palmos* de tecido (palma da mão estendida).
duas *polegadas* de largura (polegar).
dois *dedos* de uísque (dedo).

Alguns desses classificadores foram oficializados, como o pé e a polegada, que ainda são utilizados em países como os Estados Unidos da América e a Inglaterra. Em outros países, incluindo o Brasil, no lugar desses classificadores, são utilizados outros, dentro de um sistema chamado métrico decimal, de modo dos dez dedos das mãos. Em vez de *pés* de altura e *polegadas* de largura, dizemos *metros* de altura e *centímetros* de largura. *Milímetro, centímetro, metro, quilômetro, grama, quilograma, tonelada* são, pois, classificadores partitivos oficializados.

Além desses classificadores, surgiram outros sob a forma de utensílios, como podemos ver em:

uma *colher de sopa* de manteiga.
duas *xícaras* de farinha de trigo.
um *prato* de polvilho.

A indústria criou novos classificadores tais que *pacotes, latas, vidros,* como em:

um *pacote* de gelatina.
duas *latas* de leite condensado.
um *vidro* de leite de coco.

Em receitas culinárias, há um uso sincrético dos classificadores. É comum a mistura de classificadores oficiais e de utensílios, empregados como classificadores, como podemos ver no texto a seguir:

Bacalhau Gratinado

Ingredientes

½ kg de bacalhau desfiado
2 cebolas em rodelas
5 colheres de sopa de azeite
3 tomates picados
3 colheres de sopa de manteiga
3 colheres de sopa de farinha de trigo
1 xícara de chá de leite
1½ xícara de chá de creme de leite fresco
1 pitada de noz moscada
½ kg de batatas cozidas
50g de queijo parmesão ralado
Pimenta do reino e sal a gosto
1 xícara de chá de farelo de pão francês

Às vezes, temos elementos contáveis, mas que, funcionalmente, são tratados como não contáveis. É o caso de uma receita em que são utilizados ingredientes como azeitonas, amêndoas, tomates ou batatas. *Azeitona*, por exemplo, é contável. Podemos dizer uma, duas, três azeitonas. Mas de uma azeitona não podemos tirar 100 gramas. Temos que ter *azeitonas* para isso. Por esse motivo, teremos de colocar o substantivo *azeitona* no plural, dizendo: 100 gramas de azeitonas. O mesmo acontece com os outros ingredientes. Deveremos dizer, portanto:

50 g de amêndoas
1 kg de tomates
2 kg de batatas

Dizemos e escrevemos, contudo, *100 g de presunto*, e não *100 g de presuntos*, ou *100 g de filé mignon*, e não *100 g de filés mignons*, por iconicidade (imagem). Afinal, de uma única peça de presunto ou de filé mignon podemos extrair os 100 g.

Muitas vezes, por questão de economia, o classificador partitivo pode ser omitido, ficando, entretanto, seu sentido implícito. Alguém pode dizer, pois, que tomou:

duas *garrafas* de cerveja
três *doses* de uísque
uma *garrafa* de água mineral

ou apenas:

duas cervejas
três uísques
uma água mineral

Nesse caso, o numeral passa a concordar diretamente com o substantivo não contável. Casos mais raros são aqueles em que o classificador permanece, sendo eliminado o substantivo.

O bebê já tomou duas *mamadeiras* (de leite).
Eu comi dois *pratos* (de comida) no almoço.

Em nosso dia a dia, fazemos uso ainda de um sistema numérico duodecimal (de base 12 e 60). Dizemos uma dúzia de ovos, meia dúzia de tomates. O ano tem 12 meses, a hora, 60 minutos (12 x 5), Cristo tinha 12 apóstolos e 12 eram as tribos de Israel. Esse sistema foi herdado da Babilônia, antiga capital da Suméria, no 2º milênio antes de Cristo. Os babilônios contavam utilizando o polegar de uma das mãos para tocar as falanges dos outros dedos. Como temos três falanges em cada um desses 4 dedos, o total perfaz 12. Daí a base 12. Para armazenar o resultado de cada mão preenchida, utilizavam os dedos da outra mão. Ora, 5 x 12 = 60.

Em decorrência disso, é bastante comum, no Brasil, usar o termo *meia* (de meia dúzia) para designar o número seis. Ao soletrar os algarismos de um documento de número 365, por exemplo, ao invés de dizer três, seis, cinco, as pessoas dizem: três, meia, cinco.

O sistema numeral dos romanos também tem origem no uso das mãos[1]. Para assinalar as unidades, seus antecessores utilizavam a representação de cada dedo por um traço vertical, começando pelo dedo mínimo:

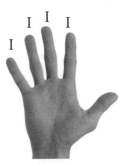

Tínhamos, assim, os números I, II, III, IIII. Para representar o número cinco, utilizavam a curvatura em V, entre o indicador e o polegar:

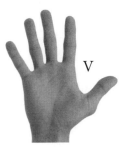

Mais tarde, a representação do número quatro, por uma questão de clareza, deixou de ser IIII, para ser IV (um antes do cinco). Mas, ainda hoje, muitos relógios que usam algarismos romanos ainda empregam quatro traços verticais para representar quatro horas:

1. Cf. Luiz Antônio Cagliari, *A História do Alfabeto*, p. 10.

A partir do número cinco – o conjunto dos cinco dedos da mão – desenvolveram então os romanos um sistema quinário: IV, V, VI, VII, VIII[2].

Para representar o número dez, os romanos somavam os dedos das duas mãos cruzadas em xis (5 + 5 = 10):

Daí a figura do X para designar o número dez. Com o tempo, os outros números romanos se formaram de forma arbitrária, como C para designar *cem,* derivado de *centrum*; M, para designar *mil,* derivado de *mille.*

FUNCIONALIDADE ARGUMENTATIVA DO NUMERAL

Desde tempos antigos até hoje, os números são usados como recurso de convencimento, dentro de três técnicas argumentativas: os lugares de quantidade, qualidade e ordem. Vejamos cada um desses lugares:

Lugar de Quantidade

O lugar de quantidade parte do princípio de que uma coisa se destaca em relação a outra em função de seu maior número. Para convencer as pessoas de que o fumo faz mal à saúde, podemos dizer que, no Brasil, ele está associado a 30% das doenças cardíacas, 80% das mortes por câncer no pulmão e 34% dos casos de câncer na laringe.

Steven Pinker, em seu livro *O Novo Iluminismo,* para convencer seus leitores de que os pedestres correm, atualmente, muito menos riscos nas ruas dos Estados Unidos, usa também o lugar de quantidade:

---

2. Cf. Georges Ifrah, *Os Números: História de uma Grande Invenção,* p. 24.

Andar pelas ruas nos Estados Unidos hoje é seis vezes mais seguro do que em 1927. Quase 5 mil mortes de pedestres em 2014 ainda é um número consternador (basta comparar com as 44 mortes por terroristas, que receberam muito mais publicidade), porém é melhor do que as 15 500 em 1927, quando o país tinha dois quintos do número de habitantes e muito menos carros[3].

Lugar de Qualidade

O lugar de qualidade se contrapõe ao lugar de quantidade, pois contesta a virtude dos grandes números. Valoriza o único, o raro. Nesse caso, é o numeral *um* e o adjetivo *único* que assumem o grau maior de importância, como no provérbio de Confúcio que diz: *Mais vale acender uma única vela do que maldizer a escuridão*. Uma única vela (qualidade) se opõe à "quantidade da escuridão".

Lugar de Ordem

O lugar de ordem afirma a superioridade do anterior sobre o posterior, das causas sobre os efeitos, dos princípios sobre as finalidades etc. Nesse tipo de lugar, assume importância especial o ordinal, com o efeito mágico exercido pelo *primeiro*.

As grandes invenções da humanidade também são valorizadas pelo lugar de ordem. Quem foi o *primeiro* a inventar o avião? Santos Dumont ou os irmãos Wright? E o *primeiro* a inventar a fotografia? Daguerre ou Hércules Florence? O lugar de ordem é o fundamento das competições. O *podium* das competições esportivas apresenta o *primeiro* lugar em nível superior ao *segundo* e ao *terceiro*, e o segundo lugar à direita do primeiro, considerada uma posição hierarquicamente superior à esquerda, onde se situa o terceiro lugar. A ordem das medalhas atribuídas reflete essa hierarquia: *primeiro* lugar, ouro; *segundo* lugar, prata; *terceiro* lugar, bronze.

---

3. Steven Pinker, *O Novo Iluminismo: em Defesa da Razão, da Ciência e do Humanismo* (pos. Kindle 4 179).

CORRESPONDÊNCIA ENTRE OS NUMERAIS

ALGARISMOS ARÁBICOS	CARDINAIS	ORDINAIS	MULTIPLICATIVOS	FRACIONÁRIOS
1	um	primeiro	simples	–
2	dois	segundo	duplo, dobro	meio
3	três	terceiro	triplo, tríplice	terço
4	quatro	quarto	quádruplo	quarto
5	cinco	quinto	quíntuplo	quinto
6	seis	sexto	sêxtuplo	sexto
7	sete	sétimo	sétuplo ou séptuplo	sétimo
8	oito	oitavo	óctuplo	oitavo
9	nove	nono	nônuplo	nono
10	dez	décimo	décuplo	décimo
11	onze	décimo primeiro	undécuplo	onze avos
12	doze	décimo segundo	duodécuplo	doze avos
13	treze	décimo terceiro	–	treze avos
14	catorze	décimo quarto	–	catorze avos
20	vinte	vigésimo	–	vinte avos
21	vinte e um	vigésimo primeiro	–	vinte e um avos
22	vinte e dois	vigésimo segundo	–	vinte e dois avos
23	vinte e três	vigésimo terceiro	–	vinte e três avos
30	trinta	trigésimo	–	trinta avos
40	quarenta	quadragésimo	–	quarenta avos
50	cinquenta	quinquagésimo	–	cinquenta avos
60	sessenta	sexagésimo	–	sessenta avos
70	setenta	setuagésimo ou septuagésimo	–	setenta avos
80	oitenta	octogésimo	–	oitenta avos
90	noventa	nonagésimo	–	noventa avos
100	cem	centésimo	cêntuplo	centésimo
200	duzentos	ducentésimo	–	ducentésimo
300	trezentos	trecentésimo	–	trecentésimo
400	quatrocentos	quadringentésimo	–	quadringentésimo
500	quinhentos	quingentésimo	–	quingentésimo

ALGARISMOS ARÁBICOS	CARDINAIS	ORDINAIS	MULTIPLICATIVOS	FRACIONÁRIOS
600	seiscentos	seiscentésimo ou sexcentésimo	–	seiscentésimo ou sexcentésimo
700	setecentos	setingentésimo ou septingentésimo	–	setingentésimo ou septingentésimo
800	oitocentos	octingentésimo	–	octingentésimo
900	novecentos	nongentésimo ou noningentésimo	–	nongentésimo ou noningentésimo
1 000	mil	milésimo	–	milésimo
1 000 000	milhão	milionésimo	–	milionésimo
1 000 000 000	bilhão	bilionésimo	–	bilionésimo

OBSERVAÇÃO: Alguns numerais cardinais e ordinais apresentam formas variantes.

catorze / quatorze
bilhão / bilião
setuagésimo / septuagésimo

Nas transações bancárias, é comum ainda escrever por extenso o número *hum*, no lugar de *um*, e escrever o cardinal *um* antes do numeral *mil*, escrevendo *um mil reais*, o que é, de certo modo, artificial. Afinal, dizemos que compramos *uma caixa d'água de mil litros* e não *uma caixa d'água de um mil litros*.

SINTAXE DOS NUMERAIS

Cardinais

A posição usual dos cardinais é antes do substantivo quantificado por eles.

Imagina-se que o homem que tem *dois* quartos e *duas* camas e *dois* pães deve ser *duas* vezes mais feliz do que o que só tem *um* quarto, *uma* cama e *um* pão[4].

Como se vê, os cardinais vêm todos antepostos aos respectivos substantivos. A posposição seria inaceitável:

---

4. Bertrand Russel, *Ensaios Céticos*, p. 55.

* Imagina-se que o homem que tem quartos dois e camas duas e pães dois [...] quarto um, cama uma, pão um.

Casos Especiais

a. Apartamento vinte e um / Apartamento vinte e dois

São plenamente aceitáveis frases do tipo:

Ele está hospedado no apartamento *vinte e dois*.
Ele mora no apartamento *cento e cinquenta e dois*.
Há planos econômicos voltados para o ano *dois mil e vinte*.

Nesses casos, como se pode notar, os cardinais não indicam a quantidade de quartos, apartamentos ou de anos. Tanto isso é verdade que o substantivo marcado por esses números fica sempre no singular. O cardinal, posposto ao substantivo, tem função de ordinal e, no português contemporâneo, é frequentemente usado para substituir ordinais muito elevados. É mais usual, por exemplo, dizer "*no ano 1 118* da Era Cristã" do que "no *milésimo centésimo décimo oitavo ano* da Era Cristã".

Assim também, prefere-se dizer "*o candidato cento e trinta e três mil quatrocentos e doze*" a dizer "*o cento e trinta e três mil quadringentésimo décimo segundo candidato*".

A preferência pelo cardinal posposto, em lugar do ordinal, parece justificar-se por uma questão de facilidade. Na indicação de livros, capítulos ou versículos, por exemplo, os números de *dez* para baixo são indicados por ordinais; acima, por cardinais (com função de ordinal).

A revista *Alfa*, em seu *segundo* número, publicou excelentes artigos.
A *Revista do Instituto Histórico e Geográfico Brasileiro*, no seu tomo 84 (leia-se *oitenta e quatro)*, traz uma matéria sobre o assunto.

b. Dois e dois são quatro

Os cardinais podem ser usados sozinhos, isto é, sem referência a substantivos. No caso, indicam a quantidade concebida como se fosse uma grandeza absoluta, sem referência ao ser quantificado. Trata-se de um uso muito comum na linguagem matemática, em que os números são tratados como se existissem por si sós:

Quatro é o dobro de *dois* e metade de *oito* cuja raiz quadrada é *sessenta e quatro*.

Cardinais Simples e Complexos

Entre os cardinais, existem aqueles constituídos simplesmente de uma palavra, tais como: um, dois, três, quatro, dez, onze, doze, vinte, trinta, cem, mil, milhão etc. Existem outros que são formados pela justaposição das formas simples. É o que acontece com: dezesseis (dez e seis), dezessete (dez e sete), dezoito (dez e oito), vinte e quatro, dois mil duzentos e vinte e quatro etc.

a. Dez casos / uma dezena de casos

Aos numerais propriamente ditos (dez, cem, mil) correspondem outros indicadores de um agrupamento formado por dez, cem ou mil (dezena, centena, milhar). Trata-se de numerais que possuem a forma singular e plural (diferentemente dos demais) e só se usam com bases substantivas modificadas por outros elementos.

> Dez casos.   Uma dezena de casos.
> Cem volumes.   Uma *centena* de volumes.
> Mil faces.   Um *milhar* de faces.

Dezena, centena e *milhar* comportam-se como substantivos, assumindo a forma singular ou plural (uma dezena, duas dezenas; uma centena, duas centenas; um milhar, dois milhares). Além disso, possuem gêneros próprios: dezena e centena são femininos; milhar é masculino.

Há certos numerais que funcionam sempre como substantivos, como: terceto, quarteto, quinteto, novena, dezena, vintena, quarentena, centena, milhar.

Também os numerais terminados em *ão* (milhão, bilhão, trilhão, quatrilhão) funcionam sempre como substantivos.

> Um milhão de votos.
> Dois trilhões de reais.

b. 5×10^{11}

Em linguagem matemática e na terminologia das ciências exatas em geral, os grandes números, para se evitarem longas expressões, são indicados por meio de potências de 10. Assim, em lugar de 500 000 000 000, escreve-se 5×10^{11}, que se lê: cinco multiplicado por 10 potência 11 (o expoente

11 serve para indicar quantos zeros ocorrem à direita do número tomado como base, no caso o 5).

c. Um milhão de vezes

Há certos contextos em que o numeral perde o seu significado preciso e indica, de maneira enfática, quantidades genéricas de valor muito alto ou muito baixo.

Repetiu a pergunta *um milhão* de vezes (ênfase por exagero).

Com o mesmo fim, costuma-se repetir o numeral.

Espera-se, para as próximas eleições, a anulação de *centenas e centenas* de votos.

d. Datas

É costume o uso do ponto entre números arábicos que marcam o dia, o mês e o ano nas indicações de datas.

São Paulo, 26.3.2012.

Quando se trata do século contemporâneo ao ato da escrita, o ano costuma ser indicado apenas pelos dois últimos algarismos: 26.3.12.

e. Separação de algarismos

Não se costuma usar o ponto separando as classes (centenas, centenas de milhar etc.) do algarismo. A separação das classes se faz por um pequeno espaço em branco.

O país tem 207 660 929 habitantes.

O mesmo se dá com os algarismos à direita da vírgula: 13, 642 334.
Na indicação de anos, não se costuma usar o ponto separando as classes.

Nasceu em 1970.
O livro será editado apenas no ano 2019.

f. Quarentona / Cinquentinha

Como qualquer outro numeral, o cardinal não apresenta marcas de grau aumentativo ou diminutivo. Substantivado, porém, pode aparecer no grau aumentativo, principalmente na fala popular, em que o grau vem sempre associado a noções apreciativas ou depreciativas. Exemplos:

> Ela já era *quarentona*.
> Você me empresta *cinquentinha*?
> Cada um paga apenas *vintão*.

g. *Um* artigo e *um* numeral

Há diferença entre o artigo indefinido *um* (*uma*) e o numeral *um* (*uma*). O numeral, na sua função de quantificar, significa um (1) apenas, por oposição a vários.

> *Um*, dois, três lampiões, acende e continua
> Outros mais a acender imperturbavelmente,
> À medida que a noite aos poucos se acentua
> E a palidez da lua apenas se pressente[5].

> Dos quatro pneus, ele precisou trocar apenas *um*.

O artigo indefinido *um* serve para indicar qualquer elemento de um conjunto e não uma unidade em vez de várias.

> Preciso de *um* táxi!

É claro que, em certas frases, pode haver ambiguidade. Fora de contexto *um* pode ser interpretado como numeral ou como artigo indefinido. Na frase:

> Ele leu *um* livro

um pode ser artigo indefinido, se o contexto for algo como:

> Ele leu *um* livro que falava desse assunto.

Pode também ser interpretado como numeral, dentro de um outro contexto como:

> – Quantos livros ele leu esse ano?
> – Ele leu *um* livro (um = um apenas).

Pode ainda ser pronome indefinido, num outro contexto como:

---

5. Jorge de Lima, *O Acendedor de Lampiões*. Disponível em: <oglobo.globo.com/pais/noblat...>. Acesso em, 22.7.2014.

No naufrágio do Titanic, *uns* se salvaram, outros, não (uns = alguns).

Leitura do Cardinal

Na leitura (ou escrita por extenso), coloca-se o *e* apenas após as centenas e as dezenas, e indicando parte fracionária. Entre as classes, não se costuma usar o *e*.

5 ¼ = cinco *e* um quarto.
2 623 = dois mil seiscentos *e* vinte *e* três.

Um cheque com o valor de R$ 3 426 832,43, por exemplo, será preenchido, por extenso, da seguinte forma:

Três milhões, quatrocentos e vinte e seis mil, oitocentos e trinta e dois reais e quarenta e três centavos.

Mas, se o número que representa uma classe for "redondo" (terminar com dois zeros) ou a classe iniciar por zero haverá o *e*:

Paguei R$ 5 500,00.
Paguei cinco mil *e* quinhentos reais.
Recebi 1 098 livros em doação.
Recebi mil *e* noventa e oito livros em doação.

a. Número de páginas e folhas

Na numeração de páginas e folhas, utilizamos normalmente numerais cardinais no lugar dos ordinais, por serem esses últimos muito eruditos. Assim, ao invés de dizer: Na sexagésima quarta página do livro, dizemos: Na página sessenta e quatro. Na linguagem jurídica, é comum utilizar a expressão a folhas. Exemplo: "A folhas doze do processo…" É como se disséssemos: "a doze folhas do início do processo…".

Concordância do Cardinal

a. Flexão de gênero

Quanto à categoria de gênero, apenas alguns cardinais têm forma masculina e feminina, concordando com o substantivo quantificado. Apresentam forma feminina ao lado da masculina os cardinais *um*, *dois* e as centenas, a partir de *duzentos*.

MASCULINO	FEMININO
um minuto	*uma* hora
dois minutos	*duas* horas
duzentos reais	*duzentas* pratas
quinhentos reais	*quinhentas* milhas
novecentos dias	*novecentas* semanas

Todos os demais cardinais são invariáveis em gênero:

três noites, *três* dias.
cem homens, *cem* mulheres.

b. Flexão de número

Quanto à categoria de número, os cardinais, em princípio, não têm desinências próprias para indicar o singular ou o plural. Diz-se que *um* (*uma*) é singular, porque vem associado a substantivos no singular:

Um homem, *uma* mulher.

Diz-se que os numerais superiores a *um* são plurais porque vêm associados a substantivos no plural:

dois pares
quarenta ladrões
vinte mil léguas
quinhentas milhas

Todos os cardinais terminados em *ão* (*milhão, bilhão, trilhão* etc.), além de *dezena, centena* e *milhar,* têm a forma plural (marcada pela desinência *s*) e a forma singular (marcada pela ausência da desinência *s*).

um milhão de habitantes	*três milhões* de habitantes
uma centena de soldados	*duas centenas* de soldados
um milhar de prêmios	*cinco milhares* de prêmios

ORDINAIS

Concordância do Ordinal

Os ordinais comportam-se como adjetivos e assumem a flexão de gênero e número do substantivo de base.

As *primeiras* chuvas chegaram.
   [fem]   [fem]
   [pl]   [pl]

O *terceiro* lugar não foi preenchido.
   [masc] [masc]
   [sing] [sing]

Posição do Ordinal

O ordinal, habitualmente, ocorre antes do substantivo a que se refere.

Não tinha o direito de deixá-la sozinha, na *undécima* hora.
A República veio depois do *Segundo* Império.

Não é, entretanto, incomum em português o uso do ordinal posposto ao substantivo. Isso acontece na indicação de volumes de livros, capítulos, cantos, versículos, ordens religiosas e é de praxe nas indicações da sequência de reis e papas até o número dez.

A citação se encontra no canto *terceiro* do poema.
Volume *quinto* da Enciclopédia.
Ordem *Terceira* de São Francisco.
Papa Paulo VI. (leia-se *sexto*)
O Brasil teve dois imperadores: D. Pedro I e D. Pedro II. (leia-se Pedro *Primeiro* e Pedro *Segundo*)

Ordinal Substantivado

O ordinal pode ser substantivado, isto é, usado de maneira absoluta sem referência a outro substantivo.

É melhor ser o *segundo* em Roma do que o *primeiro* em Pompeia.

a. Pela milésima vez

É comum o uso de ordinais de sentido vago para, por força do exagero, criar efeitos expressivos.

Pela *milésima* vez, digo não!

b. Raiz enésima

O ordinal *enésimo*, correspondente ao número *n*, é usado em linguagem matemática (raiz enésima, derivada enésima etc.). Na linguagem comum, serve para indicar um lugar indeterminado na escala numérica, em geral muito elevado.

Pela *enésima* vez, o suspeito negou participação no crime.

c. Paulo VI – Século XIX

Na indicação de séculos, reis, papas, capítulos de obras, livros, volumes etc., usa-se o ordinal até o número 10:

Paulo III (terceiro), Sisto IV (quarto), Júlio II (segundo)

Acima do número 10, usa-se o cardinal.

Século XVI (dezesseis)
João XXIII (vinte e três)
Bento XVI (dezesseis)

Se o numeral vier antes do substantivo, será usado o ordinal:

Aproximava-se o final do *duodécimo século*. (século doze)

Leitura do Ordinal

Os ordinais inferiores a dois mil são lidos por justaposição, isto é, em sequência decrescente: o milhar, a centena, a dezena, a unidade.

Estávamos no 1996º ano da era cristã.

Lendo por extenso, teremos: milésimo nongentésimo (ou noningentésimo) nonagésimo sexto ano da era cristã. Em termos de concordância, todos concordam com o substantivo a que se referem (no caso: *ano*).

Em relação aos ordinais superiores a dois mil, diz a tradição gramatical que o numeral da casa dos mil deve ser lido como cardinal e os demais, como ordinais.

Falta a 2 349ª página da enciclopédia.

A leitura seria a seguinte: Falta a duas milésima trecentésima quadragésima nona página da enciclopédia. Quanto à concordância, todos concordam com o substantivo a que se referem (no caso, *página*).

Nestes mesmos casos, prefere-se, modernamente, a leitura do milhar como ordinal, caso se trate de número inteiro.

Comemorou-se o lançamento do 10 000º veículo da montadora.

A leitura por extenso será: Comemorou-se o lançamento do décimo milésimo veículo da montadora.

OBSERVAÇÃO: Na verdade, quando o ordinal é muito extenso, evita-se enunciá-lo por inteiro, usando-se, em seu lugar, o cardinal após o substantivo. Como já se disse, nesse caso, o cardinal equivalente ao ordinal fica invariável. Em vez de dizer, por exemplo:

> Acabou de chegar a *duas milésima ducentésima segunda* inscrição para o concurso.

diz-se com mais facilidade e igual sentido:

> Acabou de chegar a inscrição *dois mil duzentos e dois* para o concurso.

Fracionários

Concordância do Fracionário

Os fracionários também admitem flexão de número e gênero.

Em números fracionários, o denominador concorda em número com o numerador. Exemplos:

> 1/3, lê-se *um terço*.
> 2/3, lê-se *dois terços*.
> 1/8, lê-se *um oitavo*.
> 3/8, lê-se *três oitavos*.
> 1/10, lê-se *um décimo*.
> 2/10, lê-se *dois décimos*.

Em gênero, se o fracionário vem associado a um substantivo explícito, faz-se a concordância com esse substantivo:

> Comprou uma *quarta* parte da empresa.
> Comprou duas *quartas* partes da empresa.

Se, no entanto, não vem associado a um substantivo explícito, assume a forma masculina:

> Comprou *um quarto* da empresa.
> Comprou *dois quartos* da empresa.

OBSERVAÇÃO: O fracionário *meio* concorda em gênero e número com o substantivo a que se refere:

É *meio*-dia e *meia* (hora).
São pessoas de *meias* palavras.
Meia porta está aberta.

Leitura dos Fracionários

Apenas dois numerais fracionários apresentam formas típicas: *meio* e *terço*.

1/2 (um meio)
1/3 (um terço)

Os demais fracionários são indicados de duas maneiras:

a) por um cardinal, representando o numerador da fração, seguido de um ordinal, representando o denominador, até o número 10:

1/4 = um quarto
2/8 = dois oitavos
5/10 = cinco décimos

b) quando o denominador for acima de dez, é indicado por um cardinal seguido de avos:

5/12 = cinco doze avos
3/67 = três sessenta e sete avos
7/132 = sete cento e trinta e dois avos

Avos é o sufixo de *oitavo* que foi adaptado como forma livre para essa função. Mas, com as potências de 10, lê-se da seguinte maneira:

1/100   = um centésimo
8/1 000   = oito milésimos
5/1 000 000   = cinco milionésimos

Multiplicativos

Concordância dos Multiplicativos

Associados a substantivos (em função adjetiva), os multiplicativos variam em gênero e número.

O atacante cometeu *dupla* falta.
Arriscou dois palpites *duplos*.

Quando funciona como substantivo, o multiplicativo fica invariável:

O investidor conseguiu o *dobro* das suas aplicações.

a. Undécuplo × Onze Vezes mais

Os multiplicativos são de pouco uso no português. Usam-se com frequência duplo, triplo; mas raramente, décuplo, cêntuplo; mais raro ainda, undécuplo, duodécuplo. É comum uma frase como:

A aplicação rendeu o *dobro*.

mas é raríssimo algo como:

A aplicação rendeu o *undécuplo*.

Nesses casos, é preferível usar o cardinal seguido de *vezes mais*:

A aplicação rendeu *onze vezes mais*.

10
VERBO

CONCEITUAÇÃO

Verbo é uma palavra que, em princípio, define a estrutura de uma oração e, ao mesmo tempo, veicula flexionalmente a categoria de tempo. Tomemos como ponto de partida a seguinte oração:

Juliana fechou a porta.

Analisando as palavras que a compõem, percebemos que uma delas está flexionada na categoria de tempo: *fechou*. É a única palavra dentro da oração capaz disso. Mas, além de estar veiculando tempo, *fechar* é também responsável pela própria construção da frase. Se dissermos apenas "– *Fechou*", não ficamos sabendo o que foi fechado, nem quem fechou. A palavra *fechou* exige a presença desses dois elementos, chamados ARGUMENTOS. O primeiro deles é um *agente* (quem fechou) e o segundo, um *objeto afetado* (o que foi fechado). Esquematicamente, teríamos:

FECHAR [agente, objeto afetado]

O agente pode aparecer na função sintática de *sujeito* e o objeto afetado, na de complemento *objeto direto*, como no exemplo dado: *Juliana fechou a porta*. O objeto afetado, entretanto, poderia também assumir a função de *sujeito* e o agente, a função de *complemento agente da voz passiva*, como em:

> A porta foi fechada por Juliana.

Se alguém nos dissesse sequências como:

> (1) Fechou a porta.

ou

> (2) Juliana fechou.

sem que pudéssemos recuperar *quem fechou*, em (1), ou *o que foi fechado*, em (2), por meio da própria situação de fala ou por uma fala anterior, essas sequências estariam incompletas.

Esses elementos que faltam, requeridos semanticamente pelo verbo, os ARGUMENTOS, serão estudados pormenorizadamente nos capítulos de sintaxe. *Agente* e *objeto afetado*, são, portanto, argumentos que podem assumir as funções sintáticas descritas há pouco.

PROCESSOS, AÇÕES E ESTADOS

Levando em conta a natureza dos argumentos selecionados pelos verbos em sua significação mais usual, é possível dizer que:

a) há verbos que indicam *processos*, ou seja, eventos ou acontecimentos que afetam os seres ou esses próprios eventos.

> O rio *secou*.
> [foi afetado pelo processo de secagem]
>
> A menina *dorme*.
> [é afetada pelo processo do sono]
>
> O carro *quebrou*.
> [foi afetado pela quebra]
>
> *Choveu* durante a noite.
> [um evento, um processo não atribuído a ser algum]

b) há verbos que indicam *ações* praticadas por determinados seres.

> Juliana *saiu* de casa cedo.
> [praticou a ação de sair]
>
> Vários presos *fugiram* ontem da cadeia do 4º DP.
> [praticaram a ação de fuga]
>
> A Seleção Brasileira *viajará* amanhã para a Inglaterra.
> [vai praticar a ação de viajar]

c) há verbos que indicam *ações e processos* ao mesmo tempo, ou seja, designam uma atividade praticada por determinado ser e essa, por sua vez, afeta outro ser, interferindo no seu estado físico e/ou moral.

> A cozinheira *derreteu* a manteiga.
> O jornalista *difamou* o prefeito.

No primeiro exemplo, a cozinheira praticou uma ação (derreter) e a manteiga foi afetada por um processo (sair do estado sólido para o líquido). No segundo exemplo, o jornalista praticou uma ação (difamar) e o prefeito foi afetado por um processo (ficou difamado).

d) há verbos que exprimem *estado*. São usados para indicar certas propriedades, condições ou situações localizadas no sujeito. Servem para dizer que determinados seres estão na posse de determinadas propriedades ou privados delas.

> A plateia *permaneceu* em silêncio.
> O Senado não *tem* autoridade para decidir essa questão.

CONJUGAÇÕES VERBAIS

Conjugações verbais são sistemas constituídos por formas flexionais simples capazes de alterar o tempo (presente, passado, futuro) e o modo (indicativo, subjuntivo, formas nominais).

Com base nas terminações *ar*, *er* e *ir*, os verbos em português são distribuídos em três conjugações:

TERMINAÇÃO	CONJUGAÇÃO	EXEMPLO
ar	1ª conjugação	*cantar*
er	2ª conjugação	*vender*
ir	3ª conjugação	*partir*

Existe ainda um paradigma especial para o verbo *pôr* e seus compostos (*compor, dispor, repor* etc.), os únicos casos com a terminação *or*.

O verbo *pôr*, historicamente, está vinculado à 2ª conjugação – de onde proveio –, uma vez que sua forma antiga era *poer*. Esse *e* de *er*, que desapareceu no infinitivo, reaparece várias vezes em sua conjugação, como podemos ver, comparando outras formas desse verbo com as de um verbo da 2ª conjugação:

põ*e*s	vend*e*s
põ*e*	vend*e*
pus*e*ste	vend*e*ste
pus*e*mos	vend*e*mos
pus*e*stes	vend*e*stes
pus*e*ram	vend*e*ram

FORMAS CONSTITUINTES DO VERBO

Os verbos admitem formas bastante variadas. Numa frase como:

Um holandês *construiu* uma réplica da arca de Noé.

o verbo poderia aparecer também sob as seguintes formas:

constrói
construíra
construirá
construiria
construía

A base do verbo é o *radical*: o segmento que contém o núcleo do significado e que serve de suporte para outros acréscimos. O radical da grande maioria dos verbos portugueses se obtém tirando deles as terminações *ar*, *er*, *ir*. Assim, nos verbos *cantar, vender, partir, estar*, os radicais são, respectivamente:

cant
vend
part
est

O radical do verbo *pôr* é *po* [po(e)r].

Ao radical se acrescentam as terminações (desinências) verbais que são basicamente de dois tipos:

a) as número-pessoais, que indicam pessoa e número;
b) as modo-temporais, que indicam tempo e modo.

Muitas vezes, entre o radical e as desinências, ocorre uma vogal, chamada de *vogal temática*. O radical, acrescido da vogal temática, recebe o nome de *tema*. Observe o exemplo que segue:

cant	-á	-va	-mos.
(radical)	(vogal temática)	(desinência de tempo e modo)	(desinência de pessoa e número)
	(tema)		

A desinência *va* indica tempo imperfeito e modo indicativo. A desinência *mos* indica 1ª pessoa e número plural.

Às vezes, pode faltar a desinência modo-temporal, como em:

cant	—	-o.
(radical)	(desinência de tempo e modo)	(desinência de pessoa e número)

A falta de desinência modo-temporal acontece no presente do indicativo e do subjuntivo, em todas as pessoas.

Vogal Temática

A vogal temática, além de servir de elo de ligação entre o radical e as desinências, serve também para indicar, no infinitivo, a que conjugação pertence um verbo, um vez que, nas terminações *ar*, *er* e *ir*, o que se altera é justamente a vogal temática:

and- a- r   vend- e- r   part- i- r
est- a- r   com- e- r   garant- i- r

Há formas verbais em que a vogal temática não ocorre. Nesses casos, a desinência se liga diretamente ao radical. É o caso, por exemplo, das formas:

Ir　Radical = i
　　Vogal temática = zero
　　Desinência = r (marca do verbo no infinitivo).

Pôr　Radical = po
　　Vogal temática = zero
　　Desinência = r (marca do verbo no infinitivo).

Canto　Radical = cant
　　Vogal temática = zero
　　Desinência = o (marca da primeira pessoa do singular, que só ocorre no presente do indicativo).

Alterações Fonéticas da Vogal Temática

Ao longo da conjugação, a vogal temática pode sofrer alterações de natureza fonética:

cant- *e*- i　radical = cant
　　vogal temática = *e* (alteração fonética do *a*)
　　desinência = i (1ª pessoa do singular, exclusiva do perfeito do indicativo)

Sabe-se que, no verbo *cantar*, a vogal temática é *a* e não *e*, por confronto com outras formas desse mesmo verbo:

cant a r
cant a s
cant a va etc.

Sabe-se que, no perfeito do indicativo, a desinência de 1ª pessoa é *i*, por confronto com outras formas correlatas de outros verbos, como:

entend- i
vend- i
corr- i etc.

VERBOS REGULARES, IRREGULARES, ANÔMALOS, DEFECTIVOS E IMPESSOAIS

Nem sempre todas as formas verbais são regulares, como acontece com o verbo *cantar*. O radical, por exemplo, pode sofrer alterações fonéticas ao longo da conjugação. Existem até mesmo verbos que trocam de radical na conjugação. Por isso, os verbos podem ser classificados em três tipos:

Regulares

São aqueles em que o radical não sofre alteração fonética em nenhuma forma da conjugação e as desinências seguem o paradigma da conjugação a que pertencem:

CANTAR	VENDER	PARTIR
cant- o	vend- o	part- o
cant- ei	vend- i	part- i
cant- ava	vend- ia	part- ia
cant- arei	vend- eria	part- iria.

Também é regular um verbo como *agir*:

aj- o
ag- es
ag- imos.

A troca do *j* por *g* é uma simples alteração gráfica, não fonética.

Para saber se um verbo é regular, basta conjugá-lo no presente e no perfeito do indicativo. Sendo regular nessas duas formas, será regular em todas as demais:

Verbo *amar*

PRESENTE	PERFEITO
amo	amei
amas	amaste
ama	amou
amamos	amamos
amais	amastes
amam	amaram

Irregulares

São aqueles cujo radical sofre alterações fonéticas ou cujas desinências não seguem o paradigma usual dos verbos da conjugação a que pertencem:

Fugir

fuj- o
fog- es

Alteração: troca do *u* pelo *o*.

Estar

est- *ou* (a terminação usual é *o* / eu cant*o*)
est- *ive* (a terminação usual é *ei* / eu cant*ei*)

As alterações fonéticas do radical às vezes variam bastante. É o caso, por exemplo, do verbo *fazer*:

faz- er
faç- o
faz- es
fiz- este
far- emos

Anômalos

Há dois verbos (*ir* e *ser*) cujos radicais não sofrem apenas alterações fonéticas: são trocados completamente em sua conjugação, o que configura uma irregularidade bem diferente das anteriores. Por isso, são classificados como *anômalos*.

Ser

serei – será [provém do verbo *sedere* (= estar sentado, em latim)].
és – era [provém do radical do verbo *esse* (= ser, existir, em latim)].
fui– foste [provém do verbo *fugere* (= fugir, em latim)].

Ir

vou – vais – vá [provém do verbo *vadere* (= ir, caminhar, em latim)].
irei – irás– iria [provém do verbo *ire* (ir, em latim)].
fui – foste – foram [provém do verbo *fugere* (= fugir, em latim)].

A forma *fui*, como vemos, é utilizada pelos dois verbos. A diferença entre eles só é percebida pelo contexto, em função de terem estruturas argumentais diferentes:

> Aos dezoito anos, ela *foi* modelo.
> *Fui* para São Paulo na semana passada.

Há certos verbos que admitem duas variações em algumas de suas formas. São os chamados *verbos abundantes*. No verbo *haver*, por exemplo, a 1ª e a 2ª pessoa do plural do presente do indicativo podem ser:

> nós *havemos* ou *hemos*.
> vós *haveis* ou *heis*.

O mesmo ocorre com os verbos *dizer* e *fazer*, na 2ª pessoa do singular do imperativo afirmativo:

> *dize* ou *diz tu*.
> *faze* ou *faz tu*.

Particularmente importante, porque de uso muito frequente, é a existência de dois particípios em alguns verbos, os chamados particípios duplos ou formas abundantes de particípio:

> aceitado / aceito; benzido / bento; acendido / aceso; salvado / salvo.

O uso de uma forma ou outra não é indiferente, como veremos ainda neste capítulo.

Defectivos

São verbos que não têm certas formas de sua conjugação. Uma das razões para isso é a homonímia. Vejamos, por exemplo, o verbo *falir*. Se fosse conjugado em todas as pessoas do presente do indicativo, apresentaria as seguintes formas:

> * Eu falo
> * Tu fales
> * Ele fale
> Nós falimos

Vós falis
* Eles falem

Podemos notar que, com exceção da 1ª e da 2ª pessoa do plural, todas as outras formas são idênticas às do verbo *falar*, ou no presente do indicativo (*eu falo*) ou no presente do subjuntivo (*tu fales, ele fale, eles falem*). Ora, como o verbo *falar* é de uso muito mais frequente do que o verbo *falir*, torna-se mais econômico conjugar regularmente *falar* e deixar *falir* sem essas formas homônimas, ou seja, conjugá-lo apenas na 1ª e na 2ª pessoa do plural. No lugar das formas que não existem, podemos utilizar expressões equivalentes como: *eu vou à falência, eles vão à falência, estou prestes a falir* etc. Às vezes, contudo, o motivo de um verbo ser defectivo está ligado simplesmente a fatores de eufonia, como acontece com *precaver*.

Uma outra razão para que um verbo seja defectivo é a incompatibilidade semântica com algumas pessoas do discurso. Muitas vezes, o verbo designa uma ação que não pode ser atribuída a seres humanos, como *chover, garoar, mugir*.

Em contextos especiais, entretanto, podem ocorrer usos metafóricos desses verbos, como em:

O ministro brasileiro da Igualdade Racial não tugiu[1] nem *mugiu*, ficou quieto. (*Folha de S. Paulo*, 03.05.2009.)

A chuva me irritava. Até que um dia
Descobri que *Maria é que chovia*[2].

Impessoais

Verbos que nomeiam fenômenos da natureza, como *chover, nevar*, são chamados de impessoais.

FORMAS RIZOTÔNICAS E ARRIZOTÔNICAS

Uma forma verbal é chamada de *rizotônica* (raiz tônica), quando o acento tônico incide sobre uma vogal do radical, como em *falo* do verbo *falar* (acento em *fa*). É chamada de *arrizotônica* (raiz não tônica), quan-

1. *Tugir* significa "falar baixo".
2. Carlos Drummond de Andrade, *Antologia Poética*, p. 231.

do o acento tônico incide fora do radical, como em *falamos*, do mesmo verbo (acento em *la*). Decompondo essas palavras em seus constituintes, fica fácil esclarecer esses significados:

a = ausência.
rizo = raiz, radical.
tônica = acento tônico.

No esquema a seguir, é possível observar as formas rizotônicas e arrizotônicas do verbo *falar*, no presente do indicativo:

FORMAS RIZOTÔNICAS	FORMAS ARRIZOTÔNICAS
Fal- o	
Fal- as	
Fal- a	
	Fal- amos
	Fal- ais
Fal- am	

Muitos verbos defectivos não são conjugados justamente nas formas rizotônicas do presente, como o verbo *falir*, de que falamos há pouco.

CATEGORIAS VERBAIS

Tempo, modo, aspecto, voz, número e *pessoa* são as categorias ligadas ao verbo. Dentre elas, apenas *tempo, modo, aspecto* e *voz* podem ser consideradas verbais, uma vez que as categorias de *número* e *pessoa*, embora se materializem na flexão do verbo, são transmitidas a ele pelo sujeito, no processo de *concordância verbal*. As próprias categorias de tempo, modo e voz, e, em alguns casos, aspecto, embora se manifestem no verbo, têm sua origem na sintaxe e no discurso, como veremos no capítulo da Sintaxe.

Tempo é a categoria que, em princípio, situa o processo verbal em relação ao momento da fala. O falante estabelece esse momento como um *tempo zero*, denominado *presente*. O que veio antes é denominado *passado* e o que virá depois, *futuro*.

Modo é a categoria que indica, sob o ponto de vista do falante, se o verbo se refere a um *estado de coisas* no mundo real ou em "mundos possíveis", ou se ele se refere a hipóteses. Vejamos os seguintes textos:

O representante comercial D. C., 39, *vendeu* sua Honda CG 125 a um conhecido. (*Folha de S. Paulo*, 17.7.2011.)

Quanto aos cinco contos, não vale a pena dizer que um canteiro da vizinhança fingiu-se enamorado de D. Plácida, logrou despertar-lhe os sentidos, ou a vaidade, e casou com ela; no fim de alguns meses inventou um negócio, *vendeu* as apólices e fugiu com o dinheiro[3].

O primeiro deles se refere a um fato acontecido no mundo real. O segundo, a um fato acontecido dentro de uma obra de ficção, ou seja, num "mundo possível". Em ambos os textos, os verbos estão no modo *indicativo*, que é o modo que indica um estado de coisas. Vejamos agora este outro texto:

[...] grande parte das mulheres casadas anseia por um marido que *viaje* regularmente [...] (*Folha de S. Paulo*, 8.5.2011.)

Nesse texto, a oração *que viaje regularmente* se refere não a um fato de um mundo real ou de ficção, mas apenas a uma hipótese. O verbo está no *subjuntivo*, modo que, em português, configura um recurso para assinalar que o que se diz não é um estado de coisas.

O *aspecto* assinala a duração de um processo verbal ou as suas fases. Comparemos as orações a seguir:

O frentista *abasteceu* o carro com gasolina comum.
O frentista *abastecia* o carro com gasolina comum.

Em ambas, o verbo está no tempo passado ou pretérito. Na primeira oração, contudo, a ação está terminada. Na segunda, ela aparece não concluída e poderíamos até mesmo imaginar, em um contexto específico, uma finalização como:

[...] *abastecia* o carro com gasolina comum, *quando a bomba quebrou*.

ou ainda, em outro contexto, que essa ação era repetida todas as vezes que o frentista ia abastecer um carro.

Abastecia o carro com gasolina comum: *o preço da especial não compensava*.

---

3. Joaquim Maria Machado de Assis, *Memórias Póstumas de Brás Cubas*. Em *Obras Completas*, vol. 1, p. 631.

É por esse motivo que *abasteceu* é chamado de pretérito perfeito (porque acabado) e *abastecia*, pretérito imperfeito (porque não acabado)[4]. *Perfeito* e *imperfeito* são, portanto, aspectos do tempo pretérito, em português. Em orações como:

> O frentista *começou a abastecer* o carro.
> O frentista *continuou a abastecer* o carro.
> O frentista *acabou de abastecer* o carro.

temos a indicação de três fases distintas da ação de abastecer: o início, a duração e o final, respectivamente. Nessas frases, os verbos *começar, continuar* e *acabar* têm a função de auxiliares externos de aspecto, uma vez que modificam, externamente, o aspecto do verbo principal.

Voz é uma construção especial dos verbos transitivos diretos, que indica a relação entre o verbo e o sujeito. Em uma oração como:

> Os portugueses *descobriram* o Brasil.

o sujeito é *Os portugueses* e o objeto direto, *o Brasil*. Dizemos que ela está na voz ativa. Se a reescrevermos como:

> O Brasil *foi descoberto* pelos portugueses.

o sujeito agora será *O Brasil* e o termo (pel)*os portugueses* tem a função de complemento agente da passiva. Dizemos que essa oração está na voz passiva. Essa mudança de voz corresponde à mudança da forma verbal *descobriu* (voz ativa) para *foi descoberto* (voz passiva).

Todas essas quatro categorias serão desenvolvidas pormenorizadamente, na sequência deste capítulo.

Categoria de Tempo

Quando se pretende compreender as diferentes compartimentações que cada língua faz do tempo, é preciso levar em consideração que essas

---

4. Como vimos no capítulo do léxico, o prefixo *per* significa completamente, como se vê em *perfurar* (= furar completamente). *Perfeito* significa, portanto, feito completamente e *imperfeito*, não feito completamente.

divisões não correspondem à cópia fiel daquilo que se passa na realidade. Tanto isso é verdade, que diferentes línguas não dividem o tempo da mesma maneira. Algumas línguas, como o inglês, possuem até mesmo duas palavras, uma para designar o tempo no mundo real (*time*) e outra, para designar o tempo enquanto categoria gramatical (*tense*). A língua portuguesa não divide o tempo apenas em passado, presente e futuro. O passado, na nossa língua, subdivide-se em três tempos distintos, e o futuro, em dois. Além disso, há certas ocasiões em que usamos o presente tanto para relatar fatos já ocorridos no passado quanto para referir-nos a fatos que ainda vão ocorrer e, em outras ocasiões, o passado para manifestar polidez ou indicar hipótese.

Demarcação dos Tempos Verbais

A divisão do tempo é feita, como dissemos há pouco, a partir de três relações básicas: simultaneidade, anterioridade e posterioridade. Para efeitos gramaticais, a divisão primária do tempo em presente, passado e futuro é assim estabelecida: toma-se como base o momento da enunciação, o suposto tempo zero, aquele em que o enunciador está falando e, com apoio nessa base, três grandes eixos se definem:

a. Presente

Indica as ocorrências simultâneas ao ato da fala.

Enquanto você *canta*, eu *ouço*.
Não *estou ouvindo* sua voz.

b. Passado (pretérito)

Indica ocorrências anteriores ao momento da fala.

Na adolescência, ele *estudava* piano.
O jornal *noticiou* ontem um fato que *ocorrera* no mês anterior.

Há três tipos de passado (ou pretérito):

I. PRETÉRITO IMPERFEITO (de *in+per+factus* = não completamente feito):

Denota uma ocorrência passada de aspecto não concluído, um passado com duração prolongada.

[Ele *escrevia* um artigo para o jornal], quando recebeu um e-mail.

II. PRETÉRITO PERFEITO (de *per+factus* = completamente feito):

Denota uma ocorrência de aspecto acabado.

Ontem, ele *escreveu* um artigo para o jornal.

Escrevia indica uma ocorrência de aspecto inacabado, sem fim delimitado no passado; *escreveu* indica uma ocorrência de aspecto delimitado, já acabado no passado.

III. PRETÉRITO MAIS-QUE-PERFEITO:

Denota uma ocorrência passada, de aspecto acabado, anterior a outra já ancorada no passado:

Ele foi até o banco, resgatar uma aplicação que *fizera* no mês anterior.

Como se vê, *fizera* indica uma ocorrência anterior a ter ido ao banco, que já é situada no passado.

Esquematicamente, poderíamos representar esses três tempos da seguinte forma:

MOMENTO DA FALA PRESENTE

[Enquanto você *canta* eu *ouço*.]

PASSADO IMPERFEITO

aspecto não acabado
[Ele *escrevia* um artigo.]

PERFEITO

aspecto acabado
[Ele *escreveu* um artigo.]

MAIS-QUE-PERFEITO

ocorrência anterior a
outra passada
[Ele resgatou a aplicação
que *fizera* no mês anterior]

c. Futuro

Indica ocorrências posteriores ao momento da fala.

A seleção brasileira *jogará* na Inglaterra, no próximo mês.

O futuro também se subdivide em dois tempos:

I. O FUTURO DO PRESENTE:

Como diz o próprio nome, indica uma ocorrência posterior ao momento presente, isto é, a partir do momento em que se fala.

Amanhã, o presidente *falará* à nação.

II. O FUTURO DO PRETÉRITO

Indica uma ocorrência posterior a outra que já aconteceu no passado.

Cabral chegou a terras brasileiras no dia 22 de abril de 1500. No dia 26, Frei D. Henrique *celebraria* a primeira missa no Brasil.

Esquematicamente, teríamos a seguinte representação:

PASSADO		MOMENTO DA FALA	
PRETÉRITO PERFEITO	FUTURO DO PRETÉRITO	PRESENTE	FUTURO DO PRESENTE

Ocorrência passada [Cabral *chegou* a terras brasileiras.]

Ocorrência futura em relação ao passado, mas passada em relação ao presente. [Frei D. Henrique *celebraria* a primeira missa.]

Ocorrência posterior ao presente. [O presidente *falará* à nação.]

Uso dos Tempos Verbais

Na prática, os tempos verbais são utilizados na construção de frases que, por sua vez, são utilizadas na construção de textos. Quem constrói um texto pode descrever seres, narrar os seus fazeres ou ainda comentar esses seres e fazeres. No primeiro caso, podemos ter a descrição de uma paisagem ou de uma molécula de um composto químico. No segundo caso, podemos contar uma história fantástica ou simplesmente redigir um relatório. No terceiro caso, podemos emitir nossa opinião sobre um acidente geográfico, uma molécula, um procedimento técnico ou um personagem histórico ou de ficção.

Quando descrevemos, narramos ou comentamos, situamos os seres, os acontecimentos e nossas opiniões em diferentes tempos. Como no texto:

> *Trata-se* de uma Ferrari, com velocidade máxima além dos 300 km/h. O motor V12 *traz* inédita instalação frontal, chassi tubular em aço, carroceria de alumínio e tração traseira. O resultado *é* a retomada do espaço interno próprio dos 2+2 e a incorporação de itens de conforto: controles elétricos para os bancos em couro rebatíveis, ajuste de altura e distância do volante e sistema eletrônico de climatização interna. No painel *figuram* instrumentos essenciais de fácil leitura... (Revista *Quatro Rodas*.)

Trata-se de um texto descritivo, utilizando tempos verbais no presente. Há poucos verbos. Como a descrição consiste em transpor para uma dimensão de tempo aquilo que existe numa dimensão de espaço, o uso comedido dos verbos ajuda a tornar menos artificial o processo. Afinal, a linguagem humana existe numa dimensão de tempo. Dizemos as palavras umas após as outras.

Uma descrição pode também colocar seres, fatos e ações no passado, como no seguinte trecho de Machado de Assis:

> *Era* uma criaturinha leve e breve, saia bordada, chinelinha no pé. Não se lhe *podia* negar um corpo airoso. Os cabelos, apanhados no alto da cabeça por um pedaço de fita enxovalhada, *faziam*-lhe um solidéu natural, cuja borla *era* suprida por um raminho de arruda[5].

Vejamos agora um texto narrativo, em que o jornalista Laurentino Gomes narra, em seu livro *1822*, fatos da vida de José Bonifácio de Andrada e Silva, acontecidos na Europa, antes de sua volta ao Brasil.

> Ao retornar ao Brasil, *tinha* 56 anos, idade relativamente avançada para a época. Até ali, *tivera* uma vida memorável. *Havia partido* para a Europa em 1783, com apenas vinte anos. Na Universidade de Coimbra *formara-se* em direito, filosofia e matemática. Aluno brilhante, *ganhara* uma bolsa para estudar química e mineralogia em outros países europeus. *Esteve* na Alemanha, na Bélgica, na Itália, na Áustria, na Hungria, na Suécia e na Dinamarca. Em Paris, primeira escala da viagem, *testemunhou* em 1790 e 1791 o furor da Revolução Francesa. Alguns anos mais tarde *estaria* nas trincheiras de Portugal, lutando contra as tropas do imperador Napoleão Bonaparte, que *invadiram* o país enquanto a corte de D. João *fugia* para o Brasil[6].

---

5. Joaquim Maria Machado de Assis, *Esaú e Jacó*. Em *Obras Completas*, vol. 1, p. 948.
6. Laurentino Gomes, *1822*, pp. 145-146.

Nesse texto, predominam os tempos do passado. Temos o *imperfeito* (*tinha*), assinalando fato passado; várias ocorrências do mais-que-perfeito (*tivera, havia partido, formara-se, ganhara*), assinalando ações passadas anteriores ao imperfeito; o perfeito (*esteve, testemunhou*), assinalando ações acabadas no passado; e o futuro do pretérito (*estaria*), assinalando ação futura em relação aos fatos passados.

Em um texto dissertativo (argumentativo), predominam o presente e o futuro do presente, como podemos observar no trecho a seguir, extraído da Revista *Pesquisa*, da Fapesp:

> Segundo Paula, *é* preciso combater a ideia, carregada desde cedo por muitas meninas, de que matemática e física *são* muito difíceis e que, por isso, não *são* para elas. "*Vamos enfatizar* também que, apesar de o curso de engenharia realmente requerer muita dedicação, *é* uma carreira que *pode* ser extremamente recompensadora, em vários aspectos. Nosso trabalho, naturalmente, não *ficará* restrito às meninas, pois *há* uma carência de engenheiros, independentemente do gênero", *afirma*. (Revista *Fapesp*, julho de 2011, p. 41.)

Pode ocorrer que um texto narrativo contenha passagens dissertativas. Em geral, em casos como esses, fica evidente a diferença de uso dos tempos verbais: nas passagens narrativas, predominam em geral os tempos do passado; nas dissertativas, predominam os tempos do presente. É o que se observa no seguinte trecho de Machado de Assis:

> Não tendo assistido à inauguração dos bonds elétricos, *deixei* de falar neles. [...] Daí o meu silêncio da outra semana. Anteontem, porém, indo pela Praia da Lapa, em um bond comum, *encontrei* um dos elétricos, que *descia*. *Era* o primeiro que estes meus olhos viam andar.
> Para não mentir, *direi* que o que me *impressionou*, antes da eletricidade, foi o gesto do cocheiro. Os olhos do homem *passavam* por cima da gente que ia no meu bond, com um grande ar de superioridade. [...] *Sentia*-se nele a convicção de que *inventara*, não só o bond elétrico, mas a própria eletricidade. Não é meu ofício censurar essas meias glórias, ou glórias de empréstimo, como lhe queiram chamar espíritos vadios. As glórias de empréstimo, se não *valem* tanto como as de plena propriedade, *merecem* sempre algumas mostras de simpatia. [...] Em seguida, *admirei* a marcha serena do bond, deslizando como os barcos dos poetas, ao sopro da brisa invisível e amiga[7].

Como se vê, o texto começa narrativo, é cortado por uma passagem dissertativa e volta a ser narrativo no final. Nas duas passagens narrativas,

---

7. Joaquim Maria Machado de Assis, *Crônicas*. Em *Obras Completas*, vol. 3, pp. 550-551.

o narrador se coloca na posição de quem deseja recuperar, pelo relato, fatos ocorridos no passado. Daí o uso dos tempos do pretérito. São igualmente claras as motivações para os três tempos do pretérito. O perfeito registra fatos e impressões terminados no passado. O imperfeito é utilizado, quando o narrador descreve a postura orgulhosa do condutor do bonde elétrico. O único mais-que-perfeito (*inventara*) designa um fato hipotético anterior aos outros passados. O futuro (*direi*) funciona praticamente como um marcador conversacional, "gerenciando" a relação escritor/leitor. Em seguida, Machado interrompe a narrativa para algumas reflexões sobre a postura do condutor. Nesse intervalo dissertativo, abandona os tempos do pretérito e passa a usar o presente. A seguir, retomando a narração, volta a utilizar o pretérito perfeito.

Os usos dos tempos verbais, tal como se apresentam nos textos anteriores, não são, contudo, os únicos possíveis. Muitas vezes, as pessoas que falam ou escrevem subvertem esses esquemas, procurando produzir efeitos especiais de sentido. Vejamos algumas dessas situações.

a. Presente

Quando se diz que o presente, em seu sentido básico, serve para indicar uma ocorrência simultânea ao ato da fala, é preciso acrescentar que tal simultaneidade está sujeita a diferentes interpretações, admitindo extensões de tempo variadas. Vejamos um exemplo:

> Neste momento, em Brasília, *são* exatamente 20 horas, um minuto e doze segundos.

Esse acontecimento tem extensão mínima: dura somente enquanto dura o ato de fala. Trata-se de uma ocorrência simultânea em sentido estrito e até certo ponto artificial porque, em algum momento da fala, a informação dada já não é mais "verdadeira". Vejamos agora as seguintes frases:

> De manhã fazia sol. Agora à tarde, *chove* e *faz* frio.
> Hoje em dia não se *acredita* mais em milagres.

Nessas frases, os eventos que estão no presente têm extensão bem mais ampla do que a duração do ato de fala que as produziu. No português atual, são raríssimas as situações em que um verbo no presente se refere estritamente ao momento da fala.

Muitas vezes, o acontecimento pode ter extensão máxima, isto é, abrange um período de tempo indefinido, ilimitado. Nesse caso, toma-se como presente uma ocorrência que abrange o tempo na sua totalidade, sem distinguir passado, presente e futuro. É o caso dos enunciados científicos e filosóficos, em que o tempo verbal do presente assume caráter atemporal, ilimitado, em que o tempo é considerado um bloco único, indivisível:

A água *ferve* a 100 graus Celsius ao nível do mar.
Todo homem *é* mortal.

Trata-se de afirmações de ordem geral, atemporais, válidas em qualquer tempo.

Por causa dessa variedade de usos do presente, a língua dispõe de outros recursos para situar com mais precisão aquilo que se concebe como simultâneo ao ato de fala. Um desses recursos é o uso de uma construção formada pelo verbo *estar* seguido de gerúndio ou de infinitivo precedido da preposição *a*. Exemplo:

Não posso chamá-lo agora, pois *está dormindo*.

No português europeu, é mais comum dizer *está a dormir*.

Outras vezes, as dimensões do presente são indicadas com maior precisão por outros elementos da frase, como advérbios ou expressões adverbiais:

O presidente, *neste momento*, *está esperando* a decisão do Senado.

Esses fatos reafirmam a tese de que a língua não é um espelho fiel do mundo real, mas uma representação desse mundo, construída a partir das múltiplas e variadas interpretações possíveis de um mesmo fenômeno.

I. USOS EXPRESSIVOS DO PRESENTE:

Além dos casos já vistos, é possível encontrar o presente empregado no lugar em que, a rigor, caberiam tempos verbais do passado ou do futuro, nas seguintes situações:

a) quando usamos o tempo presente para descrever algo que ocorreu no passado (chamado tradicionalmente de *presente histórico*):

Em 9 de novembro de 1989, *cai* o Muro de Berlim.
Estava ontem no shopping, quando me *aparece* uma grande amiga.

b) quando usamos o tempo presente para descrever algo que acontecerá no futuro:

Amanhã, eu *ligo* para você às 9h.
Presidente *recebe* chanceler amanhã.

Ambos esses empregos estão ligados ao exercício corporal da nossa visão. Como só podemos ver aquilo que está fisicamente diante de nós, também só podemos ver aquilo que está em nosso momento presente. Por isso, comprimimos o passado e o futuro no tempo presente, para "ver" mentalmente uma ação, criando um efeito de realidade.

Em todas as línguas do mundo, *ver* é usado como metáfora de *conhecer*: *Finalmente, vejo como aconteceu essa transição.* Como corolário, o adjetivo *claro* tem o mesmo efeito. *Agora ficou claro para mim.* Afinal, só conseguimos ver algo, quando está claro.

Um outro exemplo da influência corporal da visão em nossa fala são expressões como: *Vamos deixar isso de lado*, ou *Deixa pra lá!* Se deixamos de lado ou "pra lá", não podemos ver e, portanto, desconhecemos. O inglês, com o mesmo objetivo, tem um *phrasal verb*: *Let's put it behind*. Se pomos algo atrás de nós, não podemos ver e, portanto, desconhecemos.

A linguística cognitiva identifica esse processo como um "blend" por compressão, algo que acontece, também, quando dizemos que determinado museu fecha às 17 horas, ou que o verão no hemisfério sul começa no dia 21 de dezembro. É claro que o museu fecha todos os dias no mesmo horário e o verão começa no mesmo dia em todos os anos. Todos os dias e todos os anos ficam comprimidos dentro do mesmo tempo presente.

b. Passado ou Pretérito

Um acontecimento é considerado como passado ou pretérito, quando ocorreu antes do momento da fala. Como já vimos, a língua portuguesa tem três tempos distintos para designar uma ocorrência passada: o imperfeito, o perfeito e o mais-que-perfeito.

I. PERFEITO E IMPERFEITO:

É próprio do perfeito indicar acontecimentos passados interpretados no término de sua duração; é próprio do imperfeito indicar acontecimentos passados concebidos durante o seu desenvolvimento. No perfeito, o narrador se localiza num marco presente, observando com distanciamento ocorrências definitivamente (perfeitamente) concluídas, que já cessaram de existir. No imperfeito, ele relata ocorrências não concluídas (imperfeitas) ainda durante a sua realização. Quando se diz: *"A Seleção viajou para a Granja Comary em Teresópolis"*, pensa-se na viagem como um fato consumado. Mas, quando se diz *"A Seleção viajava para a Granja Comary em Teresópolis"*, é como se víssemos a viagem durante a sua realização, ou como um ato costumeiro.

1. Usos Expressivos do Imperfeito:

Não é raro o emprego do imperfeito no lugar de outros tempos, para obter efeitos de argumentação e expressão.

a. Imperfeito no lugar do perfeito.

No dia 7 de setembro de 1822, às margens do Ipiranga, D. Pedro *proclamava* a Independência do Brasil.

O perfeito seria o tempo mais apropriado para expressar o caráter acabado da ocorrência. O uso do imperfeito cria a impressão de continuidade à ação de D. Pedro.

b. Imperfeito no lugar do presente.

Eu *queria* um refrigerante, por favor.
A senhora me *servia* um café?

Aqui, usa-se o imperfeito como forma de polidez, para atenuar o tom categórico e rígido do presente.

c. Imperfeito no lugar do futuro do pretérito.

Nesse caso, o imperfeito serve para criar a impressão de certeza. Usa-se *estava* em vez de *estaria*, *ficava* em vez de *ficaria* etc.

Se você esquecesse o meu aniversário, eu não *perdoava*.
Tivesse ele vergonha, não me *olhava* mais na cara.

No romance *Ressurreição*, de Machado de Assis, o personagem Viana, querendo convencer Félix a participar de uma festa e vendo seu convite recusado, diz-lhe:

– Não caia nessa, acudiu Viana; eu *era* capaz de deixar todas as viagens do mundo só para não perder uma reunião do coronel; é um excelente homem, e dá boas festas. Vai?[8]

d. Imperfeito no lugar de um presente fictício.

É muito usado em brincadeiras, em que as crianças fantasiam a realidade:

> Eu *era* uma milionária e você queria me sequestrar.

É como se alguém dissesse: *Faz de conta que eu era milionária e você queria me sequestrar.*

A famosa letra de Chico Buarque de Holanda e Sivuca da música *João e Maria* ilustra com perfeição esse uso do imperfeito:

> Agora eu *era* o herói
> E o meu cavalo só *falava* inglês
> A noiva do cowboy
> *Era* você
> além das outras três[9]

O emprego do imperfeito, sobretudo em contato com o advérbio *agora*, cria uma espécie de paradoxo que tem por objetivo remeter o leitor ao mundo infantil do "faz de conta".

II. PERFEITO SIMPLES:

O perfeito simples indica uma ocorrência passada, apresentada como definitivamente encerrada num certo momento. Serve para:

a. indicar uma ocorrência passada que, pontualmente, intercepta a continuidade de outra mais ampla.

> Quando a limusine presidencial se *aproximava* da praça Dealey, Kennedy *foi* atingido por dois disparos.

b. indicar ocorrências passadas pontualmente localizadas, que não se repetem no tempo, que não têm duração prolongada.

---

8. Joaquim Maria Machado de Assis, *Ressurreição*.
9. Disponível em: <letramus.br/chicobuarque>. Acesso em: 23. jul. 2014.

A aviadora americana Amelia Earhart *quebrou* o preconceito de que mulheres não podiam ser pilotos.

III. PERFEITO COMPOSTO:

O perfeito composto do indicativo não equivale semanticamente ao perfeito simples. Designa uma ocorrência que se originou no passado e se repete indefinidas vezes, perdurando até o presente. É formado pelo auxiliar *ter* mais particípio passado do verbo.

Tenho conversado com professores e pais e fico penalizada com o clima reinante nas casas em que há jovens estudantes se preparando para essa prova [o vestibular]. (*Folha de S. Paulo*, 28.9.2010.)

Por esse motivo, se substituirmos o perfeito simples pelo composto, teremos uma frase malformada, como podemos ver comparando as frases abaixo:

Participei da comemoração do 9 de julho, este ano em São Paulo.
* *Tenho participado* da comemoração do 9 de julho, este ano em São Paulo.

IV. MAIS-QUE-PERFEITO DO INDICATIVO:

O mais-que-perfeito possui uma forma simples e uma forma composta, que é construída com o verbo auxiliar *ter* e, menos frequentemente, com *haver*.

a. simples: *falara, vendera, partira.*
b. composta: *tinha falado, tinha vendido, tinha partido* ou: *havia falado, havia vendido, havia partido.*

Ao contrário do que acontece com o perfeito, essas duas formas têm praticamente o mesmo significado: indicam uma ocorrência anterior a outra, já passada.

Sobrevivi a confrontos em regiões de fronteira e a dois assaltos, mas, ao final da viagem de 8.000 quilômetros, *tinha reunido* um dos maiores conjuntos de dados sobre medidas do crânio de neandertais e de homens modernos. (*Folha de S. Paulo*, 03.07.2011.)

Nesse caso, podemos perfeitamente substituir *tinha reunido* por *reunira*, sem alteração de sentido.

A forma simples tem um caráter mais antigo e conservador. Na língua falada, é nítida a preferência pela forma composta. No Brasil, soa artificial uma frase como a seguinte:

> Você não precisava calibrar os pneus; eu já *calibrara* ontem.

Seria preferível dizer:

> Você não precisava calibrar os pneus; eu já *tinha calibrado* ontem.

Uso Expressivo do Mais-que-perfeito:

O mais-que-perfeito também é empregado com intenções expressivas em frases que exprimem desejo:

> Quem me *dera* ganhar na loteria.
> *Quisera* eu ser dono daquele barco.

c. Futuro

O futuro pode denotar:

a. uma ocorrência posterior ao momento da fala (futuro do presente);

b. uma ocorrência posterior a outra já passada (futuro do pretérito).

I. FUTURO DO PRESENTE:

O futuro do presente pode ser marcado pela desinência do próprio verbo ou pelo verbo auxiliar. Exemplos:

a. futuro marcado pela desinência verbal:

> Depois da Copa América, o técnico *convocará* a Seleção para a Copa das Confederações.

b. futuro marcado pelo verbo auxilia, *ir* no presente + o infinitivo do verbo principal:

> Depois da Copa América, o técnico *vai convocar* a Seleção para a Copa das Confederações.

A forma com o verbo auxiliar é mais coloquial e, portanto, usada na língua falada. Na língua escrita, usa-se tanto uma como outra forma:

A polícia nunca *conseguirá* deter o plantio ilegal da maconha, o transporte e o tráfico, tampouco o uso na sociedade. (*Folha de S. Paulo*, 6.7.2011.)

Com agressividade, você *vai conseguir* brigar e ofender alguém que estava a seu lado até agora. (*Folha de S. Paulo*, 12.7.2011.)

Usos Expressivos do Futuro do Presente:

a. Futuro no lugar do presente

O futuro do presente é usado no lugar do presente para manifestar incerteza. Na conhecida composição "Meus Tempos de Criança" de Ataulfo Alves, uma das estrofes diz:

> Que saudades da professorinha
> Que me ensinou o beabá
> Onde *andará* Mariazinha
> Meu primeiro amor onde *andará*?[10]

O futuro *andará* indica uma ocorrência presente e seu uso em uma frase interrogativa reforça o sentimento de incerteza frente ao destino do primeiro amor.

O mesmo ocorre com o futuro *será*, empregado no lugar do presente, por Rubem Braga, em uma de suas crônicas:

> Anteontem aconteceu o que era inevitável, mas que nos encantou como se fosse inesperado: meu pé de milho pendoou. Há muitas flores belas no mundo, e a flor de milho *não será* a mais linda[11].

b. Futuro com valor imperativo

Usa-se também o futuro para designar uma ordem que tem validade presente e estende-se indefinidamente para o futuro, como em mandamentos bíblicos:

---

10. Disponível em: <letramus.br/ataulfoalves>. Acesso em: 23. jul. 2014.
11. Rubem Braga, *200 Crônicas Escolhidas*, p. 53.

I. *Amarás* a Deus acima de todas as coisas.
IV. Não *matarás*.
VII. Não *cometerás* adultério.
VIII. Não *furtarás*.
IX. Não *levantarás* falso testemunho.
X. Não *cobiçarás* a mulher do próximo.

II. FUTURO DO PRETÉRITO:

O futuro do pretérito, como o próprio nome indica, é um futuro do passado. É um tempo, entretanto, que só tem esse significado (o de futuro de um passado) em um texto narrativo.

O presidente americano chegou a Bruxelas às 8 da manhã. Ao meio-dia, *almoçaria* com autoridades belgas.

O texto foi escrito na semana seguinte ao retorno de Zelaya, clandestino, ao país e sua chegada à embaixada brasileira em Tegucigalpa, onde *ficaria* abrigado nos quatro meses seguintes. (*Folha de S. Paulo*, 21.6.2011.)

Algumas vezes, o futuro do pretérito pode ser formado pelo verbo auxiliar *ir* no tempo imperfeito, como em:

Achei-o simpático (o cão) e resolvi ficar com ele, lembra Spanga. A captura não foi fácil. Quando viu que eu *ia pegá-lo*, entrou em uma loja, se escondeu e até me mordeu. Mas consegui levá-lo pra casa. (*Folha de S. Paulo*, 27.12.1996.)

Às vezes, esse auxiliar é também conjugado no futuro do pretérito, de maneira redundante, como em:

O presidente americano chegou a Bruxelas às 8 da manhã. Ao meio-dia, *iria almoçar* com autoridades belgas.

Usos Expressivos do Futuro do Pretérito:

Há um uso metafórico do futuro do pretérito, com o objetivo de polidez, como podemos observar em:

Eu gostaria de experimentar aquela blusa da vitrine.
Eu poderia chegar mais tarde amanhã?

Esse emprego é o resultado de uma adaptação desse tempo, quando empregado em orações principais ligadas a orações condicionais, em frases como:

Se eu ganhasse na loteria, *compraria* um carro importado.

Embora tenhamos aí a narração de fatos hipotéticos, *compraria* continua sendo um futuro em relação a *ganhasse*, pois, afinal, é preciso primeiro ganhar na loteria para depois comprar um carro importado. Nesse contexto, em função da contiguidade sintática com a oração condicional, *compraria* adquire dessa oração o sentido de condição hipotética.

O fato de uma palavra adquirir o sentido de outra palavra, por contiguidade, é um fenômeno recorrente na maioria das línguas do mundo e acontece em vários níveis de análise como na morfologia, por exemplo. Por que usamos, normalmente, *celular*, em vez de *telefone celular*? Porque o sentido de *telefone* foi transportado para *celular*, por contiguidade sintática. O mesmo ocorre, quando dizemos que *o jogador cobrou mal o* **lateral**, em vez de dizer *arremesso lateral*. O sentido de *arremesso* foi adquirido, por contiguidade, pelo adjetivo *lateral* e essa palavra passa a ser utilizada como substantivo simples, incorporando o sentido completo do substantivo composto de que deriva.

É interessante perceber que, nas construções metafóricas com o futuro do pretérito, esse tempo mantém ainda o sentido de condição + hipótese, pois, se quisermos, podemos "repor" orações condicionais construindo sequências como:

> Eu *gostaria* de experimentar aquela blusa da vitrine, ***se você me trouxer***.
> Eu *poderia* chegar mais tarde amanhã, ***se você permitir***?

Desse novo uso do futuro do pretérito surge uma segunda adaptação em que o sentido condicional é desabilitado[12], como acontece em frases como:

> Governo *aumentaria* os impostos no próximo ano.

Nesse caso, não podemos acrescentar uma oração condicional, dizendo algo como *Governo aumentaria os impostos no próximo ano se...* O futuro do pretérito funciona aqui apenas como o sentido de hipótese e esse mesmo sentido é também comumente utilizado em situações de passado, como em:

---

12. Em processos de adaptação metafórica, é comum a desabilitação de traços que constam no sentido original de uma palavra. Quando dizemos frases como *Meu computador* **vive** **quebrando**, o verbo *viver*, que possui dois traços principais, a saber, *atividade vital* e *duração prolongada*, é adaptado nessa situação para servir de auxiliar aspectual, mantendo apenas o sentido de *duração prolongada*. O sentido de *atividade vital* é desabilitado.

Ladrão teria jogado a arma do crime no rio.

Aqui também não cabe mais a "reposição" de uma oração condicional.

O emprego do imperfeito pelo presente com sentido de polidez, que vimos há pouco, em frases como: "Eu *queria* uma Coca-Cola", tem a mesma origem, pois também podemos empregar o imperfeito do indicativo em narrativas condicionais como: "Se eu ganhasse na loteria *comprava* um carro importado".

III. FUTURO ANTERIOR DO INDICATIVO:

O *futuro anterior* assinala uma ocorrência localizada num tempo anterior a outro já situado no futuro. Como diz a própria expressão, designa um futuro que ocorrerá antes de outro futuro. No português, o futuro anterior é sempre marcado pelo verbo auxiliar *ter*, conjugado no futuro do presente, mais o particípio do verbo principal: *terei falado*, *terás falado* etc.

Quando você chegar ao aeroporto, o avião já *terá pousado*.

Tanto a chegada ao aeroporto quanto o pouso do avião são ações futuras, mas o pouso do avião configura um futuro anterior à chegada ao aeroporto.

O futuro anterior pode também referir-se ao pretérito, dentro de uma situação hipotética:

Quando você chegasse ao aeroporto, o avião já *teria partido*.

Esse tempo é chamado, por isso mesmo, de *futuro anterior do pretérito*. Tanto no futuro anterior do presente quanto no futuro anterior do pretérito, a categoria de futuro pode também ser veiculada pelo verbo auxiliar *ir*, como demonstram os exemplos que se seguem:

Quando você chegar ao aeroporto, o avião já *vai ter partido*.
Quando você chegasse ao aeroporto, o avião já *ia ter partido*.

Formação dos Tempos Verbais Simples

a. Tempos formados a partir do presente do indicativo

O presente do indicativo é um tempo primitivo. A partir dele se formam o presente do subjuntivo e o imperativo (tanto o afirmativo quanto o negativo).

I. PRESENTE DO SUBJUNTIVO:

Da primeira pessoa do singular do presente do indicativo, forma-se o presente do subjuntivo da seguinte maneira: troca-se a desinência *o* da primeira pessoa do singular pelas desinências típicas do presente do subjuntivo, que são:

e – para os verbos terminados em *ar*.
a – para os verbos terminados em *er* / *ir* (incluindo o verbo *pôr* e derivados).

Assim:

PRESENTE DO INDICATIVO	PRESENTE DO SUBJUNTIVO
eu fal *o*	que eu fal *e*
eu vend *o*	que eu vend *a*
eu part *o*	que eu part *a*
eu ponh *o*	que eu ponh *a*

Agregando-se as desinências de número e pessoa às desinências *a* e *e* (de tempo e modo), temos as seguintes terminações no presente do subjuntivo:

Verbos terminados em *ar*:

e —	am e
e s	am es
e —	am e
e mos	am emos
e is	am eis
e m	am em.

Verbos terminados em *er/ir*, e verbo *pôr* e derivados:

a —	vend a	part a	ponh a
as	vend as	part as	ponh as
a —	vend a	part a	ponh a
amos	vend amos	part amos	ponh amos
ais	vend ais	part ais	ponh ais
am	vend am	part am	ponh am.

OBSERVAÇÃO: Esse esquema funciona para todos os verbos (mesmo os irregulares), desde que tenham a desinência *o* na primeira pessoa do presente do indicativo:

VERBOS IRREGULARES	1ª PESSOA DO PRESENTE DO INDICATIVO	PRESENTE DO SUBJUNTIVO
passear	passei o	passei e
caber	caib o	caib a
poder	poss o	poss a
ver	vej o	vej a
pôr	ponh o	ponh a
ouvir	ouç o	ouç a
vir	venh o	venh a

As exceções são o verbo *querer* (apesar de ter a desinência *o* na 1ª pessoa do presente do indicativo) e os verbos que não apresentam essa desinência. No total são apenas sete verbos:

VERBOS	1ª PESSOA DO PRESENTE DO INDICATIVO	PRESENTE DO SUBJUNTIVO
Dar	Dou	Dê, dês, demos, deis, deem
Estar	Estou	Esteja, estejas, esteja, estejamos, estejais, estejam
Haver	Hei	Haja, hajas, haja, hajamos, hajais, hajam
Ir	Vou	Vá, vás, vá, vamos, vades, vão
Saber	Sei	Saiba, saibas, saiba, saibamos, saibais, saibam
Ser	Sou	Seja, sejas, seja, sejamos, sejais, sejam
Querer	Quero	Queira, queiras, queira, queiramos, queirais, queiram

II. IMPERATIVO:

É importante observar que, em princípio, o imperativo não possui a primeira pessoa do singular (não seria possível, normalmente, eu dar ordens a mim mesmo) e que as segundas pessoas (singular e plural) não são iguais na forma afirmativa e negativa.

1. *Imperativo Afirmativo*

Forma-se assim:
As segundas pessoas (singular e plural) provêm do presente do indicativo, subtraindo-se o *s*. As demais pessoas são absolutamente iguais às do presente do subjuntivo:

FALAR

PRESENTE DO INDICATIVO	IMPERATIVO AFIRMATIVO	PRESENTE DO SUBJUNTIVO
Eu falo	—	fale
Tu *falas (-s)*	*fala tu*	fales
Ele fala	*fale você*	*fale*
Nós falamos	*falemos nós*	*falemos*
Vós *falais (-s)*	*falai vós*	faleis
Eles falam	*falem vocês*	*falem*

VENDER

PRESENTE DO INDICATIVO	IMPERATIVO AFIRMATIVO	PRESENTE DO SUBJUNTIVO
Eu vend*o*	—	venda
Tu *vendes (-s)*	*vende tu*	vendas
Ele vende	*venda você*	*venda*
Nós vendemos	*vendamos nós*	*vendamos*
Vós *vendeis (-s)*	*vendei vós*	vendais
Eles vendem	*vendam vocês*	*vendam*

PARTIR

PRESENTE DO INDICATIVO	IMPERATIVO AFIRMATIVO	PRESENTE DO SUBJUNTIVO
Eu parto	—	parta
Tu *partes (-s)*	*parte tu*	partas
Ele parte	*parta você*	*parta*
Nós partimos	*partamos nós*	*partamos*
Vós *partis (-s)*	*parti vós*	partais
Eles partem	*partam vocês*	*partam*

2. Imperativo Negativo

É absolutamente igual (sem exceções) ao presente do subjuntivo, precedido da negação:

FALAR	VENDER	PARTIR	
não fales	não vendas	não partas	tu
não fale	não venda	não parta	você
não falemos	não vendamos	não partamos	nós
não faleis	não vendais	não partais	vós
não falem	não vendam	não partam	vocês

OBSERVAÇÃO:

1. O esquema se aplica a todos os verbos (regulares e irregulares). A única exceção é o verbo *ser*, cujas segundas pessoas não se originam das formas correspondentes do presente do indicativo.

    Eis sua conjugação no imperativo:

PRESENTE DO INDICATIVO	IMPERATIVO AFIRMATIVO	PRESENTE DO SUBJUNTIVO
Eu sou	—	seja
Tu és	*sê tu*	sejas
Ele é	*seja você*	seja
Nós somos	*sejamos nós*	sejamos
Vós sois	*sede vós*	sejais
Eles são	*sejam vocês*	sejam

Como se vê, no imperativo afirmativo, as três pessoas provenientes do presente do subjuntivo seguem o esquema usual de formação. Mas as segundas pessoas se formam de maneira totalmente anômala.

2. Os verbos *dizer, trazer, fazer* e os verbos terminados em *uzir*, além da forma normal da 2ª pessoa, admitem também outra forma, com queda do *e* final:

    Dize-me (ou diz-me) o que pensas.
    Traze-me (ou traz-me) a tua proposta.
    Faze-me (faz-me) a tua sugestão.
    Conduze-me (ou conduz-me) até tua casa.

Quando se conhece a conjugação do presente do indicativo de um verbo (salvo aquelas sete exceções já apontadas: *dar, estar, haver, ir, saber, ser* e *querer*), obtêm-se, por derivação, os seguintes tempos: presente do subjuntivo, imperativo negativo e imperativo afirmativo. Isso acontece, da mesma forma, com os verbos irregulares. Tomemos, a título de exemplo, o verbo *pôr*:

PRESENTE DO INDICATIVO	IMPERATIVO AFIRMATIVO	PRESENTE DO SUBJUNTIVO	IMPERATIVO NEGATIVO
ponho	—	ponha	—
pões (-s)	põe tu	ponhas	não ponhas tu
põe	ponha você	ponha	não ponha você
pomos	ponhamos nós	ponhamos	não ponhamos nós
pondes (-s)	ponde vós	ponhais	não ponhais vós
põem	ponham vocês	ponham	não ponham vocês

III. VERBOS DEFECTIVOS:

Quando um verbo for defectivo em alguma forma do presente do indicativo, essa defectividade se estende também às formas derivadas. Desse modo, se um verbo não tem a 1ª pessoa do presente do indicativo, como *falir*, por exemplo, não terá, por consequência:

– nenhuma forma do presente do subjuntivo;
– nenhuma forma do imperativo negativo;
– nenhuma das três pessoas do imperativo afirmativo provenientes do presente do subjuntivo.

O verbo *reaver* é outro exemplo de verbo defectivo. No presente do indicativo, conjuga-se apenas nas formas arrizotônicas, em que o acento tônico cai fora do radical:

Eu —
Tu —
Ele —
Nós reavemos
Vós reaveis
Eles —

Como não possui a 1ª pessoa do presente do indicativo, não tem nenhuma forma do presente do subjuntivo e nenhuma do imperativo negativo. As três pessoas do imperativo afirmativo (3ª do singular, 1ª e 3ª do plural) também não existem. Como não possui a segunda pessoa do singular do presente do indicativo, não tem também a correspondente pessoa do imperativo afirmativo. Assim, do imperativo afirmativo, o verbo *reaver* só apresenta a 2ª pessoa do plural: *reavei*.

Uma exceção são os verbos que indicam fenômenos naturais, que não têm a 1ª pessoa do presente do indicativo, mas são conjugados no presente do subjuntivo: Eu quero que <u>chova</u> amanhã; É possível que <u>vente</u> o dia todo.

IV. PERFEITO DO INDICATIVO:

O perfeito do indicativo é um tempo primitivo que, como o presente do indicativo, não é marcado por desinências de tempo e modo, mas apenas por desinências de pessoa e número. Não se confunde, entretanto, com o presente, porque suas desinências de pessoa e número são diferentes.

As desinências regulares do perfeito do indicativo são as seguintes:

DESINÊNCIAS DO PERFEITO DO INDICATIVO	FALAR	VENDER	PARTIR
i	fale *i*	vend *i*	part *i*
ste	fala *ste*	vende *ste*	parti *ste*
u	falo *u*	vende *u*	parti *u*
mos	fala *mos*	vende *mos*	parti *mos*
stes	fala *stes*	vende *stes*	parti *stes*
ram	fala *ram*	vende *ram*	parti *ram*

Tempos Derivados do Perfeito

São três os tempos derivados do perfeito do indicativo:

– o mais-que-perfeito do indicativo;
– o imperfeito do subjuntivo;
– o futuro do subjuntivo.

Para obtê-los, basta utilizar como base a terceira pessoa do plural de qualquer verbo, regular ou irregular. Exemplos:

VERBO	3ª PESSOA DO PLURAL DO PERFEITO DO INDICATIVO
Amar	Amaram
Vender	Venderam
Partir	Partiram
Trazer	Trouxeram
Ver	Viram
Vir	Vieram

Se retirarmos a consoante *m* da terceira pessoa do plural do perfeito, teremos o mais-que-perfeito composto simples: amara, vendera, partira, trouxera, vira, viera.

Se retirarmos, em seguida, a vogal *a*, teremos o futuro do subjuntivo: quando eu *amar*, quando eu *vender*, quando eu *partir*, quando eu *trouxer*, quando eu *vir*, quando eu *vier*.

Se retirarmos, em seguida, a consoante *r* e acrescentarmos a desinência *sse*, teremos o imperfeito do subjuntivo: ama(r)sse (amasse), vende(r)sse (vendesse), parti(r)sse (partisse), trouxe(r)sse (trouxesse), vi(r)sse (visse), vie(r)sse (viesse).

b. Futuro do Presente e Futuro do Pretérito

O futuro do presente é formado do infinitivo impessoal, trocando-se a desinência *r* pelas terminações: *rei, rás, rá, remos, reis, rão*.

O futuro do pretérito é formado do infinitivo impessoal, trocando a desinência *r* pelas terminações: *ria, rias, ria, ríamos, ríeis, riam*.

INFINITIVO IMPESSOAL	FUTURO DO PRESENTE	FUTURO DO PRETÉRITO
cantar	canta *rei*	canta *ria*
	canta *rás*	canta *rias*
	canta *rá*	canta *ria*
	canta *remos*	canta *ríamos*
	canta *reis*	canta *ríeis*
	canta *rão*	canta *riam*

Nessas terminações, estão incluídas as desinências de pessoa e número.

OBSERVAÇÃO: Esse esquema só não funciona integralmente para os verbos: *dizer, fazer, trazer* e derivados.

Futuro do Presente: direi, farei, trarei.
Futuro do Pretérito: diria, faria, traria.

O que ocorre com esses verbos é que, nesses dois tempos, a sílaba medial (*ze*) sofre queda (faze → fa; dize → di). O mesmo acontece com todos os derivados:

desdizer: – desdirei (futuro do presente)
– desdiria (futuro do pretérito)
satisfazer: – satisfarei (futuro do presente)
– satisfaria (futuro do pretérito)

c. Formas nominais do verbo

Chamamos formas nominais do verbo aquelas que não possuem a flexão de tempo. Tais formas podem, além do valor verbal, assumir outras funções. São elas o *infinitivo*, que pode assumir a função de substantivo como em "*Correr* faz bem à saúde", o *gerúndio*, que pode assumir a função análoga à do advérbio, como em "*Amanhecendo*, viajaremos", e o *particípio*, que pode assumir a função de um adjetivo, como em "As telhas *quebradas* serão substituídas".

I. INFINITIVO PESSOAL:

O infinitivo pessoal é formado a partir do infinitivo impessoal, acrescido das desinências —, *es*, —, *mos*, *des*, *em*.

FALAR	VENDER	PARTIR
falar—	vender—	partir—
falares	venderes	partires
falar—	vender—	partir—
falarmos	vendermos	partirmos
falardes	venderdes	partirdes
falarem	venderem	partirem

II. GERÚNDIO:

O gerúndio forma-se a partir da troca da desinência *r* (do infinitivo impessoal) pela desinência *ndo*. Exemplos:

falar   falando
vender vendendo
partir partindo

III. PARTICÍPIO:

O particípio forma-se a partir do infinitivo impessoal da seguinte maneira: troca-se a desinência *r* pela desinência *do*.

falar   falado
vender   vendido
partir   partido.

OBSERVAÇÃO:

1. Nos verbos de segunda conjugação, a vogal temática *e* transforma-se em *i* no particípio: dever/devido; acontecer/acontecido; saber/sabido.

2. Há verbos que fazem o particípio de maneira irregular:

   pôr   posto
   escrever   escrito
   fazer   feito
   ver   visto
   dizer   dito

3. O particípio do verbo *vir* e seus derivados é irregular:

   vir   vindo
   intervir   intervindo
   provir   provindo

Nesses verbos, como se pode notar, o gerúndio e o particípio possuem a mesma forma. Só o contexto esclarece a diferença entre um caso e outro. Uma forma prática, entretanto, de distinguir se a forma em *ndo* desses verbos é gerúndio ou particípio, é a que descrevemos, a seguir, tomando como exemplo o verbo *vir*:

a. o gerúndio é sempre invariável, qualquer que seja a frase:

Vindo com bons modos, *ele* será bem recebido.
Vindo com bons modos, *elas* serão bem recebidas.

b. o particípio, ao contrário, é variável:

Vindo de você, *esse elogio* me comove.
Vindas de você, *essas palavras* me comovem.

Emprego dos Particípios Duplos

A maioria dos verbos em português possui particípio regular com a terminação em *do*, como *andado, vendido, partido*. Alguns poucos têm somente particípios irregulares, isto é, com terminações diferentes de *do*, como nos exemplos a seguir:

abrir	aberto
cobrir	coberto
dizer	dito
escrever	escrito
fazer	feito
pôr	posto
ver	visto

Os derivados desses verbos também têm apenas os particípios irregulares: *desfazer – desfeito, descobrir – descoberto* etc.

Alguns verbos, entretanto, têm dois particípios, um regular e outro irregular. Os principais são os seguintes:

aceitar	aceitado	aceito
acender	acendido	aceso
eleger	elegido	eleito
entregar	entregado	entregue
enxugar	enxugado	enxuto
expressar	expressado	expresso
exprimir	exprimido	expresso
expulsar	expulsado	expulso
extinguir	extinguido	extinto
findar	findado	findo
ganhar	ganhado	ganho
gastar	gastado	gasto
imprimir	imprimido	impresso
isentar	isentado	isento
limpar	limpado	limpo
matar	matado	morto
pagar	pagado	pago
prender	prendido	preso
salvar	salvado	salvo
suspender	suspendido	suspenso

As formas regulares do particípio desses verbos são empregadas nos *tempos compostos da voz ativa* (formados pelos auxiliares ter/haver + particípio), ou seja, quando o verbo tiver um sujeito agente. Em todas as outras situações, empregam-se as formas irregulares.

FORMAS REGULARES	FORMAS IRREGULARES	
O Senado tinha *elegido* o presidente.	O presidente estava *eleito*.	O presidente tinha sido *eleito*.
O guarda tinha *salvado* a criança.	A criança estava *salva*.	A criança tinha sido *salva*.
O vigia tinha *acendido* a luz.	A luz estava *acesa*.	A luz tinha sido *acesa*.

Essa regra se fundamenta no fato de que, nos verbos com particípio duplo, geralmente a forma regular assume *aspecto dinâmico* e a irregular, *aspecto estático*. Dessa maneira, na voz ativa (quando o sujeito é agente) usa-se a forma regular, dinâmica. Na ausência de um sujeito agente, emprega-se a forma irregular, estática. Em uma frase como:

> O delegado tinha *preso* o bandido.

há um conflito entre o sujeito agente e o particípio irregular de aspecto estático. Frases desse tipo são sempre interpretadas, considerando-se o verbo *ter* como verbo principal e não como auxiliar, e o particípio, como um adjetivo predicativo, modificando o objeto direto, no caso, o substantivo *bandido*. Por esse motivo, as frases a seguir são consideradas sinônimas:

> O delegado tinha *preso* o bandido.
> O delegado tinha o bandido *preso*.

Um fato que corrobora o aspecto estético dos particípios irregulares é que, sempre que o particípio é substantivado, é a forma irregular que é escolhida, como em:

> Os *presos* foram transferidos.
> Os novos *impressos* chegaram

Alguns desses verbos vêm sofrendo mudanças, ao longo do tempo. Verbos como *ganhar*, *gastar*, *pagar* e *pegar* tanto podem ser empregados nas formas regulares como irregulares.

> Eles têm *ganhado/ganho* muito dinheiro, mas têm *gastado/gasto* pouco.
> Ele têm *pagado/pag*o as contas em dia.

d. Formação dos tempos verbais compostos

Ao lado dos tempos simples, formados pelo radical e suas desinências, há também os tempos compostos. No português, todo tempo composto é formado invariavelmente pelos auxiliares *ter* ou *haver*, seguidos do verbo principal no particípio:

tenho falado
tenho vendido
tenho partido

havia falado
havia vendido
havia partido

No português atual, o verbo auxiliar *haver* é usado algumas vezes, no lugar de *ter*, apenas no mais-que-perfeito composto do indicativo (Ela *havia* saído cedo) e no mais-que-perfeito do subjuntivo (Se ela *houvesse* saído cedo). Não se diz, por exemplo: *Eu hei saído cedo*, mas, *Eu tenho saído cedo*. Não se diz, também: *Ela haverá saído cedo*, mas, *Ela terá saído cedo*.

Nos tempos compostos, o particípio fica sempre invariável; o auxiliar é que se conjuga.

I. TEMPOS COMPOSTOS DO MODO INDICATIVO:

1. *Perfeito Composto*

É formado pelo verbo auxiliar no presente do indicativo, seguido do particípio do verbo principal:

tenho falado
tens falado
tem falado
temos falado
tens falado
têm falado

2. *Mais-que-Perfeito Composto*

O mais-que-perfeito composto é formado pelo verbo auxiliar no imperfeito do indicativo, seguido do particípio do verbo principal:

tinha falado
tinhas falado
tinha falado
tínhamos falado
tínheis falado
tinham falado

3. *Futuro Composto do Presente*

Esse tempo é formado pelo verbo auxiliar *ter* no futuro do indicativo, seguido do verbo principal no particípio:

terei falado
terás falado
terá falado
teremos falado
tereis falado
terão falado

Esse tempo é, como já vimos neste capítulo, um *futuro anterior ao futuro do presente*, cujo significado não é o mesmo do futuro simples.

4. *Futuro Composto do Pretérito*

Esse tempo é formado pelo verbo auxiliar *ter* no futuro do pretérito, seguido do particípio do verbo principal:

teria falado
terias falado
teria falado
teríamos falado
teríeis falado
teriam falado

Trata-se, igualmente, de um *futuro anterior ao futuro do pretérito* que também não é sinônimo do futuro simples do pretérito.

II. TEMPOS COMPOSTOS DO MODO SUBJUNTIVO:

1. *Perfeito Composto do Subjuntivo*

É formado pelo verbo auxiliar no presente do subjuntivo, seguido do particípio do verbo principal:

tenha falado
tenhas falado
tenha falado
tenhamos falado
tenhais falado
tenham falado

Não há perfeito simples no subjuntivo. Esse tempo equivale, pois, ao perfeito simples do indicativo. Vejamos o texto a seguir:

Embora um dos médicos *tenha dito* que o paciente está se recuperando bem, a maioria acha que ele ainda corre perigo.

Se fôssemos dar a esse texto uma outra versão, em que a ausência da conjunção *embora* permitisse o uso do indicativo, teríamos o perfeito simples desse modo:

Um dos médicos *disse* que o paciente está se recuperando bem, mas a maioria acha que ele ainda corre perigo.

2. Mais-que-Perfeito Composto do Subjuntivo

É formado pelo verbo auxiliar no imperfeito do subjuntivo, seguido do particípio do verbo principal:

tivesse falado
tivesses falado
tivesse falado
tivéssemos falado
tivésseis falado
tivessem falado

Seu significado equivale ao do mais-que-perfeito simples ou composto do indicativo:

A prefeitura e a Defesa Civil *negavam* que o garoto *tivesse morrido*.

Se trocarmos o verbo *negar* por *afirmar* (que pede indicativo em sua oração subordinada), *morrer* ficaria no mais-que-perfeito do indicativo, como mostra a seguinte versão:

A prefeitura e a Defesa Civil *afirmaram* que o garoto *morrera* (ou *tinha morrido*).

3. Futuro Composto do Subjuntivo

É formado pelo auxiliar no futuro simples do subjuntivo, seguido do verbo principal no particípio:

tiver falado
tiveres falado
tiver falado
tivermos falado
tiverdes falado
tiver falado

Esse futuro é, na realidade, um *futuro anterior do subjuntivo*. Vejamos uma sequência em que ele aparece:

> Dessa forma, as hipóteses em que o locador pode retomar o imóvel são: a) contratos feitos após 21/12/91, com prazo igual ou superior a 30 meses; b) ao fim de um contrato de locação, se a locação *tiver sido ajustada* como componente desse contrato. (*Folha de S. Paulo*, 22.12.1996.)

Tiver sido ajustada expressa um momento futuro, mas anterior a um outro momento futuro, que é o fim do contrato de locação.

III. TEMPOS COMPOSTOS DAS FORMAS NOMINAIS:

1. *Infinitivo Pretérito*

No infinitivo pretérito, o verbo auxiliar fica no infinitivo e o verbo principal, no particípio: *ter falado*. Não existe tempo simples correspondente.

2. *Gerúndio Pretérito*

No gerúndio pretérito, o verbo auxiliar fica no gerúndio e o verbo principal, no particípio: *tendo falado*. Não existe tempo simples correspondente.

Tanto o infinitivo pretérito quanto o gerúndio pretérito são utilizados para substituir a marca de anterioridade que, num tempo finito, pode ser assinalada por uma desinência ou por um verbo auxiliar. Comparem-se, a esse respeito, os textos:

> Embora o médico *tenha dito* que o paciente está recuperado, ele ainda corre perigo.

> Apesar de o médico *ter dito* que o paciente está recuperado, ele ainda corre perigo.

> Quando o médico *disse* que o paciente estava recuperado, a maioria achou que ele ainda corria perigo.

> *Tendo* um dos médicos *dito* que o paciente estava recuperado, a maioria achou que ele ainda corria perigo.

A anterioridade expressa pelo auxiliar *ter* (*tenha dito*), no primeiro texto, continua a ser expressa por ele, no segundo texto, por meio do infinitivo pretérito (*ter dito*). A anterioridade expressa por meio de desinência no terceiro texto (*disse*) passa a ser expressa pelo auxiliar *ter*, no gerúndio pretérito do quarto texto (*tendo dito*).

Como vemos, o primeiro texto é sinônimo do segundo e o terceiro, sinônimo do quarto.

Categoria de Modo

Quando nos expressamos, podemos falar de estados de coisas do mundo real, aquele em que vivemos, ou de mundos possíveis, quando criamos ficção, por exemplo. Uma outra possibilidade é falar de situações hipotéticas, em ambos os mundos. Dois modos verbais dividem a tarefa de assinalar sobre qual desses mundos estamos falando, o indicativo e o subjuntivo.

Modo Indicativo

O modo indicativo indica, nas orações declarativas, um estado de coisas, visto como certeza. Em orações como:

Está chovendo outra vez.

O serviço de meteorologia *diz* que *vai* chover amanhã.

o modo indicativo mostra que o enunciador se manifesta sobre um fato que já está acontecendo (primeira oração) ou que ainda vai acontecer, mas que é dado como coisa certa (segunda oração).

Na segunda oração, o modo indicativo está empregado também em uma oração subordinada. Em algumas orações subordinadas, contudo, a certeza manifestada pelo modo indicativo pode ser cancelada pela conjunção integrante *se*. Em uma frase como:

O Serviço de Meteorologia diz *se vai* chover amanhã.

a oração subordinada introduzida pelo *se* não manifesta mais certeza. Tanto pode chover como não chover.

Muitas vezes, o enunciador pode "jogar" com certeza e incerteza, escolhendo a conjunção *que* ou *se* para introduzir uma oração subordinada. É o que vemos nas duas frases:

O bandido não sabe *se* a polícia *vai* chegar.

O bandido não sabe *que* a polícia *vai* chegar.

Na primeira frase, o enunciador deixa na dúvida a chegada da polícia, uma vez que o *se* cancelou o valor de certeza do modo indicativo (*vai*). Na segunda frase, o *que* não cancela essa certeza. Embora o bandido não saiba, o enunciador tem certeza da chegada da polícia.

Modo Subjuntivo

Diz-de que o modo subjuntivo assinala, flexionalmente, uma hipótese em uma oração subordinada. Seu emprego obrigatório está ligado à presença de:

1. Verbos volitivos, como *querer* e *desejar*:

   João quer que Maria *cante*.
   João desejava que Maria *cantasse*.

Não temos, nessas orações, a liberdade de usar ou não o subjuntivo. Se utilizarmos o indicativo, o resultado será agramatical:

* João quer que Maria *canta*.
* João desejava que Maria *cantava*.

A noção de hipótese a que a maioria das gramáticas atribui os sentidos de dúvida, possibilidade, incerteza e até mesmo de desejo está implícita, na realidade, nos verbos da oração principal, como *duvidar*, *suspeitar*, *ser possível*, *querer*. Tanto é verdade que, em muitas dessas construções, a oração subordinada pode assumir a forma reduzida de infinitivo, sem que desapareçam esses sentidos. Exemplos:

É possível que ela se atrase / É possível ela se *atrasar*.

Suspeitava que ela tivesse vendido as joias / Suspeitava *ter* ela *vendido* as joias.

Ora, se o sentido de dúvida ou incerteza dependesse do subjuntivo, ele teria fatalmente de desaparecer nas orações reduzidas, o que não acontece! O subjuntivo, portanto, serviria basicamente para repetir o tempo da oração principal nessas orações, obedecendo ao chamado princípio de *consecutio temporum*. A noção de hipótese do modo subjuntivo foi adquirida, historicamente, por contiguidade sintática, dos verbos das orações principais pelo fenômeno da integração conceptual. É o mesmo processo que permite, como vimos neste capítulo, a aquisição do sentido de condição e hipótese pelo futuro do pretérito, em função da contiguidade desse tempo com orações condicionais como em: *Se eu **ganhasse** na loteria **compraria** um carro importado*.

2. Verbos factitivos, como *mandar, ordenar, sugerir, pedir*:

> João mandou que Maria *cantasse*.
> João pede que Maria *cante*.

3. Verbos e expressões modalizadoras como *convir, ser necessário, ser conveniente, ser bom, ser difícil, ser preciso*:

> Convém que Maria *cante*.
> Era necessário que Maria *cantasse*.

OBSERVAÇÃO: Às vezes, o emprego do modo subjuntivo é acionado não pelo verbo de uma oração principal, mas pelas palavras *talvez* ou *quiçá*, antepostas ao verbo:

> Talvez Maria *cante*.
> Quiçá Maria *cante*.

Em certas situações, o emprego do subjuntivo pode não ser obrigatório, estando sujeito a interferências das crenças do falante. Isso acontece com verbos judicativos como *julgar, crer, acreditar, pensar, imaginar, achar*, em suas formas negativas:

> João não acha que o ministro *seja* culpado.
> Muitos chineses ainda não acreditam que os americanos *tenham* ido à Lua.

Nessas frases, temos o subjuntivo empregado nas orações subordinadas substantivas, assinalando hipótese. O falante, entretanto, poderá construir uma outra versão, com os verbos das subordinadas no modo indicativo:

> João não acha que o ministro *é* culpado.
> Muitos chineses ainda não acreditam que os americanos *foram* à Lua.

Falando ou redigindo desse modo, o enunciador manifesta sua convicção sobre a culpa do ministro ou sobre o fato de os americanos terem ido à Lua. Mas comunica (por meio da forma negativa dos verbos das orações principais) que João e muitos chineses não participam dessa convicção.

Às vezes, o falante pode utilizar o subjuntivo também na forma afirmativa dos verbos judicativos, como *julgar*, *acreditar* etc.:

> Eu acredito que Maria *tenha* condições de fazer esse trabalho.

O efeito obtido é uma atenuação do poder de crença do falante, nesse momento.

Os verbos declarativos ou de relato, como *declarar*, *afirmar*, *confessar*, *dizer*, em suas formas negativas, também se enquadram no caso anterior:

> João não disse que Maria *fosse* capaz de fazer esse trabalho.
> A polícia não afirma que Maria *tenha cometido* o crime.

Nos exemplos anteriores, ele aparece em orações subordinadas substantivas. Mas pode também ser empregado em outros tipos de oração subordinada, como nas seguintes orações subordinadas adverbiais:

a. condicionais:

> Se Maria *vier*, daremos uma festa.
> Se eu *ganhasse* na loteria, compraria um carro importado.

b. temporais

> Quando Maria *vier*, daremos uma festa.

c. concessivas:

> Embora Maria *durma* pouco, acorda disposta.

d. finais:

> Maria construiu uma piscina para que as crianças *nadem* no verão.

OBSERVAÇÃO:

1. No caso das orações concessivas, o subjuntivo não indica uma hipótese, mas um estado de coisas. Isso se deve ao fato de *embora* ter sido, por longo tempo, um advérbio em português, significando *em boa hora*. A expressão "Vou-me embora" é um vestígio desse uso. Essa expressão, já aglutinada, passou a conviver, em muitas ocasiões, com o subjuntivo de orações optativas (que indicam desejo) em situações como as seguintes:

> Duvide-se *embora* da origem da formosura, porém não se duvide da do amor.
> Sejão *embora* condes, Marquezes, & Duques, mas sejão como as frutas da sua terra[13].

No primeiro texto, o sentido é *Duvide-se em boa hora...* No segundo texto, *Sejam em boa hora...*

A transformação de *embora* em conjunção concessiva é recente, na história da língua portuguesa, datando do início do século XIX. A extrema raridade de exemplos escritos pode significar que a transição, relativamente breve, se tenha dado na língua falada. Prova disso é que *embora*, como conjunção concessiva, não é citada por gramáticos como Soares Barbosa, Adolfo Coelho e Ribeiro de Vasconcelos. No período clássico da língua, utilizavam-se, no lugar de *embora*, outras conjunções e locuções como: *conquanto, ainda que, posto que, mas que, apesar de*.

Ora, a transformação de *embora* em conjunção concessiva trouxe consigo o subjuntivo das orações optativas, mas agora sem nenhum valor semântico. Pode-se dizer, portanto, que o subjuntivo, nas orações concessivas com *embora*, é o resultado de uma espécie de extensão sintática da gramaticalização da expressão *em boa hora*, tão esvaziado de sentido quanto ela. É por esse motivo que o subjuntivo, nessas orações, *não significa hipótese*.

2. Como vimos, o futuro do subjuntivo aparece nas orações condicionais e temporais. Nas concessivas e finais, aparecem os outros tempos do subjuntivo, mas o futuro não pode aparecer. Não podemos construir frases como:

---

13. Davies, Mark e Michael Ferreira, (2006-) *Corpus do Português* (45million words, 1300s--1900s). Disponível em: <http://www.corpusdoportugues.org>. Acesso em 5. jul. 2012.

* Embora Maria *dormir* pouco, ela acordará disposta.
* Maria construirá uma piscina para que as crianças *vierem* nadar.

O futuro do subjuntivo é também um tempo interditado nas orações substantivas.

Frases como:

* Muita gente quererá que Maria *cantar*.
* Será necessário que Maria *fizer* isso.
* Não acredito que Maria *fizer* isso.

são flagrantemente malformadas. As orações subordinadas, nesse caso, ou ficam no presente do subjuntivo, ou ganham uma marca de futuro por meio do verbo auxiliar *ir*, no presente do subjuntivo:

Muita gente quererá que Maria *cante* / *vá* cantar.
Será necessário que Maria *faça* isso / *vá* fazer isso.
Não acredito que Maria *faça* isso / *vá* fazer isso.

a. Subjuntivo nas orações subordinadas adjetivas restritivas

Podemos encontrar o subjuntivo também em orações adjetivas (orações que modificam um substantivo) como em:

Preciso de uma secretária que *fale* inglês.
A candidata que *vier* primeiro será contratada.
Jogue fora as batatas que *estejam* podres.

Nessas frases, o subjuntivo marca a oração adjetiva como uma hipótese. Na terceira oração, por exemplo, o encarregado de examinar as batatas poderá perfeitamente dizer, ao fim do seu serviço, que não jogou fora uma sequer, porque não havia nenhuma podre. Isso não poderá ocorrer, porém, se o indicativo for usado no lugar do subjuntivo, criando uma situação de certeza: Jogue fora as batatas que *estão* podres.

b. Subjuntivo nas orações optativas

Há orações em português, construídas com o modo subjuntivo, que manifestam desejo, hipótese. São as chamadas *orações optativas*. *Optare*, em latim, quer dizer *desejar*. Observemos algumas delas:

Deus o *ajude*!
Que você *seja* feliz!
Que ela *volte* logo!

É importante lembrar que a forma do subjuntivo e a presença facultativa do conectivo *que* são vestígios de um processo de subordinação, em que a oração principal foi truncada. A reconstrução das sentenças anteriores seria alguma coisa como:

Quero/desejo que Deus o ajude.
Quero/desejo que você seja feliz.
Quero/desejo que ela volte logo.

Nas orações optativas, a ausência da oração principal é "compensada" pela entoação da frase.

Modo Imperativo

O imperativo é o modo pelo qual se expressam ordens ou pedidos. Ele é utilizado ou em situações que envolvam uma nítida hierarquia institucional (caso das forças armadas, por exemplo) ou em situações em que a intimidade e a informalidade cancelam seu caráter originalmente autoritário.

Em outras situações, o falante prefere utilizar os chamados "atos indiretos da fala". Em vez de dizer uma frase imperativa como:

Leve-me a um *shopping center*!

ele pode preferir "perguntar" sobre uma disponibilidade / um desejo do seu interlocutor, como em:

Você *gostaria de* me *levar* a um *shopping center*?

ou manifestar, ele próprio, um desejo, como em:

Eu *gostaria que* você me *levasse* a um *shopping center*.

ou ainda "perguntar" a respeito de uma possibilidade do interlocutor, como em:

Você *teria condições de* me *levar* a um *shopping center*?

A "vantagem social" desse procedimento é gerenciar a relação interpessoal, evitando constrangimentos. Negar um pedido a alguém pode causar desconforto. Fazê-lo indiretamente, alegando uma impossibilidade eventual, é mais polido. Dos dois diálogos seguintes, o segundo é, sem dúvida, o que possui maior grau de polidez:

1º diálogo

– Leve-me a um *shopping center*!
– Não vou levar!

2º diálogo

– Você teria condições de me levar a um *shopping center*?
– Teria o maior prazer, mas agora não tenho condições.

O imperativo é bastante utilizado em mensagens publicitárias:

Jogue para janeiro. *Compre* o novo Honda e *pague* somente no próximo ano.

Invista no Paraíso. Últimos lotes.

O imperativo costuma ser também empregado na redação de instruções como se lê no trecho:

Retire a tampa (da caneta) e *desenrosque* a parte anterior. *Coloque* sempre os cartuchos Montblanc. Em continuação, *monte* a caneta, rosqueando novamente a parte anterior. (*Livro de Instruções da Caneta Montblanc.*)

Categoria de Aspecto

Além da categoria de tempo, o verbo manifesta também a de aspecto. Para demarcar as fronteiras entre uma e outra, convém observar que:

A. A categoria de tempo é estabelecida a partir das *relações de anterioridade, simultaneidade* e *posterioridade,* assinaladas a partir de um momento qualquer tomado como referência pelo enunciador, de modo subjetivo. Em outros termos, escolhido esse marco como referência, o tempo verbal nos diz se uma ocorrência é simultânea, anterior ou posterior a ele.

B. A categoria de aspecto fundamenta-se na *duração* da ação ou do processo indicados pelo verbo. Para entender o que isso quer dizer, façamos um confronto entre dois verbos: *andar* e *pular*. O primeiro indica uma ação que tem duração maior que a ação expressa pelo segundo, ou seja, *andar* designa um processo mais prolongado que *pular*. Dizemos, pois, haver entre eles, além da diferença de significado, uma diferença de aspecto. Como o aspecto está ligado à natureza intrínseca do verbo e não à posição subjetiva do enunciador, ele é chamado às vezes de *"tempo objetivo do verbo"*.

O aspecto verbal traz-nos várias indicações sobre a duração da ação, do processo ou de suas fases. Por meio do aspecto, ficamos sabendo:

– Se a ação é momentânea, como *estourar*, ou durativa, como *andar*;
– Se a ação ou processo estão sendo concebidos no início de sua duração (*anoitecer*), no seu desenvolvimento (*pernoitar*), ou no seu término (*acabar*);
– E, ainda, se é contínua (*caminhar*) ou descontínua (*saltar*).

Denominações do Aspecto

Os nomes dados aos diferentes aspectos verbais são muito variados. Para evitar exageros, vamos apresentar uma classificação simplificada.

a. Aspecto *pontual* versus *durativo*

1. Há verbos que designam ações instantâneas, ocorrências momentâneas, isto é, não prolongadas. Nesses casos se diz que o aspecto é *pontual*:

   Ele se *desequilibrou* e *caiu* da escada.

2. Há verbos que designam processos prolongados e duradouros. São, então, chamados de verbos de aspecto *durativo*:

   As candidatas a miss *passeavam* pelo calçadão e *olhavam* o mar.

b. Aspecto designando fases distintas de um processo

1. Quando o processo ou ação verbal é apresentado no início de sua duração, diz-se que o verbo está no aspecto *inceptivo* ou *incoativo* (em latim, *incipere* e *incohare* são verbos sinônimos e significam: *começar, iniciar*):

A Receita Federal *começará* a devolver o dinheiro dos contribuintes em junho.

2. Quando o processo é apresentado em seu desenvolvimento, diz-se que o verbo que o designa está no aspecto *cursivo*:

> As praias *continuam* lotadas neste verão.
> *Estão sendo* examinadas novas medidas para conter a evasão escolar.

3. Quando o processo é apresentado no término de sua duração, o verbo que o representa está no aspecto *cessativo*:

> Infelizmente a Seleção *acabou* derrotada nas semifinais.

c. Aspecto designando processo *contínuo* ou *descontínuo*

1. Quando o processo é apresentado de modo ininterrupto, diz-se que o aspecto do verbo é *contínuo*:

> O automóvel *trafegava* pela avenida Sumaré.

2. Quando o processo é apresentado de modo repetido ou entrecortado, diz-se que o verbo está no aspecto *iterativo* ou *frequentativo*. A ação se constrói por meio de várias ações pontuais:

> As crianças *saltitavam* de alegria, ao receberem os presentes.

Como se vê, o aspecto denota significados diversos. Dependendo do rigor que se adote para classificá-los, pode-se criar uma longa lista de casos distintos. O aspecto durativo, por exemplo, pode vir acrescido de uma noção de progressão, isto é, um processo que vai aumentando ou diminuindo durante o seu percurso. Quando se diz: "A chama *vai-se apagando*", além de um processo durativo, o verbo indica algo que vai diminuindo progressivamente.

Marcas do Aspecto Verbal em Português

Cada verbo já carrega objetivamente dentro de si um aspecto original, vinculado ao seu próprio significado. *Estourar* e *explodir*, por exemplo, denotam ações momentâneas; *percorrer* e *caminhar* indicam processos durativos.

Chama-se isso de ASPECTO INTERNO DO VERBO. Mas há outras marcas de aspecto obtidas por outros recursos:

1. Sufixos que, agregados a certos verbos, acrescentam noções de aspecto, tais como:

   ecer (= inceptivo): amanhecer, anoitecer.
   itar ou *ejar* (= repetitivo ou iterativo): saltitar, dormitar, lacrimejar, pestanejar, farejar, voejar.
   iscar ou *icar* (= atenuação): lambiscar, chuviscar, adocicar, bebericar.

2. Verbo auxiliar agregado ao principal. Esse é o principal meio de o enunciador interferir no aspecto verbal:

   Ele *começou* a comer.
   Ele *continuou* a comer.
   Ele *acabou* de comer.

   a. O auxiliar *estar*, seguido de *gerúndio*, indica aspecto durativo em qualquer tempo:

   A ópera Otelo *estava sendo* encenada naquela noite no Teatro Municipal.

   b. O auxiliar *ir*, seguido de gerúndio, indica um processo durativo em progressão:

   O balão *vai subindo, vem caindo* a garoa.

   c. Na língua oral, o verbo *pegar* seguido da conjunção *e* é utilizado, muitas vezes, como um auxiliar de aspecto inceptivo, em frases como:

   Aí, ele *pegou e* saiu dizendo por aí que o dinheiro tinha sido roubado.

A origem desse uso é a redução de construções comuns no século XIX como: *pegou da pena e escreveu; pegou da espada e atacou*; com a eliminação do instrumento (pena, espada): *pegou (da pena) e escreveu; pegou (da espada) e atacou*. O resultado é uma nova construção: *pegou e escreveu, pegou e atacou, pegou e disse,* em que o verbo *pegar* deixa de designar a ação de segurar com as mãos e passa a funcionar apenas como marca do início da ação ou seja, veículo do aspecto inceptivo[14].

---

14. Comunicação pessoal feita pela Profa. Dra. Angélica Terezinha Carmo Rodrigues (Unesp).

d. Outro verbo bastante usado na língua oral, desta vez para acrescentar ao processo verbal o aspecto pontual ou momentâneo, é o verbo *dar* combinado com o particípio passado (*dar* -do/a), como em:

Quando você precisa *dar uma freada* brusca, aí é que você sente a falta de um freio ABS.

Nestes casos, o verbo que se liga ao *dar* é transformado em substantivo abstrato, seguindo o padrão de expressões como: *dar uma volta, dar um tiro* etc.

3. Há certos advérbios ou expressões adverbiais que, no contexto, servem para indicar diferentes aspectos verbais:

Maria *bebeu* vagarosamente o suco de laranja.
Maria *bebeu* em pequenos goles o suco de laranja.
Maria *bebeu* num só gole o suco de laranja.

Na primeira frase, o advérbio *vagarosamente* acrescenta ao aspecto original do verbo *beber* uma característica durativa. Na segunda frase, a expressão *em pequenos goles* faz o mesmo, acrescentando um aspecto interativo ou repetitivo. Na terceira, *num só gole* reforça o aspecto pontual, instantâneo de *bebeu*.

É importante dizer que não são apenas os verbos que têm aspecto. Os adjetivos, por exemplo, podem ter aspecto estático ou dinâmico. Adjetivos como *alto, bonito* têm normalmente aspecto estático. Já adjetivos como *tolo, amável* têm aspecto dinâmico. Prova disso é que é possível ter sequências em que esses adjetivos, na posição de predicados, sejam modificados pelo verbo *estar* com sujeito agente, como em:

– O que Maria está fazendo?
– Ela está sendo *amável*.

– O que Maria está fazendo?
– Ela está sendo *tola*.

mas é impossível ter sequências como:

– O que Maria está fazendo?
* – Ela está sendo *alta*.

– O que Maria está fazendo?
* – Ela está sendo *bonita*.

CATEGORIA DE VOZ

Voz Ativa e Voz Passiva

A categoria de voz, embora vinculada ao verbo, é desencadeada por procedimentos sintáticos. Por esse motivo, será tratada mais amplamente na parte de sintaxe. Neste capítulo, faremos apenas uma descrição resumida de suas funções e apresentaremos as modificações formais sofridas pelo verbo no processo. Na seguinte oração:

João beijou a namorada.

temos a chamada voz ativa. Existe um sujeito agente (João) e um objeto direto paciente (a namorada). Se o objeto direto paciente passar a funcionar como sujeito, teremos a voz passiva:

A namorada foi beijada por João.

Nesse exemplo, foi utilizado um verbo auxiliar para a formação da voz passiva que, por esse motivo, se chama de *voz passiva analítica*. Nesse tipo de construção, o verbo é colocado no particípio e o verbo auxiliar *ser* é conjugado na mesma forma em que estava o verbo na voz ativa. O sujeito da voz ativa passa a agente da passiva; o objeto direto da voz ativa passa a sujeito da passiva e o particípio concorda com o novo sujeito:

Os empregados compraram as ações.
As ações foram compradas pelos empregados.
Os empregados comprarão as ações.
As ações serão compradas pelos empregados.

Quando o verbo na voz ativa vem precedido de um verbo auxiliar, o verbo *ser* afeta apenas o verbo principal. O auxiliar fica responsável apenas pela veiculação do tempo verbal e pela concordância com o sujeito da oração:

Os empregados começaram a comprar as ações.
As ações começaram a *ser* compradas pelos empregados.

observação: Algumas vezes é possível encontrar construções passivas com o verbo *estar*:

> Os bandidos *estavam* cercados pela polícia.

Nesse tipo de construção, o particípio é praticamente um adjetivo.

Além da passiva analítica, podemos ter em português a passiva com pronome *se*, também chamada de *passiva pronominal*:

> Fechou-se a porta.
> Vendeu-se a casa.
> Remendou-se a roupa.

Nesse tipo de construção, é possível observar que:

a. o sujeito é o *alvo* da ação, não o seu agente, e geralmente vem posposto ao verbo principal;

b. não há verbo auxiliar *ser*;

c. não há complemento agente da passiva;

d. a função do pronome *se* é apenas indicar a voz passiva.

Funções da voz passiva na construção do texto

O primeiro motivo para alguém utilizar a voz passiva, em lugar da voz ativa, é o desejo de modificar a perspectiva de uma cena. Se dizemos uma frase como:

> A faxineira abriu a porta.

estamos descrevendo uma cena a partir da perspectiva do agente (a faxineira). Se colocarmos essa frase na voz passiva:

> A porta foi aberta pela faxineira.

estaremos descrevendo a mesma cena, mas, agora, a partir da perspectiva daquilo que foi afetado (a porta).

Em determinadas cenas, é mais natural assumir o ponto de vista do paciente, ou daquilo que foi afetado com escolha da voz passiva. Exemplo:

Vargas Llosa foi premiado pelo Nobel.

De fato, ficaria um pouco incomum a versão ativa dessa oração:

O Nobel premiou Vargas Llosa.

Um outro motivo para o uso da voz passiva é permitir o descarte dos responsáveis por uma determinada ação, ou por ser redundante explicitá-los, ou por poder ser comprometedor fazê-lo, dentro daquela conhecida expressão popular de que às vezes é melhor "contar o milagre mas não revelar o nome do santo". Narrando o massacre dos revolucionários do Levante de 1848, em Paris, John Kenneth Galbraith assim se expressa:

> A essa altura as barricadas eram tomadas de assalto, e os operários subjugados. Foram feitos prisioneiros, que de início eram fuzilados. Mas a seguir, pelo que consta, em consideração aos moradores do local, que reclamavam do barulho, foram mortos a baioneta[15].

A preocupação de Galbraith, ao narrar o evento acima, exigiu que ele colocasse em primeiro plano as vítimas do massacre. A voz passiva aparece aí como um recurso para obtenção desse efeito. Os agentes (soldados do exército francês) foram descartados.

Muitas vezes, a voz passiva com descarte do agente é empregada em situações em que se quer proteger a face de quem produziu a ação, como em:

> Foi proibido o recebimento de correspondência particular no campus da Universidade.

A ação de proibir não pode ser atribuída individualmente ao reitor ou algum diretor. Fica diluída no âmbito da administração da Universidade, protegendo, assim, a face do seu responsável.

Voz Medial

Além da voz passiva, podemos ter em português os seguintes casos, chamados de *voz medial*. Trata-se de construções em que o verbo é sempre acompanhado de um pronome átono que se refere ao sujeito da oração.

---

15. John Kenneth Galbraith, *A Era da Incerteza*, pp. 90-91.

a. Voz medial reflexiva

O sujeito é, ao mesmo tempo, agente e paciente:

Eu me vesti rapidamente.
Ela penteou-se calmamente.

O pronome, agora chamado de reflexivo, tem, nesse caso, a função de *objeto direto reflexivo*.

b. Voz medial recíproca

A ação se distribui entre dois ou mais seres. O agente é, também, ao mesmo tempo, paciente do mesmo processo:

Os noivos beijaram-se.
Nós nos amamos.

O pronome reflexivo tem, nesse caso, a função de *objeto direto recíproco*.

VERBOS AUXILIARES

Muitas vezes, em português, aparecem dois ou mais verbos em uma mesma oração; são as *locuções verbais*:

Maria *começou* a *lavar* a louça.

Nessa oração, há dois verbos. Temos, portanto, uma locução verbal. Examinando-a, podemos observar os seguintes pontos relevantes:

a. apenas um verbo (*começou*) recebe a flexão de tempo;

b. a estrutura argumental da oração está sendo definida apenas pelo verbo *lavar*.

De fato, o verbo *lavar* exige dois argumentos: um *agente* e um *objeto afetado*, ambos presentes da oração: *Maria* é o agente e *a louça*, o objeto afetado.

Um outro fato importante é que o verbo *começar*, que precede e modifica *lavar*, não tem estrutura argumental própria e nem interfere na estrutura de *lavar*. Examinando outras orações de que ele participe, é fácil observar isso. Diante de uma oração como:

A árvore *começou* a *cair*.

percebemos que ela está construída a partir da estrutura argumental apenas de *cair*, que exige somente um elemento afetado (= a árvore). *Começar* não interfere nessa configuração.

Aumentando o número de verbos dentro de uma oração, podemos ampliar as observações. Examinemos a oração:

> Maria *pode começar a lavar* a louça.

Nessa oração, podemos perceber que apenas o verbo *poder*, que está mais à esquerda, recebe a flexão de tempo. Percebemos também que tanto *poder* quanto *começar* não têm estrutura argumental própria e que a estrutura argumental da oração continua a ser definida pelo verbo *lavar*.

Um outro importante argumento para a tese de que a estrutura argumental se restringe ao verbo principal é o funcionamento da voz passiva nessas orações. Como a voz afeta apenas o verbo que possui estrutura argumental (no caso, o verbo *lavar*), os outros ficam excluídos do processo. O verbo *ser* afeta apenas *lavar*:

> A louça pode começar a *ser lavada* por Maria.

Esses outros verbos, sem estrutura argumental, que participam de um único e mesmo processo verbal dentro da oração, são chamados de *verbos auxiliares*. É sempre o auxiliar mais à esquerda que recebe a flexão de tempo. O verbo que se situa mais à direita, e que define a estrutura argumental da oração, recebe o nome de verbo *principal*.

Todos os verbos que não têm flexão de tempo, numa locução verbal, ficam em uma das formas nominais:

> Maria tinha *lavado* a louça (particípio).
> Maria estava *lavando* a louça (gerúndio).
> Maria começou a *lavar* a louça (infinitivo).

Vejamos a análise de uma locução verbal mais complexa:

> Maria *tinha começado a lavar* a louça.

Locução verbal: *tinha começado a lavar*
Verbo auxiliar, mais à esquerda, com flexão de tempo: *tinha*
Verbo auxiliar na forma nominal do particípio: *começado*
Verbo principal, mais à direita, definindo a estrutura argumental da oração, na forma nominal do infinitivo: *lavar*

Classificação dos Verbos Auxiliares

Auxiliares Temporais

São os verbos *ter/haver* e *ir*. Os dois primeiros assinalam anterioridade; o terceiro assinala subsequência (futuro):

> Maria *tinha lavado* a louça.
> Maria *vai lavar* a louça.

Auxiliar de Voz Passiva

Um outro tipo de auxiliar é o verbo *ser*, que, como vimos há pouco, serve para formar a voz passiva em português, em frases como:

> Esse ministro *foi* nomeado em abril de 2012.

Auxiliares Aspectuais

Uma das funções dos verbos auxiliares é, como vimos há pouco, a de acrescentar, de modo externo, novos aspectos a um processo verbal:

> Maria *começou a lavar* a louça (aspecto inceptivo).
> Maria *continua a lavar* a louça (aspecto durativo).
> Maria *acabou* de lavar a louça (aspecto cessativo).

Auxiliares Modais

Há ainda os chamados *auxiliares modais*, que são verbos como *poder, dever, parecer, ter,* cuja função é acrescentar ao verbo principal um ponto de vista do falante, em frases como:

> Maria *pode lavar* a louça.
> Maria *deve lavar* a louça.
> Maria *tem* de / que lavar a louça.

Até o final do século XIX, predominava a forma *ter de*. A partir daí, surgiu a forma *ter que*, na qual o *que* assume o valor da preposição *de*. Ambas fazem parte da língua padrão.

Verbos Principais Empregados como Auxiliares

Algumas vezes, um verbo principal pode ser empregado como auxiliar. Nessa nova situação, ele perde toda a sua estrutura argumental. É o que acontece com o verbo *precisar* que normalmente é um verbo principal, tendo estrutura argumental própria, como em:

> Maria *precisa* de uma empregada.
> Maria *precisa* que uma empregada lave a louça.

mas que em orações como:

> Esta criança *precisa* ir à escola.
> *Precisa* chover.

passa a funcionar apenas como auxiliar modal, refletindo a opinião do falante. As estruturas argumentais que estão valendo nelas são, respectivamente, as dos verbos *ir* e *chover*.

Um outro verbo principal comumente utilizado como verbo auxiliar é *deixar*:

> Maria *deixou* as chaves na mesa. (verbo principal).
> Maria *deixou* de ver os museus do Vaticano em Roma. (verbo auxiliar).

Verbos Auxiliares Empregados como Verbos Principais

Algumas vezes, um verbo normalmente utilizado como auxiliar pode ganhar *status* de verbo principal. Nesse caso, ele passa a ter uma estrutura argumental própria. É o que acontece com o verbo *começar* em frases como:

> Meu pai *começou* esta casa em janeiro do ano passado.

Uma prova de que *começar* está aí como verbo principal é a possibilidade de construir a frase na voz passiva, com o verbo *ser* afetando diretamente esse verbo:

> Esta casa *foi começada* por meu pai em janeiro do ano passado.

Falsos Verbos Auxiliares

Existem dois outros tipos de verbo que costumam aparecer ao lado de um verbo no infinitivo, dando a impressão de que se trata de uma locução verbal. São chamados de *falsos auxiliares* e são os seguintes:

Verbos *causativos* (são causa de um outro processo): *mandar, deixar, fazer, causar*.

Verbos *sensitivos* (estão ligados à experiência dos sentidos): *ver, ouvir, sentir*.

Examinemos as seguintes frases:

> O sargento *fez avançar* o pelotão.
> Todos *viram passar* o avião.

Nessas frases, tanto o verbo *fazer* (causativo) quanto o verbo *ver* (sensitivo) têm sua própria estrutura argumental. Vimos, há pouco, que os verdadeiros verbos auxiliares não possuem estrutura argumental própria.

O verbo *fazer* tem um agente próprio como argumento, que, na primeira frase, é *o sargento*. *Avançar* também tem seu próprio agente como argumento: *o pelotão*. O verbo *ver* tem, na segunda frase, o agente *todos* e o verbo *passar* tem também o seu: *o avião*. Trata-se, portanto, de frases com duas orações e não apenas uma, como aconteceria, caso se tratasse de locuções verbais verdadeiras.

APÊNDICE

Particularidades da Conjugação dos Verbos Irregulares e/ou Defectivos mais Usuais

Abençoar

Pres. do Ind.: abençoo, abençoas, abençoa, abençoamos, abençoais, abençoam.
Perf. do Ind.: abençoei, abençoaste, abençoou, abençoamos, abençoastes, abençoaram.

Assim se conjugam: abalroar, amaldiçoar, apregoar, coar, doar, enjoar, entoar, esboroar, perdoar, povoar, toar, voar.

Abolir

Pres. do Ind.: aboles, abole, abolimos, abolis, abolem.
Perf. do Ind.: aboli, aboliste, aboliu, abolimos, abolistes, aboliram.

OBSERVAÇÃO: Se esse verbo não possui a primeira pessoa do singular do presente do indicativo, não terá também nenhuma forma do presente do subjuntivo, nem do imperativo negativo. Do imperativo afirmativo, terá apenas as pessoas derivadas do presente do indicativo (as segundas pessoas).

Assim se conjugam: banir, colorir, demolir, emergir[16], extorquir, urgir.

Adequar

Pres. do ind.: adequamos, adequais
Perf. do ind.: adequei, adequaste, adequou, adequamos, adequastes, adequaram

OBSERVAÇÃO: Esse verbo é defectivo. Só se conjuga, no presente do indicativo, na primeira e na segunda pessoa do plural. Por esse motivo, não tem presente do subjuntivo. No imperativo afirmativo, possui apenas a forma *adequai* (vós). Podemos empregar, no lugar das formas que faltam a esse verbo, o verbo *ajustar*: Eu *ajusto* essa proposta. Eles *ajustam* essa proposta. É bom que você *ajuste* essa proposta.

Aderir

Pres. do Ind.: adiro, aderes, adere, aderimos, aderis, aderem.
Perf. do Ind.: aderi, aderiste, aderiu, aderimos, aderistes, aderiram.

Assim se conjugam: advertir, aferir, conferir, compelir, convergir, deferir, desferir, despir, diferir, digerir, divergir, dissentir, divertir-se, inferir, interferir, preferir, proferir, referir, repelir, transferir, sugerir.

Agir

Pres. do Ind.: ajo, ages, age, agimos, agis, agem.
Perf. do Ind.: agi, agiste, agiu, agimos, agistes, agiram.

---

16. Em seu conhecido *Dicionário de Verbos Portugueses Conjugados*, Rodrigo de Sá Nogueira propõe que os verbos *emergir* e *imergir* sejam regulares e conjugados na primeira pessoa como: eu *imirjo*, eu *emirjo*. No português brasileiro, esses verbos aparecem às vezes conjugados como: eu *imerjo*, eu *emerjo*. Trata-se de mais um caso em que o uso cria duas novas regras: uma para o português europeu, outra, para o português brasileiro.

observação: Esse verbo não é irregular. Sua particularidade consiste em mudar o *g* (do radical) para *j*, antes de *a* e *o*, para adequar a grafia do som fricativo.

Como *agir*, conjugam-se: afligir, coagir, erigir, restringir, refulgir, surgir, transigir, ungir.

Agredir

Pres. do Ind.: agrido, agrides, agride, agredimos, agredis, agridem.
Perf. do Ind.: agredi, agrediste, agrediu, agredimos, agredistes, agrediram.

Como esse, conjugam-se: prevenir, progredir, regredir, transgredir.

Aguar

Pres. do Ind.: águo, águas, água, aguamos, aguais, águam.
Perf. do Ind.: aguei, aguaste, aguou, aguamos, aguastes, aguaram.

Como esse, conjugam-se: minguar, desaguar, enxaguar.

Ansiar[17]

Pres. do Ind.: anseio, anseias, anseia, ansiamos, ansiais, anseiam.
Perf. do Ind.: ansiei, ansiaste, ansiou, ansiamos, ansiastes, ansiaram.

Apiedar-se

Pres. do Ind.: apiedo-me, apiedas-te, apieda-se, apiedamo-nos, apiedais-vos, apiedam-se.
Perf. do Ind.: apiedei-me, apiedaste-te, apiedou-se, apiedamo-nos, apiedastes-vos, apiedaram-se.

Esse verbo, derivado de *piedade*, apresenta a variante *apiadar-se*, de *piadade* (arcaico), e conjuga-se regularmente: apiado-me, apiadas-te, apiada-se.

Aprazer

Pres. do Ind.: aprazo, aprazes, apraz, aprazemos, aprazeis, aprazem.
Perf. do Ind.: aprouve, aprouveste, aprouve, aprouvemos, aprouvestes, aprouveram.

---

17. O padrão dos verbos em *iar* é fazer o presente do indicativo em *io*, como *acariciar* → *acaricio*; *aliviar* → *alivio*. São apenas cinco verbos que fazem o presente em *eio*: *mediar* → **medeio**, *ansiar* → **anseio**, *remediar* → **remedeio**, *incendiar* → **incendeio** e *odiar* → **odeio**. A palavra MÁRIO pode servir de recurso mnemônico para lembrar esses verbos por suas iniciais. O verbo *intermediar*, como é composto de *mediar*, segue o mesmo padrão: *intermedeio*.

Arguir

Pres. do Ind.: arguo (ú), arguis, argui, arguimos, arguis, arguem.
Perf. do Ind.: argui, arguiste, arguiu, arguimos, arguistes, arguiram.

Atrair

Pres. do Ind.: atraio, atrais, atrai, atraímos, atraís, atraem.
Perf. do Ind.: atraí, atraíste, atraiu, atraímos, atraístes, atraíram.
    Assim se conjugam: abstrair, cair, distrair, subtrair, sair, esvair-se.

Atribuir

Pres. do Ind.: atribuo, atribuis, atribui, atribuímos, atribuís, atribuem.
Perf. do Ind.: atribuí, atribuíste, atribuiu, atribuímos, atribuístes, atribuíram.
    Assim se conjugam: afluir, destituir, excluir, concluir, estatuir, instruir, usufruir, substituir, destruir.

Averiguar

Pres. do Ind.: averiguo (ú), averiguas (ú), averigua(ú), averiguamos, averiguais, averiguam (ú).
Perf. do Ind.: averiguei, averiguaste, averiguou, averiguamos, averiguastes, averiguaram.
    Assim se conjugam: apaniguar e apaziguar.

Caber

Pres. do Ind.: caibo, cabes, cabe, cabemos, cabeis, cabem.
Perf. do Ind.: coube, coubeste, coube, coubemos, coubestes, couberam.

Cear

Pres. do Ind.: ceio, ceias, ceia, ceamos, ceais, ceiam.
Perf. do Ind.: ceei, ceaste, ceou, ceamos, ceastes, cearam.
    Assim se conjugam todos os verbos em ear: acarear, altear, apear, arquear, arrear, enfrear, olear, passear, pear, pentear, pratear, refrear, saborear, sofrear etc.

OBSERVAÇÃO: A irregularidade dos verbos em *ear* consiste na inserção da semivogal *i* [j] entre a vogal temática e as desinências, nas formas rizotônicas: ce(i)o, ce(i)as, ce(i)a, ce(i)e, ce(i)es, ce(i)e, mas ceamos, ceais, ceemos, ceeis.

Comerciar

Pres. do Ind.: comercio, comercias, comercia, comerciamos, comerciais, comerciam.

Perf. do Ind.: comerciei, comerciaste, comerciou, comerciamos, comerciastes, comerciaram.

Assim se conjugam os verbos em *iar* como: anunciar, evidenciar, licenciar, iniciar, arriar.

OBSERVAÇÃO: Há cinco verbos em *iar* que não seguem o modelo acima, mas o dos verbos em *ear* (como cear). São eles: mediar, ansiar, remediar, incendiar e odiar.

Comprazer-se

Pres. do Ind.: comprazo-me, comprazes-te, compraz-se, comprazemo-nos, comprazeis-vos, comprazem-se.

Perf. do Ind.: comprazi-me, comprazeste-te, comprazeu-se, comprazemo-nos, comprazestes-vos, comprazeram-se.

OBSERVAÇÃO: O perfeito e os tempos dele derivados podem seguir também o modelo de *aprazer*: comprouve-me, comprouveste-te, comprouve-se, comprouvemo-nos, comprouvestes-vos, comprouveram-se.

Construir

Pres. do Ind.: construo, constróis ou construis, constrói ou construi, construímos, construís, constroem ou construem.

Perf. do Ind.: construí, construíste, construiu, construímos, construístes, construíram.

OBSERVAÇÃO: Imperativo: constrói ou construi (tu).

Crer

Pres. do Ind.: creio, crês, crê, cremos, credes, creem.

Perf. do Ind.: cri, creste, creu, cremos, crestes, creram.

OBSERVAÇÃO: O imperfeito do indicativo deste verbo é: cria, crias, cria, críamos, críeis, criam.

Dar

Pres. do Ind.: dou, dás, dá, damos, dais, dão.
Perf. do Ind.: dei, deste, deu, demos, destes, deram.

OBSERVAÇÃO: O presente do subjuntivo é: dê, dês, dê, demos, deis, deem.

Dignar-se

Pres. do Ind.: digno-me, dignas-te, digna-se, dignamo-nos, dignais-vos, dignam-se.
Perf. do Ind.: dignei-me, dignaste-te, dignou-se, dignamo-nos, dignastes-vos, dignaram-se.

Assim se conjugam: indignar-se, estagnar, pugnar, resignar, repugnar etc.

Distinguir

Pres. do Ind.: distingo, distingues, distingue, distinguimos, distinguis, distinguem.
Perf. do Ind.: distingui, distinguiste, distinguiu, distinguimos, distinguistes, distinguiram.

Assim se conjuga: extinguir.

Dizer

Pres. do Ind.: digo, dizes, diz, dizemos, dizeis, dizem.
Perf. do Ind.: disse, disseste, disse, dissemos, dissestes, disseram.

Assim se conjugam: desdizer, predizer etc.

Estar

Pres. do Ind.: estou, estás, está, estamos, estais, estão.
Perf. do Ind.: estive, estiveste, esteve, estivemos, estivestes, estiveram.

OBSERVAÇÃO: O presente do subjuntivo deste verbo é: esteja, estejas, esteja, estejamos, estejais, estejam.

Fazer

Pres. do Ind.: faço, fazes, faz, fazemos, fazeis, fazem.
Perf. do Ind.: fiz, fizeste, fez, fizemos, fizestes, fizeram.

Ficar

Pres. do Ind.: fico, ficas, fica, ficamos, ficais, ficam.
Perf. do Ind.: fiquei, ficaste, ficou, ficamos, ficastes, ficaram.
   Assim se conjugam: abdicar, verificar, retificar.

OBSERVAÇÃO: A particularidade desse verbo consiste em mudar o *c* do radical por *qu*, antes de *e*, para conservar o som oclusivo.

Fugir

Pres. do Ind.: fujo, foges, foge, fugimos, fugis, fogem.
Perf. do Ind.: fugi, fugiste, fugiu, fugimos, fugistes, fugiram.

OBSERVAÇÃO: Apesar de não ser considerado irregular, a particularidade desse verbo consiste em mudar o *g* (do radical) para *j*, antes de *a* e *o*, para conservar o mesmo som fricativo.

Haver

Pres. do Ind.: hei, hás, há, havemos, haveis, hão.
Perf. do Ind.: houve, houveste, houve, houvemos, houvestes, houveram.

OBSERVAÇÃO: O presente do subjuntivo desse verbo é: haja, hajas, haja, hajamos, hajais, hajam.

Ir

Pres. do Ind.: vou, vais, vai, vamos, ides, vão.
Perf. do Ind.: fui, foste, foi, fomos, fostes, foram.

OBSERVAÇÃO: O presente do subjuntivo desse verbo é: vá, vás, vá, vamos, vades, vão.

Medir

Pres. do Ind.: meço, medes, mede, medimos, medis, medem.
Perf. do Ind.: medi, mediste, mediu, medimos, medistes, mediram.
 Assim se conjugam: pedir, expedir, despedir.

Ouvir

Pres. do Ind.: ouço, ouves, ouve, ouvimos, ouvis, ouvem.
Perf. do Ind.: ouvi, ouviste, ouviu, ouvimos, ouvistes, ouviram.

Poder

Pres. do Ind.: posso, podes, pode, podemos, podeis, podem.
Perf. do Ind.: pude, pudeste, pôde, pudemos, pudestes, puderam.

OBSERVAÇÃO: Nesse verbo, ainda se mantém o acento diferencial na terceira pessoa do singular do perfeito do indicativo, para distinguir de *pode*, igual pessoa do presente do indicativo. Tem-se, pois:

 pode = presente do indicativo.
 pôde = perfeito do indicativo.

Pôr

Pres. do Ind.: ponho, pões, põe, pomos, pondes, põem.
Perf. do Ind.: pus, puseste, pôs, pusemos, pusestes, puseram.

OBSERVAÇÃO: O imperfeito do indicativo é: punha, punhas, punha, púnhamos, púnheis, punham.

 Assim se conjugam todos os verbos derivados de *pôr*: antepor, apor, compor, decompor, depor, expor, indispor, justapor, opor, predispor, pressupor, propor, repor, supor, transpor etc.

Precaver-se

Pres. do Ind.: possui apenas a primeira e a segunda pessoa do plural: precavemo-nos, precaveis-vos.

Perf. do Ind.: precavi-me, precaveste-te, precaveu-se, precavemo-nos, precavestes-vos, precaveram-se.

OBSERVAÇÃO: A conjugação desse verbo é regular. Sua particularidade consiste em ser defectivo. Observe-se que, por não ter a primeira pessoa do singular do presente do indicativo, consequentemente, não possui o presente do subjuntivo nem o imperativo negativo. Do imperativo afirmativo, só possui a segunda pessoa do plural: precavei-vos. Nas formas faltosas, pode ser substituído por: precatar-se, acautelar-se ou prevenir-se.

Prover

Pres. do Ind.: provejo, provês, provê, provemos, provedes, proveem.
Perf. do Ind.: provi, proveste, proveu, provemos, provestes, proveram.

OBSERVAÇÃO: Esse verbo, derivado de *ver*, não o segue no perfeito do indicativo, onde é regular.

Reaver

Esse verbo conjuga-se como *haver*, do qual é derivado, e só tem as formas em que na conjugação do verbo haver ocorre o *v*.

Pres. do Ind.: possui apenas a primeira e a segunda pessoas do plural: reavemos, reaveis.
Perf. do Ind.: reouve, reouveste, reouve, reouvemos, reouvestes, reouveram.

Requerer

Pres. do Ind.: requeiro, requeres, requer, requeremos, requereis, requerem.
Perf. do Ind.: requeri, requereste, requereu, requeremos, requerestes, requereram.
Fut. do Sub.: requerer, requereres. requerer, requerermos, requererdes, requererem.

Ser

Pres. do Ind.: sou, és, é, somos, sois, são.
Perf. do Ind.: fui, foste, foi, fomos, fostes, foram.

OBSERVAÇÃO:

O presente do subjuntivo é: seja, sejas, seja, sejamos, sejais, sejam.
O imperfeito do indicativo é: era, eras, era, éramos, éreis, eram.
O imperativo afirmativo é: sê, seja, sejamos, sede, sejam.

Ter

Pres. do Ind.: tenho, tens, tem, temos, tendes, têm.
Perf. do Ind.: tive, tiveste, teve, tivemos, tivestes, tiveram.

OBSERVAÇÃO:

a. O imperfeito do indicativo é: tinha, tinhas, tinha, tínhamos, tínheis, tinham. Assim se conjugam todos os derivados do verbo *ter*: ater, conter, deter, entreter, obter, reter, suster etc.

b. Esses verbos derivados de *ter*, na terceira pessoa do singular do presente do indicativo, recebem acento agudo (ele mantém, ele detém); na terceira pessoa do plural, recebem acento circunflexo (eles mantêm, eles detêm).

Trazer

Pres. do Ind.: trago, trazes, traz, trazemos, trazeis, trazem.
Perf. do Ind.: trouxe, trouxeste, trouxe, trouxemos, trouxestes, trouxeram.

Valer

Pres. do Ind.: valho, vales, vale, valemos, valeis, valem.
Perf. do Ind.: vali, valeste, valeu, valemos, valestes, valeram.

OBSERVAÇÃO: O presente do subjuntivo desse verbo é: valha, valhas, valha, valhamos, valhais, valham.

Ver

Pres. do Ind.: vejo, vês, vê, vemos, vedes, veem.
Perf. do Ind.: vi, viste, viu, vimos, vistes, viram.

OBSERVAÇÃO: O futuro do subjuntivo do verbo *ver* é: vir, vires, vir, virmos, virdes, virem. Note-se também que a terceira pessoa do plural do presente do indicativo é *veem* (sem acento, assim como leem, creem, deem).

Conjugam-se assim os derivados do verbo *ver*: antever, entrever, prever etc., exceto o verbo *prover*.

Vir

Pres. do Ind.: venho, vens, vem, vimos, vindes, vêm.
Perf. do Ind.: vim, vieste, veio, viemos, viestes, vieram.

OBSERVAÇÃO:

a. O imperfeito do indicativo é: vinha, vinhas, vinha, vínhamos, vínheis, vinham.

b. O futuro do subjuntivo de *vir* é *vier*. Retirando a desinência *am* da terceira pessoa do plural do perfeito indicativo desse verbo, teremos *vier(am)*. Logo: vier, vieres, vier, viermos, vierdes, vierem. Assim se conjugam todos os derivados de vir: avir-se, convir, desavir-se, intervir, provir, sobrevir, revir etc.

c. Os verbos derivados de *vir*, na terceira pessoa do singular do presente do indicativo, recebem acento agudo (ele convém, ele provém). Na terceira pessoa do plural, recebem acento circunflexo (eles convêm, eles provêm).

11
ADVÉRBIO

Advérbio é uma palavra que modifica um verbo, um adjetivo ou outro advérbio. Pode modificar também uma oração inteira e até mesmo partes de um texto maiores do que uma oração. Exemplos:

O piloto alemão dirigiu *lentamente* seu carro até os boxes.
(O advérbio *lentamente* modifica o verbo *dirigir*)

Ele ficou *muito* contente com a vitória em seu próprio país.
(O advérbio *muito* modifica o adjetivo *contente*)

O piloto alemão dirigiu *muito* lentamente seu carro até os boxes.
(O advérbio *muito* modifica o advérbio *lentamente*)

Dificilmente, o Brasil vencerá uma Copa do Mundo na Ásia.
(O advérbio *dificilmente* modifica toda a oração)

O Brasil ganhou poucas medalhas na última Olimpíada. *Agora*, é preciso rever toda a política de apoio aos atletas e também as estratégias de treinamento, que devem superar os pequenos problemas existentes nos clubes.

Nesse último exemplo, o advérbio *agora* modifica uma sequência que contém várias orações.

ADVÉRBIOS MODIFICADORES DE CONSTITUINTES DA ORAÇÃO

Podem ser de dois tipos: os predicativos e os não predicativos. Os advérbios predicativos são aqueles que interferem no sentido do termo que modificam:

Ele fala *baixo*.
Ele fala *alto*.
Ele fala *bem*.
Ele fala *depressa*.

Em todas essas orações, os advérbios estão alterando o sentido do verbo *falar*. O ato de *falar* não é o mesmo em cada um desses exemplos. *Falar baixo* pode significar *sussurrar*, e *falar alto* pode significar *gritar*, e assim por diante.

Os advérbios não predicativos apenas acrescentam uma circunstância ao constituinte, não interferindo em seu sentido:

Ele fala *agora*.
Ele fala *amanhã*.
Ele fala *depois*.
Ele fala *aqui*.

Nesses casos, os advérbios apenas situam o verbo *falar* em tempo ou espaço diferentes.

Os advérbios predicativos podem ser de dois tipos: os *qualificativos*, que abrangem os advérbios de *modo,* e os *intensificadores*.

Os qualificativos compreendem palavras como:

a. *bem, mal, assim*;

b. a maioria dos advérbios terminados em *mente*, como *calmamente, rapidamente, civilizadamente* etc.;

c. os advérbios derivados de adjetivos, como *rápido*, querendo dizer *rapidamente,* ou *certo*, no lugar de *certamente*. Estes advérbios são resultado da redução de expressões mais longas (que chamaremos de locuções adverbiais): (*de modo*) *rápido,* (*de modo*) *certo.*

LOCUÇÕES ADVERBIAIS

Locuções adverbiais são construções preposicionadas de duas ou mais palavras que funcionam como advérbios:

O dia escureceu *de repente*.
Ele se manifestou *de viva voz*.
Todos o receberam *com prazer*.

Advérbios em *Mente*

Os advérbios em *mente* são formados a partir de um adjetivo. Se o adjetivo for uniforme (masculino e feminino iguais), basta acrescentar o sufixo:

triste + *mente* = tristemente
urgente + *mente* = urgentemente
feliz + *mente* = felizmente

Se for biforme, o adjetivo assume a forma feminina, como em:

clara + *mente* = claramente
rápida + *mente* = rapidamente
completa + *mente* = completamente

Isso acontece, porque o sufixo *mente* era, em sua origem, o substantivo feminino *mente*, com o qual o adjetivo forçosamente concordava. "Ver uma coisa *clara mente*" significava "Ver uma coisa *com a mente clara*". Com o decorrer do tempo, *mente* perdeu seu significado original, tornando-se um sufixo. A concordância formal com o feminino, entretanto, permanece até hoje.

Algo diferente ocorreu com alguns adjetivos terminados em *es*, como *português* e *burguês*. Eles eram uniformes em gênero, no português antigo. Dizia-se: *o homem português, a mulher português; o homem burguês, a mulher burguês*. Posteriormente, surgiu o feminino com a desinência *a*, por analogia com as palavras femininas marcadas por essa terminação. Hoje se diz: *o homem português, a mulher portuguesa; o homem burguês, a mulher burguesa*. Apesar disso, quando se trata da derivação adverbial, esses adjetivos assumem sua antiga forma invariável:

português + *mente* = portuguesmente
burguês + *mente* = burguesmente

Quando se empregam vários advérbios em *mente* em uma mesma oração, não é necessário colocar o sufixo em todos, só no último; os outros ficam na forma feminina da base:

Ele agiu *calma*, *rápida* e *profissionalmente*.

Às vezes, por questão de ênfase, todos os advérbios podem apresentar-se integralmente, com seus sufixos:

Ele agiu *calmamente*, *rapidamente* e *profissionalmente*.

Advérbio *Assim*

O advérbio de modo *assim* tem características especiais. Em princípio, é um advérbio dêitico. É apenas no ambiente em que duas pessoas estão conversando que se percebe a sua referência. Imaginemos uma festa de réveillon em que alguém se dirige a uma pessoa que tem dificuldades em abrir uma garrafa de champanha, pega a garrafa, abre e diz:

Champanha se abre *assim*.

Assim, modificando o verbo *abrir*, tem como referência a ação de abrir a garrafa.

Quando alguém, fazendo o gesto de colocar afastadas as duas mãos abertas, diz: "Ele pegou um peixe *assim*", o advérbio tem como referência o tamanho sugerido pelo gesto naquele momento.

Esse pronome pode também ter referência anafórica, colaborando para a coesão textual. Exemplos:

Após ter conquistado sua primeira pole no sábado, Nico Rosberg, 26, fez uma prova irretocável ontem em Xangai e chegou ao seu primeiro triunfo na principal categoria do automobilismo. Tornou-se, *assim*, o quinto piloto a ter disputado mais GPs antes de vencer: 111. (*Folha de S. Paulo*, 6.4.2012.)

Eu não preciso conhecer quem me procura. Quero ouvir a música, peço que me passem arquivos ou endereços na internet para que possa ouvir, só isso. Se eu não gostar da música, eu não trabalho com a banda. Simples *assim*. (*Folha de S. Paulo*, 6.4.2012.)

Nesses dois trechos, o advérbio *assim* refere-se ao que foi dito antes. No primeiro deles, *assim* refere-se aos acontecimentos que envolveram o piloto Nico Rosberg, ao ganhar sua primeira corrida de Fórmula 1. No segundo, *assim* se refere à maneira com age um arranjador musical, quando tem de escolher a música que vai trabalhar para uma banda.

Assim pode ter, ainda, referência catafórica, referindo-se a algo que será dito depois, como em:

> Para trocar o pneu de um carro você faz *assim*: primeiro desaperta os parafusos da roda; depois, levanta o carro com o macaco...

A referência de *assim* é, no caso, todas as ações necessárias para trocar um pneu, relacionadas após os dois pontos.

Advérbios Intensificadores

Os advérbios predicativos intensificadores compreendem palavras como: *mais, muito, pouco, bastante, demais, excessivamente, demasiadamente*.

Embora alguns desses advérbios acima terminem em *mente*, são considerados intensificadores pelo significado de suas bases. (excessivamente = de modo excessivo)

Alguns advérbios intensificadores, como *tão, quão, que*, acompanham apenas adjetivos e advérbios:

> Você tem um rosto *tão* lindo!
> Ele chegou *tão* tarde que nem conversei com ele.
> *Que* lindo rosto você tem!
> Eu sei o *quão* incrível é ganhar corridas.

Advérbios Não Predicativos

Os advérbios não predicativos (aqueles que apenas acrescentam uma circunstância ao constituinte, sem lhe alterar o sentido) podem ser divididos em advérbios de tempo e de lugar:

De Tempo:

> ainda, agora, amanhã, ontem, logo, já, tarde, cedo, outrora, então, antes, depois, sempre, nunca, imediatamente.

De Lugar

abaixo, acima, além, aí, aqui, cá, dentro, lá, atrás, fora, longe, perto.

Ambos têm natureza *dêitica*, em sua maioria. Isso quer dizer que o espaço e o tempo que designam têm como ponto de referência o ambiente da fala. Quando alguém diz:

Hoje, eu fico *aqui*, *amanhã* viajo.

hoje indica um tempo simultâneo ao momento da fala; *amanhã*, um tempo posterior a esse momento. *Aqui* indica um lugar próximo àquele em que ocorre a fala.

Alguns desses advérbios são também chamados de *advérbios demonstrativos*, pois há uma completa coincidência entre eles e as posições assinaladas pelos pronomes demonstrativos *este*, *este* e *aquele*. *Aqui* coincide com o campo de *este*, *esta*, *isto*; *aí*, com o campo de *esse*, *essa*, *isso*; *lá*, com o campo de *aquele*, *aquela*, *aquilo*. Exemplos:

Este frango *aqui* precisa de mais tempero. *Esse aí* está bom. *Aquele*, *lá* no forno, vai assar em 20 minutos.

Referência do advérbio recuperada dentro do texto

Muitas vezes, a referência dos advérbios de lugar se situa dentro do próprio texto, antes ou depois do advérbio. Se vier antes, dizemos que o advérbio tem referência anafórica, como em:

O presidente norte-americano viajou ontem a Israel. *Lá*, assinou um acordo sobre armamentos.

Nesse trecho, o advérbio *lá* retoma na segunda oração, anaforicamente, o termo *Israel*, que está na oração anterior. Tem ele, portanto, importante função no processo de coesão textual.

Se o advérbio vier antes daquilo a que se refere, a referência se chama catáfora. Isso acontece, geralmente, por meio do uso de uma preposição, como em:

Aqui em *São Paulo*, o ar está muito poluído.
Minha casa fica *perto* do *Parque do Ibirapuera*.

A referência do advérbio *aqui* é São Paulo, que vem depois dele e a do advérbio *perto* é o Parque do Ibirapuera, que também vem depois dele[1,2].

Não, um tipo Especial de Advérbio não Predicativo

Como os demais advérbios não predicativos, o advérbio *não* só acrescenta uma circunstância ao conteúdo da palavra a que se liga, sem afetar seu significado. Nas duas frases abaixo:

O plano real *acabou* com a inflação brasileira.
Na Argentina, o plano econômico do governo *não* acabou com a inflação.

o sentido do verbo *acabar* permanece o mesmo. A primeira frase significa que "é verdadeiro que o plano real acabou com a inflação brasileira" e a segunda, que "é falso que o plano econômico tenha acabado com a inflação na Argentina".

a. Escopo da negação

Quando se trata de negação, é muito importante a noção de *escopo* que, neste caso, significa o "conjunto de conteúdos afetados por uma determinada palavra ou expressão". No exemplo anterior, o escopo do advérbio *não* é o verbo *acabou*. Quando existe na frase uma expressão circunstancial (que pode ser simplesmente um advérbio), o escopo da negação pode ser essa expressão. Na frase:

O Papa Francisco *não* nasceu no século XIII.

não se quer negar que o Papa Francisco tenha nascido, mas que isso tenha acontecido *no século XIII*. O escopo da negação é, pois, a expressão de circunstância *no século XIII*. Tanto é verdade que se pode deslocar o advérbio *não* para junto dessa expressão:

1. A maioria das gramáticas do português costuma fazer uma análise superficial desse uso catafórico do advérbio, preferindo juntar a preposição ao advérbio (*perto de, longe de*), denominando esses conjuntos de locuções prepositivas.
2. *Aqui, aí* e *lá*, mesmo em referência anafórica ou catafórica, mantêm suas referências dêiticas. Quando alguém diz – *Aqui* em São Paulo, o ar está poluído – subentende-se que está em São Paulo. Se estivesse na Bahia, por exemplo, seria: *Lá* em São Paulo, o ar está poluído.

O Papa Francisco nasceu *não* no século XIII, mas no século XX.

Às vezes, o escopo da negação vai além dos limites da oração em que se acha esse advérbio. É o que acontece em:

O presidente *não* se elegeu prometendo recessão.

O que se quer aqui não é negar que o presidente tenha sido eleito, mas que ele tenha prometido recessão como plataforma de sua campanha. O escopo do advérbio de negação é, nesse caso, o verbo *prometer*, que está em outra oração.

Algumas vezes, uma frase pode ter dupla leitura, dependendo do escopo que se quiser dar ao advérbio de negação. É o que acontece em:

O Corinthians *não* está em primeiro lugar por acaso.

em que, se considerarmos o verbo *estar* como escopo da negação, chegaremos à conclusão de que o Corinthians não está, de fato, em primeiro lugar. Se, ao contrário, considerarmos a circunstância *por acaso* como escopo da negação, chegaremos à conclusão de que o Corinthians está, de fato, em primeiro lugar e que isso não se deve a nenhuma casualidade. Isso ocorre porque, quando ouvimos ou lemos uma frase negativa, nossa mente simula, primeiramente, sua contraparte afirmativa. Se alguém diz: *Seu lanche não está sobre a geladeira; está na mesa da copa.*, nossa mente situa primeiramente o lanche sobre a geladeira, para depois, em milésimos de segundo, "colocá-lo" sobre a mesa da copa. Por isso, diante de uma frase como: *O presidente não se elegeu prometendo recessão* ou *O Corinthians não está em primeiro lugar por acaso.*, simulamos, primeiramente, suas contrapartes afirmativas: *O presidente se elegeu, O Corinthians está em primeiro lugar* e, em milissegundos, temos tempo de consultar nossa memória de longo prazo para saber se o presidente foi de fato eleito ou não, e se o Corinthians está ou não em primeiro lugar. Se foram falsas essas afirmativas, aplicamos o *não* ao verbo. Caso contrário, aplicamos o *não* à oração seguinte ou ao adjunto *por acaso*, respectivamente.

b. Dupla negação e elipse do advérbio de negação

Em português, existe o fenômeno da dupla negação, em frases com o advérbio *não* e os pronomes indefinidos *nenhum, ninguém, nada*:

Eu *não* vi *nenhum* carro.
Ele *não* vem de jeito *nenhum*.
Eu *não* vi *ninguém* conhecido na festa.
Eu *não* fiz *nada* de mal a essa pessoa.

Ocorrendo depois do substantivo modificado por ele, o pronome indefinido pode assumir tanto a forma negativa quanto a afirmativa:

Eu *não* vi carro *nenhum*.

ou

Eu *não* vi carro *algum*.

Quando antecede *não*, ele é omitido, como em:

Nenhum carro verde eu vi...
De jeito *nenhum* ele vem.
Ninguém conhecido eu vi na festa.
Nada de mal eu fiz a essa pessoa.

c. Locuções negativas polares

Existem, em português, algumas expressões que aparecem somente em frases negativas. São as chamadas *locuções negativas polares*, porque são, por assim dizer, "atraídas" pela negação. É o caso de:

Ela *não mexeu um dedo* para me ajudar.
Ela *não é flor que se cheire*.

Essas expressões têm o efeito de intensificar a negação e não podem aparecer em versões afirmativas dessas sentenças, como em:

* Ela mexeu um dedo para me ajudar.
* Ela é flor que se cheire.

Existem algumas expressões como *uma ova*, *uma pinoia* e outras ainda menos polidas que têm o efeito de negar a afirmação de um interlocutor, como em:

Você comprou esse tapete, não comprou?

Comprei *uma ova*!

Comprei uma ova significa dizer, de maneira enfática: *Eu não comprei esse tapete.*

Advérbios Focalizadores

Entre os advérbios não predicativos, incluem-se ainda os advérbios focalizadores. Tais advérbios representam um expediente utilizado pelo enunciador para dar destaque a qualquer elemento, colocando-o em um primeiro plano na frase. São eles:

Focalizadores de Inclusão

> inclusive, até, mesmo, até mesmo, pelo menos, também.

Focalizadores de Exclusão

> somente, apenas, exclusive.

Exemplos:

> Todos pediram demissão, *inclusive* seu irmão.
> Ele chegou *até mesmo* a pedir uma nova reunião.
> *Somente* um voluntário se apresentou.

No primeiro exemplo, *inclusive* focaliza o termo *seu irmão*. No segundo, *até mesmo* focaliza o verbo *pedir*. No terceiro exemplo, *somente* focaliza o termo *um voluntário*.

Às vezes, o adjetivo *só* é empregado no lugar de *somente*, como em:

> *Só* eu paguei esse automóvel.
> Eu *só* paguei esse automóvel.

No primeiro exemplo, *só* tem a função de focalizar o pronome *eu*, deixando implícito que ninguém mais *pagou* o automóvel. No segundo exemplo, focaliza o verbo *paguei*, deixando implícito que "eu só paguei esse automóvel e não algum outro".

Convém lembrar que *só* fica invariável, quando advérbio:

Só ela viajou.
Só eles viajaram.

Eis e *sim* também estão entre os advérbios focalizadores. Exemplos:

Eis o relógio que você me pediu.
Pelé, *sim*, sabia jogar futebol.
Você comprou, *sim*, esse apartamento!

No primeiro exemplo, *eis* focaliza o termo *relógio*. No segundo exemplo, *sim* focaliza Pelé, e, no terceiro, o verbo *comprou*.

Advérbios Oracionais

Advérbios oracionais são aqueles que afetam uma oração inteira. Podem ser classificados em: *de circunscrição, modalizadores, aspectualizadores, avaliativos* e *interrogativos*.

Advérbios de Circunscrição

São aqueles que limitam o ponto de vista sob o qual uma determinada asserção pode ser considerada correta. Se dissermos, por exemplo:

Oficialmente, o dinheiro arrecadado veio de doações de pessoas físicas.

entende-se que a informação de que o dinheiro veio de doações de pessoas físicas se circunscreve a uma versão oficial, das autoridades do governo, por exemplo, restando a pressuposição de que o dinheiro em questão pode ter, eventualmente, outra origem.

Outros advérbios de circunscrição são: *humanamente, praticamente*. Incluem-se também nessa função locuções adverbiais como *no fundo, de fato, a bem da verdade, sob o ponto de vista de* etc. Na frase:

No fundo, todos sabem que ele é desonesto.

a locução *no fundo* faz com que a oração seguinte se limite a uma convicção não traduzível em palavras, não sujeita a provas, contida apenas no foro íntimo das pessoas.

Advérbios Modalizadores

Advérbios modalizadores são aqueles que materializam o ponto de vista do falante sobre o que diz. Exemplos:

> *Dificilmente*, o torcedor brasileiro consegue ser imparcial.
> *Possivelmente*, o avião atrasou devido ao mau tempo.

Outros advérbios modalizadores são: *talvez, realmente, provavelmente* etc.

Advérbios Aspectualizadores

Os advérbios aspectualizadores têm a função de determinar a duração ou frequência do evento veiculado por uma frase. Por esse motivo, podem ser também considerados como modificadores do aspecto verbal:

> *Diariamente*, os jornais têm publicado os resultados das pesquisas eleitorais.
> *Raramente*, ele chega depois das dez horas.

Outros advérbios aspectualizadores são: *normalmente, inicialmente, ultimamente, frequentemente, eventualmente, ocasionalmente, costumeiramente, intermitentemente* etc. Incluem-se também como aspectualizadoras as locuções adverbiais: *às vezes, algumas vezes, de vez em quando, de quando em quando* etc.

Esses advérbios podem ser agrupados de acordo com o aspecto que significam. *Diariamente, frequentemente, eventualmente, costumeiramente* são advérbios aspectualizadores frequentativos; *inicialmente*, um inceptivo (que marca o início de uma ação).

Advérbios Avaliativos

Os advérbios avaliativos acrescentam um comentário avaliativo – positivo ou negativo – do enunciador a respeito daquilo que ele enuncia. É o que acontece nas frases:

> *Felizmente*, todos se salvaram a tempo.
> *Lamentavelmente*, havia poucos barcos salva-vidas no Titanic.

Outros advérbios avaliativos são: *afortunadamente, francamente, surpreendentemente, inacreditavelmente* etc.

Advérbios Interrogativos

Os advérbios interrogativos se colocam no início de orações interrogativas, solicitando informação sobre diferentes circunstâncias:

LUGAR: *Onde* você mora? (em que lugar)
Aonde você vai amanhã? (a que lugar)
Donde você veio? (de que lugar)

TEMPO: *Quando* você volta?

MODO: *Como* você vai fazer isso?

QUANTIDADE: *Quanto* vale sua casa?

Assim como o *que* interrogativo, os advérbios interrogativos podem ser reforçados por meio da locução *é que*: Onde *é que* você mora?; Quando *é que* você volta?, Como *é que* você vai fazer isso?

Advérbios como Marcadores Discursivos

Há certos advérbios, também chamados pela tradição gramatical de palavras denotativas, cujo entendimento se situa num plano superior ao da frase. Trata-se de advérbios que assinalam a intenção do falante em marcar o início de uma unidade comunicativa, ordenando esquemas narrativos ou argumentativos. É o caso, por exemplo, do advérbio *agora* no texto abaixo:

> Você pode colocar a trava que você quiser no seu carro, alarme e tudo mais. *Agora*, se um ladrão quiser roubá-lo, tudo isso será completamente inútil.

Nesse caso, *agora* não está assinalando um evento simultâneo ao ato da fala como em <u>*Agora* são dez horas</u>. Esse advérbio tem, no texto em questão, a função de assinalar o início de uma outra unidade comunicativa, em oposição ao que foi dito antes. É como se disséssemos:

> Você pode colocar a trava que você quiser no seu carro, alarme e tudo mais. *Mas*, se um ladrão quiser roubá-lo, tudo isso será completamente inútil.

Além de *agora*, há outros advérbios, normalmente dêiticos ou anafóricos, que também perdem seus significados originais e passam a ter outra função no plano discursivo. É o caso, por exemplo, dos advérbios *aí, daí, já, então* nos seguintes exemplos:

> Os militares argentinos invadiram as ilhas Malvinas. *Aí*, os ingleses disseram que o nome delas era Falklands e decidiram retomá-las.

> Fazia três dias que um tigre tinha fugido de um circo em Curitiba. *Daí*, a Polícia Militar resolveu procurar o animal e, quando achou, acabou matando o bicho com mais de vinte tiros.

> Minha filha mais velha estuda bastante e ainda trabalha. *Já* a mais nova não é capaz de ajudar nem mesmo no serviço de casa.

> Você diz que não vai telefonar para o Procon. *Então*, eu também não vou telefonar.

Aí, no primeiro texto, não assinala lugar, é um marcador do início de uma outra unidade comunicativa dentro da progressão narrativa. O mesmo acontece com *daí* no texto seguinte. *Já*, no terceiro texto, também não assinala tempo, mas o início de uma unidade comunicativa de oposição. O mesmo acontece com *então*, no último texto, que assinala o início de outra unidade de comunicação, com valor de consequência.

Entre os advérbios (e locuções adverbiais) que funcionam como marcadores discursivos, podemos agrupar os de *explicação*, como: *a saber, como, ou seja*; e os de *retificação*, como: *aliás, ou melhor*:

> As seis fábricas da Volkswagen alemã reduziram suas jornadas de trabalho a 28,8 horas semanais, *ou seja*, o fim de semana de seus empregados começa na quinta-feira.

> Beber com moderação pode trazer benefícios para o coração. *Aliás*, os franceses já sabem disso há muito tempo.

POSIÇÃO DO ADVÉRBIO

É costume afirmar que a posição do advérbio em português é arbitrária, o que nem sempre é verdade. Os advérbios que têm mais liberdade de posição são os não predicativos, como se pode ver em:

> *Ontem*, minha irmã chegou do Rio.
> Minha irmã *ontem* chegou do Rio.

Minha irmã chegou *ontem* do Rio.
Minha irmã chegou do Rio *ontem*.

Já os advérbios predicativos sofrem maiores restrições, como podemos ver em:

Eles falaram *pausadamente*.
Eu almocei *depressa*.
Eu gostaria *muito* que você viesse.
Essa é a fase *mais* difícil do campeonato.

Podemos dizer que *eles <u>pausadamente</u> falaram* ou que *eu <u>depressa</u> almocei*, mas nunca: *Essa é a fase difícil <u>mais</u> do campeonato.*

Ordem dos Advérbios Oracionais

Os advérbios oracionais ocupam quase sempre uma posição periférica em relação à oração. Situam-se, portanto, em seu início ou final. Exemplos:

Infelizmente, a bolsa de São Paulo fechou em baixa.
Provavelmente, o preço do dólar permanecerá no mesmo patamar.
Realmente, aquele humorista entende do seu trabalho.

Ou:

A bolsa de São Paulo fechou em baixa, *infelizmente*.
O preço do dólar permanecerá no mesmo patamar, *provavelmente*.
Aquele humorista entende do seu trabalho, *realmente*.

Às vezes, ele pode ocupar outras posições dentro da oração, sendo a mais comum a que antecede imediatamente o verbo:

A bolsa de São Paulo *infelizmente* fechou em baixa.
O preço do dólar *provavelmente* permanecerá no mesmo patamar.
Aquele humorista *realmente* entende do seu trabalho.

12
PREPOSIÇÃO

PREPOSIÇÃO E SEU CARÁTER RELACIONAL

Preposição (palavra formada pelo prefixo latino *prae* = antes + o substantivo *positione* = posição) é uma palavra invariável que, colocada entre dois termos, relaciona o segundo ao primeiro por um vínculo de subordinação. O termo anterior à preposição recebe o nome de antecedente e o que vem depois, o nome de consequente. Dessa maneira, não fazem sentido, em português, frases constituídas por preposições sem os termos consequentes, como em:

* Amanheceu *em*.
* Apresentou o trabalho *durante*.

Só seriam aceitáveis essas frases se, após as preposições, viessem palavras tais como nas frases a seguir:

Amanheceu *em* São Paulo.
Apresentou o trabalho *durante* a conferência.

Em alguns poucos casos, a preposição pode aparecer no final de uma frase, como ocorre em:

Os governistas votaram a favor da reforma fiscal; os oposicionistas, *contra*.

Nessa frase, o termo consequente (a reforma fiscal) foi omitido, ficando subentendido no contexto.

Quando se diz que a preposição relaciona um termo a outro, é preciso lembrar que esses termos podem ser representados por uma palavra apenas, ou sequências mais complexas, como em:

Amanheceu *em* <u>todo o hemisfério sul</u>.

Nesse caso, a preposição *em* subordina a sequência *todo o hemisfério sul* ao verbo *amanheceu*, o antecedente.

Inversão de Antecedente / Consequente

Algumas vezes, por motivos estilísticos, o antecedente pode ser deslocado para depois do consequente. É o que ocorre, por exemplo, na primeira frase do Hino Nacional Brasileiro:

Ouviram *do* Ipiranga <u>as margens plácidas</u>
De um povo heroico <u>o brado retumbante</u>.

Recuperando a ordem *antecedente + preposição + consequente*, teríamos:

<u>As margens plácidas</u> *do* Ipiranga ouviram.
<u>O brado retumbante</u> *de* um povo heroico.

A grande mobilidade dos termos preposicionados associados a verbos pode ser utilizada para desfazer ambiguidades como a da seguinte frase:

Eu vi o incêndio do prédio.

Nessa posição, o termo *do prédio* tanto pode estar associado a *incêndio*, indicando aquilo que pegou fogo, quanto a *vi*, indicando o lugar de onde o incêndio foi visto. Para caracterizar essa última leitura, podemos inverter o consequente *do prédio*, dizendo:

Do prédio, eu vi o incêndio.

É óbvio que, dentro de um contexto mais amplo, é possível criar um novo espaço mental[1] em que, mesmo com essa inversão, a primeira leitura seria mantida. É o que aconteceria em:

> Do prédio, eu vi o incêndio; da loja, só as cinzas.

O nosso conhecimento de mundo pode ajudar na correta interpretação da relação antecedente / consequente, como no seguinte trecho publicado na imprensa:

> Ministério adquiriu 20 lanchas que foram descobertas pela Polícia Federal por 24 mil reais.

Teoricamente, haveria duas interpretações:

a. Ministério adquiriu, pagando 24 milhões de reais, 20 lanchas que foram descobertas pela Polícia Federal.

b. Ministério adquiriu 20 lanchas que, por 24 milhões de reais, foram descobertas pela Polícia Federal.

Nosso conhecimento de mundo, entretanto, nos leva, imediatamente, à primeira interpretação, uma vez que é muito pouco provável que a Polícia Federal vá cobrar alguma coisa para cumprir sua missão. É claro que o texto ficaria mais claro na seguinte versão:

> Ministério adquiriu, por 24 milhões de reais, 20 lanchas que foram descobertas pela Polícia Federal.

ORIGEM DAS PREPOSIÇÕES

Conforme sua origem, as preposições do português subdividem-se em dois tipos:

---

1. Espaços mentais são pequenos "programas" que abrimos em nossa mente para atribuir sentido àquilo que lemos ou ouvimos. Diante de duas frases como: *Perdi meus documentos* e *Perdi minha barriga*, as diferenças de sentido não estão explícitas no texto, mas são processadas dentro da nossa cabeça em espaços mentais diferentes.

A. As que vieram do latim. Trata-se de preposições simples (expressas por um só vocábulo), também chamadas de *essenciais*, porque ocorrem somente com função de preposição:

PREPOSIÇÕES ESSENCIAIS			
a	com	em	per
ante	contra	entre	por
após	de	para	sob
até	desde	perante	sobre

B. As que se tornaram preposições no português, por derivação imprópria de palavras (mudança de classe gramatical), chamadas *preposições acidentais*:

PREPOSIÇÕES ACIDENTAIS			
afora	durante	mediante	segundo
conforme	exceto	menos	tirante
consoante	fora	salvo	visto

Tais preposições são originárias de outras classes de palavras (advérbios, adjetivos, adjetivos participiais) e, ainda hoje, além de exercerem função de preposição, podem ocorrer com funções típicas das classes das quais provieram. Por isso, são chamadas de *preposições acidentais*. Comparemos os seguintes exemplos:

Salvos os documentos mais importantes, o arquivo foi destruído.
Salvo os documentos mais importantes, a maioria do acervo se perdeu.

No primeiro deles, *salvos* está funcionando como forma de particípio do verbo *salvar*, significando *salvados, postos a salvo*. No segundo, como preposição. Na ordem direta essa frase assumiria a forma:

A maioria do acervo se perdeu, *salvo* os documentos mais importantes.

Nessa frase, *salvo* (invariável) tornou-se uma preposição com sentido de *exceto, menos, a não ser, tirando fora*.

A propósito desse tipo de preposição, convém observar que algumas delas já não se usam mais com o significado que tinham na origem. *Durante*, por exemplo, não se usa mais com o sentido de "aquilo que dura".

LOCUÇÕES PREPOSITIVAS

Locuções prepositivas são expressões formadas por palavras de outras classes gramaticais, como substantivos e advérbios. Geralmente terminam por *de* ou *a*. Mais raramente, por *com*. Eis algumas:

à falta de	por força de
a favor de	de acordo com
a fim de	a respeito de
a par de	a propósito de
ao encontro de	com exceção de
em favor de	fora de
em lugar de	quanto a
em vez de	por causa de
graças a	

Exemplos:

Graças a um habeas corpus, o suspeito foi libertado ontem.
A propósito da sua aposentadoria, tenho uma novidade.

As locuções prepositivas caracterizam-se por se terem transformado, ao longo da história da língua, em expressões formulaicas, com unidade de sentido.

OBSERVAÇÃO: Advérbios de lugar como *longe, abaixo, acima, dentro, atrás, longe, perto* e os de tempo, como *antes* e *depois*, costumam ter referência dêitica, ou seja, dentro do próprio ambiente da interlocução. Isso acontece quando alguém diz, por exemplo: "Eu moro *perto*", referindo-se ao próprio local onde se acha presente no momento. Esses advérbios, contudo, podem ter suas referências situadas depois deles (referências catafóricas) dentro do próprio texto, ligadas por preposições. É o caso de:

Ele mora *longe* [do trabalho].
O presente está *dentro* [do carro].
O avião pousou *antes* [da tempestade].

Nesses exemplos, a preposição *de* tem a função de estabelecer ligação entre os termos subsequentes e os advérbios que os precedem. Como esses advérbios têm existência autônoma fora das locuções e como, fora ou dentro delas, o seu sentido básico não se altera, é preferível não enquadrar essas expressões no grupo das locuções prepositivas.

TERMO ANTECEDENTE

Antecedente, como vimos há pouco, é o termo que vem antes de preposição. Pode ser um substantivo ou um grupo nominal cuja base é um substantivo:

O contrato prevê *cláusulas* de adição. (O antecedente de *de* é o substantivo *cláusulas*)
O programa prevê *duas semanas extras* de aula. (O antecedente de *de* é o grupo nominal *duas semanas extras*.)

O termo antecedente pode ser um verbo, um adjetivo ou um advérbio:

Verbo

Ele *falou* sobre o assunto do empréstimo.
Ele *começou* a dormir.

Adjetivo

Ela estava *apta* para assumir o cargo.
Os jurados apoiaram a decisão *favorável* ao réu.

Advérbio

O apoio ao candidato ocorreu *independentemente* de qualquer ação partidária.
Paralelamente ao sequestro, ocorriam as negociações.

TERMO CONSEQUENTE

O termo consequente pode ser um grupo nominal ou um pronome que o represente, um verbo no infinitivo, um advérbio e até mesmo uma oração.

Grupo Nominal

Estamos *no* meio *da* viagem.

É importante observar que há uma hierarquia. A preposição *em* (*no*) introduz o grupo nominal *no meio da viagem* que contém outro grupo nominal introduzido pela preposição *de* (*da*): *da viagem*.

Um grupo nominal pode ser substituído por um pronome:

Estamos no meio *dela* (a viagem).

Verbo no Infinitivo

Esse tipo de consequente acontece em locuções verbais. Exemplos:

Começamos *a* <u>fazer</u> o serviço.
Há *de* <u>fazer</u> sol no domingo.

Advérbio

Domingo eu volto *para* <u>lá</u>.

Oração como Consequente

A preposição pode subordinar uma oração a um antecedente. Quando isso ocorre, a oração encabeçada pela preposição pode ou não ter conjunção em seu início. No primeiro caso, o verbo estará no indicativo ou no subjuntivo. No segundo caso, o verbo estará no infinitivo ou gerúndio. Exemplos:

Todos tinham certeza de [que a viagem seria tranquila].
Em [se tratando de finanças], imóvel é um bom investimento.
Colombo precisou de três navios para [descobrir a América].

DOIS ANTECEDENTES E UM CONSEQUENTE

Quando dois ou mais antecedentes exigem a mesma preposição, podem ter o mesmo consequente.

A construção e a destruição *do* prédio exigiram os mesmos cuidados.
Tomava os comprimidos antes e depois *das* refeições.
Dentro e fora *do* Congresso, houve reclamações.

É possível ainda que duas ou mais preposições tenham um único termo subordinado. Trata-se de uma ocorrência frequente com preposições de sentidos opostos.

Com ou *sem* autorização, o jogo será realizado.
Com a chuva, as águas corriam *sobre* e *sob* os telhados.

Construções como essas devem ser evitadas, quando existirem antecedentes com regências diferentes.

A atendente *entrou* e *saiu da* cabine de comando.

Entrou é um antecedente incompatível com a preposição *de*. Ninguém diz *Ele entrou da casa*. Uma das maneiras de evitar o impasse é a seguinte:

A atendente entrou *na* cabine de comando e saiu *dela*.

REPETIÇÃO E ELIPSE DA PREPOSIÇÃO

Quando se trata de vários complementos sob o comando do mesmo termo antecedente, a preposição pode ser usada antes do primeiro termo da sequência e omitida antes dos demais, ou pode ser posta antes de cada um deles.

Caminhou *por* ruas e avenidas.
Caminhou *por* ruas e *por* avenidas.

Quando os dois termos ligados a um antecedente remetem a uma única referência, a elipse é obrigatória. Em uma frase como "*Receba os cumprimentos dos alunos e amigos*", alunos e amigos têm a mesma referência: alunos que também são amigos. Já em "*Receba os cumprimentos dos alunos e dos amigos*", *alunos* e *amigos* têm, necessariamente, referências diferentes.

COMBINAÇÃO OU CONTRAÇÃO DE PREPOSIÇÕES COM OUTRAS PALAVRAS

As preposições *a*, *de*, e *em* podem combinar-se foneticamente com artigos, pronomes ou advérbios, como se pode observar a seguir:

COMBINAÇÃO FONÉTICA DO *A* COM:

1. Artigos definidos:

    a + o(s) = ao(s)
    a + a(s) = à(s)

    No primeiro caso, embora graficamente não haja alterações visíveis, foneticamente, forma-se o ditongo [aw(s)]. No segundo caso, há crase, que é a fusão de duas vogais em uma só.

2. Pronomes demonstrativos *aquele*, *aquela*, *aquilo*:

    a + aquele (s) = àquele
    a + aquela (s) = àquela
    a + aquilo = àquilo

    Nessas combinações fonéticas, também ocorre o fenômeno da crase.

COMBINAÇÃO FONÉTICA DO *DE* COM:

1. Artigo definidos:

    de + o(s) = do(s)
    de + a(s) = da(s)

2. Artigos indefinidos:

    de + um(s) = dum(ns)
    de + uma(s) = duma(s)

3. Pronomes demonstrativos:

    de + este(s) = deste(s)

de + esta(s) = desta(s)
de + isto = disto
de + esse(s) = desse(s)
de + essa(s) = dessa(s)
de + isso = disso
de + aquele(s) = daquele(s)
de + aquela(s) = daquela(s)
de + aquilo = daquilo

4. Pronomes pessoais:

   de + ele(s) = dele(s)
   de + ela(s) = dela(s)

5. Pronomes indefinidos:

   de + outro(s) = doutro(s)
   de + outra(s) = doutra(s)

6. Advérbios:

   de + aqui = daqui
   de + aí = daí
   de + ali = dali

Todos esses casos de combinação fonética da preposição *de* são efeitos da aplicação de regra geral que cancela a vogal final de uma palavra, quando o elemento seguinte começa por vogal, como nos casos de derivação (bala + inha = balinha) e na formação do gênero feminino (gato + a = gata).

COMBINAÇÃO FONÉTICA DO *EM* COM:

1. Artigos definidos:

   em + o(s) = nos
   em + a(s) = nas
   Historicamente, assim ocorreu essa combinação: *en + lo > enno > eno > no*.

2. Artigos indefinidos:

   em + um(s) = num(s)

em + uma(s) = numa(s)
Historicamente: *en + um > ennum > enum > num.*

3. Pronomes demonstrativos:

   em + este(s) = neste(s)
   em + esta(s) = nesta(s)
   em + isto = nisto
   Historicamente: *en + este > eneste > neste.*

   em + esse(s) = nesse(s)
   em + essa(s) = nessa(s)
   em + isso = nisso
   Historicamente: *en + isso > enisso > nisso.*

   em + aquele(s) = naquele(s)
   em + aquela(s) = naquela(s)
   em = aquilo = naquilo
   Historicamente: *en + aquilo > enaquilo > naquilo.*

4. Pronomes pessoais:

   em + ele(s) = nele(s)
   em + ela(s) = nela(s)
   Historicamente: *en + ele > enele > nele.*

As combinações fonéticas da preposição *em* ocorreram em uma época antiga do idioma. Daí, a diferença atual entre a forma livre (*em*) e a forma combinada foneticamente (apenas a consoante nasal *n*).

COMBINAÇÃO FONÉTICA DA PREPOSIÇÃO *PER* COM O ARTIGO DEFINIDO:

per + lo(s) = pelo(s)
per + la(s) = pela(s)

Historicamente:
per + lo > pello > pelo
per + la > pella > pela

Essa é outra combinação antiga, visto que usa a preposição latina *per*, que não existe mais como forma livre no idioma, e também as formas antigas do artigo definido: *lo, la, los, las*. No português atual, há, pois, uma distribuição diferenciada entre *per* e *por*. Sem a presença de artigo, usa-se a forma *por*:

Eles viajaram *por* São Paulo.
Seguiram caminho *por* estradas de terra.

Com a presença de artigo, usa-se a forma *per*:

Eles viajaram *pela* Bahia.
Seguiram caminho *pelas* estradas de terra.

OBRIGATORIEDADE DAS COMBINAÇÕES

Preposição **a**

Sempre que a preposição *a* se funde com outro *a*, qualquer que seja, é necessário representar essa fusão com o acento grave (`).

Ele se referiu *à*queles jogadores não convocados.

É obrigatória também a grafia conjunta da preposição *a* com o artigo definido masculino *o(s)*.

Poucos compareceram *ao* encontro.

Preposição **de**

As combinações fonéticas da preposição *de* são obrigatórias com:

a. artigo definido;
b. pronome demonstrativo;
c. pronome pessoal;
d. advérbio.

Exemplos:

a passagem *do* cometa.
a passagem *daquele* cometa.
a viagem *dele*.
as pessoas *daqui*.

Não se pode dizer:

a passagem *de o* cometa.
a passagem *de aquele* cometa.
a viagem *de ele*.
as pessoas *de aqui*.

Quando a sequência subordinada for um artigo indefinido ou o pronome indefinido *outro(s)*, *outra(s)*, a combinação é facultativa:

a passagem *dum* cometa   ou   a passagem *de um* cometa;
estacionei *doutro* lado   ou   estacionei *de outro* lado.

Preposição *em*

As combinações fonéticas da preposição *em* são obrigatórias:

a. com artigos definidos;
b. com pronomes demonstrativos;
c. com pronomes pessoais.

Exemplos:

Os livros estão *no* balcão.
Os livros estão *naquele* balcão.
Ela estava pensando *nele*.

Não se pode dizer:

Os livros estão *em o* balcão.
Os livros estão *em aquele* balcão.
Ela estava pensando *em ele*.

Com os artigos indefinidos ou com o pronome indefinido *outro*, a combinação fonética é facultativa. Diremos, portanto:

A medalha estava *num* estojo plástico.

ou

A medalha estava *em um* estojo plástico.

Acabou sendo encontrado *noutro* lugar.

ou

Acabou sendo encontrado *em outro* lugar.

Preposição *por*

A combinação *per* + *lo* é sempre obrigatória. Podemos dizer:

Eles viajaram *pela* Rodovia dos Tamoios.

mas não:

Eles viajaram *por a* Rodovia dos Tamoios.

Casos em que Não É Permitida a Combinação

As combinações fonéticas obrigatórias explicitadas anteriormente ficam canceladas quando o consequente for uma oração:

Está na hora *de* [*a* onça beber água].
A ideia *de* [*aquele* concurso ser adiado] é excelente.
A vantagem *de* [*ele* vir de avião] é evidente.
Desculpei-me *por* [a árvore ter caído sobre a calçada dele].

A razão disso está ligada ao fato de que, quando a preposição tem à sua direita uma oração, ela afeta toda essa oração e não apenas o grupo nominal inicial. Visualizando essa diferença, teremos:

Está na hora [do almoço].
Está na hora de [a onça beber água.]

Pelo mesmo motivo, quando temos depois de uma preposição apenas um pronome pessoal, ele assume a forma oblíqua, como em:

Essa Coca-Cola foi comprada *para mim*.

Mas, quando, depois da preposição, há uma oração inteira iniciada por pronome, temos de utilizar esse pronome no caso reto, uma vez que, nesse caso, o pronome pertence à oração e é ela a afetada, por inteiro, pela preposição:

Esse vinho foi comprado para [eu beber].

PREPOSIÇÕES PLENAS E VAZIAS

As preposições podem funcionar como plenas ou como vazias de significado.

Preposições Vazias

As vazias, como não têm significado, dependem exclusivamente do comando do termo antecedente:

O ônus da prova cabe *ao* denunciante.
Ninguém acredita *em* assombração.
O Brasil começou *a* fabricar automóveis em 1957.

Nos três casos, as preposições são exigidas pelos termos regentes (*cabe, acredita, começou*). Seu uso não depende da escolha do falante. Ele não pode, por exemplo, dizer coisas como *caber no denunciante, acreditar por assombração* ou *começar em fabricar*.

Quando funcionam como plenas, as preposições têm sempre um significado e estão ligadas geralmente a adjuntos adverbiais:

O prefeito de São Paulo vem *a* Brasília.
O prefeito de São Paulo vem *de* Brasília.
O prefeito de São Paulo vem *por* Brasília.

No primeiro exemplo, *a* tem o significado de *direção para*; no segundo, *de* tem o significado de *origem*; no terceiro, *por* indica *lugar por onde se dá a ação*. Situação muito diferente de frases como *Ele começou a dormir* ou *Ela precisa de um vestido*, em que *a* e *de* funcionam como preposições vazias, sem significado algum.

Significado das Preposições Plenas

As preposições que funcionam como plenas são aquelas que, ao contrário das vazias, possuem um significado. Os sentidos delas, contudo, dependem do tipo de relação sintática em que estão envolvidas. Por esse motivo, é difícil descrevê-los de modo sistemático, atribuindo-lhes rótulos específicos. Procuraremos, entretanto, vinculá-los, de maneira geral, a alguns domínios semânticos, a certas esferas de significado.

Em primeiro lugar, é importante observar que o significado da preposição depende muito do termo subordinado que vem à sua direita. Vejamos as frases:

A safra está sendo transportada *por* estrada.
A safra está sendo transportada *por* caminhão.

Na primeira, *por* designa o lugar por onde e, na segunda, o meio de transporte.

RELAÇÕES CRIADAS PELAS PREPOSIÇÕES

Relações Espaciais

Podemos distinguir quatro categorias espaciais: o espaço pontual, o espaço de origem, o espaço de destino e o espaço de percurso.

Espaço Pontual

As preposições ligadas a um espaço pontual são: *a, ante, em, entre, sob, sobre*. Por espaço pontual, entenda-se aquele em que algo se situa, sem referência a deslocamentos.

A indica posição próxima, contígua:

Todos estavam *à* mesa.

Ante indica uma posição no espaço, situada em frente a uma referência:

Todos ficaram perplexos *ante* aquela cena.

Em indica apenas uma posição no espaço:

Minha irmã foi fazer compras *em* Miami.

Entre indica uma posição no espaço situada entre duas ou mais referências:

Leões marinhos foram treinados para nadar *entre* as baleias, com uma câmara de vídeo nas costas.

Sob indica uma posição no espaço situada abaixo de uma referência:

Há um novo motor turbo *sob* o capô dos carros da VW.

Sobre indica uma posição no espaço situada acima de uma referência:

Os óculos foram deixados *sobre* a mesa de jantar.

Espaço de Origem

As preposições que indicam movimento vindo de um espaço de origem são *de* e mais raramente *desde*:

O espião que veio *do* frio.
Milton Nascimento voltou *de* uma turnê internacional.
Ele veio a pé, *desde* a rua Direita.

Espaço de Destino

Três são as preposições que, em português, indicam movimento em direção a um destino: *a, para* e *até*.

O candidato da oposição foi *a* Nova Iorque.
Joaquim Nabuco foi *para* Washington.
Ela foi *até* o portão.

Até indica um limite de movimento. *Ela foi até o portão* significa que ela não passou do portão.

Em certos contextos sintáticos, é possível estabelecer uma pequena diferença de sentido entre *a* e *para*, em que *a* indica um destino onde se vai estar provisoriamente e *para*, um destino em que se vai estar em definitivo ou por longo tempo. De fato, uma frase com o verbo *ir* pode ser construída com *a* ou *para*, mas uma frase com o verbo *mudar*, no português do Brasil, somente pode ser construída com *para*:

O ministro foi *para* Nova Iorque.
O ministro foi *a* Nova Iorque.
O embaixador mudou-se *para* Washington.
* O embaixador mudou-se *a* Washington.

Espaço de Percurso

A preposição *por* introduz um complemento que indica um movimento em percurso:

Nos *medicine shows* do século XIX, charlatães passavam *por* várias cidades, prometendo cura para todo tipo de doença.

As notícias circulavam *pelas* praças e *pelas* ruas.

Relações Temporais

As preposições envolvidas nas relações temporais são quase as mesmas que atuam nas relações espaciais, notadamente as seguintes: *em, entre, de, a, para, até,* incluindo-se *desde* e *após*.

Tempo Pontual

Os membros do Supremo se reuniram *às* oito horas da manhã.

Tempo Situado entre Duas Referências Temporais

Nossa seleção viajará *entre* os dias 10 e 15 do mês de maio.

Tempo Situado num Momento Anterior ao da Interlocução

Essa tradição vem *da* época do Brasil colônia.
Essa livraria está aqui *desde* 1940.

Tempo Subsequente ou Futuro

Daqui *para* o final do ano, a temperatura aumentará.
Dois dias *após* o pleito, foi sugerido um novo ministério.
Vou ficar em Curitiba *até* a metade do próximo mês.

Causalidade

A relação de causa é expressa pelas preposições *de* e *por*:

Morria *de* medo.
Agiu *por* vingança.

A preposição *por* é utilizada também na introdução do complemento agente da passiva, justamente por seu papel causativo, como se vê em:

A ponte foi arrastada *pela* força da correnteza.

DOMÍNIOS SEMÂNTICOS DE OUTRAS PREPOSIÇÕES

COM E SEM

A preposição *com* introduz complementos que denotam companhia e, por extensão, complementos que denotam instrumento ou meio e modo:

Ela viajou *com* o marido (companhia).
Você pode pagar *com* cartão de crédito (instrumento/meio).
A polícia agiu *com* precipitação (modo).

A preposição *sem* pode indicar essas mesmas relações, sob o ponto de vista negativo.

Ela viajou *sem* o marido (negação de companhia).
Para a Argentina você pode viajar *sem* passaporte (negação de instrumento).
A polícia agiu *sem* precipitação (negação de modo).

CONTRA

Contra denota movimento contrário, esforço oposto a outro esforço.

Remar *contra* a maré.
Bateu *contra* o barranco.
Votou *contra* o aumento dos magistrados.

A PREPOSIÇÃO *DE* E SUA FUNÇÃO RESTRITIVA

A preposição *de*, além de introduzir complementos que denotam espaço ou tempo de origem, é largamente utilizada para restringir a significação de um substantivo, de um grupo nominal, ou de um verbo. Como em:

vício *do* alcoolismo
escada *de* 20 degraus
uma história *de* pescador
boi *de* 400 quilos
construção *do* túnel
morrer *de* rir
conhecer *de* vista
saber *de* cor

Os elementos subordinados, nesses exemplos, restringem o significado de seus antecedentes. No primeiro exemplo, não se trata de um vício em geral, mas do vício do alcoolismo; no segundo exemplo, não se trata de uma escada qualquer, mas de uma de 20 degraus, e assim por diante. Querer encontrar, a partir do significado da restrição, outras subclassificações semânticas, dizendo que a preposição *de* pode significar coisas como peso, medida, finalidade, é exagero, uma forma de atribuir a essa preposição significados que se devem mais ao contexto e à natureza do complemento à direita do que ao próprio conteúdo da preposição em si.

Os domínios semânticos das preposições descritos neste capítulo podem ser consideravelmente ampliados se levarmos em conta sentidos figurados, extensões de sentido e associações de vários outros tipos. É o caso de *sobre* e *sob*. Designando originalmente posição superior e inferior, no sentido físico, elas passaram a ter significados mais amplos:

Ela tem um estranho poder *sobre* mim.
Conversou *sobre* o que leu.
Manifestou-se *sobre* as opiniões ali contidas.

Nessas frases, a noção de lugar físico desaparece e a preposição torna-se sinônima de *a respeito de*.

Também com a preposição *sob*, a noção de espaço físico amplia-se para significações mais gerais:

Ele estava *sob* a barraca de lona.
Ele estava *sob* a proteção de um habeas corpus.
Ele agiu *sob* a orientação de seu advogado.

Com a preposição *em* também ocorrem ampliações de sentido:

Ele punha suas anotações *num* caderno.

Ele punha suas ideias *na* cabeça.
Ele punha sua felicidade *no* passado.

A exploração dos vários tipos de relação estabelecidos pelas preposições pode produzir interessantes efeitos, como na frase atribuída ao presidente norte-americano, Abraham Lincoln, ao definir democracia:

Governo *do* povo, *pelo* povo, *para* o povo.

SINTAXE DE ALGUMAS PREPOSIÇÕES E LOCUÇÕES PREPOSITIVAS

Acerca de, *a Cerca de*, *Há Cerca de*

Acerca de significa *a respeito de*. Exemplo:

A obra de Harold Bloom, *acerca* do cânone ocidental, é um trabalho dirigido ao público norte-americano.

Cerca de significa *aproximadamente*. Exemplo:

Cerca de 4 milhões passarão o "réveillon" nas praias do Rio.

Às vezes, a expressão *cerca de* é precedida da preposição *a*, como em:

Foi *a cerca de* vinte lojas para comparar preços.
Assistiu *a cerca de* dois mil filmes de ação.

Essa preposição, em casos como esses, não está relacionada à locução *cerca de*, mas aos verbos que a antecedem. Uma prova disso é que, se retirarmos a expressão *cerca de* dessas frases, a preposição *a* permanece:

Foi *a* vinte lojas para comparar preços.
Assistiu *a* dois mil filmes de ação.

Sendo esse *a* apenas uma preposição, não deve ter acento de crase.

Quando a ideia de cálculo aproximado se refere ao passado, a expressão *cerca de* pode ser antecedida pelo verbo *haver*, como em:

É a segunda vez que a vejo com este roupão. A primeira foi *há cerca de* onze meses.

À Custa de, Custas

À custa de significa *às expensas*. Exemplo:

Com trinta anos, ainda vive *à custa* do pai.

Custas significam despesas judiciais. Exemplo:

As *custas* serão pagas pelo réu.

A construção "Ele vive *às custas do* pai" não existe na língua padrão.

Ao Encontro de, de Encontro a

Ao encontro de significa união. Quando alguém diz algo como: "Suas ideias vêm *ao encontro das* minhas", quer dizer que as ideias se unem, se harmonizam. *De encontro a* significa o contrário, significa oposição, choque. Quando alguém diz algo como: "Suas ideias vêm *de encontro às* minhas", isso quer dizer que as ideias são contrárias, se chocam.

A Par de

A forma correta é *a par de*. *Ao par de* não faz parte da língua padrão atual. Exemplo:

Todos já estavam *a par das* negociações.

Existe, contudo, a expressão estereotipada *ao par*, que significa *sem ágio no câmbio, vendido pelo valor de face*. Exemplo:

Todas as ações foram vendidas *ao par*.

A Princípio, em Princípio

A locução *a princípio* é utilizada em textos narrativos, para assinalar um evento anterior a um outro que vem depois. Exemplo:

Li a carta, mal *a princípio* e não toda, depois fui lendo melhor[2].

---

2. Joaquim Maria Machado de Assis, *Dom Casmurro*. Em *Obra Completa*, vol. 1, p. 932.

A locução *em princípio* é utilizada em textos argumentativos/dissertativos e serve para destacar uma ideia. Exemplo:

A humanidade estava por demais adiantada para que se pudesse ainda defender, *em princípio*, a escravidão, como o haviam feito nos Estados Unidos[3].

Através de

Através de significa de lado a lado, atravessadamente. Exemplo:

Via a luz *através da* vidraça.
O homem, *através dos séculos*, vem criando uma ciência cada vez mais eficaz.

A locução *através de*, com o sentido de *por meio de*, em expressões como: "Aprenda *através de* exercícios", apesar de já dicionarizada, ainda não encontra unanimidade dentro da língua padrão. Em seu lugar, devem usar-se *por meio de*, *por intermédio de*: Aprenda *por meio de* / *por intermédio de* exercícios.

À Vista, a Prazo

A expressão *à vista* é utilizada com emprego do acento grave da crase, uma vez que a palavra *vista* é feminina. Escreve-se, portanto: "Comprou tudo *à vista*". Já a expressão *a prazo* não tem esse acento, uma vez que a palavra *prazo* é masculina. Escreve-se, portanto, "Comprou tudo *a prazo*".

Somos Quatro, Estamos Quatro

Não se emprega a preposição *em* nessas construções. Exemplos:

Somos quatro a reclamar dessa situação.
Estávamos quatro, outro dia, conversando sobre o vestibular.

---

3. Joaquim Nabuco, *Minha Formação*, p. 169.

13
CONJUNÇÃO

Conjunção é uma classe de palavra empregada, em geral, para introduzir uma oração, relacionando-a com outra.

> Dom Pedro aproximou-se do riacho Ipiranga [*e* proclamou a independência].
> Dom Pedro foi proclamado imperador do Brasil, [*embora* fosse português].

Nesses dois casos, a oração introduzida pela conjunção vem depois da oração à qual está ligada, mas pode situar-se, também, em posição anterior a ela como:

> [*Embora* fosse português], Dom Pedro foi proclamado imperador do Brasil.

Pode haver, também, um conjunto de palavras exercendo o papel de conjunção. Nesse caso, recebe o nome de *locução conjuntiva*. Exemplo:

> No início do século XX, o câncer prenunciava um fim rápido, [*a não ser que* o tumor fosse extirpado cirurgicamente].

As palavras *a não ser que* passaram, historicamente, a ser usadas sempre juntas e na mesma ordem e acabaram formando uma construção fixa chamada locução conjuntiva.

ORIGENS DAS CONJUNÇÕES

As conjunções e locuções conjuntivas são, em muitos casos, heranças latinas ou, em outros, foram formadas no próprio interior do português. São originárias do latim as conjunções: *e, ora, nem, mas, porém, todavia, pois, também, ou, que, se, como* e *quando*.

As criações mais recentes são locuções formadas pela adaptação de palavras de outras classes gramaticais:

a. advérbio + *que*: *sempre que, logo que, assim que*;
b. preposição + advérbio + *que*: *a menos que, por pouco que, por mais que, por menos que*;
c. preposição + *que*: *até que, desde que*;
d. preposição + substantivo + *que*: *a fim de que, à proporção que, à medida que*;
e. uma forma verbal repetida ou seguida de *que*: *quer...quer, seja...seja, posto que, visto que*.

TIPOS DE CONJUNÇÃO

A função básica da conjunção é a de introduzir e relacionar orações. Dependendo das orações que introduzem, as conjunções se classificam em duas subclasses: *conjunções coordenativas* e *conjunções subordinativas*.

Conjunções Coordenativas

As conjunções coordenativas ordenam orações, uma ao lado da outra. Podem ser divididas em cinco classes, segundo as relações que estabelecem: *aditivas, adversativas, alternativas, conclusivas* e *explicativas*.

Conjunções Aditivas

Expressam, geralmente, uma relação de soma. São elas: *e, nem*.

Você deve ir a Roma [*e* visitar os museus do Vaticano].
Ele não anda a pé [*nem* frequenta academia].

Como se vê, a conjunção *nem* une duas orações negativas e pode ser substituída por *não*, precedido pela conjunção *e*, como em:

Ele não anda a pé [*e não* frequenta academia].

Mesmo mantendo o *e*, às vezes utiliza-se *nem* em lugar de *não*:

Ele não anda a pé [*e nem* frequenta academia].

Nesse caso o *e* tem um valor de reforço. É como se disséssemos:

Ele não anda a pé [*e muito menos* frequenta academia].

A conjunção *e* pode introduzir orações que não representem uma simples soma de informação. Em uma frase como:

Ela nunca estudava [*e* passou no concurso].

o sentido da oração coordenada representa oposição implícita ao sentido da oração anterior.

Conjunções Adversativas

Expressam uma relação de oposição, desdizendo ou contradizendo uma expectativa criada pelo que se declara na oração anterior. São as seguintes: *mas, porém, todavia, contudo, entretanto*. Incluem-se, também, locuções conjuntivas como *no entanto, não obstante*:

Olha as estrelas, [*mas* não te esqueças de acender a lareira]. (Provérbio alemão.)

Um irmão pode não ser um amigo, [*porém* um amigo será sempre um irmão]. (Benjamin Franklin.)

A conjunção *mas* ocupa um lugar fixo no início da oração coordenada. Já as outras adversativas podem variar de posição:

Um irmão pode não ser um amigo; [um amigo, *porém*, será sempre um irmão].
Um irmão pode não ser um amigo; [um amigo será, *porém*, sempre um irmão].
Um irmão pode não ser um amigo; [um amigo será sempre, *porém*, um irmão].
Um irmão pode não ser um amigo; [um amigo será sempre um irmão, *porém*].

Essa liberdade se deve ao fato de, antigamente, essas conjunções serem advérbios com função de reforçar a noção de oposição, com significados que hoje já desapareceram. *Entretanto*, por exemplo, queria dizer *entre tanto*. Esses advérbios de reforço só se empregavam depois do *mas*, em situações como:

> Um irmão pode não ser um amigo, [*mas, entretanto*, um amigo será sempre um irmão].

No decorrer do tempo, em função da contiguidade sintática entre *mas* e esses primitivos advérbios, perderam eles o significado original que tinham e ganharam o significado opositivo de *mas*, passando a substituí-lo. Mantiveram, contudo, a liberdade sintática de que gozam advérbios dessa natureza.

Conjunções Alternativas

Essas conjunções introduzem uma oração que se coloca numa relação de alternância com a anterior. São as seguintes: *ou...ou, ora...ora, seja... seja, quer...quer*.

> Nove em cada dez brasileiros *ou* já têm [*ou* irão ter dores nas costas].
> O barco *ora* se equilibrava bem, [*ora* adernava um pouco].

Tais conjunções, duplas ou repetidas, uma em cada oração, recebem o nome especial de *conjunções correlativas*. Entre elas, a conjunção *ou* é a única que pode não aparecer duplicada, ocorrendo apenas na segunda oração.

> Nove em cada dez brasileiros já têm [*ou* irão ter dores nas costas].

Conjunções Conclusivas

Essas conjunções introduzem orações que explicitam algo já dado como pressuposto na oração anterior. São as seguintes: *logo, pois, portanto, então, assim* e locuções conjuntivas como: *por conseguinte, por isso*.

> A água atingiu a temperatura de 100 graus Celsius, [*portanto* ferveu].
> Ela ainda não tem dezesseis anos, [*então* não poderá votar].

A conjunção *pois* é conclusiva apenas quando vem depois do verbo. Exemplo:

Ele ainda não tem dezesseis anos, [não poderá, *pois*, votar].

Se pusermos *pois* iniciando oração, essa frase ficará sem sentido:

*Ele ainda não tem dezesseis anos, [*pois* não poderá votar].

Conjunções Explicativas

As conjunções explicativas introduzem orações que veiculam um argumento ou prova do que se disse na oração anterior. São as seguintes: *pois* (iniciando oração), *porque, que, porquanto*.

Leia jornais diariamente, [*porque* você precisa informar-se].
Aproveite a oportunidade, [*pois* ela pode não aparecer outra vez].

Nas orações explicativas, a conjunção *pois* deve iniciar, obrigatoriamente a oração. Não se pode dizer:

*Aproveita esta oportunidade, [ela pode, *pois*, não aparecer outra vez na tua vida].

Às vezes, essas conjunções podem ser canceladas. O sentido, contudo, não se modifica:

Leia jornais! Você precisa estar bem informado.
Aproveite a oportunidade! Ela pode não aparecer outra vez.

EXPRESSÕES CORRELATIVAS SOBREPOSTAS À COORDENAÇÃO ADITIVA

Podem-se acrescentar às orações coordenadas aditivas expressões correlativas como:

tanto...   quanto
tanto...   como
não só...   mas também
não só...   mas ainda

No lugar de dizer, por exemplo,

> O atacante foi responsável pela vitória e também o goleiro.

pode-se dizer:

> *Tanto* o atacante foi responsável pela vitória *quanto* o goleiro.

No lugar de:

> A modelo se hospedou no Ritz, em Paris, e no Park Lane, em Nova Iorque.

pode-se dizer:

> A modelo se hospedou *não apenas* no Ritz, em Paris, *mas também* no Park Lane, em Nova Iorque.

O uso dessas expressões configura a sobreposição pragmática de um processo de comparação à coordenação aditiva. No primeiro caso, de igualdade. É como se disséssemos que o atacante e o goleiro foram igualmente responsáveis pela vitória. No segundo caso, temos a inferência pragmática de uma comparação de superioridade. É como se disséssemos que hospedar-se no Park Lane, em Nova Iorque, é algo mais importante do que se ter hospedado no Ritz em Paris.

OBSERVAÇÃO: As conjunções coordenativas *e* e *ou* podem também ser utilizadas para ligar palavras de uma única oração.

> A pátria *e* a cidade estão de luto.
> Você vai ler um jornal *ou* um livro?

O mesmo acontece com a expressões correlativas:

> Tanto o atacante como o goleiro foram responsáveis pela vitória.

As orações introduzidas por conjunções coordenativas não aceitam mudança de posição, antepondo-se às anteriores. Se invertermos a ordem das orações a seguir:

> Você deve ir a Roma [*e* visitar os museus do Vaticano].
> Olha as estrelas, [*mas* não te esqueças de acender a lareira].

redigindo-as como:

*[E visitar os museus do Vaticano] você deve ir a Roma.
*[Mas não te esqueças de acender a lareira] olha as estrelas.

o sentido fica irremediavelmente comprometido. O mesmo não acontece com as orações introduzidas por conjunções subordinativas, como veremos adiante.

CONJUNÇÕES SUBORDINATIVAS

As conjunções subordinativas servem para inserir uma oração em outra. Exemplos:

Repórter diz [*que* carros custam até 55% mais barato no Chile].

Não respeite um homem apenas [*porque* ele tem cabelos brancos].

A oração em que se insere uma subordinada chama-se *oração principal*.

As conjunções subordinativas subdividem-se em dois tipos: conjunções subordinativas integrantes e conjunções subordinativas adverbiais.

Conjunções Subordinativas Integrantes

São aquelas que acrescentam orações que funcionam como complementos, partes necessárias da oração principal, tornando-as inteiras. Daí o nome *integrante* (*íntegro* = inteiro).

No português, há duas conjunções integrantes: *que* e *se*.

Um tribunal francês decidiu [*que* a marca de charutos Monte Cristo não pertence ao governo de Cuba].

Você viu [*se* a porta estava fechada]?

Se dissermos apenas *Um tribunal francês decidiu* ou *Você viu*, esses trechos não configuram orações inteiras, pois falta, em ambos, o complemento dos verbos. O acréscimo das orações subordinadas introduzidas pelas conjunções integrantes *que* e *se* torna-as inteiras.

O *se* é empregado em orações subordinadas cujo significado não tem valor de verdade para o falante. Quem pergunta, por exemplo, *se a porta está fechada*, não sabe se ela está fechada ou não. Trata-se de orações não asseverativas, isto é, que não afirmam nem negam. Se no lugar de *se* estivesse *que*, em um período como *Você viu que a porta estava fechada?*, a interpretação seria a de que o falante sabe *que a porta está fechada*. Apenas pergunta ao seu interlocutor se ele compartilha esse conhecimento.

Conjunções Subordinativas Adverbiais

As conjunções subordinativas adverbiais introduzem orações que exprimem uma circunstância. Classificam-se em: *causais, comparativas, concessivas, condicionais, conformativas, consecutivas, finais, proporcionais* e *temporais*.

Conjunções Causais

Iniciam orações que indicam uma causa vinculada à oração principal. São as seguintes: *porque, como, pois, porquanto* e também locuções conjuntivas como: *já que, uma vez que, desde que.*

A corte portuguesa no Rio gastava 300.000 francos anuais com a Capela Real, [*porque* o príncipe regente Dom João amava música].

O Barão João Batista Viana Drummond criou o jogo do bicho no Rio, [*uma vez que* a República tinha cortado a subvenção para o zoológico fundado por ele].

[*Como* o pai de Mozart desaprovava o casamento do filho com uma soprano chamada Aloysia], enviou-o com a mãe a Paris.

Quando tem valor causal, a conjunção *como* introduz uma oração sempre posicionada antes da oração em que está inserida. Seria agramatical esse último exemplo, se déssemos a ele uma outra versão, redigindo-o com inversão das orações, como em:

O pai de Mozart enviou-o a Paris com a mãe, [*como* desaprovava o casamento do filho com uma soprano chamada Aloysia].

Uma vez que e *desde que* introduzem orações causais, desde que o verbo da oração subordinada esteja no modo indicativo, como em:

[*Uma vez que* o carro principal se acidentou], o carro reserva deverá ser utilizado na corrida.

Se o verbo da oração subordinada estiver no modo subjuntivo, essas locuções conjuntivas assumem o caráter de condição e não de causa.

Você pode viajar a Brasília [*desde que* faça a viagem de ônibus]. (= se fizer a viagem de ônibus)

[*Uma vez que* ele chegue a tempo], você pode convidá-lo para o jantar. (= se ele chegar a tempo)

Conjunções Comparativas

As conjunções comparativas introduzem uma oração que se confronta com outra por comparação.

Na comparação, confrontamos coisas, pessoas, qualidades ou eventos de três maneiras:

a. *igualdade*. Utilizamos nesse tipo de comparação as conjunções comparativas *como* ou *quanto*, que se correlacionam aos advérbios *tanto* ou *tão*, na oração principal.

Os pilotos da Fórmula 1 correm *tanto* [*quanto* os pilotos da Fórmula Indy].

Beethoven era *tão* talentoso [*como* Mozart].

Quando se usa a conjunção *como*, o advérbio *tão* pode omitir-se, o que daria ao segundo exemplo a seguinte feição:

Beethoven era talentoso [*como* Mozart].

Dessa maneira, a comparação fica atenuada.

Cumpre observar que as orações comparativas são quase sempre truncadas, ou seja, alguns de seus termos são omitidos, para não repetir aquilo que já está presente na oração principal. Se não fossem truncadas, os exemplos anteriores seriam assim reescritos:

Os pilotos da Fórmula 1 correm tanto [quanto os pilotos da Fórmula Indy *correm*].

Beethoven era tão talentoso [como Mozart *era talentoso*].

b. *superioridade*. Utilizamos, nesse tipo de comparação, a conjunção *que* ou a locução conjuntiva *do que*, que se correlacionam com o advérbio *mais*, na oração principal.

Os pilotos da Fórmula 1 correm *mais* [*do que* os pilotos da Fórmula Indy].

Beethoven era *mais* talentoso [*que* Mozart].

c. *inferioridade*. Utilizamos, nesse tipo de comparação, as conjunções *que* ou *do que*, que se correlacionam com o advérbio *menos*, na oração principal.

Os pilotos da Fórmula 1 correm *menos* [*do que* os pilotos da Fórmula Indy].

Beethoven era *menos* talentoso [*que* Mozart].

Funções da comparação

I. FUNÇÃO DIDÁTICA:

Uma comparação pode ter função didática, quando o falante compara alguma coisa desconhecida (ou pouco conhecida) pelo seu interlocutor com alguma coisa que ele imagina ser mais conhecida por ele. Exemplo:

A área de trabalho do Windows é uma espécie de escrivaninha eletrônica. Nela você trabalha [*como* em uma mesa de trabalho comum].

Em casos assim, as conjunções comparativas são usualmente *como, qual* ou *quanto*, e pode haver correlação entre elas e *assim, tal, tanto*, ou *assim como*, na oração principal.

Os primeiros homens a visitar a Lua, em função da pouca gravidade, andavam *tal* [*qual* bailarinos, em saltos ritmados].

II. FUNÇÃO ARGUMENTATIVA:

A comparação pode ter função argumentativa, quando o falante procura criar um ponto de vista diferente do senso comum, para chamar a atenção de seu interlocutor e conseguir sua adesão a uma premissa. Exemplos dessa função são os símiles intensivos que consistem em provocar semelhanças ou diferenças entre duas coisas.

Ele é alto [*como* um poste].
Ele é lento [*como* uma tartaruga].
Ele dirige [*como* um louco].

Outro exemplo de valor argumentativo da comparação pode ser observado no seguinte trecho do *Hamlet* de Shakespeare, no diálogo estabelecido entre Hamlet e o fantasma de seu pai, que lhe pede vingança, por ter sido assassinado pelo irmão:

FANTASMA – Vinga sua alma e o seu assassinato!
HAMLET – Assassinato?
FANTASMA – Assassinato, sim, sempre covarde, mas desta vez mais torpe e mais covarde.
HAMLET – Conta-me logo, para que eu, com asas rápidas *como a* ideia ou *como o* amor, voe à vingança![1]

Nos símiles intensivos, a conjunção comparativa *como* pode ser substituída pelas expressões *que nem* ou *feito*.

Ele trabalhou [*que nem* um condenado].
Ele estava imundo [*feito* um porco].

Às vezes, a comparação com função argumentativa tem efeitos humorísticos, como nos seguintes exemplos:

Ele está mais perdido [que cachorro que caiu do caminhão de mudança].

Nestes pequenos apartamentos modernos, ter uma Enciclopédia Britânica é *tão* complicado [*quanto* criar cabras no box do banheiro].

Nada incomoda *mais* um virtuoso [*do que* ver um pecador feliz].

III. FUNÇÃO ESTILÍSTICA:

Muitas vezes, o que se destaca numa comparação é seu efeito estilístico, como acontece nos exemplos a seguir:

Soluçava de engasgar, sentia as lágrimas quentes maiores [*do que* os olhos][2].

As lágrimas da mulher amolecem o coração do guerreiro [*como* o orvalho da manhã amolece a terra][3].

---

1. William Shakespeare, *Hamlet*, p. 174.
2. João Guimarães Rosa, *"Campo Grande" Manuelzão e Miguelim*, p. 119.
3. José de Alencar, *Iracema*, p. 119.

Conjunções Concessivas

Essas conjunções introduzem uma oração na qual se afirma ou se nega algo oposto ao declarado na oração principal, mas insuficiente para desautorizar totalmente essa declaração. São as seguintes as conjunções e locuções conjuntivas concessivas: *embora, ainda que, posto que, se bem que, conquanto, apesar de que, mesmo que, por mais que.*

Embora as previsões lhe fossem favoráveis, o candidato da oposição não se elegeu.

Mesmo que se elevem os impostos, não haverá recursos suficientes.

Conjunções Condicionais

As conjunções condicionais introduzem uma oração que estabelece uma condição necessária e/ou suficiente para que seja verdade o que se declara na oração principal. São as seguintes, incluindo as locuções conjuntivas: *se, caso, uma vez que, desde que, dado que, sem que, contanto que.*

[*Se* a felicidade conjugal pode ser comparada à sorte grande], eles a tiraram no bilhete comprado de sociedade[4].

[*Caso* o governo aumente os impostos], a sonegação crescerá.

O pagamento será feito dentro do prazo, [*contanto que* o contrato seja cumprido].

Uma vez que e *desde que* são locuções conjuntivas condicionais apenas quando o verbo da oração introduzida por elas estiver no modo subjuntivo:

[*Uma vez que* o governo *aumente* os impostos], a sonegação crescerá.

[*Desde que* o governo *aumente* os impostos], a sonegação crescerá.

Se o verbo estiver no indicativo, a oração introduzida por tais locuções será causal.

[*Uma vez que* não *há* provas], o réu está livre. (= porque não há provas)

---

4. Joaquim Maria Machado de Assis, *Dom Casmurro*. Em *Obra Completa*, vol. 1, p. 816.

Conjunções Conformativas

Estas conjunções introduzem uma oração que exprime um fato de acordo com outro, presente na oração principal. São as seguintes: *conforme, como, segundo, consoante.*

Tudo aconteceu [*como* tínhamos previsto].

Faça a licitação [*conforme* diz o edital].

Conjunções Consecutivas

As conjunções consecutivas introduzem uma oração que exprime a consequência daquilo que se declara na oração principal. Trata-se, na verdade, da conjunção *que* correlacionada com *tal, tanto, tão, tamanho(a)*, na oração principal, produzindo locuções como: *tal que, tanto que, tão que, tamanho(a) que.*

Aqui, o sucesso da Barbie é *tanto* [*que* o Brasil é o quarto maior consumidor da boneca].

Elas me trouxeram também sensações passadas, *tais e tantas* [*que* eu não poderia dizê-las todas], sem tirar espaço ao resto[5].

Conjunções Finais

As conjunções finais introduzem uma oração que exprime uma intenção, um objetivo vinculado ao conteúdo semântico da oração principal. São: *que, para que, a fim de que.*

Nas Olimpíadas, são exigidos vários exames, [*para que* se descubra o uso de anabolizantes].

Os oceanógrafos costumam batizar suas boias de pesquisa com os nomes das namoradas ou esposas, [*a fim de que* a saudade causada pela distância seja diminuída].

Conjunções Proporcionais

As conjunções proporcionais introduzem uma oração que exprime um evento que aumenta ou diminui, em função do que se declara na oração principal. São as seguintes: *à medida que, à proporção que, ao passo que, quanto mais, quanto menos* (estas duas últimas vêm correlacionadas, às vezes, a *tanto*, ou *tanto mais* na oração principal).

---

5. *Idem*, p. 868.

Quanto mais nos aproximamos do litoral, [tanto mais o teor de umidade ia aumentando].

[*À medida que* a Coca-Cola passou a ser consumida como simples refrigerante], a cocaína foi eliminada de sua composição. (Revista *Superinteressante*, ano 5, nº 2.)

Conjunções Temporais

As conjunções temporais introduzem uma oração que exprime um tempo em relação ao que se expressa na oração principal. Pode tratar-se de um tempo anterior, simultâneo, ou posterior. As conjunções que exprimem tempo anterior são: *antes que, primeiro que*.

[*Antes que* anoitecesse], procurou ver o nível do combustível.

As conjunções temporais que exprimem tempo simultâneo são: *quando* e *enquanto*.

[*Quando* a Apolo 13 foi lançada], ninguém podia prever o futuro problema e, muito menos, o final feliz.

Há locuções conjuntivas temporais que exprimem tempo repetido tais como: *todas as vezes que, (de) cada vez que, sempre que*.

[*Todas as vezes que* vou a Paris], visito o Louvre.

Para exprimir tempo posterior ao evento da oração principal, fazemos uso de: *depois que, logo que, assim que, desde que, apenas, mal, eis que, (eis) senão quando, após o que*.

[*Depois que* todos se foram], comecei a arrumar a bagunça.

As luzes se acenderam, [*logo que* anoiteceu].

CONJUNÇÕES QUE INTRODUZEM PERÍODOS

Muitas conjunções podem introduzir novos períodos. Vejamos alguns exemplos:

A evolução das camas tem sido retratada ao longo da História nas civilizações mais antigas como a assíria, persa, egípcia e greco-romana. *Porém*, só a partir do século XVII é que a cama, como a conhecemos hoje, começou a ser popularizada.

Costumo dizer que a melhor matéria que eu fiz vai ser a de amanhã. *Mas* devo admitir que a reportagem mais importante que eu fiz na minha vida foi um *Globo Repórter Especial* sobre a Guerra Civil em Ruanda. (Paulo Henrique Amorim, *Imprensa*, junho de 2002.)

Como se pode ver em vários dos exemplos anteriores, a maioria das orações introduzidas por conjunções subordinativas pode mudar de posição, antepondo-se às principais ou até mesmo inserindo-se dentro das principais.

14
INTERJEIÇÃO

Interjeição é uma classe de palavras especialmente ligada às emoções. Por meio delas, podemos exprimir alegria, tristeza, medo, raiva ou amor, as chamadas emoções básicas do ser humano. Mas pode indicar, também, reações mais refinadas, como admiração ou ironia. Quase sempre, a interjeição interrompe o fluxo da nossa fala ou da pessoa com quem falamos. Daí sua origem: *inter* (do latim *inter* = entre) + *jeição*, que provém do radical do verbo *jacere*, que significava em latim *jogar, arremessar, lançar*. Uma palavra "que se joga" entre as outras para exprimir emoções.

Há interjeições que se resumem a simples vogais como *Ah!*, *Oh!*; *Hum!*; ou ditongos como: *Ai!*; *Ui!*; *Hem!* Já outras apresentam mais de uma sílaba, como *Oba!*; *Opa!*; *Arre!* Tais palavras não têm nenhum sentido semântico. Sua significação é obtida por inferência pragmática que depende do contexto em que são usadas. Vejamos estes três trechos:

Ah, a Noruega... O reino nórdico merece o principal destaque da leitura de "Marcos Regulatórios da Indústria Mundial do Petróleo". (Gitânio Fortes, *Folha de S. Paulo*, 7.4.2012.)

Ah, se na hora a gente soubesse que é preciso não perder nenhuma oportunidade, seja em que campo for, para não chorar no futuro pelas chances que não chegou a ter pela pior das cegueiras: a cegueira mental. (Danuza Leão, *Folha de S. Paulo*, 22.4.2012.)

Alguns dias atrás, um amigo me convidou, junto com minha mulher, para jantar com sua nova namorada. "Combinado", falei. "O que ela faz?" – uma pergunta pouco delicada. "É *private banker*", disse ele. "O quê?" Minha resposta o levou a explicar: "Ela aplica dinheiro para clientes de alta renda". E minha reação – "*ah, é?*" – soou tão crítica que ele rebateu: "Preconceituoso!" (Michael Kepp, *Folha de S. Paulo*, 3.4.2012.)

No primeiro deles, é possível depreender da interjeição *Ah!* um sentimento de admiração. No segundo, de nostalgia e, no terceiro, de ironia.

Às vezes, a interjeição indica apenas apelo ou chamamento, como em: *Olá*, como vai?; *Ei*, cuidado com esses pratos!

Algumas interjeições, na verdade locuções interjectivas, são formadas por expressões estereotipadas. Algumas delas têm natureza religiosa como: *Minha nossa senhora*!; *Cruz credo, Valha-me Deus*!; *Deus me livre*!; *Graças a Deus*!. Outras têm natureza leiga como: *Ai de mim*!; *Ai de você*!, *Ora bolas; Com todos os diabos*. Exemplos:

> A cirurgia, *graças a Deus*, foi um sucesso!
> Você vai comer esse prato com toda essa pimenta? *Deus me livre*!
> *Ai de mim*, se esqueço de declarar esse valor à Receita Federal.
> *Ai de você*, se pisar nessas flores!
> *Com todos os diabos*! O que você estava fazendo lá de madrugada?
> Você paga quando puder, *ora bolas*!

Há uma locução interjectiva antiga, *Aqui del rei*!, que era usada para pedir auxílio em nome do rei.

15
SINTAXE:
ESTUDO DA ORAÇÃO SIMPLES

É sabido que todo texto tem uma macroestrutura construída por parâmetros como coesão, clareza, coerência e progressão. Mas um texto tem, também, sua microestrutura, cujo eixo é a sintaxe. Quando a compreendemos melhor, ganhamos condições de, como "leitores internos" dos nossos próprios textos, ter maior segurança e controle sobre aquilo que escrevemos, aumentando, assim, nossa versatilidade e criatividade.

A FRASE

Sintaxe é o estudo da maneira como as palavras se combinam em estruturas chamadas frases. FRASE É A MENOR UNIDADE DO DISCURSO CAPAZ DE TRANSMITIR UMA MENSAGEM. Na escrita, a frase é delimitada, à esquerda, por uma letra maiúscula iniciando a primeira palavra e, à direita, por um ponto final, de interrogação, de exclamação, reticências, ou ainda por mais de um desses sinais, simultaneamente. Se dissermos a alguém uma sequência como: "Viajaremos na sexta-feira.", essa sequência será capaz de transmitir uma mensagem e, por isso, será uma frase. O mesmo acontece com uma outra mais longa e mais complexa do que a anterior, como: "Viajaremos na segunda-feira, quando sua mãe chegar, se não estiver chovendo".

Às vezes, a frase pode ser construída por uma só palavra, como em: "Chove".

Nem sempre, contudo, as frases são autossuficientes para transmitir uma mensagem de maneira completa. Tanto na língua oral como na escrita, seu significado pode depender de alguma coisa dita ou escrita anteriormente, ou pode ainda depender (na fala) de dados exteriores, presentes na situação de comunicação. Vejamos o seguinte exemplo:

> Exige, portanto, que seja um mestre na sua arte.

Será que temos aí uma frase, uma unidade do discurso transmitindo uma mensagem? Quem exige? Quem deverá ser um mestre em sua arte e que arte será essa? Bem, chegamos à conclusão de que, para que sua mensagem seja de fato transmitida, a frase deve estar sempre contextualizada. Acrescentemos, então, um contexto:

> O mundo não exige que você seja médico, advogado, fazendeiro, usineiro ou comerciante; exige, isto sim, que faça de maneira bem feita sua atividade, e que a realize com todo o poder e habilidade que tiver. *Exige, portanto, que seja um mestre na sua arte.* (Revista *T&D*, São Paulo, nov/1999.)

Agora, podemos entender o sentido completo da frase em questão. Quem exige é o mundo, quem deverá ser mestre é você e a arte é qualquer atividade profissional. Podemos dizer, então, que, embora uma frase seja a menor unidade do discurso capaz de transmitir uma mensagem, o sentido global dessa mensagem pode, muitas vezes, estar "plugado" em outras frases, ou até mesmo, como dissemos, no ambiente em que se desenrola a comunicação, como em uma situação em que alguém aponta para um pássaro pousado numa árvore e diz: "– Está cantando".

Nesse caso, o sentido da mensagem é completado por um elemento presente no ambiente da comunicação.

A Oração Simples

As frases podem manifestar-se como orações simples ou orações complexas, chamadas períodos. A oração simples caracteriza-se por ser construída em torno de um único processo verbal, que envolve um verbo principal ou um conjunto composto de um ou mais verbos auxiliares + verbo principal. Exemplos:

Oração simples construída em torno de apenas um verbo principal:

A Índia *comprou* jatos brasileiros.
comprou = verbo principal.

Oração simples construída por um verbo auxiliar + verbo principal:

A Índia *costuma comprar* produtos brasileiros.
costuma = verbo auxiliar
comprar = verbo principal

Interdependência de Sentido entre Orações

É comum haver interdependência de sentido entre orações. É o que acontece no exemplo:

Mizner *dizia* que a mais eficiente força hidráulica do mundo *são* as lágrimas de uma mulher.

Nessa sequência, temos duas orações formando uma oração complexa ou período:

a) Mizner dizia

b) que a mais eficiente força hidráulica do mundo são as lágrimas de uma mulher.

Nenhuma das duas, por si própria, tem sentido completo, ou seja, nenhuma delas pode ter funcionamento autônomo dentro de um discurso.

Como se vê, uma frase pode ser apenas uma oração simples ou pode conter várias delas, situação em que recebe o nome de oração complexa ou período.

Análise Sintática da Oração Simples

A análise sintática é um método utilizado para descrever as funções que as palavras desempenham dentro das orações e o significado que elas assumem quando exercem essas funções. Envolve, portanto, dois tipos de operação: *a*) detectar relações e *b*) interpretar sentidos.

Quando falamos, as palavras não são jogadas a esmo dentro das orações; são agrupadas segundo certas leis. Quando ouvimos uma oração, só conseguimos compreender seu sentido, se formos capazes de perceber as construções dentro das quais estão encaixadas as palavras. Falar e compreender pressupõem, portanto, o conhecimento intuitivo que todos os falantes têm da estrutura sintática das orações.

Por que então estudar algo que já conhecemos? O que conseguiremos lucrar com isso? Há nesse conhecimento duas vantagens. A primeira delas é que, tomando consciência dos mecanismos que utilizamos inconscientemente, aumentamos nosso controle sobre eles. A segunda vantagem é que, com esse controle, aumentamos a versatilidade com que podemos utilizá-los, vislumbrando um número infindável de novas opções.

Dissemos há pouco que, na oração, os elementos se articulam em torno de um único processo verbal contendo um verbo principal. Vamos procurar, pois, entender, primeiramente, a natureza dos verbos.

Estrutura Argumental dos Verbos

O verbo, do ponto de vista do significado, é uma palavra como os substantivos, adjetivos e advérbios de modo, que têm uma *significação externa*. Isso quer dizer que o verbo nomeia algo pertencente ao mundo físico, como *ler*, *quebrar*, *perfurar*, ou ao mundo psicológico, como *amar*, *refletir*, *pensar*.

Mas o verbo possui, além disso, algo mais dentro do seu significado. Trata-se de uma *estrutura virtual de relação*, também chamada de *estrutura argumental*. Cada vez que nos lembramos de um verbo, surge em nossas mentes, intuitivamente, um conjunto de "lugares virtuais" que sabemos, por intuição, que devem ser preenchidos. Quando pensamos em um verbo como *riscar*, por exemplo, além de entendermos o seu significado, associamos a ele dois *argumentos*:

a) alguém que risca (um agente, aquele que desencadeia a ação);

b) algo que é riscado (um objeto afetado, aquilo que sofre alguma alteração mediante uma ação).

Podemos concluir, portanto, que o verbo *riscar* inclui em seu significado uma estrutura de dois argumentos. Se um deles for omitido, na construção de uma oração como essa, ela ficará agramatical. *Agramatical* significa *malfor-*

mada, que não está obedecendo às regras internalizadas inconscientemente pelos falantes que têm a língua portuguesa como sua língua materna. Se dissermos, por exemplo, sequências como:

(1) *Maria Elisa riscou.
(2) *Riscou o carro.

elas serão agramaticais. Qualquer falante do português notará que, em (1), falta o objeto afetado e, em (2), o agente. É claro que isso não acontece, se existir um contexto em que seja possível recuperar esses argumentos. Se contextualizarmos essas sequências, de modo que sejamos capazes de recuperar o objeto afetado em (1) e o agente em (2), elas passarão a ser gramaticais:

– Quem riscou o carro? (1) Maria Elisa riscou.
– O que Maria Elisa fez? (2) Riscou o carro.

O Verbo como Predicador

O fato de possuir uma estrutura argumental dá ao verbo o *status* de *predicador*. Há outras palavras em português que podem, ocasionalmente, possuir também uma estrutura argumental. São os substantivos abstratos e os adjetivos. Um substantivo abstrato como *venda*, por exemplo, possui uma estrutura argumental com "dois lugares" a serem preenchidos: um *agente* (aquele que vende), *um objeto afetado* (aquilo que é vendido). Esses argumentos podem aparecer em uma sequência como: [*a venda do apartamento pela imobiliária*]. Substantivos abstratos podem, portanto, ser *predicadores*. Um adjetivo como *contente* possui também uma estrutura argumental com "um lugar" a ser preenchido: um *experienciador* (aquele que experimenta o contentamento). Esse argumento pode aparecer em uma sequência como [*a criança está contente*]. Adjetivos podem, portanto, ser também *predicadores*. Embora essas três classes de palavra possam desempenhar o papel de predicadores, é claro que os verbos e os adjetivos têm uma predisposição maior para desempenhar essa função.

Os Argumentos do Verbo e a Oração

Como acabamos de ver, o verbo é um dos elementos que apresentam predisposição maior para, sendo predicador, ter uma estrutura argumental.

Em torno dele, constrói-se a oração, que é uma projeção dessa estrutura. Muitas vezes, além dos argumentos necessários à gramaticalidade das orações, aparecem outros que, embora não interfiram nessa gramaticalidade, acrescentam a elas outros pormenores. É o caso dos argumentos de tempo e de lugar, entre outros. Podemos construir, por exemplo, uma oração como:

> Maria Elisa riscou o carro ontem, dentro da garagem.

Nessa oração, temos, além do agente (Maria Elisa) e do objeto afetado (o carro), um tempo (ontem) e um lugar (dentro da garagem).

Dessa maneira, podemos dizer que o verbo, como predicador, possui dois tipos de argumento:

a) argumentos essenciais (formam a rede argumental essencial do verbo),

b) argumentos não essenciais ou satélites (somados aos essenciais, formam, com eles, a rede argumental total do verbo, em uma situação específica de predicação).

Na oração que acabei de usar como exemplo e que repito a seguir para maior clareza, temos, pois, a seguinte rede argumental ligada ao verbo *riscar*:
– rede argumental essencial: [agente, objeto afetado]
– rede argumental total [agente, objeto afetado, tempo, lugar]

Às vezes, um argumento pode não ser essencial à rede argumental de um verbo, mas ser essencial à rede argumental de um outro. O argumento *lugar*, por exemplo, que não é essencial à rede do verbo *riscar*, é essencial à rede de verbos como *colocar* ou *caber*. Se tentarmos construir uma oração com esses verbos, sem o argumento de lugar, o resultado será agramatical, como em:

> *Maria Elisa colocou o carro.
> *O carro não coube.

Acrescentando o argumento de lugar, as orações ficam gramaticais:

> Maria Elisa colocou o carro no estacionamento.
> O carro não coube na garagem.

Principais argumentos

Os principais argumentos em português são:

Agente: ente animado responsável por uma ação. Exemplos: "*Mário* beijou a namorada". "A *águia* matou a serpente."

Causa: ente inanimado responsável por uma ação. Exemplos: "*O raio* derrubou a árvore". "A casa foi destruída por *uma enchente*."

Experienciador: ente animado afetado materialmente ou psicologicamente por um processo[1]. Exemplo: "*Mário* sentiu dor". "*Mário* ama a namorada."

Paciente: ente animado afetado por uma ação. Exemplo: "Mário beijou *a namorada*". "Mário chutou *o cachorro*."

Objeto afetado: elemento não animado afetado ou modificado por uma ação. Exemplo: "O bombeiro quebrou *o vidro*".

Resultativo: elemento surgido como efeito de uma ação ou processo. Exemplo: "Meu pai construiu *uma casa*".

Objetivo: elemento que aparece como mero fruto de uma atividade que não o modifica e de que não resulta. Exemplo: "Eu vi *a torre Eiffel*".

Dativo: elemento afetado positivamente (beneficiado) ou negativamente (prejudicado) pela situação expressa na oração. Exemplos: "Vera deu um presente *ao namorado*". "Vera dirigiu um olhar raivoso *ao namorado*."

Locativo: lugar onde acontece uma ação ou processo ou que assinala procedência, meio ou destino. Exemplos: "Cristina bebeu cerveja *no bar*". "Cristina veio *de Brasília.*" "Cristina viajou *pelo litoral*." "Cristina viajou *para o Uruguai*."

Modo: maneira por meio da qual uma ação ou processo acontece. Exemplo: "Cristina fez o trabalho *rapidamente*".

Instrumental: aquilo de que um agente se serve para realizar algo. Exemplo: "O bombeiro quebrou o vidro *com um machado*".

Tempo: momento em que acontece uma ação ou processo, ou a partir do qual acontece uma ação ou processo. Exemplo: "Cristina foi *ontem* ao supermercado". "O financiamento será reaberto *a partir de segunda-feira.*"

---

1. Evento ou acontecimento que afeta os seres. Exemplos: "As crianças dormiram" (foram afetadas pelo processo do sono). "O lago secou" (foi afetado pelo processo da secagem).

Funções Sintáticas

Até agora, falamos da estrutura argumental dos verbos, ou seja, falamos dos "papéis semânticos" que um determinado verbo, ainda fora da oração, seleciona para si. Vimos, por exemplo, que um verbo como *construir* seleciona dois argumentos em sua rede argumental essencial: um *agente* e um *resultativo*. Esquematizando, teríamos: *construir* [agente, resultativo].

Vamos, agora, colocar esses verbos dentro de orações e observar o que acontece com eles e seus argumentos. Quando fazemos isso, os argumentos passam a assumir *funções sintáticas*. Vamos, inicialmente, colocar o verbo *construir* em duas orações:

> Os portugueses *construíram* as caravelas.
> As caravelas foram *construídas* pelos portugueses.

Na primeira delas, o agente está antes do verbo – que concorda com ele – e o resultativo, depois dele, sem preposição. Na segunda, o resultativo está antes do verbo – que também concorda com ele – e o agente, depois, precedido da preposição *por* (por + os = pelos). Notamos, também, que o verbo, que era *construíram* na primeira oração, muda para *foram construídos*, na segunda oração. Trata-se de diferentes funções sintáticas assumidas por esses dois argumentos e de modificações acontecidas também no verbo, em virtude dessas mudanças. Funções sintáticas são, portanto, as várias maneiras pelas quais os argumentos podem entrar em uma oração, os vários papéis sintáticos que eles podem assumir.

São as seguintes as funções sintáticas:

Sujeito

Sujeito é o termo da oração com o qual o verbo concorda. Em "As meninas chegaram tarde", o verbo *chegar* concorda com *as meninas*. Por isso, dizemos que esse termo é o sujeito da oração.

O sujeito prototípico em português (aquele que aparece estatisticamente um número maior de vezes) é AGENTE, HUMANO e DETERMINADO, como no exemplo acima: *as meninas*. Um exemplo de sujeito não prototípico seria:

> Uma pedra rolou daquele morro,

em que o sujeito *não é humano, não é agente* e *não é determinado*.

Determinado, aqui, significa ser modificado por um artigo definido ou pronome demonstrativo, como em: <u>*a*</u> *pedra* ou <u>*esta*</u> *pedra*.

a. Oração sem sujeito

Quando não existe um termo com o qual o verbo concorda, teremos uma oração sem sujeito. É o que acontece com:

a) orações com verbos e expressões que significam fenômenos da natureza, como *amanhecer, anoitecer, chover, entardecer, gear, nevar, trovejar, ventar, fazer calor, fazer frio* etc. Exemplos:

> *Geou* ontem no sul do país.
> *Venta* muito em São Paulo.
> *Faz frio* no Polo Norte.

b) com o verbo *haver*, no sentido de existir. Exemplo: "Ainda *há* juízes em Berlim".

c) com o verbo *ser*, indicando tempo, em geral: "*É* cedo"; "*Era* muito tarde".

d) com algumas construções em que o verbo fica na terceira pessoa do singular, acompanhado do pronome *se*, sem haver um termo com o qual o verbo possa concordar.

> *Anda-se* muito de bicicleta em cidades do litoral.
> *Vive-se* bem melhor em uma cidade pequena.
> *Vende-se* muito, nas feiras de antiguidade.

Como se vê, nessas orações não há nenhum termo com o qual o verbo esteja concordando e, por esse motivo, não existe sujeito.

A Nomenclatura Gramatical Brasileira descreve, incoerentemente, essas últimas construções como casos de "sujeito indeterminado". Isso acontece, porque essa "legislação" não leva em conta a estrutura argumental dos verbos. No caso desta gramática, é mais fácil separar as coisas. O que está indeterminado é o *argumento agente* ou *experienciador* (o interlocutor não sabe quem está praticando a ação de *andar* e de *vender* ou experimentando a ação de *viver*). O sujeito, enquanto função sintática, não existe, uma vez que não há, como dissemos, nenhum termo com o qual o verbo esteja concordando. Esse raciocínio também se aplica a construções, geralmente na língua falada, em que o verbo fica na terceira pessoa do plural, sem um antecedente expresso como em:

> *Telefonaram* para você ontem.
> *Derrubaram*, outra vez, a cerca da frente.

Como se vê, não há um antecedente expresso para nenhum desses dois verbos e não há, também, em suas orações, nenhum outro termo com o qual eles estejam concordando. Trata-se, pois, também, de casos de *agente indeterminado em oração sem sujeito*[2].

e) em construções em que o verbo, no infinitivo, não tem sujeito agente especificado, como em:

> Meu pai mandou *construir* uma casa.

Temos aqui duas orações: *Meu pai mandou* e *construir uma casa*. A oração *construir uma casa* não tem sujeito, uma vez que não se especifica quem construiu a casa e o verbo *construir*, obviamente, não concorda com nada.

b. Sujeito elíptico

Dentro de um texto, o sujeito costuma ser um substantivo ou ter como base um substantivo. Quando é retomado, mais além, no mesmo texto, pode passar a ser representado por pronomes ou desaparecer como item lexical, situação em que recebe o nome de *sujeito elíptico*, ou *sujeito oculto*. Vejamos o texto a seguir:

> *Um diálogo filosófico* não pede que se concorde com *ele* nem pretende apontar o caminho. *Ele* planta a semente da dúvida e, quando ela vinga, colhe o fruto da busca e da reflexão compartilhada[3].

---

2. Cumpre dizer que esse tipo de descrição contraria a Nomenclatura Gramatical Brasileira (NGB), que confunde, implicitamente, a noção de sujeito (que é uma função sintática) com a noção de agente (que é um papel argumental). Como a NGB é apenas uma "lista de nomes", quase sempre contraditória, tenho plena consciência de que contradizê-la, em alguns momentos, é uma simples questão de bom senso.
A maioria dos concursos no País, incluindo os vestibulares, não formula mais questões envolvendo nomenclaturas desse tipo. Caso o leitor se defronte, entretanto, com alguma exceção, é recomendável responder à pergunta, dizendo tratar-se de sujeito indeterminado, uma vez que a proposta de questões puramente nomenclaturais revela, implicitamente, a adesão da banca ainda aos parâmetros da NGB.
3. Eduardo Giannetti, *Felicidade*, p. 181.

A primeira frase contém o termo *um diálogo filosófico*. Na segunda frase, esse termo é representado pelo pronome *ele*: "*Ele* planta a semente da dúvida".

Mais à frente, esse termo fica elíptico: "colhe o fruto da busca e da reflexão compartilhada" (sujeito elíptico = *Um diálogo filosófico*).

O procedimento de utilizar posições vazias para recuperar termos de orações anteriores configura um mecanismo de coesão do texto chamado de *coesão por elipse*.

c. Posição do sujeito

Normalmente, o sujeito aparece em português antes do verbo. Isso acontece principalmente com os sujeitos prototípicos, isto é, sujeitos *agentes*, *humanos* e *determinados*, como vimos. Exemplos:

O presidente e seus assessores sentaram-se em volta da mesa de reuniões.
Bill Gates não conseguirá nunca gastar o que já tem, mas continua trabalhando, como se precisasse pagar o aluguel no fim do mês.

Sujeitos não prototípicos tendem a ocupar lugar depois do verbo. É o que acontece, por exemplo, com os sujeitos de verbos como *sobrar*, *acontecer*, *existir* e *faltar*, em orações como:

Sobraram *doces* na festa.
Aconteceu *um acidente* na Via Dutra.
Existem *duas canetas* na gaveta do meio.
Faltou *água* na segunda-feira.

Realmente, ficariam estranhas versões dessas orações com o sujeito anteposto:

(?) *Doces* sobraram na festa.
(?) *Um acidente* aconteceu na Via Dutra.
(?) *Duas canetas* existem na gaveta do meio.
(?) *Água* faltou na segunda-feira.

É interessante notar que um sujeito prototípico (+ humano) ocuparia a posição à esquerda, mesmo com esses verbos, como na construção seguinte em que o sujeito é humano: "*Você* 'sobrou' naquela festa!"

Vejamos o contraste entre duas orações com posições diferentes do sujeito:

Faltou *um bom percussionista* naquele *show*.
Um bom percussionista faltou naquele *show*.

A posição posposta do sujeito na primeira delas sugere uma interpretação semântica em que se entende que fez falta a presença de um bom percussionista no *show*, pois a posição não é prototípica de agente. Já na segunda oração, a interpretação semântica é a de que um bom percussionista praticou a ação, voluntária, de faltar ao *show*.

Predicado

Tendo sido identificado o sujeito pela concordância, o que resta de uma oração está ligado ao verbo predicador, aos seus complementos, aos seus elementos circunstanciais. Chamamos esse conjunto todo de *predicado*. De modo prático, podemos dizer que predicado é aquilo que resta de uma oração, uma vez separado o seu sujeito. Em uma oração como: "Os operários brasileiros montam um carro por hora", se separarmos o sujeito *os operários brasileiros*, o predicado será *montam um carro por hora*.

Em uma oração como: "Choveu durante todo o verão", como não há sujeito, o predicado é toda a oração: *Choveu durante todo o verão*.

O predicado que tem um verbo como elemento predicador é chamado de *predicado verbal*.

É, pois, dentro do predicado que temos as outras funções sintáticas assumidas por outros argumentos do verbo. São elas: objeto direto, objeto indireto, adjuntos adverbiais.

O objeto direto e o indireto são considerados *complementos do verbo*, porque os termos que os representam pertencem à rede argumental essencial do verbo.

Objeto Direto

Objeto direto é o complemento que, no predicado, se liga diretamente ao verbo sem auxílio de preposição. Essa função é preenchida quase sempre por um dos seguintes argumentos: paciente, objeto afetado, resultativo ou objetivo. Exemplos:

O estudante atropelou *um cachorro*. (paciente)
Os manifestantes incendiaram *dois ônibus*. (objeto afetado)
Leonardo Da Vinci pintou *a Mona Lisa*. (resultativo)
Eu não ouvi *a buzina*. (objetivo)

O verbo que pede objeto direto é chamado, quanto à sua predicação, de VERBO TRANSITIVO DIRETO.

O objeto direto pode ser substituído, na terceira pessoa, por um pronome pessoal oblíquo átono: *o, a, os, as*. Nesse caso, o pronome ajuda a estabelecer uma relação semântica com uma oração anterior, retomando um termo dessa oração e configurando aquilo a que damos o nome de coesão textual. Exemplo:

Leonardo Da Vinci pintou a Mona Lisa. Pintou-*a* em um quadro pequeno.

Objeto direto preposicionado

Vimos, há pouco, que o sujeito prototípico em português (aquele que é, estatisticamente, mais frequente em uma oração) é *agente, humano* e *determinado*. Podemos dizer que existe também um objeto direto prototípico. Suas características são: *paciente* ou *objeto afetado* ou *objetivo, não humano, indeterminado*. Exemplos:

O menino matou *uma formiga*.
A tempestade derrubou *muitas casas*.

Vejamos agora a seguinte oração:

Venceram os americanos os iraquianos.

Os dois argumentos (os americanos e os iraquianos) têm condições prototípicas para ser sujeitos. Ambos podem ser agentes, são humanos e definidos. Nenhum deles reúne condições prototípicas de objeto direto. Qual deles deverá ser, então, o objeto direto? Se a ordem fosse outra, como: "Os americanos venceram os iraquianos", não haveria complicação, uma vez que, neste último caso, um dos argumentos (os americanos) assumiu a posição prototípica de sujeito, em português, que é vir antes do verbo. Isso desempata a questão. Na versão anterior, entretanto, o "desempate" é feito, normalmente, com o uso da preposição *a*, assinalando o objeto direto como um complemento, como um não sujeito. Essa oração teria, então, a seguinte versão:

Venceram os americanos *aos iraquianos*.

Mesmo na versão em que o sujeito, *os americanos*, aparece, numa posição canônica, antes do verbo, é comum utilizar a mesma preposição *a*, por questão de clareza, para assinalar que o termo *os iraquianos* é complemento (objeto direto) e não sujeito. Teríamos, então, a seguinte versão dessa oração, com o objeto direto preposicionado:

Os americanos venceram *aos iraquianos*.

O preposicionamento do objeto direto pode acontecer sempre que esse objeto não seja prototípico. Para isso, basta que seja humano, representado por um substantivo ou por um pronome (pessoal, indefinido, interrogativo ou de tratamento). Exemplos:

Os homens amam *a Deus*. (= imagem humana)
Os filhos estimam *aos pais*.
Os filhos estimam *a eles*.
Ele ofendeu *a todos*.
Eles respeitam *a quem*?
Muito estimamos *a Vossa Excelência*.

Com os pronomes pessoais tônicos (*ele, ela, eles, elas*) na função de objeto direto ("Os filhos estimam *a eles*"), o emprego da preposição é obrigatório.

Objeto Indireto

Objeto indireto é o complemento verbal que se liga indiretamente ao verbo por intermédio de uma preposição. O objeto indireto prototípico é aquele preenchido pelo argumento *dativo*, aquele que representa quem é beneficiado (ou prejudicado) pela ação do verbo. Nesse caso, a preposição selecionada é *a* ou *para*. Exemplos:

O presidente obedeceu *ao regimento*.
O governo federal deu uma fortuna *aos banqueiros*.
O atacante passou a bola *para um companheiro de equipe*.

No primeiro exemplo, o objeto indireto é o termo *o regimento*, regido pela preposição *a*. No segundo exemplo, *os banqueiros*, regidos, também, pela preposição *a*. No terceiro, *um companheiro de equipe*, regido pela preposição *para*.

O verbo que pede objeto indireto, como *obedecer* no primeiro exemplo, é chamado, quanto à sua predicação, de VERBO TRANSITIVO INDIRETO. O verbo que pede, simultaneamente, objeto direto e indireto recebe o nome de VERBO TRANSITIVO DIRETO E INDIRETO. Isso acontece nos dois últimos exemplos com os verbos *dar* e *passar*:

> O governo federal deu *uma fortuna* (objeto direto) *aos banqueiros*. (objeto indireto)
>
> O atacante passou *a bola* (objeto direto) *para um companheiro de equipe* (objeto indireto).

a. Objeto indireto não prototípico

Além do objeto indireto prototípico, existem outros complementos verbais preposicionados que também são considerados objetos indiretos. Trata-se de complementos de verbos como: *acreditar, concordar, crer, duvidar, gostar, precisar*.

Em primeiro lugar, é importante dizer que se trata mesmo de complementos, ou seja, de elementos pertencentes à rede argumental essencial desses verbos. Vejamos as seguintes orações:

> Eu acredito *em fantasmas*.
> Eu gosto muito *de romances*.
> Não precisava *de esmolas*.
> Creio *em Deus*.
> Duvido *dessa história*.
> Concordo *com sua irmã*.

Se retirarmos delas os complementos preposicionados, teremos sequências malformadas: *Eu acredito / *Eu gosto muito / *Não precisava / *Creio / *Duvido / *Concordo.

Veja-se, a propósito, a diferença entre:

> Concordo com sua irmã.
> Viajei na semana passada com sua irmã.

Na primeira oração *(com) sua irmã* é complemento e, portanto, elemento obrigatório. Pertence à rede essencial do verbo *concordar* e, por isso, não podemos omiti-lo. Na segunda, é um termo facultativo. Não pertence à rede essencial de *viajar*. Por isso, podemos dizer, sem nenhum problema: "Viajei na semana passada" omitindo o termo *(com) sua irmã*.

Em segundo lugar, podemos dizer que esses verbos se caracterizam também por preposicionar obrigatoriamente seus complementos, desde que eles sejam substantivos ou estejam sendo substituídos por pronomes. Caso esses complementos sejam orações, a preposição é cancelada com quase todos esses verbos e as orações passam a exercer a função de *objeto direto*. Exemplos:

> Eu *duvido de* suas intenções.
> De qualquer forma, *duvido* [*que* uma mulher seja capaz de sacar a arma na hora do perigo]. (objeto direto = oração com preposição cancelada)
> Eu *acredito em* fantasmas.
> Muita gente *acredita* [*que* o Brasil foi descoberto por acaso]. (objeto direto = oração com preposição cancelada)

Com o verbo *gostar*, a oração complemento, embora apareça mais comumente sem preposição, pode também vir preposicionada. Tanto podemos dizer: "*Gosto* [que você esteja aqui]" (preposição cancelada) como: "*Gosto* [*de que* você esteja aqui]".

O fato de a preposição ser cancelada, quando o complemento é uma oração, é mais um indício de que tais complementos não são objetos indiretos prototípicos. As orações complementos desses verbos, deixando de ser regidas por preposição, passam, como vimos, a ter função de objetos diretos. Exemplos:

> Duvido [*que uma mulher seja capaz de sacar uma arma*].
> Creio [*que você se enganou*].

Como, em ambos os casos, esses complementos não são objetos diretos prototípicos, essas frases não admitem construção passiva:

> *É duvidado por mim que uma mulher seja capaz de sacar uma arma.
> *É crido por mim que você se enganou.

Os objetos indiretos não prototípicos sofrem também uma restrição, quando comparados aos objetos indiretos prototípicos. Enquanto o objeto indireto prototípico pode ser substituído pelo pronome oblíquo *lhe*, na terceira pessoa, isso não acontece com os objetos indiretos não prototípicos. Exemplos:

a) Objetos indiretos prototípicos substituídos por *lhe*

> O governo deu-*lhes* uma fortuna.
> Aconteceu-*lhe* uma desgraça.
> O atacante passou-*lhe* a bola.

Como se vê, essas orações são perfeitamente bem formadas.

b) Objetos indiretos não prototípicos substituídos por *lhe*

> *Eu acredito-*lhes*. (em fantasmas)
> *Eu gosto-*lhes* muito. (de romances)
> *Duvido-*lhe*. (dessa história)

Nesses casos, a construção com pronome *lhe* é agramatical. A opção é utilizar uma forma pronominal do caso reto, precedida de preposição:

> Eu acredito *neles*.
> Eu gosto muito *deles*.
> Duvido *dela*.

b. Objeto indireto de interesse e de referência

Muitas vezes, o dativo pode não pertencer à rede argumental essencial de um verbo. Imaginemos um verbo como *viajar*. Ao contrário de *dar*, por exemplo, *viajar* não possui um dativo (beneficiado ou prejudicado) em sua estrutura argumental essencial. Apesar disso, podemos acrescentá-lo, em uma oração como:

> Paulo viajou *para mim*.

Não podemos, a rigor, dizer que o objeto indireto *para mim*, que materializa esse argumento, seja complemento desse verbo. Complementos, como vimos, são apenas as funções sintáticas preenchidas por um argumento pertencente à rede argumental essencial de um verbo. Trata-se, pois, apenas de um OBJETO INDIRETO DE INTERESSE. O que o falante quer dizer é que Paulo viajou em seu interesse (ou até mesmo por ele).

Algumas vezes, esse objeto indireto apenas manifesta a crença de alguém (do enunciador ou de outra pessoa qualquer) no valor de verdade da oração:

Para mim, ele viajou.
Para ela, você é apenas um chato.

Nesse caso, podemos chamá-lo de OBJETO INDIRETO DE REFERÊNCIA OU OPINIÃO.

Predicativo: o Adjetivo como Predicador

Até agora, vimos trabalhando com o verbo como predicador dentro de uma oração. Mas, como já foi dito, os adjetivos também podem funcionar como predicadores. Isso quer dizer que um adjetivo pode também ter uma estrutura argumental. Mas a rede argumental essencial de um adjetivo predicador se resume a um único argumento, que é normalmente um objeto afetado ou um experienciador. Se o adjetivo for o único predicador dentro de uma oração, seu argumento terá sempre a função de sujeito, como nos exemplos a seguir:

A Terra é redonda.
A menina era triste.

em que *A Terra* e *A menina* são sujeitos. O adjetivo predicador de oração recebe o nome de *predicativo*. Como seu único argumento exerce a função de sujeito, dizemos que ele é um *predicativo do sujeito*. Nessas orações, os adjetivos *redonda* e *triste*, são, respectivamente, predicativos dos sujeitos *A Terra* e *A menina*.

Essas orações trazem ainda o verbo *ser*, que é um verbo sem estrutura argumental, cuja função básica é a de veicular o *tempo* da oração, ligando o predicativo ao seu sujeito. Por esse motivo, recebe o nome de VERBO DE LIGAÇÃO. Podemos dizer, pois, que o predicativo é um qualificador marcado por uma temporalidade fixada no verbo de ligação.

NECESSIDADE DE AS ORAÇÕES INDEPENDENTES E PRINCIPAIS TEREM UMA "ÂNCORA" TEMPORAL

É importante, neste momento, esclarecer que as orações independentes (e também as orações principais dos períodos compostos, como veremos) necessitam de uma "âncora" temporal, que tem, necessariamente, de ser expressa pelo tempo finito de um verbo. Sequências como:

> *A menina viajar.
> *A menina bonita.

não podem ser orações, por falta dessa "âncora" temporal. Para resolver esse problema, o enunciador pode ligar essas sequências a uma oração que esteja ela própria "ancorada" em um tempo finito. Surgiriam, assim, sequências como:

> A menina viajar convém.
> A menina bonita chegou.

Se, entretanto, o enunciador quiser comunicar apenas as sequências anteriores, sem nada acrescentar, poderá colocar o tempo de *A menina viajar* no verbo predicador *viajar*, produzindo uma oração independente como:

> A menina viajou.

Em *A menina bonita*, é impossível fazer isso, porque o adjetivo predicador (*bonita*) não recebe afixo de tempo. Não podemos dizer *bonitou, *bonitaria, *teria bonitado etc. A solução é utilizar para isso o verbo *ser*, produzindo uma oração como:

> A menina *é* bonita.

É por esse motivo que o verbo *ser* aparece em outras construções que não possuem um verbo para receber a marca de tempo finito. Uma sequência como *de madrugada*, por exemplo, não pode ser uma oração, por falta de tempo. Utilizando o verbo *ser*, resolvemos a questão, dizendo:

> *Era* de madrugada.

Nessa sequência, que agora assumiu a condição de oração impessoal (porque não existe sujeito), o verbo *ser* é apenas uma âncora temporal.

A mesma coisa acontece em situações em que o verbo que deveria ancorar o tempo é nominalizado. Se transformarmos o verbo *almoçar* em *almoço*, na oração: *Nós almoçaremos no clube*, teremos de inserir o verbo *ser* para receber o tempo futuro: "Nosso almoço *será* no clube".

Muitas vezes, na linguagem oral, omitimos um verbo que pode ser subentendido, mas isso leva à perda da âncora temporal e, aí, temos de utilizar também o verbo *ser*. Exemplos:

O botijão de gás *é* naquele canto. (Você *põe / coloca* o botijão de gás naquele canto.)
O concerto *é / será* no Teatro Municipal. (O concerto *acontecerá* no Teatro Municipal.)

Uma outra situação de troca de um verbo principal pelo verbo *ser* acontece em construções como:

Se você comprou as entradas *é* porque vai ao *show*.

Nesse caso, o verbo *ser* substitui o verbo *comprar,* funcionando como âncora temporal de uma oração principal: "Se você comprou as entradas (*comprou*) porque vai ao *show*".

Em todos esses casos, não atribuímos ao verbo *ser* o nome de verbo de ligação. Diremos que ele é, apenas, uma *âncora temporal*.

Verbos de Ligação com Valor Aspectual e de Modalidade

Voltando às orações com predicativo, poderemos ver que é possível ter outros verbos, igualmente sem estrutura argumental, exercendo a função de âncora temporal, mas veiculando também a ideia de aspecto, como em:

O leite *está* caro.
O leite *anda* caro.
O leite *permanece* caro.
O leite *ficou* caro.
O leite *continua* caro.

Nessas orações, os verbos *estar, andar, permanecer, ficar, continuar*, além de veicularem um tempo finito, acrescentam informações sobre a duração ou mudança do processo de predicação. Quando dizemos: "O leite continua caro", queremos dizer que o predicativo *caro* atribuído a *leite* tem uma ação duradoura. Quando dizemos: "O leite ficou caro", queremos dizer que o predicativo *caro*, atribuído a *leite*, assinala uma situação de mudança.

Às vezes, o verbo de ligação acrescenta uma modalidade, ou seja, uma apreciação subjetiva do enunciador, como em:

O leite *parece* estragado.

Tanto é assim que, muitas vezes, se acrescenta a uma oração como essa um objeto indireto de referência ou opinião, para manifestar a crença de alguém no valor de verdade da oração, como em:

O leite *me* parece estragado.
O leite *lhe* pareceu estragado.

Esses verbos podem também funcionar como âncoras temporais acrescidas da noção de aspecto, em orações como:

A menina *estava* no jardim.
A menina *ficou* no jardim.

Nesses exemplos, também não atribuímos aos verbos *estar* e *ficar* o nome de verbos de ligação. São apenas âncoras temporais com noção de aspecto.

Orações com Dois Predicadores. Predicados Verbo-Nominais

Há, em português, orações que contêm dois predicados, um deles representado por um VERBO PREDICADOR e um outro, secundário, representado por um ADJETIVO PREDICADOR. Por esse motivo, são chamadas ORAÇÕES DE PREDICADO VERBO-NOMINAL. Exemplos:

Maria dormiu contrariada.
O avião pousou atrasado.
Eu acho a economia de mercado excelente.
O João deixou o carro ligado.

Nos dois primeiros exemplos, temos um verbo seguido de um adjetivo predicativo. Em ambos os casos, esse adjetivo predicativo está modificando o sujeito, com o qual está concordando. Trata-se, pois, de *predicativos do sujeito*, em orações que já possuem um verbo como predicador, nos casos analisados: *dormiu* e *pousou*.

Nos dois últimos exemplos, temos uma espécie de predicado secundário. Podemos visualizar esse predicado no esquema a seguir, dentro do qual colocamos o terceiro exemplo:

Predicado primário
[Eu acho [a economia de mercado excelente.]]
Predicado secundário

Fazendo a análise, temos um predicado primário, cujo verbo é *achar*. Esse verbo possui, normalmente, dois argumentos: um experienciador e uma outra oração, como em:

[Eu acho [que a economia de mercado é excelente.]]
(experienciador) (oração)

Nesse exemplo, temos duas orações. A primeira delas contém o verbo *achar* e seu sujeito (o experienciador). A segunda exerce o papel de objeto direto, como veremos no estudo do período composto. Essa segunda oração contém o adjetivo *excelente* como predicador do sujeito *a economia de mercado*. Uma versão alternativa desta oração, por questão de economia, é a do exemplo original:

Eu acho a economia de mercado excelente.

Nessa versão, o termo *a economia de mercado* assume a função de objeto direto do verbo *achar* e o adjetivo *excelente*, a função de predicativo desse objeto, criando assim aquilo que podemos chamar de *predicativo do objeto direto*. O conjunto formado por esse predicado primário mais o predicado secundário recebe também o nome de predicado *verbo-nominal*. A parte verbal é representada pelo verbo e a parte nominal, pelo adjetivo.

Como o predicado secundário está agora integrado ao verbo *achar*, esse verbo funciona como âncora temporal para ele também, ficando, assim, dispensado o verbo de ligação *ser* antes do adjetivo.

São poucos os verbos que admitem predicativos do objeto, em português. São eles os verbos *judicativos*, como *julgar, achar, chamar*, e os *factitivos*, como *fazer, nomear* etc. Exemplos:

O juiz julgou o réu *inocente*.
Um fraco rei faz *fraca* a forte gente. (Camões)

Algumas vezes, esse predicativo do objeto pode vir preposicionado, como em:

A torcida chamou o juiz *de* ladrão.
A torcida acusou a punição *de* injusta.

O uso da preposição serve, nesses casos, para desfazer ambiguidade. Se não as tivéssemos, as orações anteriores teriam a seguinte versão:

A torcida chamou o juiz ladrão.
A torcida acusou a punição injusta.

Como vemos, agora, *ladrão* e *injusta*, respectivamente, poderiam ser interpretados não como predicativos de *juiz* e de *punição*, dentro de um predicado secundário, mas como parte, apenas, dos objetos diretos: *o juiz ladrão* e *a punição injusta*.

Algumas vezes, o predicativo do objeto pode ocorrer com outros verbos. Exemplos:

Eu vi perdida a situação.
Eu sinto você calma hoje.
A polícia prendeu o assaltante nu.

Um recurso para testar, nesses casos, se o adjetivo do predicado é um predicativo ou não, é substituir o objeto direto por um pronome átono. Se o adjetivo em questão não ficar incluído nesse pronome, ele será um predicativo:

Eu *a* vi *perdida*.
Eu *a* sinto *calma* hoje.
A polícia prendeu-*o nu*.

A voz passiva também pode servir de teste, quando se tratar de construções ativas prototípicas. Na voz passiva, o adjetivo predicativo não acompanha o sujeito. O adjetivo não predicativo acompanha. Exemplos:

O assaltante foi preso *nu* pela polícia.
(*nu* = adjetivo predicativo – agora do sujeito – por causa da voz passiva)

O assaltante nu foi preso pela polícia.
(*nu* = adjetivo não predicativo modificando *assaltante*)

Observação sobre o Verbo Chamar

As gramáticas tradicionais apontam o verbo *chamar* como um verbo que permite um predicativo do objeto indireto, em construções como:

Os governistas chamavam-lhe traidor.

É possível, também, entender esse complemento como um objeto direto preposicionado. Imaginemos uma versão em que o complemento de *chamar* seja um substantivo:

Os governistas chamavam o deputado traidor.

A oração acima é ambígua. Para torná-la não ambígua, podemos preposicionar o predicativo do objeto:

Os governistas chamavam o deputado *de* traidor.

Podemos, como uma outra alternativa, preposicionar o objeto direto (que lembramos aqui não ser um objeto direto prototípico), criando uma versão:

Os governistas chamavam *ao* deputado traidor.

Se formos utilizar um pronome no lugar do substantivo *deputado*, podemos ter versões como:

Os governistas chamavam *a ele* traidor.
Os governistas chamavam-*lhe* traidor.

Na primeira delas, *ele* continua sendo objeto direto preposicionado; na segunda, o pronome *lhe* pode estar também substituindo o objeto direto preposicionado.

Predicativos de Objetos Indiretos não Prototípicos

Os objetos indiretos não prototípicos, aqueles que funcionam como complementos de verbos como *gostar, acreditar, duvidar* etc., podem ser modificados por predicativos, em orações como:

Eu só gosto de vinho *gelado*.
Eu só acredito em você *sóbrio*.
Eu duvido de você *bêbado*.

em que *gelado, sóbrio* e *bêbado* são predicativos, respectivamente, dos objetos indiretos *de vinho, você* e *de você*. O primeiro exemplo é ambíguo, uma vez que admite duas interpretações: *a)* o enunciador gosta apenas de vinho gelado e não de outras bebidas ou *b*) o enunciador gosta de vinho apenas quando ele está gelado.

Adjuntos Adverbiais

Quando estudamos a estrutura argumental dos verbos, vimos que um verbo (e agora já podemos incluir também os adjetivos e substantivos predicadores) possuía uma rede argumental essencial, sem a qual uma oração seria agramatical. De fato, sequências como: *"Comprou uma impressora". / "*Era bonita", são malformadas, sem uma referência anteriormente expressa. Dissemos, também, que um verbo (e agora podemos igualmente incluir os adjetivos e substantivos predicadores) poderia possuir outros argumentos não essenciais à gramaticalidade das orações, tais como tempo, lugar, modo etc. São esses últimos argumentos que assumem a função de *adjuntos adverbiais*. Exemplos:

Entre o cafezal e o sonho
o garoto pinta uma estrela dourada
na parede da capela[4].

O verbo *pintar* tem, em sua rede argumental essencial, um *agente* (*o garoto*, exercendo a função de sujeito) e um resultativo (*uma estrela dourada*, exercendo a função de objeto direto). Os outros termos restantes são argumentos não essenciais ou satélites como: *entre o cafezal e o sonho*: lugar / *na parede da capela*: lugar.

Os argumentos não essenciais assumem geralmente a função de adjuntos adverbiais e são preposicionados, mas podem ser representados também por advérbios, como o adjunto adverbial de modo *ruidosamente* em:

O eleitorado brasileiro comemorou, *ruidosamente*, a eleição do novo presidente.

Os adjuntos adverbiais de tempo quase sempre dispensam a preposição, mesmo não sendo advérbios, como no exemplo:

Trabalhei *oito anos no Senado Federal*.

---

4. Carlos Drummond de Andrade, *Antologia Poética*, p. 102.

Nesse exemplo, temos dois adjuntos adverbiais: um adjunto adverbial de lugar preposicionado, *no Senado Federal*, e um adjunto adverbial de tempo, não preposicionado, *oito anos*. Se quiséssemos, poderíamos preposicioná-lo também, dizendo:

Trabalhei *durante* oito anos no Senado Federal.

A lista dos adjuntos adverbiais possíveis é aberta. Existem aqueles que ocorrem um número maior de vezes, como os de tempo, modo ou lugar. Há, entretanto, muitos outros que ocorrem com menor frequência. A relação a seguir contém os adjuntos adverbiais mais comuns, incluindo também alguns menos frequentes:

ASSUNTO:	Todos falavam *de futebol*.
CAUSA:	Perdeu hora *por causa da chuva*.
COMPANHIA:	Saiu *com duas amigas*.
CONDIÇÃO:	*Sem moeda forte*, nenhum país pode crescer.
CONCESSÃO:	*Apesar do mau tempo*, o jogo foi ótimo.
INSTRUMENTO:	Apertou o parafuso *com uma chave de fenda*.
INTENSIDADE:	Viajei *muito*. Dormi *pouco*.
LUGAR ONDE:	Moro *em São Paulo*.
LUGAR AONDE:	Viajei *para Los Angeles*.
LUGAR DONDE:	Venho *de Salvador*.
LUGAR POR ONDE:	Voltei *pela Rodovia dos Bandeirantes*.
MATÉRIA:	O piso foi feito *com ardósia*.
MEIO:	Viajei *de avião*.
MODO:	Andava *calmamente*.
TEMPO:	*Durante o verão*, li dois romances.

Às vezes, um adjunto adverbial modifica um outro adjunto adverbial. É o caso das orações:

Eu acordei *bem* cedo.
Eu acordei *quase* às duas horas.
Eu dormi *muito* tarde.

em que os adjuntos adverbiais de modo *bem* e *quase* modificam os adjuntos *cedo* e *às duas horas* e o adjunto adverbial de intensidade *muito* modifica o adjunto *tarde*.

Alguns adjuntos adverbiais não pertencem à rede argumental total do predicador. Representam apenas uma avaliação do enunciador sobre a oração inteira. São representados por advérbios como *talvez*, *felizmente*, ou por um advérbio terminado em *mente*. Exemplos:

> *Talvez* eu apareça por lá.
> *Felizmente*, o imposto de renda não foi aumentado este ano.
> *Provavelmente*, os viajantes vão enfrentar trânsito pesado.

Complementos Adverbiais

Em alguns casos, um argumento que marca uma circunstância faz parte da rede argumental essencial de um verbo. Dessa maneira, sua ausência faz falta e provoca agramaticalidade. É o que podemos perceber em orações com verbos como *ir*, *colocar* e *caber*, que têm, em sua rede argumental essencial, um argumento locativo. Exemplos:

> O Ministro da Fazenda vai *a Paris*, amanhã.
> Este carro não cabe *naquele box*.
> Coloquei a manteiga *na geladeira*.
> Esses imigrantes provieram *da Alemanha*.

Se retirarmos dessas orações os argumentos que marcam circunstância de lugar, elas ficarão malformadas:

> *O ministro vai amanhã.
> *Este carro não cabe.
> *Coloquei a manteiga.
> *Esses imigrantes provieram.

Por esse motivo, esses argumentos circunstanciais não têm função de adjuntos adverbiais, mas de COMPLEMENTOS ADVERBIAIS DE LUGAR[5].

Estrutura dos Sintagmas dentro da Oração

Fazendo um balanço do que vimos até agora sobre a oração, constatamos que descrevemos todas as funções sintáticas assumidas pelos argumentos de

---

5. A NGB não faz essa distinção, a meu ver, necessária, chamando todos os termos indicadores de circunstâncias, indistintamente, de adjuntos adverbiais.

um verbo ou de um predicativo, ou seja: falamos de sujeito, objeto direto, objeto indireto e de adjuntos adverbiais. É importante, agora, descrever também as estruturas que compõem essas várias funções. Um sujeito pode, por exemplo, ser composto de um único substantivo como em:

> *Mel* é bom para a tosse.

Mas pode ter também uma estrutura mais complexa como, por exemplo:

> *Alguns tipos de mel silvestre de Minas* são bons para a tosse.

As outras funções sintáticas, como o objeto direto, ou os adjuntos adverbiais podem também ter uma estrutura simples ou complexa. Exemplos:

a) objeto direto:

> Maria usou *mel*.
> Maria ama *o irmão mais velho de sua amiga*.

b) adjunto adverbial:

> Maria curou sua tosse *com mel*.
> Maria ama o irmão mais velho de sua amiga, *desde o início do ano passado*.

Até mesmo o verbo de uma oração pode assumir uma forma mais complexa, como no exemplo:

> Maria *pode continuar a curar* sua tosse com mel.

É preciso, pois, estudar essas estruturas complexas, que chamaremos daqui para frente de *sintagmas*. Um sintagma que tenha por base um substantivo (como *irmão*, em *o irmão mais velho de sua amiga*) será chamado de *sintagma nominal*. Um sintagma que tenha por base um verbo (como *curar* em *pode continuar a curar*) será chamado de *sintagma verbal* ou *locução verbal*.

Princípio de Endocentricidade

A primeira coisa importante a dizer sobre os sintagmas é que eles estão submetidos ao PRINCÍPIO DE ENDOCENTRICIDADE. Segundo esse princípio, QUALQUER SINTAGMA PODE CONTER APENAS UM ELEMENTO DE BASE, QUE É CHAMADO DE NÚCLEO. Assim,

a) um sintagma nominal pode conter como núcleo apenas um *substantivo*;
b) um sintagma predicativo, apenas um *adjetivo* (ou *substantivo* com função predicativa);
c) um sintagma adverbial, apenas um *advérbio* (ou *sintagma nominal* com valor adverbial).

Nos exemplos a seguir, no *grupo a*, os sintagmas em itálico ocorrem com um único elemento de base e, no *grupo b*, também com um único elemento de base, mas acrescidos de elementos modificadores:

Grupo a

João bebeu *uísque*. [objeto direto]
João estava *orgulhoso*. [predicativo]

Grupo b

João bebeu *uísque com gelo*. [objeto direto]
João estava *muito orgulhoso do seu time*. [predicativo]

Um sintagma não pode ocorrer em uma oração, sem um núcleo. Por esse motivo, os exemplos a seguir são agramaticais:

*João bebeu com gelo.
*João estava muito do seu time.

Funções Sintáticas Compostas

Qualquer função sintática pode ser composta, ou seja: possuir sintagmas coordenados, o que equivale dizer, de acordo com o princípio de endocentricidade, que elas podem possuir mais de um núcleo. Exemplos:

Sujeito composto: *João* e *Maria* beberam vodca.
Objeto direto composto: João bebeu *vodca com limão* e *uísque com gelo*.
Objeto indireto composto: João ofereceu vodca *ao Luís* e *à Regina*.

Composição dos Sintagmas Nominais

Nossa preocupação, a partir de agora, será estudar a composição de cada um dos sintagmas. Começaremos pelo estudo da composição dos sintagmas nominais, aqueles que podem, como vimos, exercer as várias funções sintáticas dentro de uma oração.

Um sintagma nominal se compõe, de acordo com o princípio de endocentricidade, de um único núcleo substantivo. Esse núcleo pode ser modificado por elementos especificadores (artigos, pronomes demonstrativos, pronomes possessivos), quantificadores (numerais, ou pronomes indefinidos) e qualificadores (adjetivos ou outros grupos nominais introduzidos por uma preposição). Exemplos:

a. Núcleo modificado por um especificador

[*O* barco] ficou quatro dias ancorado. [artigo]
[*Esse* barco] ficou quatro dias ancorado. [pronome demonstrativo]
[*Seu* barco] ficou quatro dias ancorado. [pronome possessivo]

b. Núcleo modificado por um quantificador

[*Muitos* navios] afundaram ali. [pronome indefinido]
[*Cinquenta* navios] afundaram ali. [numeral]

c. Núcleo modificado por um qualificador

[Nas horas *vagas*], os tripulantes pescavam. [adjetivo]
[Um banco *de recifes*] serve de imensa armadilha para os navios. [sintagma nominal introduzido por uma preposição]

Além desses modificadores do núcleo do sintagma, podemos ter também um *pré-especificador*, representado pelo pronome *todo* ou pelo quantificador dual *ambos* que afetam, ao mesmo tempo, todo o conjunto composto pelo núcleo, especificadores e qualificadores. Exemplo:

[*Todos* [os tripulantes do barco]] pescavam.
[*Ambos* [os tripulantes do barco]] pescavam.

Um fato sintático interessante é que esses pré-especificadores podem "abandonar" seu sintagma nominal, passando a ocupar outras posições dentro de uma oração. Vejamos exemplos dessa característica nas orações a seguir:

Os tripulantes do barco *todos* pescavam.
Os tripulantes do barco pescavam *todos*.

Os tripulantes do barco *ambos* pescavam.
Os tripulantes do barco pescavam *ambos*.

Todos esses elementos que especificam ou qualificam o núcleo de um sintagma nominal são chamados pelo nome genérico de ADJUNTOS ADNOMINAIS. Adjuntos adnominais são, portanto, os elementos que modificam o núcleo de qualquer sintagma nominal.

Um sintagma nominal, por mais complexo que seja, pode ser substituído por um pronome. Vejamos um exemplo:

Nas horas vagas, [*todos os tripulantes do barco*] pescavam. Para chegar aos pontos de mergulho, [*eles*] precisavam percorrer quase dois quilômetros num bote de borracha.

O pronome *eles*, nesse texto, está no lugar do sintagma nominal inteiro: [todos os tripulantes do barco].

Um outro fato relevante é que um sintagma nominal complexo pode ter alguns de seus elementos omitidos, totalmente ou em parte, quando reaparece em uma outra oração. Exemplo:

Eu comprei *duas toalhas de banho azuis*. Minha irmã comprou *duas verdes*.

Como vemos, na segunda oração, foi omitido o núcleo do sintagma (toalhas) e um modificador (de banho). Esse assunto será estudado de modo mais pormenorizado no capítulo do período composto e no da Concordância.

Outros Modificadores dentro do Sintagma Nominal

a. Aposto

Aposto é o termo que modifica o núcleo de um sintagma nominal e SE IDENTIFICA COM ELE. Vejamos o seguinte exemplo:

O repórter *Ernesto Bernardes* acaba de viver uma aventura inesquecível.

Se analisarmos o sintagma nominal *O repórter Ernesto Bernardes* que, nessa oração, tem a função de sujeito, veremos que seu núcleo é representado pelo substantivo *repórter*. Seus modificadores são, respectivamente, *o* e *Ernesto Bernardes*. O substantivo *Ernesto Bernardes*, entretanto, além de modificar *repórter*, IDENTIFICA-SE com ele. (Repórter é Ernesto Bernardes e Ernesto Bernardes é repórter.) Logo, *Ernesto Bernardes* é um aposto. Como *repórter* é genérico e *Ernesto Bernardes* é específico, este aposto recebe o nome de APOSTO ESPECIFICATIVO.

O aposto especificativo pode também ser introduzido por uma preposição. Exemplo:

> Os jornalistas visitaram a cidade *de São Paulo*.

Analisando o sintagma nominal *a cidade de São Paulo* que, nessa oração, exerce a função de objeto direto, verificamos que seu núcleo é *cidade* e que seus modificadores são *a* e *de São Paulo*. Como *São Paulo* modifica *cidade* e *se identifica* com ela (São Paulo é cidade e cidade é São Paulo), *São Paulo* é um aposto, também especificativo, porque o termo *cidade* é genérico e o termo *São Paulo* é específico.

O fundamento do aposto é, pois, a identidade. Não se confunde o aposto com um adjunto adnominal, porque este último não se identifica com o núcleo do sintagma. Se tivermos uma oração como:

> Mais tarde, combinaremos a hora da saída.

e dela destacarmos o sintagma nominal *a hora da saída*, veremos que *saída* é um simples adjunto adnominal, pois *hora* não se identifica com *saída* (*hora* não é *saída* e nem *saída* é *hora*).

Há um tipo de aposto que vem entre vírgulas. Trata-se do APOSTO EXPLICATIVO. Exemplo:

> Getúlio Vargas, ex-presidente do Brasil, apreciava música clássica.

O sintagma nominal *Getúlio Vargas, ex-presidente do Brasil*, é o sujeito dessa oração. Seu núcleo é *Getúlio Vargas*. *Ex-presidente do Brasil* é um aposto, pois modifica *Getúlio Vargas* e se identifica com ele. E é um aposto explicativo, pois o que caracteriza esse tipo de aposto é ter significado genérico. *Getúlio Vargas* tem natureza específica, é um só. *Ex-presidente do Brasil* tem natureza genérica. Há vários ex-presidentes na história do Brasil.

Existe ainda o APOSTO ENUMERATIVO que pode ser visto no exemplo a seguir:

> Para matrícula na Universidade são necessários os seguintes documentos: *carteira de identidade, duas fotos três por quatro e certificado de conclusão do curso secundário.*

O sintagma nominal *os seguintes documentos: carteira de identidade, duas fotos três por quatro e certificado de conclusão do curso secundário* tem como núcleo *documentos* e, como aposto enumerativo, os sintagmas nominais modificadores, *carteira de identidade, duas fotos três por quatro e certificado de conclusão do curso secundário*, que se identificam com *documentos*.

A função textual do aposto é contribuir para a construção da referência daquilo que dizemos ou escrevemos. Quando dizemos *Getúlio Vargas*, isso pode não ser suficiente para dar ao leitor condições de compreensão do texto. O aposto acrescenta alguma coisa a mais, uma informação importante por meio da qual o leitor fica mais esclarecido. No exemplo em questão, fica sabendo que *Getúlio Vargas é ex-presidente do Brasil*. Vejamos o seguinte texto de autoria de Jorge Amado:

> Nos últimos anos, sobretudo após o casamento, começara a idealizar a figura da ausente, *espécie de gênio bom, heroína de conto da carochinha, imagem fugidia, quase irreal*, a se fazer concreta no auxílio mensal, nos esporádicos presentes[6].

Trata-se de um trecho no início do romance *Tieta do Agreste*, em que o autor dá asas ao pensamento da personagem Elisa, preocupada com a ausência de notícias (e do cheque mensal) de sua irmã Tieta. A primeira referência a Tieta é *figura ausente*. A seguir, vêm três apostos, construindo sua referência no imaginário de Elisa: *espécie de gênio bom, heroína de conto da carochinha, imagem fugidia, quase irreal*, todos eles identificados com *figura ausente*, a primeira referência.

Às vezes, o aposto tem a função de criar uma orientação argumentativa, como nos exemplos a seguir:

> Gandhi, *o grande herói nacional da Índia*, foi assassinado por um fanático.
> O incentivo ao consumo, *uma medida infeliz*, levará muita gente à inadimplência.

Em ambos os casos, o aposto configura um julgamento. Positivo, no primeiro exemplo; negativo, no segundo.

As gramáticas tradicionais do português costumam falar em um outro tipo de aposto, o chamado *aposto resumidor* ou *recapitulativo*, ilustrado com exemplos do tipo:

---

6. Jorge Amado, *Tieta do Agreste*, p. 19.

A amizade, o clima, as belezas naturais, *tudo* me fazia bem.

A concordância verbal, entretanto, sugere outra coisa, apesar da identidade existente entre *tudo* e os sintagmas nominais antecedentes. A concordância é feita com *tudo* – que é o sujeito da oração – e não com a soma dos sintagmas envolvidos (a amizade, o clima, as belezas naturais). Como veremos, ao final deste capítulo, esses sintagmas estão fora da oração, à semelhança dos termos em itálico nos exemplos a seguir:

As eleições, eu nem fiquei sabendo de eleições aqui neste fim de mundo!
Meu carro, ele consome muito combustível.

Como estão fora das orações, esses termos não têm análise dentro delas. Do ponto de vista do "gerenciamento" de informação, são *tópicos* apenas, indicando ao ouvinte/leitor o assunto sobre o qual a oração que virá trará informações.

b. Complemento nominal

Muitas vezes, o núcleo de um sintagma nominal é um substantivo predicador. Trata-se, portanto, de um substantivo que possui uma estrutura argumental. Isso acontece com *substantivos relacionais* como *autor, medo* ou com *substantivos* abstratos *deverbais* (derivados de verbos) como *compra* (de *comprar*), *destruição* (de *destruir*) etc.

Quando falamos em *autor*, imediatamente associamos a esse substantivo um argumento: *o resultativo*, aquilo que foi feito. Quando falamos de *medo*, associamos a *medo* dois argumentos: *um experienciador* (aquele que tem medo) e *uma causa* (aquilo que produz o medo).

Da mesma forma, quando falamos em *compra* ou *destruição*, associamos a esses substantivos deverbais um argumento *agente* (aquele que compra ou que destrói) e um argumento *objeto afetado* (aquilo que é comprado ou destruído). No caso de *compra*, podemos ainda associar um *dativo* (aquele para quem algo é comprado). Esquematizando, teríamos:

Substantivo	Rede argumental
medo	[experienciador, causa]
autor	[resultativo]
compra	[[agente, objeto afetado] dativo]
destruição	[agente, objeto afetado]

Esses argumentos podem se materializar dentro dos sintagmas nominais de que esses substantivos são núcleos. Exemplos:

O medo *da morte* torna as pessoas menos egoístas.
O autor *de Romeu e Julieta* é Shakespeare.
A compra *de ações* provocou uma alta na bolsa.
A destruição *da mata atlântica* é um crime contra a humanidade.

Na análise sintática desses grupos nominais, os modificadores desses núcleos predicadores que materializam argumentos como: objeto afetado, paciente, resultativo, objetivo, causa, dativo e locativo, são chamados de complementos nominais. Exemplos:

A destruição *da ponte* (objeto afetado)
A prisão *dos bicheiros* (paciente)
A construção *da ponte* (resultativo)
A visão *do paraíso* (objetivo)
O medo *de altura* (causa)
A compra *do brinquedo para a criança* (objeto afetado) (dativo)
Nossa ida *a Brasília* (locativo).

Como esses argumentos, em uma oração de voz ativa, sempre funcionam como complementos, podemos simplificar, dizendo que, se substituirmos o nome predicador por um verbo e o que restar for complemento, então o modificador do substantivo predicador será um complemento nominal. Exemplos: *destruir a ponte, prender os bicheiros, construir a ponte, ver o paraíso, ter (medo de) altura, comprar o brinquedo, ir a Brasília.*

Se o que restar for um sujeito, então o modificador do substantivo predicador será, simplesmente, um adjunto adnominal. Exemplos:

(1) A *diminuição* do poder aquisitivo produz recessão.
(2) A *vitória* dos democratas aumentará os benefícios sociais.

Substituindo os nomes predicadores por verbos teremos:

(1) O poder aquisitivo *diminuiu*.
    (sujeito)

(2) Os democratas *venceram*.
    (sujeito)

Logo, *do poder aquisitivo*, em (1), e *dos democratas*, em (2), serão adjuntos adnominais.

Muitas vezes, uma construção desse tipo pode gerar ambiguidades. Se dizemos, por exemplo, uma oração como:

A caça dos leões foi um sucesso.

podemos ter duas interpretações de *a caça dos leões*. O significado tanto pode ser "alguém caçou os leões" como "os leões caçaram algum outro animal". Na primeira interpretação, teríamos um complemento, portanto, *dos leões* seria um *complemento nominal*. Na segunda, um sujeito, portanto, *dos leões* seria um *adjunto adnominal*.

COMPLEMENTOS NOMINAIS DE NÚCLEOS ADVERBIAIS E ADJETIVAIS:

Às vezes, o núcleo de um sintagma adverbial e o núcleo de um sintagma adjetival podem ser, respectivamente, um advérbio ou um adjetivo com rede argumental. Exemplos:

O Tribunal de Contas decidiu [*favoravelmente* às contas do Governador].
(advérbio)

A decisão foi [*favorável* ao pedido].
(adjetivo)

Tanto *favoravelmente* como *favorável* têm uma rede argumental que contém um *dativo* (aquele ou aquilo que é favorecido). Nos exemplos acima, *às contas do governador* e *ao pedido* materializam esse dativo. São, pois, analisados como *complementos nominais*.

Há alguns complementos preposicionados que modificam adjetivos, sem, contudo, serem complementos nominais. Vejamos os exemplos a seguir:

Ave Maria, cheia *de graça*!
Ele está com as mãos sujas *de graxa*.
Maria é bonita *de corpo*.

Os adjetivos *cheio, sujo e bonito* são estáticos, não possuindo, portanto, uma rede argumental que comporte um alvo ou ponto sobre o qual possa recair uma ação. Por esse motivo, tais complementos preposicionados são apenas adjuntos adnominais ou adjuntos restritivos desses adjetivos. O termo *adjunto restritivo* não faz parte da Nomenclatura Gramatical Brasileira (NGB).

c. Vocativo

Vocativo é um termo que se situa fora da oração. Não pertence, portanto, à rede argumental do verbo ou do predicativo. É um apelo do enunciador ao interlocutor, por meio da projeção do seu nome ou de expressões equivalentes.

O interlocutor pode ser alguém real, fisicamente presente em algum lugar, de quem o enunciador pode observar as reações ao seu apelo; ou uma entidade abstrata, ou fictícia. No primeiro caso o vocativo é um chamamento. No segundo, uma invocação. O vocativo é mais usado, obviamente, na língua oral. Exemplos:

I. CHAMAMENTO:

Maria, feche a porta!
Maria, o técnico da máquina de lavar telefonou?

II. INVOCAÇÃO:

Minha Nossa Senhora, me ajude!
Deus, tenha piedade de nós!

Na escrita, o vocativo vem separado da oração por meio de vírgulas. Ele não precisa, necessariamente, colocar-se no início, como atesta o exemplo:

A vida, *Luzia*, dura um só dia. (João de Barro)

Do ponto de vista do discurso, o vocativo serve também para marcar o tipo de relação social que existe entre o enunciador e seu interlocutor. Assinala se é uma relação formal, respeitosa, amorosa, informal, ou, ainda, uma relação conflagrada. Vejam-se, a propósito, os exemplos a seguir:

Excelência, seria possível entregar essa petição depois das cinco da tarde?
Ô Zé, segura aqui esse parafuso.
Amor, você me liga à noite?
Seu canalha, você tem coragem de dizer que não me enganou!

Composição do Sintagma Verbal. As Locuções Verbais

Muitas vezes, uma oração não tem apenas um verbo, mas dois, três ou até mais, formando uma estrutura complexa. É o que podemos ver nos exemplos:

> Mário *começou a vender* terrenos.
> Mário *tinha vendido* um terreno.
> Mário *pode vender* um terreno.
> Mário *pode continuar a vender* terrenos.

Essas estruturas complexas são os sintagmas verbais. Tais como os sintagmas nominais, eles também estão sujeitos ao *princípio da endocentricidade*, ou seja, podem conter apenas uma categoria lexical principal. Essa categoria lexical principal, como vimos, se chama *núcleo*. O núcleo de um sintagma verbal é o chamado verbo principal, que é responsável pela estrutura argumental da oração.

Se observarmos as orações anteriores, veremos que todas elas têm a estrutura argumental do verbo *vender*. Possuem um *agente* na função de sujeito e um *objeto afetado* na função de objeto direto. Isso, apesar dos diferentes verbos que antecedem *vender*. Logo, o verbo *vender* é o núcleo desses sintagmas verbais que são chamados pela Nomenclatura Gramatical Brasileira de *locuções verbais*.

Se trocássemos o verbo *vender* por um outro verbo, como *cair*, por exemplo, todas as orações assumiriam a estrutura argumental desse outro verbo, que somente precisa de um objeto afetado, na função de sujeito.

> A pedra *começou a cair*.
> A pedra *tinha caído*.
> A pedra *pode cair*.
> A pedra *pode continuar a cair*.

Os outros verbos anteriores ao verbo principal, como vemos, não têm, nessas orações, estrutura argumental própria. Por esse motivo são chamados de **VERBOS AUXILIARES**.

Um outro fato que também podemos observar é que apenas o primeiro verbo à esquerda, nessas construções, recebe a marca afixal (a desinência) do tempo verbal. Todos os outros, inclusive o verbo-núcleo ou principal, assumem formas nominais.

Podemos concluir, portanto, que uma locução verbal se compõe de um verbo-núcleo ou principal, responsável pela estrutura argumental da oração, e por um ou mais verbos auxiliares, sendo que o que estiver "mais à esquerda" assume a função de "âncora" temporal da oração.

Vozes Verbais

Vozes verbais são construções sintáticas ligadas apenas aos verbos que se constroem com objeto direto.

Voz Passiva

Voz passiva é uma construção sintática em que um objeto direto passa a ocupar a função de sujeito. Distinguimos dois tipos de voz passiva em português: voz passiva analítica, com verbo auxiliar *ser*, e voz passiva pronominal.

a. Voz passiva analítica (ou com auxiliar *ser*)

Nesse tipo de voz passiva, o objeto direto passa a ocupar a função de sujeito e o termo que tinha a função de sujeito é transferido para o predicado, precedido, em geral, pela preposição *por*. O verbo-núcleo ou principal fica no particípio e aparece o verbo auxiliar *ser* para servir de âncora temporal para a oração, uma vez que o particípio já não pode exercer essa função. Exemplificando, tomemos a seguinte oração em que o sujeito é agente e existe um objeto direto. Essa configuração recebe o nome de *voz ativa*:

Eduardo fechou as portas.

O sujeito dessa oração é *Eduardo*. É com esse substantivo que o verbo *fechar* está concordando. O sintagma nominal *as portas* tem a função de objeto direto. Passando essa oração para a voz passiva, teremos:

As portas foram fechadas por Eduardo.

Notamos, agora, que o sintagma nominal *as portas* passou a ser sujeito (o verbo *ser* concorda com ele) e que o outro sintagma, o antigo sujeito *Eduardo*, foi transferido para o predicado, precedido pela preposição *por*.

Esse sintagma transferido recebe o nome de COMPLEMENTO AGENTE DA VOZ PASSIVA, ou simplesmente AGENTE DA PASSIVA. Trata-se, pois, de um termo que ocorre nas frases passivas, ligado ao verbo geralmente pela preposição *por*, e que cumpre o papel de autor da ação verbal.

Notamos, também, que o verbo *fechar* está agora no particípio (*fechadas*), sem condições, portanto, de servir de âncora temporal para a oração. Essa função foi assumida pelo verbo *ser* que, como vimos, é um verbo semanticamente vazio.

É importante notar que, na voz passiva, o particípio concorda também com o sujeito: *As portas* foram *fechadas*.

b. Construções ativas que não têm passivas correspondentes

Nem todas as construções ativas podem ser transformadas em passivas. Vejamos as seguintes orações:

Maria tem um carro importado.
Maria pesa sessenta quilos.
Maria levou um tiro.

Todos concordamos que as orações passivas correspondentes seriam agramaticais:

*Um carro importado é tido por Maria.
*Sessenta quilos são pesados por Maria.
*Um tiro foi levado por Maria.

Isso se deve ao fato de que apenas as construções ativas prototípicas podem ter voz passiva, e os exemplos acima não caracterizam esse tipo de construção. Na construção ativa prototípica, o sujeito é sempre "agente".

No primeiro exemplo, o verbo *ter*, embora esteja em uma "forma ativa", não tem sujeito agente. Há outras construções com esse verbo, principalmente na língua falada, em que o sujeito pode até mesmo ser interpretado como paciente:

Maria já teve pneumonia.
Maria tem um botão faltando em sua blusa.

O verbo *pesar* pode ser empregado em uma construção ativa prototípica, como em: "Maria pesou a mala"; em que Maria é agente. Nesse caso, pode haver construção passiva: "A mala foi pesada por Maria".

O mesmo acontece com o verbo *levar*, que pode ter construção passiva, se a construção ativa for prototípica. Exemplo:

I. VOZ ATIVA PROTOTÍPICA COM SUJEITO AGENTE:

Maria levou as malas para o aeroporto.

II. VOZ PASSIVA:

As malas foram levadas para o aeroporto por Maria.

Em "Maria levou um tiro", *Maria* não é agente. É paciente.

c. Voz passiva pronominal

Uma outra forma de construir a voz passiva em português é com o auxílio do pronome *se*, em orações como:

Pinturas preciosas salvaram-*se*, durante o ataque da máfia em Florença, graças às cortinas de vidro blindado.

Esse tipo de voz passiva é facilmente identificável pela impossibilidade de o sujeito ser um argumento agente. De fato, o termo *pinturas preciosas*, no exemplo citado, é apenas um objeto afetado.

Muito raramente, a voz passiva pronominal ocorre com outro pronome que não seja o *se*. Exemplo:

Batizei-*me* na Igreja de São Domingos, uma terça-feira de março, dia claro, luminoso e puro, sendo padrinhos o Coronel Rodrigues de Matos e sua senhora[7].

O que caracteriza a voz passiva pronominal, no texto transcrito, é a impossibilidade de o sujeito (Brás Cubas que narra sua história) ser agente da ação de batizar-se a si próprio.

Uma outra característica da voz passiva pronominal é a ausência de complemento agente da passiva.

CONSTRUÇÕES IMPESSOAIS ANALÓGICAS À VOZ PASSIVA PRONOMINAL:

Por influência da voz passiva pronominal, desenvolveu-se, no português, uma construção analógica a essa passiva, com verbos intransitivos. Exemplos:

---

7. Joaquim Maria Machado de Assis, *Memórias Póstumas de Brás Cubas*. Em *Obra Completa*, vol. 1, p. 526.

Anda-se muito de bicicleta em cidades planas.
Vive-se bem nos Estados Unidos.

Nesses tipos de construção, o agente ou experienciador fica indeterminado. É apenas pressuposto. Como não há nenhum termo com que o verbo possa concordar, essas orações não têm sujeito. Já dissemos que essa análise difere daquela feita pela Nomenclatura Gramatical Brasileira.

Cumpre dizer que esse tipo de estratégia de indeterminação do agente ou do experienciador se estendeu a outros verbos em cuja rede argumental se encontra normalmente mais de um argumento, como em:

Em Aparecida, *vende-se* de tudo aos romeiros.
No Rio de Janeiro, *vê-se* de tudo.

Voz Medial

Voz medial é a construção em que o verbo, na voz ativa, tem um objeto direto representado por um pronome átono, referente à pessoa do sujeito.

Distinguimos dois tipos de voz medial: a voz medial reflexiva e a voz medial recíproca.

a. Voz medial reflexiva

Na voz medial reflexiva, o sujeito é ao mesmo tempo agente/experienciador e paciente. Exemplos:

Maria penteou-*se*.
Eu *me* vesti.
Ele *se* viu no espelho.

Esses pronomes são *objetos diretos reflexivos*.

Muitas vezes, pode haver algumas ambiguidades que são normalmente resolvidas dentro do texto. Uma oração como: "O operário feriu-*se*"; isolada, pode ser interpretada como tendo verbo na voz medial reflexiva, com sujeito agente e paciente, ou como tendo verbo na voz passiva pronominal, com sujeito apenas paciente. Na primeira interpretação, o operário ter-se-ia ferido voluntariamente. Na segunda interpretação, ele se teria ferido acidentalmente.

Algumas vezes, a voz reflexiva é francamente metafórica. Em orações como:

> Ele *atirou-se* contra a porta de vidro.
> Eu *me* levantei cedo hoje.

é claro que esses dois verbos estão sendo utilizados em sentido figurado. Ninguém pode pegar-se a si próprio e atirar-se contra alguma coisa. Ninguém pode levantar-se a si próprio como levanta, por exemplo, um vaso.

Vale dizer, também, que a posição prototípica do sujeito, nessas construções, é antes do verbo, ao contrário da passiva pronominal em que o sujeito pode ser posposto ao verbo, quando ele admite um agente exclusivamente humano. Desse modo, uma oração como: "Demitiu-se o ministro" é interpretada, normalmente, como passiva pronominal. Já uma oração como: "O ministro demitiu-se" é interpretada como medial reflexiva.

Em alguns casos, o objeto da voz medial reflexiva acha-se gramaticalizado, ou seja, o verbo não pode mais ser empregado sem o pronome átono. É o caso de verbos como *queixar-se, arrepender-se, orgulhar-se*, em orações como:

> Ele queixou-se da alta da inflação.
> Ele arrependeu-se de ter viajado.
> Ele orgulha-se de sua gente.

Nesses casos, o pronome objeto analisa-se como PARTE INTEGRANTE DO VERBO.

b. Voz medial recíproca

Na voz medial recíproca, a ação distribui-se entre dois ou mais seres que exercem, ao mesmo tempo, a função de agente e de paciente do mesmo processo. Exemplo:

> Os namorados beijavam-*se*.

Nesse caso, o pronome objeto recebe o nome de *objeto direto recíproco*.

Operações de Topicalização e Clivagem

Para destacar informações em um texto, são utilizadas as operações de topicalização e clivagem. Por meio delas, sobretudo na língua falada, o enunciador consegue colocar em relevo um termo da oração em relação aos demais.

Topicalização

A topicalização consiste em situar antes de uma oração, sem nenhuma função sintática definida, um termo que vai ser retomado dentro dela. A finalidade é fazer desse termo um quadro de referência, um centro de atenções para o que se vai comunicar. Vejamos alguns exemplos a seguir, retirados do material gravado do "Projeto da Norma Urbana Culta" (Projeto Nurc)[8].

Esta curva de distribuição, ela representa todas as notas obtidas a partir da aplicação dum teste.
A inteligência segundo Binet, ela vai se desenvolvendo, certo? Então ela é mais simples.
E a indústria, o que que precisa? Maior produção, maior rendimento, né? O indivíduo certo para a tarefa certa.

No primeiro exemplo, o enunciador situou o termo *esta curva de distribuição* como tópico, antes do início da oração. É preciso salientar que o tópico não tem função sintática alguma. Ele está fora da oração. O sujeito dessa oração topicalizada é o pronome *ela*. Muitas vezes, o sujeito é o tópico repetido dentro da oração. Às vezes, é representado por um pronome, como nesse caso, e, às vezes, fica elíptico. Dessa maneira, essa oração poderia assumir ainda as seguintes formas:

(tópico)   (sujeito)
Esta curva de distribuição, *esta curva de distribuição* representa todas as notas obtidas a partir da aplicação dum teste.

(tópico)
Esta curva de distribuição, representa todas as notas obtidas a partir da aplicação dum teste. (*sujeito elíptico*)

---

8. Em Ataliba Castillo e Dino Preti, *A Linguagem Falada Culta na Cidade de São Paulo*, vol. 1, pp. 26-28. O Projeto Nurc é um trabalho de dialetologia urbana realizado em cinco cidades brasileiras: Recife, Salvador, São Paulo, Rio de Janeiro e Porto Alegre. Os exemplos citados foram retirados do material obtido em São Paulo.

Este último caso é descrito por muitas gramáticas como um erro, o da separação de um sujeito por meio de vírgula. Na verdade, a vírgula separa o tópico do resto da oração. O sujeito é elíptico.

Quando os elementos topicalizados são substituídos por pronomes que exercem as funções de objeto direto, objeto indireto, ou predicativo, as gramáticas tradicionais do português falam em *funções pleonásticas*. Uma oração como:

> *Os planos de viagem*, ela *os* tinha adiado mais de uma vez

é tradicionalmente analisada como tendo dois objetos diretos, um representado por *Os planos de viagem* e outro, chamado de pleonástico, representado pelo pronome *os*. Essa análise me parece pouco motivada, porque tenta colocar "à força" um sintagma nominal (*Os planos de viagem*) dentro de uma oração a que não pertence.

Minha proposta é que o elemento topicalizado seja analisado simplesmente como tópico. Se esse tópico for retomado, na oração, por um pronome, esse pronome será analisado de acordo com sua função sintática nessa oração. No exemplo: "*Os planos de viagem*, ela *os* tinha adiado mais de uma vez", *Os planos de viagem* são um tópico; o pronome *os* é, simplesmente, o objeto direto da oração.

Se, entretanto, o tópico não for retomado por um pronome, sua função sintática na oração será analisada como elíptica. Em:

> Os planos de viagem, ela tinha adiado mais de uma vez,

o termo *Os planos de viagem* continua sendo tópico; o objeto direto da oração fica elíptico.

Um outro exemplo de topicalização acontece, quando o enunciador situa vários termos antes de uma oração, retomando-os, depois, dentro da oração, por meio de pronomes. Exemplo:

> [Imposto de Renda, Imposto Territorial Urbano, Imposto sobre Veículos Automotores], *tudo isso* prejudica o bolso do contribuinte no Brasil, em cada início de ano.

O sujeito da oração acima é *tudo isso*. A relação de elementos que antecede a oração deve ser analisada como *tópico*.

a. Antitópico

Algumas poucas vezes, o termo topicalizado aparece depois do final da oração. Recebe, então, o nome de *antitópico*. É o que acontece no seguinte trecho de Machado de Assis:

> Mas não embarcaria mais. Enjoara muito a bordo, como todos os outros passageiros, exceto um inglês... Que os levasse o diabo *os ingleses*![9]

Clivagem

Um recurso de focalização, que aponta a informação mais importante ou saliente em uma frase, tanto na língua oral quanto na língua escrita, é a clivagem, que consiste em utilizar o verbo *ser* e a palavra *que* para realçar termos da oração posicionados antes do verbo. Exemplos:

> *Foi* o Visconde de Mauá *que* construiu a primeira estrada de ferro no Brasil.
> Em Mato Grosso *é que* se podiam pescar peixes grandes.

Foi que, no primeiro exemplo, e *é que*, no segundo, estão antes dos verbos *construiu* e *podiam pescar*, respectivamente.

OBSERVAÇÃO:

1. O verbo *ser* pode repetir o tempo do verbo, como no primeiro exemplo (*foi ... construiu*) ou não repetir, como no segundo (*é ... podiam pescar*).
2. O verbo *ser* pode estar junto ao *que*, posposto ao termo clivado: Em Mato Grosso *é que*. Pode ficar também antes do termo clivado, ficando o *que* depois do termo clivado: *Foi* o Visconde de Mauá *que*.
3. Tanto o verbo *ser* quanto a palavra *que* não exercem nenhuma função sintática dentro dessas orações. São apenas marcas focais.

Na língua falada atual, é bastante comum fazer a clivagem de um termo da oração depois do verbo, utilizando o verbo *ser* à esquerda desse termo. O *que* fica dispensado. Exemplos:

> Fernando comprou *foi* um carro zero.
> Fernando comprou um carro zero, *foi* em dezembro.
> Essa menina quer *é* fazer manha.

---

9. Joaquim Maria Machado de Assis, *Memórias Póstumas de Brás Cuba*. Em *Obra Completa*, vol. 1, p. 600.

16
ORAÇÕES COMPLEXAS OU PERÍODO COMPOSTO

Muitas vezes, os argumentos de uma oração simples podem assumir também a forma de oração, desenvolvendo predicadores próprios como:

Eu *vi* [que *era tarde*], [quando *consultei* o relógio].
[que *era tarde*] = objeto direto
[quando *consultei* o relógio] = adjunto adverbial de tempo

Orações complexas são, pois, aquelas que se desdobram em duas ou mais orações. Vejamos outro exemplo:

Eu *canto* porque o instante *existe* e a minha vida está *completa*[1].

Nesse trecho, há três predicadores: os verbos *canto* e *existe* e o adjetivo *completa*. Logo, temos três orações:

Eu *canto*
porque o instante *existe*
e a minha vida está *completa*

É importante lembrar que, às vezes, temos dois ou mais verbos juntos, mas apenas um deles (o principal) é responsável pela estrutura argumental da oração. Exemplo: "Eu *comecei* a cantar".

---

1. Cecília Meireles, *Poesia Completa*, p. 81.

Aqui, temos dois verbos, *começar* e *cantar*, mas apenas *cantar* é responsável pela estrutura argumental da frase. *Começar* é um verbo auxiliar. Forma com *cantar* um único sintagma ou processo verbal. Por esse motivo, temos aí apenas *uma* oração.

As orações complexas formam, de acordo com a tradição gramatical, um PERÍODO COMPOSTO.

COORDENAÇÃO E SUBORDINAÇÃO

Se examinarmos aquele outro trecho anterior de Cecília Meireles, veremos que, dentro dele, há dois tipos de relação sintática: a que existe entre *Eu canto* e *porque o instante existe* e aquela entre *porque o instante existe* e *minha vida está completa*. A primeira relação é chamada de SUBORDINAÇÃO, e a segunda, de COORDENAÇÃO.

Chamamos a primeira relação de SUBORDINAÇÃO, porque a segunda oração faz parte da rede argumental da primeira:

Eu *canto* [porque o instante existe]
[agente]   [causa]

O primeiro argumento *eu* tem natureza lexical e exerce a função de sujeito (o verbo *cantar* concorda com ele). O segundo tem natureza oracional e, como se trata de um argumento que não pertence à rede argumental essencial do verbo *cantar*, exerce função de adjunto adverbial. Como se trata de uma oração, recebe o nome de *oração subordinada adverbial*. Mais especificamente: *oração subordinada adverbial causal*.

A segunda relação recebe o nome de COORDENAÇÃO, porque nenhuma das orações pertence à rede argumental da outra. De fato, em: "porque o instante existe *e* minha vida está completa" a rede argumental de cada uma das orações é completamente independente uma da outra.

Orações Coordenadas

As orações coordenadas são aquelas que existem dentro de uma relação de coordenação e podem ser classificadas em:

Aditivas

Oração aditiva é aquela que aparece apenas em sequência a uma outra. Exemplo:

Meu pai montava a cavalo, [ia para o campo]².

A segunda oração, que aparece depois da primeira, está apenas justaposta a ela, sem nenhum elemento que estabeleça essa ligação. Por esse motivo, é chamada de coordenada *assindética*, que quer dizer coordenada *sem conjunção* (do grego *a* = sem + *syndetos* = conjunção). A primeira oração chama-se apenas *coordenada inicial*.

Já, no exemplo a seguir, temos uma conjunção unindo a oração aditiva à anterior:

O rádio levou a guerra para dentro de casa [*e* a gente acompanhava as batalhas num mapa-múndi pregado na parede da sala de visitas]³.

Por esse motivo, essa oração é chamada de oração coordenada *sindética*, que quer dizer oração coordenada com conjunção (do grego *syndetos* = conjunção).

Além da conjunção *e*, uma oração coordenada aditiva pode ser introduzida pela conjunção *nem* e pelas locuções *não só... mas (também)*, *tanto... como*, *tanto quanto* e outras semelhantes. Exemplos:

Daniela não queria sair [*nem* falar com ninguém].

O cliente insatisfeito *não só* deixa de comprar novamente o produto, [*como também* fala mal da empresa a seus amigos e familiares].

A locução *não só...mas também*, que pode sobrepor-se ao processo de coordenação aditiva, tem o efeito pragmático de acrescentar uma espécie de comparação de superioridade entre as orações do período, realçando a superioridade do fato ou evento da oração coordenada introduzida pelo segundo membro. Vejamos a seguinte frase:

Maria *não só* fez sua lição, [*mas também* fez a da sua irmã].

Nela, o advérbio *não* tem como foco o adjetivo *só*, que funciona como advérbio⁴. O autor de uma frase como essa quer dizer que Maria fez não só / somente sua lição, o que seria pouco, em seu entendimento; mas, ao contrário, em oposição à hipótese de ter feito apenas sua própria lição, ela fez

---

2. Carlos Drummond de Andrade, *Antologia Poética*, p. 67.
3. Rubem Alves, *O Quarto do Mistério*, p. 63.
4. No lugar de *só*, poderíamos ter também o advérbio *somente*: Maria não *somente* fez sua lição, mas também fez a da sua irmã.

também a da irmã, o que representa algo mais do que fazer apenas a própria lição. Daí o sentido pragmático de comparação de superioridade realçando a segunda parte da correlação, seja ela uma oração coordenada aditiva, seja um segundo termo coordenado aditivo, como em:

> O tema foi considerado inesperado e difícil *não só* pelos alunos, *mas também* por professores. (*O Estado de S. Paulo*, 4.1.2013.)

Temos aí dois complementos agentes da voz passiva coordenados. O fato de professores terem achado o tema inesperado e difícil é visto, pragmaticamente, como mais importante do que a própria opinião dos alunos.

A locução *tanto....como / tanto....quanto*, sobreposta ao processo de coordenação aditiva, é também de uso corrente no português. É mais comum encontrá-la sobrepondo-se à coordenação de termos da oração, com o objetivo de acrescentar, pragmaticamente, uma comparação de igualdade, como podemos ver no exemplo:

> *Tanto* o *Estado como* o *Jornal da Tarde*, que foi fundado em janeiro de 1966 e circulou até outubro de 2012, foram censurados, de dezembro de 1968 a janeiro de 1975. (*O Estado de S. Paulo*, 4.1.2013.)

Nesse caso, temos dois sujeitos (o Estado e o Jornal da Tarde) coordenados. A expressão correlativa *tanto...como* enfatiza, pragmaticamente, que ambos os jornais foram IGUALMENTE censurados.

Algumas vezes, diz-se que a conjunção *e* assume outros valores, como em frases como:

> Fulano diz que é rico [*e* nunca tem dinheiro no bolso].
> Fernanda estudou [*e* não passou no exame].
> Empreste dinheiro [*e* perca o amigo].

As orações coordenadas dos dois primeiros períodos têm um sentido de oposição, nitidamente contrário às suas anteriores. A coordenada do terceiro período tem um sentido de consequência.

Essas interpretações têm caráter pragmático e não sintático. A opção do falante em utilizar a conjunção *e* em vez de *mas* pode estar ligada a uma intenção de atenuação ou "preservação da face"[5]. Se o falante diz "Fernanda

---

5. Preservação da face é a preocupação em evitar comprometimento com aquilo que se fala. Quando alguém diz algo como: *Não vão pensar que eu sou monarquista, mas o governo de D. Pedro II foi exemplar*, sua intenção é exaltar o reinado de Pedro II. A primeira frase (*Não vão pensar que eu sou monarquista*) não tem função informativa. É apenas um "prefácio" de preservação da face.

estudou *mas* não passou no exame", isso pode soar como uma crítica a ela. Se disser, contudo, que "ela estudou *e* não passou", a crítica se atenua ou desaparece, ficando, de certo modo, preservada a face do falante.

Adversativas

As orações adversativas fazem parte da chamada articulação sintática de oposição. Indicam que o conteúdo semântico de suas orações se opõe ao das orações anteriores, contradizendo uma expectativa criada por elas. Uma alternativa a esse tipo de articulação são as orações subordinadas adverbiais concessivas, como veremos daqui a pouco. A oração adversativa é introduzida pelas conjunções *mas, porém, todavia, contudo, entretanto*. Incluem-se, também, locuções conjuntivas como *no entanto, não obstante*. Exemplos:

> Este ovo ainda está inteiro, [*mas* pode quebrar].
> A economia cresceu, [*porém* não reduziu o desemprego].
> Todos reclamaram da falta de luz, [*contudo*, ela foi restabelecida em quinze minutos].
> Manter-se no topo é difícil, [*entretanto*, o vôlei brasileiro está confiante].

A conjunção *mas* é a única que tem posição fixa. As demais podem ser utilizadas praticamente em qualquer posição da oração coordenada:

> Todos reclamaram da falta de luz; [ela foi, *contudo*, restabelecida em quinze minutos].
> Manter-se no topo é difícil; [o vôlei brasileiro está confiante, *entretanto*].

Isso se deve ao fato de que, à exceção de *mas*, todas as outras conjunções e locuções conjuntivas eram, antigamente, advérbios de reforço, empregados juntamente com o próprio *mas*. Dizia-se, por exemplo:

> Este ovo ainda está inteiro, [mas, *todavia / entretanto/ porém*, pode quebrar].

Por contiguidade sintática, esses advérbios assumiram o significado de *mas*, mantendo, contudo, a liberdade sintática dos advérbios, o que permite posicioná-los em lugares diferentes da oração coordenada adversativa.

Uma possibilidade que costuma ser explorada para "preservação da face", na construção de textos com orações adversativas, é a transferência do conteúdo da oração adversativa para a oração coordenada inicial. Comparemos as duas frases seguintes:

Eu não consegui o documento, [*mas* fiz todo o esforço possível].
Eu fiz todo o esforço possível, [*mas* não consegui o documento].

É inegável que a segunda escolha é mais favorável ao falante.

Às vezes, a coordenação adversativa tem o objetivo de criar uma determinada orientação argumentativa. Vejamos um exemplo disso em uma crônica de Luís Fernando Veríssimo:

> A atitude dos que simpatizam com Cuba se divide em duas maneiras de construir a mesma frase: ou "Cuba é um exemplo de independência e prioridades certas nas Américas, *mas* ninguém pode negar que é uma ditadura repressiva" ou "está certo, é uma ditadura repressiva, *mas* ninguém pode negar que é um exemplo de etc". (*Correio Popular*, Campinas, 20.4.2003.)

Na primeira versão, "Cuba é um exemplo de independência... mas é uma ditadura repressiva", a orientação argumentativa é a de que Cuba deve ser condenada. Na segunda, "está certo, é uma ditadura repressiva, mas ninguém pode negar que é um exemplo de independência etc.", a orientação é a de que Cuba deve ser absolvida.

Algumas vezes, a oração adversativa traz embutida, implicitamente, uma oração causal, como no exemplo a seguir:

> A chuva inundou a casa, mas os donos esqueceram as janelas abertas.

Se disséssemos que *a chuva inundou a casa, mas nada foi destruído*, a oração *mas nada foi destruído* seria uma autêntica oração adversativa, uma vez que nada ter sido destruído se opõe ao fato de a chuva ter inundado a casa. Mas... *os donos esqueceram as janelas abertas* não se opõe a *a chuva inundou a casa*. Esse tipo de construção sugere um sentido causal dentro da oração adversativa. Tanto isso é verdade que podemos parafrasear esse período, dizendo:

> A chuva inundou a casa, mas *inundou porque* os donos esqueceram as janelas abertas.

Uma conclusão viável é que a oração anterior é resultado de uma redução desta última, uma vez que uma outra versão, apenas com a presença da conjunção causal *porque*, seria também sinônima:

> A chuva inundou a casa, mas *porque* os donos esqueceram as janelas abertas.

Esse tipo de construção é comum em diálogos como:

– Rodrigo, pare de bater em sua irmãzinha!
– Mas ela me bateu primeiro!...

É como se a criança dissesse, em sua resposta: *Eu bati, mas bati porque ela me bateu primeiro.* Ou: *Eu bati, mas porque ela me bateu primeiro.*

Na linguagem atual, é bastante comum reforçar as orações adversativas com o acréscimo de expressões como *mesmo assim, apesar disso, nem assim, nem mesmo assim* e outras, como em:

A seleção italiana pôs seus melhores jogadores em campo, mas, *nem mesmo assim,* conseguiu ganhar da Espanha.

O Brasil investe muito dinheiro em educação, contudo, *apesar disso,* ela ainda é precária.

Essas expressões de reforço, por estarem contíguas à conjunção adversativa, acabam incorporando o sentido dela – como anteriormente já aconteceu com *entretanto, contudo, porém, todavia* – e já começam a ser empregadas como locuções adversativas. Exemplos:

A seleção italiana pôs os melhores jogadores em campo, *nem mesmo assim,* conseguiu ganhar da Espanha.

O Brasil investe muito dinheiro em educação, *apesar disso,* ela ainda é precária.

Observe que, em ambos esses períodos, embora as conjunções adversativas tenham sido omitidas, a oração coordenada continua a ter caráter adversativo, garantido, agora, pelas locuções *nem mesmo assim* e *apesar disso.*

Alternativas

A oração coordenada alternativa exprime um pensamento alternativo ao da anterior. As alternativas são introduzidas pelas conjunções: *ou...ou, ora...ora, seja...seja, quer...quer.* Exemplos:

Ou os presos brigaram entre si [*ou* se feriram durante a fuga].
Crê [*ou* morre]!
Ele permanecerá no cargo [*ou* indicará alguém de confiança].
Os alces *ora* pastam na planície, [*ora* pastam entre as árvores da floresta].

Dessas conjunções, a única que pode ser utilizada apenas na segunda oração é *ou.* As outras (na verdade, palavras de outras classes gramaticais utilizadas como conjunção) têm de ser utilizadas em duplas. Na análise dessas orações, é mais adequado dizer que não existe uma oração coordenada inicial. Ambas as orações são alternativas.

Conclusivas

A oração conclusiva exprime uma conclusão do pensamento da anterior. Essas orações são introduzidas pelas conjunções: *logo, assim, portanto, pois* (posposta ao verbo) ou pelas locuções conjuntivas: *de modo que, em vista disso, por conseguinte, por isso* etc. Exemplos:

Não tinha visto no passaporte, [*logo* não pôde passar pela alfândega].
Em São Paulo, a frota de automóveis cresce a cada ano, [*portanto* sempre haverá maior lentidão no trânsito].
Ia prestar vestibular no dia seguinte; [estava, *pois*, muito ansioso].
Foi profetizado que Édipo mataria o próprio pai; [*em vista disso*, afastaram o menino da família].

Explicativas

As orações explicativas exprimem o motivo futuro do conteúdo exposto na oração anterior. São introduzidas pelas conjunções *porque, porquanto, que* ou *pois*, esta última anteposta ao verbo. Exemplos:

Vamos para frente, [*que* atrás vem gente]!
Fique de lado, [*pois* vai haver confusão].
Fechei as janelas, [*porque* ia chover].

ORAÇÕES SUBORDINADAS

As orações subordinadas, como vimos, são termos de uma oração complexa desenvolvidos, eles próprios, em outras orações. Em uma oração complexa como: "Eu vi o homem [*que fugiu*]", a oração subordinada *que fugiu* equivale a um adjetivo (*fugitivo*) e exerce, na oração modificada por ela (sua principal), a função de adjunto adnominal do substantivo *homem*.

A primeira classificação de uma oração subordinada refere-se à função exercida por ela na oração principal. Se exercer função própria de um substantivo (sujeito, objeto, predicativo, complemento nominal, aposto, agente da passiva), será chamada de SUBSTANTIVA. Se exercer função própria de adjunto adnominal, será chamada de ADJETIVA. Se exercer a função de adjunto adverbial, será chamada de ADVERBIAL.

Orações Subordinadas Substantivas

a. Formas de apresentação

As orações substantivas podem ser introduzidas por uma conjunção, chamada *integrante*, como em: "É importante [*que* ele chame a polícia]".

Nessa oração complexa ou período, a oração subordinada tem a função de sujeito da anterior (sua principal) e é introduzida pela conjunção integrante *que*. Podem as substantivas ser introduzidas por seu próprio verbo no infinitivo, como em: "É importante [ele *chamar* a polícia]".

No primeiro caso, dizemos que a oração subordinada substantiva é DESENVOLVIDA. No segundo, dizemos que é REDUZIDA DE INFINITIVO. Em alguns casos, a oração substantiva é simplesmente justaposta à principal, sem conjunção e sem verbo no infinitivo, como em:

[Quem canta] seus males espanta.
Não sabia [como ia descer dali].
Ele disse: [não saia daqui].

b. Classificação das orações substantivas

I. SUBSTANTIVAS SUBJETIVAS:

As orações substantivas subjetivas têm a função de sujeito da oração principal. Exemplos:

1. *Desenvolvidas:*

   Convém [que, no período entre exames, o candidato se preocupe com lazer].
   É importante [que os autores sejam sensíveis ao sentimento de seus públicos].
   É claro [que os computadores pessoais vão continuar evoluindo].
   É sabido [que as células de combustível forneçam energia limpa].
   Diz-se [que Napoleão era um homem erudito].

2. *Reduzidas de infinitivo:*

   Convém [*observar* sempre a cor das alfaces e a consistência dos tomates].
   É importante [*saber* desenhar].

3. *Justapostas:*

   [Quem canta] seus males espanta.
   [Quem chegou primeiro] levou todos os exemplares.

Normalmente, as orações subjetivas surgem ligadas a verbos como *convir, cumprir, importar, ocorrer, constar*, predicados na voz passiva com *ser* e *ficar*, como *é sabido, foi anunciado, ficou provado*, predicados na voz passiva pronominal como *sabe-se, diz-se*, ou, ainda, construções com o verbo *ser* mais predicativo, como *é bom, é claro, é certo* etc.

Um outro fato a ser observado é que as orações subjetivas quase sempre aparecem depois de sua oração principal, como se pode ver nos exemplos anteriores, com exceção dos exemplos de orações justapostas. Isso ocorre pelo fato de as orações subjetivas não serem sujeitos prototípicos, configurando situação semelhante a construções como *aconteceu um acidente* e *sobraram doces*, discutidas no item 5.7 do capítulo anterior.

II. SUBSTANTIVAS OBJETIVAS DIRETAS:

As orações substantivas objetivas diretas funcionam como objeto direto do verbo de sua oração principal. Exemplos:

1. *Desenvolvidas:*

> Márcia viu [*que o carteiro passou*].
> Marta quer [*que faça bom tempo no fim de semana*].
> Tom Jobim disse uma vez [*que* a inspiração para as suas canções não vinha só de praias cariocas]. (*Folha de S. Paulo*, 1.1.1997.)
> Antônio Maria contou [*que* uma vez ia num táxi guiado por um chofer português velho, bigodudo, calado, de cara triste][6].

A conjunção que introduz as orações objetivas diretas é normalmente *que*, chamada pela tradição gramatical de *conjunção integrante*. Há, porém, uma outra conjunção integrante, *se*, que é empregada sempre que o conteúdo da oração objetiva direta é encarada como algo incerto pelo autor do texto. Exemplo:

> Algum tempo hesitei [*se* devia abrir estas memórias pelo princípio ou pelo fim], isto é, [*se* poria em primeiro lugar o meu nascimento ou minha morte][7].

Nesse período, *abrir as memórias pelo nascimento ou pela morte ainda é uma dúvida para o autor.*

---

6. Rubem Braga, *Ai de Ti, Copacabana*, p. 33.
7. Joaquim Maria Machado de Assis, *Memórias Póstumas de Brás Cubas*. Em *Obra Completa*, vol. 1, p. 513.

2. *Reduzidas:*

(Carl Sagan) não descarta a possibilidade de que possa haver discos voadores. Só que, para sua decepção, diz [não ter encontrado nenhuma evidência real de sua existência]. (*Folha de S. Paulo*, 1.1.1997.)

No dia seguinte, estando na Rua do Ouvidor, à porta da tipografia do Plancher, vi [assomar, a distância, uma mulher esplêndida]⁸.

3. *Justapostas:*

[– Está muito calor] – disse ela, logo que acabamos – [Vamos ao terraço?]⁹

III. SUBSTANTIVAS OBJETIVAS INDIRETAS:

Como vimos no estudo da oração simples, o objeto indireto prototípico é aquele que representa o argumento dativo, a pessoa beneficiada (ou prejudicada) pela ação do verbo, como ocorre em: "A Unicef deu um prêmio ao governador do Ceará".

Esse objeto indireto prototípico raramente aparece sob forma oracional. As orações substantivas objetivas indiretas abrangem, portanto, qualquer oração regida de preposição que complemente o verbo da oração principal. Exemplos:

1. *Desenvolvidas:*

O cacique lembrou-se [de *que* seus antepassados se comunicavam por sinais de fumaça].

Começaria por informar meus leitores [de *que* teologia é uma brincadeira, parecida com o jogo encantado das contas de vidro]¹⁰.

2. *Reduzidas:*

Ninguém se lembrou [de desligar a luz].
Ele sempre gostou [de nadar].

3. *Justapostas:*

A resistência francesa obedeceu [a quem tinha controle da situação, durante a invasão da Normandia].

---

8. *Idem*, p. 566.
9. *Idem, ibidem*.
10. Rubem Alves, *O Quarto do Mistério*, p. 138.

Deu o dinheiro [a quem ia efetuar o pagamento].

Essas duas orações subordinadas justapostas são exemplos raros de objetivas indiretas prototípicas. Em ambos os casos, elas representam o beneficiado pela ação do verbo da oração principal.

IV. SUBSTANTIVAS COMPLETIVAS NOMINAIS:

Funcionam como complemento nominal de algum termo da oração principal:

1. *Desenvolvidas:*

> Tinha a sensação [de que estava sendo vigiado].
> Nos manuais americanos, vem a recomendação [de que sejam descartadas as baterias de telefones celulares, conforme a legislação de cada Estado].

2. *Reduzidas:*

> Tive a sensação [de ter pegado o bonde andando].
> Tinha ódio [de levantar cedo].

V. SUBSTANTIVAS PREDICATIVAS:

Funcionam como predicativo do sujeito da oração principal. Exemplos:

1. *Desenvolvidas:*

> A previsão era [que o número de desabrigados aumentasse].
> Até recentemente, o sentimento comum era [que a luta contra as doenças infecciosas estava ganha].

2. *Reduzidas:*

> Entre nós não há vergonha na pobreza, mas a maior vergonha é [não fazer o possível] para evitá-la[11].
>
> Ser livre é [não ser escravo]; é [agir segundo a nossa cabeça e o nosso coração][12].

VI. SUBSTANTIVAS APOSITIVAS:

Funcionam como aposto de um termo da oração principal. Exemplos:

---

11. Péricles – *Oração Fúnebre*, em Tucídides, *História da Guerra do Peloponeso*, p. 99.
12. Cecília Meireles, *Escolha seu Sonho*, p. 10.

1. *Desenvolvidas:*

> Apenas uma coisa me preocupava: [que ele tivesse perdido as chaves.]
> Ela me deu dois recados: [que eu fosse ao banco] e [que pagasse a conta da luz].

2. *Reduzidas:*

> O que caracteriza o funcionário fantasma é o fato [de ele embolsar o dinheiro da viúva com o suor do rosto dos outros]. (*Folha de S. Paulo*, 1.1.1997.)
> Como você teve a ideia [de escrever aquele roteiro]?

Como vimos no capítulo anterior, o conceito de aposto fundamenta-se na identidade. No primeiro exemplo, *que ele tivesse perdido as chaves* identifica-se com *coisa*. No segundo exemplo, *ele embolsar o dinheiro da viúva com o suor do rosto dos outros* identifica-se com *fato*. E, no terceiro exemplo, *escrever o roteiro* identifica-se com *ideia*.

3. *Justapostas:*

> Outro ingrediente para um casamento feliz: [orce o supérfluo primeiro][13].
> Siga meus conselhos: [mantenha as mãos longe da agenda dela].

VII. SUBSTANTIVAS COM FUNÇÃO DE AGENTE DA PASSIVA:

Essas orações apresentam-se sempre de forma justaposta, regidas da preposição *por* ou *de*. Exemplos:

> Foi criticado [por quantos o conheciam].
> Esse telefonema foi dado [por quem agrediu a vítima].

Orações Subordinadas Adjetivas

Orações adjetivas modificam um substantivo ou pronome da oração anterior, da mesma maneira que um adjetivo o faria. Exemplo:

> Você precisa lavar os pratos [que estão sujos]. (*pratos que estão sujos* equivale a *pratos sujos*).

As orações adjetivas podem ser *restritivas* ou *explicativas*. As restritivas – como o próprio nome diz – restringem o âmbito do substantivo ou pronome antecedente. Vejamos a seguinte frase:

> Lave os pratos [que estão sujos].

---

13. Robert Heilein, *Amor sem Limites*, p. 283.

Do conjunto total dos pratos, a oração adjetiva afeta apenas uma parte deles: aqueles que estão sujos.

Já a oração explicativa afeta a totalidade do seu antecedente. Exemplo:

A única igreja da cidade, [que ficava na praça principal], era o ponto de encontro daquela comunidade.

As orações explicativas são separadas da oração principal por uma quebra de ligação entoacional que se manifesta, na escrita, pelo uso da vírgula. Vejamos as duas frases a seguir:

As fazendas paulistas [que são improdutivas] devem ser desapropriadas.
As fazendas paulistas, [que são improdutivas], devem ser desapropriadas.

Na primeira delas, temos uma oração restritiva. O entendimento é que apenas algumas fazendas paulistas são improdutivas. Já, na segunda, que é explicativa, o entendimento é que todas elas são improdutivas.

Quando o antecedente de um pronome relativo é um nome próprio, a oração só pode ser explicativa, uma vez que sempre terá como referência a entidade inteira nomeada por esse substantivo. É impossível restringir parte dessa entidade. Exemplos:

Kennedy, [que foi presidente norte-americano na época da Guerra Fria], salvou o mundo de uma guerra nuclear, na crise dos mísseis cubanos.
O Brasil, [que tem 204 milhões de habitantes], deve crescer menos nos próximos cinquenta anos.

É claro que, em situações metafóricas, quando se quer referir a uma particularidade de uma pessoa ou local, essas orações podem ser restritivas. Exemplos:

O Rafael [com quem eu me casei em 1990] é muito diferente do que é hoje.
O Rio de Janeiro [que eu conheci na década de 60] era muito mais ingênuo do que o Rio de hoje.

Muitas vezes, as orações explicativas são utilizadas de maneira aparentemente redundante. Suponhamos a seguinte frase:

O homem, [que é racional], ainda é capaz de matar seus semelhantes de forma cruel.

O fato de o homem ser racional é uma obviedade. Por esse motivo, a oração explicativa é redundante, do ponto de vista informativo. Depreende-se, entretanto, uma intenção argumentativa do autor. É como se ele dissesse:

O homem, [apesar de ser racional], ainda é capaz de matar seus semelhantes de forma cruel.

Em casos com esse, a oração explicativa assume um valor pragmático de *concessão*. Outro exemplo:

O homem, [que é racional], saberá evitar uma catástrofe nuclear.

Nesse caso, a oração adjetiva explicativa assume um valor pragmático de *causa*.

As orações adjetivas são introduzidas normalmente pelos pronomes relativos *que, qual, quem, cujo*. Exemplos:

Há muitas pessoas [*que* sofrem o mal da solidão].
Houve muitas mulheres de marinheiros russos [as *quais* exigiam providências do governo sobre o desaparecimento do submarino].
Gostamos de presentear as pessoas [a *quem* amamos].
As *Valsas de Esquina* são as peças mais conhecidas de Francisco Mignone, [*cujo* centenário se comemorou em 1997].

Como, onde, quanto e *quando* podem também introduzir orações adjetivas. Exemplos:

A maneira [*como* foi feita a transação] sugere fraude.
A cidade [*onde* moro] é pequena.
Tudo [*quanto* ela diz] é mentira.
A semana [*quando* viajei] foi muito agitada politicamente.

Como funciona como pronome relativo, se precedido por uma expressão que indique modo, maneira. *Onde*, se precedido por uma palavra que indique lugar. *Quanto*, se precedido pela palavra *tudo*, e *quando*, se precedido por uma palavra ou expressão que indique tempo.

a. Orações adjetivas complexas

Orações adjetivas complexas são aquelas que contêm outra oração dentro delas. Vejamos o seguinte período:

As frutas [que [eu disse que] você deveria comprar] baixaram de preço.

A oração adjetiva *que...você deveria comprar* contém dentro de si uma oração intercalada: *eu disse que*.
Outro exemplo:

O governo tomou as medidas [que [já se sabia que] seriam inúteis].

A oração adjetiva *que...seriam inúteis* tem dentro de si, intercalada, a oração *já se sabia que*.

A análise sintática do primeiro período pode ser feita da seguinte maneira:

Oração principal: *As frutas baixaram de preço.*
Oração subordinada adjetiva restritiva complexa: *que eu disse que você deveria comprar*
Oração principal da oração adjetiva complexa: *eu disse.*
Oração subordinada substantiva objetiva direta da oração adjetiva complexa: *que você deveria comprar.*

A análise sintática do segundo período seria feita da seguinte maneira:

Oração principal: *O governo tomou as medidas.*
Oração subordinada adjetiva restritiva complexa: *que já se sabia que seriam inúteis.*
Oração principal da oração adjetiva complexa: *já se sabia.*
Oração subordinada substantiva subjetiva da oração adjetiva complexa: *que seriam inúteis.*

Não se esqueça de que o verbo da oração principal, embutida nessa oração adjetiva complexa, está na voz passiva pronominal (*já se sabia = já era sabido*).

Além de serem introduzidas por pronomes relativos, as orações adjetivas podem também apresentar-se como *justapostas* e *reduzidas*.

b. Justapostas

São justapostas as orações adjetivas introduzidas por um pronome indefinido sem antecedente, regidas pela preposição *de*. Exemplos:

Não vi nenhuma das assinaturas [de *quem* compareceu à inauguração].
Não guardei o número [de *quantos* tiveram seu crédito cortado por inadimplência].

c. Orações adjetivas reduzidas de infinitivo

As orações adjetivas reduzidas de infinitivo aparecem sempre regidas pela preposição *a*. Exemplos:

As crianças [a *serem* vacinadas] devem ficar na sala ao lado.
Os produtos [a *serem* exportados] deverão pagar menos impostos no ano que vem.

A serem vacinadas equivale a *que serão vacinadas*; *a serem exportados* equivale a *que serão exportados*.

d. Orações adjetivas reduzidas de gerúndio

Havia um comprador [*reclamando* do atendimento].
Ouviu uma voz [*xingando* o bandeirinha].

Orações Subordinadas Adverbiais

As orações adverbiais exercem a função de adjuntos adverbiais de suas orações principais. São as seguintes:

a. Causais

I. DESENVOLVIDAS:

As orações causais desenvolvidas são introduzidas pelas seguintes conjunções e locuções conjuntivas: *porque, pois, como, porquanto, por que, uma vez que, visto que, visto como, por isso que, já que*. Exemplos:

Teologia não é rede que se teça para apanhar Deus em suas malhas, [*porque* Deus não é peixe], mas vento que não se pode segurar...[14]

De acordo com a Fifa, a partida foi mantida em La Coruña [*pois* não haveria tempo] de marcá-la para um estádio neutro, [*já que* todos os ingressos estavam vendidos]. (*Folha de S. Paulo*, 2.1.1997.)

Deixei-o nessa reticência, e fui descalçar as botas, [*que* estavam apertadas][15].

[*Como* a tramitação dos processos demora demais], os crimes prescrevem.

OBSERVAÇÃO: A oração causal introduzida pela conjunção *como* deve obrigatoriamente anteceder sua principal. Se invertermos as orações no último exemplo, o resultado será uma sequência agramatical:

*Os crimes prescrevem, [*como* a tramitação dos processos demora demais].

---

14. Rubem Alves, *O Quarto do Mistério*, p. 138.
15. Joaquim Maria Machado de Assis, *Memórias Póstumas de Brás Cubas*. Em *Obra Completa*, p. 555.

II. REDUZIDAS DE INFINITIVO:

As orações causais reduzidas de infinitivo são introduzidas por preposições como *por, de, com, em*, e locuções como *por causa de, em consequência de, em vista de, em razão de* etc. Exemplos:

> A previsão era que janeiro seria um mês de pouco movimento, [*em vista de* o consumidor *estar* com sua renda comprometida com despesas tradicionais desse período do ano, como impostos e matrículas escolares].
>
> Para o professor, o compositor alemão não teria notado os vários erros nas provas [*por estar* muito ocupado com a redação da segunda de suas quatro sinfonias], que foram escritas entre os anos de 1876 e 1885. (*Folha de S. Paulo*, 8.2.1997.)

III. DE GERÚNDIO:

[Não *tendo* a intenção de ferir o adversário], apenas tocou a bola para fora do campo.

• Distinção entre orações causais e explicativas

Nem sempre é fácil distinguir orações subordinadas adverbiais causais de coordenadas explicativas. Duas características das orações coordenadas, contudo, me parecem um critério seguro para uma decisão: a *iconicidade temporal* e a *impossibilidade de redução* de uma oração coordenada.

IV. ICONICIDADE TEMPORAL:

Quando temos orações coordenadas como:

> Chega o carteiro [e me deixa uma carta].
> César veio, [viu] [e venceu].
> Ele não tinha o visto, [logo não pôde entrar no país].

não é possível inverter a ordem das orações, dizendo:

> *[E me deixa uma carta] chega o carteiro.
> *[E venceu], [viu], César veio.
> *[Logo não pôde entrar no país], ele não tinha o visto.

O princípio que impede essa inversão é chamado de *iconicidade temporal*. Trata-se do princípio que leva os falantes de uma língua a representar o mundo da maneira mais aproximada possível, em termos de imagem. Segundo esse princípio, diremos: "Vera veio da Bahia para São Paulo", mas nunca: "Vera veio para São Paulo da Bahia" porque, primeiramente, ela estava na Bahia e, depois, em São Paulo.

V. IMPOSSIBILIDADE DE REDUÇÃO:

Também não é possível reduzir orações coordenadas, sem torná-las agramaticais ou mudar o sentido:

*O carteiro chega, [deixar-me uma carta].
*César veio, [vindo] e [vencendo].
*Ele não tinha o visto [não poder entrar no país].

As orações subordinadas não sofrem essas duas restrições. Se tivermos um período ou como: "Ela não saiu, [porque estava frio]" podemos, facilmente, criar outra versão, invertendo a ordem das orações como em: "[Porque estava frio], ela não saiu", ou ainda uma outra, reduzindo a oração subordinada: "Ela não saiu, [por estar frio]".

Fazendo as duas coisas ao mesmo tempo, teríamos: "[Por estar frio], ela não saiu".

Imaginemos, agora, duas orações sobre as quais recai a dúvida a respeito de serem coordenadas explicativas ou subordinadas adverbiais causais:

Saia logo, [porque o avião vai explodir].
Saiu à rua, [porque estava quente dentro de casa].

No primeiro exemplo, não podemos inverter as orações, nem reduzir a segunda:

*[Porque o avião vai explodir], saia logo.
*Saia logo, [por ir o avião explodir].

No segundo exemplo, é possível tanto a inversão quanto a redução:

[Porque estava quente dentro de casa], saiu.
Saiu, [por estar quente dentro de casa].

Concluindo, no primeiro exemplo, a segunda oração é uma coordenada explicativa e, no segundo, a segunda oração é uma adverbial causal.

b. Comparativas

As orações comparativas equivalem a um adjunto adverbial de comparação. Apresentam-se sempre como orações desenvolvidas. Podem exprimir igualdade, superioridade ou inferioridade. Exemplos:

I. IGUALDADE:

As comparativas de igualdade são introduzidas pela conjunção *como* ou pelas locuções *tal como, assim como* etc. Exemplos:

Ele guia [*como* alguém que tenha bebido pelo menos duas doses].
São os modelos anônimos que "emprestam seus traços à imagem nascida da imaginação do artista fotógrafo", [*tal como* ocorrera por anos com a pintura]. (*Folha de S. Paulo*, 10.1.1997.)

Às vezes, há uma conotação de hipótese na comparação, pelo emprego da locução *como se*: "Trabalhava [*como se* o mundo fosse acabar amanhã]".

Essa locução é o resultado de um processo de gramaticalização[16] que concentrou, em uma única oração, duas orações. Originalmente, teríamos:

Trabalhava [*como* trabalharia] [*se* o mundo fosse acabar amanhã].

Nessa oração complexa, a conjunção *como* introduz uma oração comparativa e o *se*, uma condicional. Constatada a gramaticalização, basta, atualmente, dizer que as orações introduzidas por *como se* são orações comparativas com conotação de hipótese.

O compositor Chico Buarque de Holanda compôs, em 1971, uma música de grande sucesso, quase que inteiramente construída sobre esse tipo de subordinação. Vejamos alguns trechos dela:

CONSTRUÇÃO

Amou daquela vez *como se* fosse a última
Beijou sua mulher *como se* fosse a última
E cada filho seu *como se* fosse o único
E atravessou a rua com seu passo tímido
Subiu a construção *como se* fosse máquina
[...]

---

16. Processo pelo qual uma palavra ou expressão perde, ao longo da história da língua, ou em diferentes contextos, seu sentido ou sua função original. Quando usamos a conjunção *embora* em: "*Embora fosse cedo*, todos saíram", temos uma *gramaticalização*, porque *embora*, antigamente, queria dizer *em boa hora*. Quando conjugamos um verbo como *Eu tinha viajado*, o verbo *ter*, nesse contexto, perde o significado de *possuir*, gramaticalizando-se, para ser apenas um verbo auxiliar, indicando anterioridade.

Sentou pra descansar *como se* fosse sábado
Comeu feijão com arroz *como se* fosse um príncipe
Bebeu e soluçou *como se* fosse um náufrago
Dançou e gargalhou *como se* ouvisse música
E tropeçou no céu *como se* fosse um bêbado
E flutuou no ar *como se* fosse um pássaro[17].

II. SUPERIORIDADE:

As comparativas de superioridade são introduzidas pelas conjunções *que, do que*, em correlação, na oração principal, com a palavra *mais* ou *maior*. Exemplos:

A malária ataca anualmente, em todo o mundo, 300 milhões de pessoas e mata *mais* [*que* a Aids tem matado].

Os produtos eletrônicos são mais baratos em países como a Bolívia e o Chile. Em média, chegam a custar, no Brasil, 20% *mais* [*do que* custam os equivalentes vendidos nesses países].

O PIB do ano passado foi *menor* [*do que* o país teve no ano anterior].

III. INFERIORIDADE:

As comparativas de inferioridade são introduzidas pelas conjunções *que, do que*, em correlação, na oração principal, com a palavra *menos* ou *menor*:

Os fogos duraram *menos* [*do que* prometeram os organizadores].
A economia do país cresceu *menos* [*do que* seria desejável].
A expectativa de vida do brasileiro no século XIX era *menor* [*do que* nossos compatriotas têm nos dias de hoje].

c. Concessivas

As orações concessivas apresentam oposição ao sentido de suas orações principais, configurando uma outra opção da chamada articulação sintática de oposição que pode, como vimos, ser feita também pelas orações coordenadas adversativas.

I. DESENVOLVIDAS:

As desenvolvidas são introduzidas pelas seguintes conjunções e locuções conjuntivas: *embora, ainda que, ainda quando, mesmo que, conquanto, bem*

---

17. Chico Buarque de Holanda, *Construção*. Disponível em <letras.mus.br/chicobuarque>. Acesso em 24.jul.2014.

que, se bem que, posto, posto que, sem que, nem que, apesar de que, por muito que, por mais que etc. Exemplos:

[*Embora* atuasse de forma estupenda], Marilyn Monroe tinha pouco estudo.
[*Mesmo que* não saiba resolver a questão por inteiro], demonstre até que ponto seu raciocínio chegou.
[*Por muito que* o piloto inglês tenha evoluído], ele demorou quatro anos para vencer sua primeira corrida.

O fato de as orações concessivas poderem ser invertidas em relação às suas orações principais é que as configura como uma opção à articulação sintática de oposição feita pelas orações coordenadas adversativas[18]. Como as orações coordenadas estão submetidas à iconicidade temporal, isso impede que elas troquem de posição dentro do período. Não podemos, num período composto por coordenação adversativa, mudar a ordem das orações. Se partirmos de um período com coordenação adversativa como:

Marilyn Monroe tinha pouco estudo,[mas atuava de forma estupenda].

não podemos inverter suas orações, dizendo:

*[Mas atuava de forma estupenda], Marilyn Monroe tinha pouco estudo.

Se optarmos, contudo, pela subordinação concessiva, a inversão é possível, uma vez que as orações subordinadas não são afetadas pela iconicidade temporal, como podemos ver nos exemplos a seguir:

Marilyn Monroe tinha pouco estudo, [embora atuasse de forma estupenda].
[Embora atuasse de forma estupenda], Marilyn Monroe tinha pouco estudo.

18. As gramáticas tradicionais costumam dizer que as orações concessivas se caracterizam por apresentar um obstáculo que não impede a realização daquilo que está posto na oração principal. E que por esse motivo se chamam *concessivas*, uma vez que "concedem" a realização daquilo que é apresentado na oração principal. Exemplo: *Embora o governo tenha aceitado a maior parte das reivindicações, a greve não acabou.* Dizem essas gramáticas que "ter aceitado a maior parte das reivindicações" é um obstáculo à continuidade da greve, mas a oração concessiva concede que a greve continue. Essa explicação é inconsistente, uma vez que a mesma coisa ocorre na coordenação adversativa. Se dissermos, por exemplo: *O governo aceitou a maior parte das reivindicações, mas a greve continuou*, vemos que a situação é a mesma: a aceitação da maior parte das reivindicações é um obstáculo a que greve continue, mas ela continua assim mesmo. O problema da escolha entre uma coordenação adversativa e uma subordinação concessiva não está propriamente na sintaxe, mas no aspecto funcional interdiscursivo dessas opções, como está exposto neste capítulo.

Howard Hugues era muito rico, [embora tenha tido uma vida infeliz].
[Embora tenha tido uma vida infeliz], Howard Hugues era muito rico.

Um outro aspecto a ser considerado é que, num texto que apresente articulação sintática de oposição por meio de subordinação concessiva, a concessiva geralmente precede a principal. Isso acontece porque o uso de um marcador concessivo (*embora, apesar de, mesmo que, ainda que* etc.) antecipa para o interlocutor a informação de que o que virá depois vai contrariar o que se disse de início. Isso tem um efeito duplo de atenuação entre os interlocutores, protegendo a face de ambos. Compare os dois períodos a seguir:

Seu voo está programado para as 10h, [mas um problema técnico adiou-o para as 11h].
[Embora seu voo esteja programado para as 10h], um problema técnico adiou-o para as 11h.

No segundo período, quando o interlocutor ouve ou lê *Embora seu voo...*, já infere que algo virá em seguida, contradizendo a realização do voo no horário programado. Outro exemplo:

Você não foi muito bem na prova de inglês, [mas conseguiu a vaga].
[Embora você não tenha ido bem na prova de inglês], conseguiu a vaga.

No segundo período, o interlocutor, já de início, percebe que o fato de não ter ido bem na prova de inglês não será um impedimento ao que vem depois.

II. REDUZIDAS DE INFINITIVO:

As concessivas reduzidas de infinitivo são introduzidas pelas preposições ou locuções: *apesar de, não obstante, sem embargo de* etc. Exemplos:

[*Apesar de ter* sido um homem afetado, confuso e de comportamento um tanto grotesco], Wilde se humanizou depois de passar dois anos na prisão.

O grande paradoxo que envolve a produção das artes plásticas deste país é que ela, [*não obstante possuir* sua ostensiva e intrínseca visibilidade], conserva-se invisível. (*Folha de S. Paulo*, 10.1.1997.)

III. DE GERÚNDIO:

É engraçado como as pessoas, [mesmo *estando* a tantos quilômetros de distância], continuam a reproduzir as mesmas relações da terra natal.

Prefira aqueles descascadores de legumes com cabo de borracha: [mesmo *estando* com as mãos molhadas], eles não escorregam.

IV. DE PARTICÍPIO:

[Mesmo *afastado* do mandato], o deputado queria ter o controle sobre a apresentação de emendas pelo suplente.

O artigo 207 do futebol estipula que, [mesmo *suspenso*], o time é obrigado a jogar o torneio em que estiver inscrito.

d. Condicionais

I. DESENVOLVIDAS:

As orações condicionais desenvolvidas são introduzidas pela conjunção *se* e também pelas locuções: *salvo se, exceto se, desde que, a menos que, a não ser que* etc. Exemplos:

[*Se* as previsões estiverem certas], o partido republicano será vencedor.
O desarmamento funciona [*desde que* a polícia combata o contrabando de armas nas fronteiras].
Não se muda um líder [*a não ser que* haja algum fato novo].

II. JUSTAPOSTAS:

[Tivesse ele morrido], as suspeitas seriam inevitáveis.
[Saísse de casa sem agasalho], pegaria um resfriado daqueles!

III. REDUZIDAS DE INFINITIVO:

As reduzidas de infinitivo são introduzidas pelas preposições ou locuções: *a, na hipótese de, no caso de* etc.

[*A acreditar* nas boas intenções do governo], a fome deveria ter sido erradicada há anos.
[*Na hipótese de chegarem* mais convidados], é preciso avisar a cozinha.
[*No caso de* a água do sistema de arrefecimento *ferver*], não abra a tampa do radiador.

IV. DE GERÚNDIO:

[*Tocando* o alarme], desligue o forno.
[*Comprando* a prazo], não se esqueça de calcular a taxa de juros.

V. DE PARTICÍPIO:

[*Feita* com má-fé], toda falta deveria levar à expulsão do jogador.
[*Pago* fora de prazo], o valor do condomínio será acrescido de multa.

e. Conformativas

As orações conformativas são introduzidas pelas conjunções *conforme, como, consoante* e *segundo*. Exemplos:

[*Conforme* diz o diretor da escola de paraquedismo], o principiante é sempre acompanhado de dois instrutores.
Tamanho é documento e território, poder, [*como* dizia o Barão de Rio Branco].
[*Segundo* pensava Platão], havia um mundo das ideias que era imutável.
[*Consoante* dispõe a lei], poderá o relator determinar o sobrestamento do processo.

f. Consecutivas

I. DESENVOLVIDAS:

As orações consecutivas desenvolvidas são introduzidas pelas conjunções ou locuções: *que, de forma que, de modo que, tanto que* etc.

Nosso corpo necessita do colesterol para regular a produção hormonal e formar fibras musculares, [*tanto que* nosso próprio fígado expele um fluxo ininterrupto, a chamada produção endógena]. (*Folha de S. Paulo*, 5.11.1997.)
Nas salas de projeção modernas, as cadeiras são colocadas [*de modo que* o espectador fique pelo menos meio corpo acima da pessoa a sua frente].
Uma jabuticabeira transplantada tem de ser colocada num buraco já preparado para recebê-la, [*de forma que* suas faces fiquem viradas para os mesmos pontos cardeais do antigo endereço].

Nos casos em que a oração consecutiva é introduzida pela conjunção *que*, ela aparece em correlação com palavras como *tão, tanto* etc.

Walt Disney não inventou o desenho animado, mas destacou-se *tanto* em seu trabalho [*que* muita gente o tem como o inventor desse produto].
Raramente a dor chega a provocar a morte, mas, em alguns casos, o impacto doloroso é *tão* intenso [*que* a pessoa sofre uma reação de choque, com a perda dos sinais vitais].

II. REDUZIDAS DE INFINITIVO:

As orações consecutivas podem aparecer reduzidas de infinitivo, introduzidas pelas preposições e locuções *de, para, sem, a ponto de* etc. Exemplos:

No Pelourinho você encontra um calor [*de rachar* a cabeça], objetos "kitsch" para turistas e até mesmo música "pop".

Em *Vidas Secas*, Graciliano Ramos mostra o quanto seus personagens são pobres por dentro, [*a ponto de* quase não *conseguirem* expressar-se verbalmente].

g. Finais

I. DESENVOLVIDAS:

As orações finais desenvolvidas são introduzidas pelas conjunções e locuções: *que, para que, a fim de que*. Exemplos:

Fiz-lhe sinal [*que* entrasse].

Às 13h10, o avião realizou uma manobra de aproximação da pista [*para que* a torre de controle do aeroporto fizesse uma verificação visual do estado do trem de pouso].

As testemunhas foram levadas à delegacia [*a fim de que* se fizesse um retrato falado do suspeito].

II. REDUZIDAS DE INFINITIVO:

As orações finais podem também apresentar-se reduzidas de infinitivo. São introduzidas pelas preposições *para, a, de, por* ou pela locução *a fim de*. Exemplos:

Mas, uma noite, levantaram-me da cama, enrolada num lençol e, estremunhada, levaram-me à janela [*para* me *apresentar* à força ao temível cometa][19].

O sistema de autocensura classificatória foi adotado pelas emissoras [*a fim de proteger* as crianças de programas com violência e sexo].

Quando não podia estar comigo, levava-me para a mulher [...]. Não estava magra, estava transparente; era impossível que não morresse de uma hora para outra. O capitão fingia não crer na morte próxima, talvez [*por enganar*-se a si mesmo][20].

Ainda é tempo [*de* você se arrepender].

h. Locativas[21]

As orações locativas são equivalentes a um adjunto adverbial de lugar. São sempre desenvolvidas justapostas e introduzidas pelo advérbio *onde*. Exemplos:

---

19. Cecília Meireles, *Escolha o seu Sonho*, p. 87.
20. Joaquim Maria Machado de Assis, *Memórias Póstumas de Brás Cubas*. Em *Obra Completa*, p. 539.
21. As orações locativas não são reconhecidas pela Nomenclatura Gramatical Brasileira.

Cabral navegava [por *onde* já tinham navegado Vasco da Gama e outros grandes navegadores portugueses].
O seu tesouro está [*onde* está seu coração].

i. Modais[22]

As orações modais exprimem o modo, a maneira, o meio pelo qual acontece o evento contido na oração principal.

I. DESENVOLVIDAS:

Raramente, as orações modais apresentam-se sob forma desenvolvida. Quando isso acontece, são introduzidas pelas conjunções *como*, ou pela locução *sem que*. Exemplos:

Caí [*como* sei cair], em posição militar, pronto a repelir qualquer ofendimento[23].

Viver não pude [*sem que* o fel provasse
Desse outro amor] que nos perverte e engana[24].

Diminuindo os prazos de financiamento, o consumo recua [*sem que* seja preciso mexer nos juros].

II. REDUZIDAS:

É mais comum as orações modais apresentarem-se sob forma reduzida de gerúndio, como nos exemplos:

Um beija-flor azul corta o retângulo da janela no seu voo elétrico e se imobiliza no ar, [*zunindo*][25].

O meu olhar é nítido como um girassol.
Tenho o costume de andar pelas estradas
[*Olhando* para a direita e para a esquerda],
E, de vez em quando, [*olhando* para trás...][26]

Apresentam-se também essas orações em forma reduzida de infinitivo, especialmente em Portugal, como neste exemplo de Miguel Torga:

---

22. As orações modais não são reconhecidas pela Nomenclatura Gramatical Brasileira.
23. José Cândido de Carvalho, *O Coronel e o Lobisomem*, p. 178.
24. Olavo Bilac, *Via Láctea*. Disponível em: <www.culturabrasil.org.vialactea.htm>. Acesso em 22.jul.2014.
25. Rubem Braga, *Ai de Ti, Copacabana*, pp. 46-47.
26. Fernando Pessoa, *Obra Poética*, p. 204.

A heroína da minha história triste entrava no palco [a *sorrir*]. A vida é, de fato, alegre. Eu é que estava, estupidamente, cada vez mais comovido[27].

j. Proporcionais

As orações proporcionais são sempre desenvolvidas. Podem ser simples ou correlatas. Quando simples, são introduzidas pelas locuções *à proporção que, à medida que*. Exemplos:

A realidade só interessa [*à proporção que* o imaginário toma conta dela].
A previsão para hoje é de chuvas mais fracas, [*à medida que* se desloca a frente fria] que estava estacionada sobre o oceano.

Quando correlatas, são introduzidas por termos como: *mais, tanto mais, menos, tanto menos*, correlacionados, na oração principal, com termos como *quanto mais, quanto menos, quanto melhor, quanto pior*. Exemplos:

Quanto mais rezo, [*mais* assombração aparece].
Quanto mais ampla for a revolução da informação, [*maior* será a necessidade de treinamento contínuo].
Quanto mais quente for a água do mar, [*mais* haverá plâncton].
Segundo analistas, *quanto menor* o "tamanho" do freguês, [*maior* o custo do empréstimo bancário].

Muitas vezes, essas orações são reduzidas a expressões como:

Menor atrito, [maior velocidade].
Menor prazo, [maior a prestação].

k. Temporais

I. DESENVOLVIDAS:

As orações temporais desenvolvidas são introduzidas pelas seguintes conjunções ou locuções conjuntivas: *quando, enquanto, antes que, depois que, desde que, que, logo que, assim que, até que, apenas, mal, sempre que, tanto que, agora que, primeiro que, todas as vezes que, cada vez que*. Exemplos:

[*Quando* a luz verde acender], aperte o botão.

---

27. Miguel Torga, *Em Presença da Literatura Portuguesa*, p. 308.

Nascemos antes dos cartões de crédito, do telefone celular, [*antes que* o homem pisasse na Lua].

Imagine um país onde, [*logo que* você chega], o calor infernal parece deixar até seu cérebro em câmera lenta.

Há muito tempo [*que* não o vejo]. (= desde que não o vejo)

II. REDUZIDAS DE INFINITIVO:

São introduzidas pela preposição *a* e pelas preposições e locuções: *após, até, de, antes de, depois de, sem*. Exemplos:

[*Ao chegar*], todos recebem o mesmo tratamento.

O McDonald's decidiu só adicionar o tomate e a alface [*depois de aquecer* o sanduíche no micro-ondas] porque, se fizer isso antes, esses itens ficam mais murchos que resto de feira.

III. REDUZIDAS DE GERÚNDIO:

[*Chegando* a uma chácara com um casebre], ficou por duas horas esperando o guerrilheiro que prometera dar uma entrevista.

Certa vez, [*viajando* ao Egito], observei que todas as pessoas me olhavam e conversavam em voz baixa, entre si.

IV. REDUZIDAS DE PARTICÍPIO:

[*Cumpridas* as exigências do FMI], o país poderá conseguir novos empréstimos.

[Bem *feitas* as contas], não são penas para travesseiros os supérfluos mais supérfluos que o Brasil passou a importar na esteira da abertura da economia. (*Folha de S. Paulo*, 1.1.1997.)

ESTRUTURAS DESGARRADAS

Algumas vezes, termos de uma oração desgarram-se, formando unidades separadas dela em outro período, como em:

O fim de semana da Fórmula E – leia-se sábado – é intenso. *Tanto para quem vai para assistir quanto para os pilotos*. (Revista *Car and Driver*, edição 111, p. 20)

A parte desgarrada, se integrada à oração anterior, configuraria um objeto indireto não prototípico, ou de interesse (*para quem*), contendo também uma oração subordinada adverbial final (*para assistir*).

É também comum o desgarramento de orações subordinadas inteiras, como observa Decat (2011: 33-37).

Exemplo de oração subordinada adverbial concessiva desgarrada:

Esse caso com a modelo Lilian Ramos realmente foi uma tragédia. *Apesar de Itamar ser um senhor solteiro e o ambiente ter sido de Carnaval* (Estado de Minas, 17.2.94)

Exemplo de oração subordinada adjetiva desgarrada:

...dirija-se ao Departamento da Polícia Federal portando todos os documentos exigidos. *Que não são poucos...* (Jornal de Casa, BH – MG, 15.05.93)

As campeãs desse tipo de desgarramento, contudo, são as orações coordenadas adversativas iniciadas pela conjunção *mas*, como se pode ver em:

A agenda de reformas está posta desde 1994. *Mas avança aos soluços e ao sabor das circunstâncias e da imensa dificuldade de obter consenso.* (O Estado de S. Paulo, 8.10.2018)

No mês passado, 9,9% das famílias disseram-se incapazes de liquidar os débitos em atraso. Em agosto 9,8% haviam se apresentado nessa condição. *Mas houve melhora em relação aos 10,9% de setembro do ano passado.* (O Estado de S. Paulo, 8.10.2018)

17
SINTAXE E FUNCIONALIDADE INTERDISCURSIVA

FUNCIONALIDADE DO APOSTO E DAS ORAÇÕES ADJETIVAS

A comunicação entre duas pessoas, seja ela oral ou escrita, é uma atividade conjunta coordenada. Isso quer dizer que ela é mais do que a soma de duas ações individuais realizadas por pessoas separadamente.

Imaginemos, a título de exemplo, que duas pessoas resolvam transportar uma mesa de uma sala para outra. Ambas têm não apenas de pôr foco em segurar a mesa, levantá-la do solo e movimentá-la, mas também em coordenar cooperativamente essa ação com a outra pessoa, para que ambas consigam, harmoniosamente, cumprir esse propósito.

O mesmo ocorre em uma comunicação linguística. O enunciador deve levar em conta o repertório do outro, seu conhecimento enciclopédico de mundo, uma vez que um texto não é uma mensagem a ser decodificada cujo sentido esteja totalmente dentro dele. Ao contrário, qualquer texto é uma coleção de *prompts* (dicas) de que o interlocutor deve fazer uso para construir, ele mesmo, dentro de sua cabeça, o seu sentido.

Quando ouvimos ou lemos algo, para construir em nossas mentes os sentidos evocados por esses *prompts*, abrimos pequenos arquivos mentais *on line* pescados dentro do nosso conhecimento enciclopédico de mundo, chamados espaços mentais. Daí, a importância de levar em conta, quando falamos ou escrevemos, a figura do nosso interlocutor, sua qualidade, sua cultura, suas crenças e inclinações. Numa hipotética situação de comunicação – atividade conjunta coordenada, como vimos – eu posso dizer algo como:

> A vacina e a máquina a vapor foram introduzidas no Brasil, respectivamente, em 1804 e 1813, por Felisberto Caldeira.

Mas, suspeitando que meu interlocutor nunca tenha ouvido falar de Felisberto Caldeira, posso acrescentar ao nome dele um aposto explicativo:

> A vacina e a máquina a vapor foram introduzidas no Brasil, respectivamente, em 1804 e 1813, por Felisberto Caldeira, *Marquês de Barbacena*.

Se eu achar, entretanto, que essa informação ainda é insuficiente e se quiser ainda agregar mais informações, posso acrescentar a esse aposto mais outro aposto e uma oração adjetiva, dizendo:

> A vacina e a máquina a vapor foram introduzidas no Brasil, respectivamente, em 1804 e 1813, por Felisberto Caldeira, *Marquês de Barbacena, o mesmo homem* [que, em 1826, conseguiu, na Europa, a segunda esposa de D. Pedro I].

Se quiser "refrescar" a memória do meu interlocutor a respeito do nome da 2ª imperatriz do Brasil, posso acrescentar também esse nome como outro aposto, dizendo:

> A vacina e a máquina a vapor foram introduzidas no Brasil, respectivamente, em 1804 e 1813, por Felisberto Caldeira, *Marquês de Barbacena*, o mesmo homem [que, em 1826, conseguiu, na Europa, a segunda esposa de D. Pedro I, *Dna. Amélia de Leutchenberg*].

Como se pode constatar, o aposto e as orações adjetivas têm a função de acrescentar informações para o interlocutor, colaborando, portanto, para o bom êxito da tarefa conjunta coordenada da comunicação.

FUNCIONALIDADE DAS ORAÇÕES COMPARATIVAS E DAS COMPARAÇÕES EM GERAL

Imaginemos o seguinte período composto:

> Indo ao estádio, se for provocado por um torcedor do time adversário, não revide.

Esse período contém uma oração temporal (*indo ao estádio*), uma oração condicional (*se for provocado por um torcedor do time adversário*) e a oração principal (*não revide*).

Procurando ser mais claro, ou mais convincente, o enunciador pode mudar a oração principal, acrescentando a ela uma oração comparativa, dizendo:

Indo ao estádio, se for provocado por um torcedor do time adversário, aja [*como se não fosse com você*].

Como vemos, a oração comparativa torna mais clara a mensagem do interlocutor. Pode a oração comparativa ter também a função de intensificar o que diz a oração principal, como em:

Chovia [como se o mundo fosse acabar de novo em dilúvio].

Ou, ainda, assumir função argumentativa como em:

A ideia de inflação baixa com alta demanda é tão falsa [quanto uma nota de três reais].
Jogador tem de ir para a bola [como um mendigo vai para um prato de comida][1].

É importante dizer que as orações comparativas costumam reduzir-se a meras expressões comparativas. Exemplo:

Se você quer ter boa saúde, procure tomar o café da manhã *como um rei*, almoçar *como um plebeu* e jantar *como um mendigo*.

FUNCIONALIDADE DAS ORAÇÕES OBJETIVAS DIRETAS

As orações objetivas diretas completam, como vimos, a predicação de um verbo transitivo direto, quando essa predicação se refere a um evento, como em:

Valéria viu [que o vento destruiu a cobertura do posto].
A população brasileira quer [que o governo diminua os impostos].

Como quando falamos ou escrevemos, narrando ou argumentando, precisamos, muitas vezes, introduzir a voz de uma outra pessoa, as orações

---

1. Essa é uma das frases famosas de Neném Prancha, técnico de futebol de várzea carioca, nos anos 1950.

objetivas diretas foram adaptadas para "empacotar essas vozes", como acontece nos seguintes textos:

> Vejamos o que dizia o cronista. Dizia [que um atropelamento de cachorro na nossa porta|, pelo fato de ser na nossa porta, |teria mais apelo emocional do] que Hiroshima[2].

> Ora, direis, ouvir estrelas! Certo
> perdeste o senso. E eu vos direi, no entanto
> que para ouvi-las, muitas vezes desperto
> e abro as janelas pálido de espanto[3].

> "Agora é que ele vai namorar deveras", disseram quando comecei as lições de equitação[4].

O primeiro texto é parte de uma famosa crônica escrita por Nelson Rodrigues em 1968. O segundo é a primeira estrofe de um dos mais conhecidos poemas da literatura brasileira, em que Bilac tenta justificar suas conversas com estrelas. Finalmente, o terceiro é um trecho do romance *Dom Casmurro*, relatando que Bentinho, ainda criança, começara a aprender a andar a cavalo.

Em todos eles, o autor traz para dentro do seu texto a voz de outra pessoa, de outro enunciador, num processo chamado polifonia (do grego *poluphonia* = som de muitas vozes ou instrumentos). Para isso, lança mão dos chamados verbos *dicendi*, verbos "de dizer".

Aquilo que os verbos *dicendi* introduzem, a voz do outro enunciador, vem "empacotado" numa oração objetiva direta, "adaptada" para dizer o que outras pessoas disseram antes de nós, ou que imaginamos que ainda vão dizer, no caso do exemplo de Bilac. No primeiro exemplo, a oração objetiva direta é desenvolvida. No segundo, é reduzida de infinitivo e, na terceira, justaposta.

O modo como essas orações substantivas são introduzidas depende do gênero em que estamos escrevendo (carta, relatório, romance etc.) e do tipo textual que estamos usando (narração, argumentação, descrição ou injunção). Em narrativas, é mais comum o discurso direto, como podemos ver neste trecho de *Dom Casmurro* de Machado de Assis:

---

2. Nelson Rodrigues, *A Cabra Vadia*, p. 98.
3. Olavo Bilac, *Via Láctea*, disponível em: <www.culturabrasil.org/vialactea.htm>. Acesso em 22.jul.2014.
4. Joaquim Maria Machado de Assis, *Dom Casmurro*. Em *Obra Completa*, vol. 1, p. 816.

Tínhamos chegado à janela; um preto, que, desde algum tempo, vinha apregoando cocadas, parou em frente e perguntou:
– Sinhazinha, qué cocada hoje?
– Não, respondeu Capitu.

Vemos que a oração objetiva direta do verbo *perguntou* (*Sinhazinha, qué cocada hoje?*) está justaposta depois desse verbo e que a oração substantiva objetiva direta abreviada (*não quero cocada hoje*) está justaposta antes do verbo *respondeu*.

Vejamos agora dois pequenos trechos de um livro científico, *O Mito da Criatividade*:

Os gregos acreditavam [que todas as ideias vinham dos deuses].

Algumas pessoas acreditam [que a inteligência é fixa]...[5]

Observe que as orações objetivas diretas são agora desenvolvidas:

que todas as ideias vinham dos deuses
que a inteligência é fixa

Nos textos científicos, é comum, também, empregar uma maneira indireta de introduzir a voz do outro enunciador, usando expressões como *segundo fulano, a partir das ideias de sicrano*, como no seguinte trecho:

Segundo Dweck, uma das consequências de se acreditar na teoria da inteligência fixa é a seguinte...[6]

Nesse caso, não temos uma oração substantiva do ponto de vista sintático, pois não há um verbo *dicendi*. É o mesmo que acontece com orações introduzidas por palavras como *eis* ou *talvez*:

Eis [que ela apareceu, finalmente]!
Talvez [essa recusa não resolva o problema].

VERBOS *DICENDI* NEUTROS E "COMPROMETIDOS"

Os verbos *dicendi* podem ser neutros como *dizer, falar, afirmar*, mas também comprometidos, criando matizes diferenciados para a fala do

---

5. Fábio Zugman, *O Mito da Criatividade: Desconstruindo Verdades e Mitos*, p. 22.
6. *Idem*, p. 23.

outro como *supor, murmurar, advertir, enfatizar, ponderar, confidenciar*. Exemplos:

> De 1544 a 1548, o nome do futuro governador do Brasil [Tomé de Sousa] some das crônicas. O biógrafo Pedro de Azevedo **supõe** *que ele estivesse "administrando a fortuna que granjeara e gozando as delícias da vida conjugal"*[7].

> O avô tentou sorrir. Procurou por alguma coisa, tateando sob as cobertas. Por fim, achou o adorado medalhão com o brasão da família. *"Isto é para você, Johannes"*, **murmurou**[8].

> O partido conservador espanhol PP **advertiu** ontem que a decisão do governo cubano de libertar 2.900 prisioneiros é bem-vinda, mas não será suficiente se não for acompanhada de avanços na transição democrática. (*Folha de S. Paulo*, 25.12.2011.)

> Em outras mensagens, Perri **ponderou** que o sistema de saúde norte-americano seria capaz de dar assistência aos brasileiros em caso de contaminação... (*Folha de S. Paulo*, 27.12.2011.)

> Patrícia, veterinária responsável por Vítor, me **confidenciou** que ele não é bem um pato, mas um marreco. (*Folha de S. Paulo*, 27.12.2011.)

Até mesmo verbos intransitivos como *suspirar*, por exemplo, podem ser adptados como verbos *dicendi*:

> "Meu time levou dois gols em apenas cinco minutos", suspirou.

O emprego desses verbos permite que o enunciador introduza a voz de uma outra pessoa em seu texto, incluindo a disposição de espírito dela no momento da fala. Mas pode ser também um recurso de manipulação, se utilizado de má-fé. Veja a diferença de efeitos de sentido em uma única citação, dependendo do verbo introdutor:

> O presidente do Senado *disse* que a votação será secreta.
> O presidente do Senado *confidenciou* que a votação será secreta.
> O presidente do Senado *ponderou* que a votação será secreta.
> O presidente do Senado *advertiu* que a votação será secreta.
> O presidente do Senado *enfatizou* que a votação será secreta.

---

7. Eduardo Bueno, *A Coroa, a Cruz e a Espada*, pp. 56-57
8. Marcelo Gleiser, *A Harmonia do Mundo*, p. 102.

INCORPORANDO A PRÓPRIA VOZ NO PRÓPRIO TEXTO

Algumas vezes, o autor de um texto usa uma oração objetiva direta para introduzir aquilo que ele mesmo disse anteriormente, ou que pretende dizer num tempo futuro, como nos exemplos a seguir:

Outro dia, *comentei* [que os chamados times grandes estão perdendo muito].
Eu *falei* [que não ia viajar].
Se não der certo, *direi* [que não foi minha intenção.]
Eu *direi* [que você está de má vontade].

Outras vezes, usa orações objetivas diretas para introduzir sua própria voz no momento presente, dentro de um texto que está produzindo naquele instante, como em:

O traço todo da vida é para muitos um desenho da criança esquecido pelo homem, e ao qual este terá sempre que se cingir sem o saber... Pela minha parte **acredito** não ter nunca transposto o limite das minhas quatro ou cinco primeiras impressões... [9]

A oração objetiva direta que nos interessa, juntamente com a oração principal que a introduz, é a seguinte:

Acredito não ter transposto o limite das minhas quatro ou cinco primeiras impressões...

Percebemos aí, nitidamente, a intenção do autor em atenuar a afirmação de não ter transposto o limite a que se refere. Concluímos, daí, que as orações substantivas objetivas diretas foram também adaptadas para "empacotar" aquilo que nós próprios dizemos, com a intenção de, por meio do uso dos verbos *dicendi*, diminuir o grau de evidência do que é dito ou atenuar aquilo que falamos, evitando a impressão de que somos autoritários ou que possamos gerar conflitos. Outros exemplos:

Acredito [que o senador acusado é inocente].
Imagino [que ela deve estar cansada].
Gostaria de dizer [que concordo com a ideia de votação secreta].

---

9. Joaquim Nabuco, *Minha Formação*, p. 159.

18
CONCORDÂNCIA NOMINAL

Concordância é um processo pelo qual as marcas de *número* e *pessoa* de substantivos ou pronomes são assumidas por verbos e as marcas de *gênero* e *número* de substantivos são assumidas por adjetivos, artigos, pronomes e alguns numerais. Vejamos a seguinte frase:

As *nuvens* negras cobriam o *horizonte*.

O substantivo *nuvens* tem as marcas de *feminino*, *plural* e *terceira pessoa*. As marcas de *feminino* e *plural* são assumidas pelo adjetivo *negras* e pelo artigo *as*. As de *plural* e *terceira pessoa* são assumidas pelo verbo *cobrir*, que fica *cobriam*. O artigo *o* assume também as marcas de *masculino* e *singular* do substantivo *horizonte*. A concordância que envolve adjetivos, artigos, pronomes e alguns numerais é chamada de *concordância nominal*. Os casos de "*As nuvens* neg*ras*" e "o horizonte" configuram, portanto, situações de concordância nominal. A concordância que envolve o verbo é chamada de *concordância verbal*. É o caso de "As *nuvens* negras cobri*am*".

Os processos de concordância delimitam, dentro de uma oração, agrupamentos de palavras em torno de substantivos e em torno de verbos:

[[A*s nuvens* negras] cobriam [*o horizonte*].]

Isso facilita o entendimento do texto, uma vez que, quando ouvimos ou lemos alguma coisa, seguimos inconscientemente as pistas de concordância. No caso exemplificado, mesmo que fizéssemos alguma mudança de ordem, o entendimento ficaria assegurado pelos processos de concordância:

As nuvens negras o horizonte cobriam.

Por esse motivo, podemos dizer que a concordância é um dos fatores responsáveis pela coesão interna de uma oração.

CONCORDÂNCIA NOMINAL

Principiemos nosso estudo pela concordância nominal. A concordância com artigos, pronomes e alguns numerais não oferece nenhum problema em especial. Ninguém terá dúvidas em fazer a concordância em um trecho como: *todas as duas meninas*. Ninguém hesitará, pensando se o certo seria *todo os dois meninas* ou coisa semelhante. O assunto que pode oferecer algum problema é a concordância do adjetivo com o substantivo, em algumas situações especiais. Isso porque, na maior parte dos casos, também não há dúvidas a respeito. Quando alguém diz *as meninas bonitas*, não fica hesitante sobre se deve dizer *as meninas bonito*, por exemplo.

Vejamos, então, essas situações especiais:

Preposição como Barreira para a Concordância

Quando um grupo nominal contém uma preposição, ela funciona como um elemento de divisão dentro desse grupo. Vejamos o seguinte exemplo: "Uma vendedora *de* produtos *de* beleza". Esse grupo nominal se subdivide em três:

uma vendedora
/de/ produtos
/de/ beleza

Cada um desses grupos é independente em termos de concordância. A preposição tem aí um papel de barreira. Isso quer dizer que os traços de gênero e número de cada um desses substantivos ficam circunscritos dentro de seu próprio grupo, não podendo ultrapassá-los. É por esse motivo que o plural de uma frase como: "A mesa *de* madeira é grande" fica sendo: "As mesas *de* madeira são grandes".

O plural da palavra *mesa* afeta apenas o artigo *a*, tornando-o *as*. Não afeta *madeira* que continua no singular. Acrescente-se a isso o fato de que *substantivo não concorda com substantivo*.

Dentro desse princípio geral, podemos examinar os seguintes casos:

Expressões Invariáveis

Locuções adjetivas como *sem caráter* e *sem vergonha* ficam no singular, em sequências como:

A união entre vendedores *sem vergonha* e burocratas corruptos leva o Estado a comprar sempre mal.
Há mais heróis *sem caráter* no Brasil do que o Macunaíma de Mário de Andrade.

A preposição *sem* funciona como barreira.

Nomes de Cor

A língua portuguesa possui adjetivos para nomear algumas cores básicas: *preto, branco, verde, azul, amarelo, vermelho*. Quando temos, entretanto, de nomear uma cor diferente, lançamos mão de substantivos que nomeiam coisas que têm essa cor, como *laranja, abóbora, rosa, cinza, vinho, creme* etc. Os nomes de cor adjetivos concordam, obviamente, com os substantivos que estão modificando:

blusas verdes
    pretas
    brancas
    amarelas

Os nomes de cor substantivos ficam invariáveis, como em:

blusas cinza
    rosa
    areia
    laranja

Acontece, nesses casos, que a preposição *de* da expressão *cor de*, implícita no processo, bloqueia a concordância. Dizemos *blusas areia*, por economia. Fica mais fácil do que dizer: blusas *cor de* areia.

Com os adjetivos derivados nomeando cores a situação é a mesma. Diremos raios *infravermelhos*, porque *vermelho* é adjetivo, mas raios *ultravioleta*, porque *violeta* é substantivo.

O processo de bloqueio pela preposição aconteceu também, há muito tempo, com certos adjetivos como *alto, baixo, caro, barato*, que podem hoje ser empregados como advérbios em frases como:

> Comprei *barato* essas blusas.
> Elas estão falando *baixo*.

Antigamente, essas palavras faziam parte de expressões como: *em preço barato, em preço caro, de modo alto, de modo baixo*. Dizia-se:

> Comprei <u>em</u> preço barato essas blusas.
> Elas estão falando <u>de</u> modo baixo.

Por motivo de economia, essas expressões em que as preposições funcionavam como barreira foram abreviadas e os adjetivos *barato, caro, alto* e *baixo*, reanalisados como advérbios.

Por analogia a esse procedimento, alguns outros adjetivos são hoje empregados da mesma maneira. Exemplo:

> Este uísque desce *redondo*. (de modo redondo)

Exceção

A palavra *lilás*, um substantivo que nomeia uma flor de origem persa, hoje em dia é interpretada como adjetivo. Por esse motivo dizemos: blusas *lilases*. Esse fenômeno se chama *gramaticalização*. Trata-se de um processo por meio do qual uma palavra ou expressão perde sua significação original e ganha outra, chegando, muitas vezes, a mudar de classe gramatical, como nesse caso.

Adjetivos Compostos

Os adjetivos compostos são tratados, em termos de concordância, como se fossem simples: apenas o segundo elemento vai para o plural. Exemplos:

relações luso-brasileiras
conferência hispano-americana
mulheres todo-poderosas

Se o adjetivo composto estiver nomeando uma cor, o princípio é o mesmo. Diremos: blusas verde-claras / blusas azul-escuras. Diremos, entretanto: blusas verde-limão / blusas azul-piscina.

Nesses dois últimos exemplos, como o segundo elemento é um substantivo, fica valendo o princípio da preposição como barreira, implícita na expressão *cor de* (blusas verde *cor de* limão).

Exceções

a) o adjetivo composto *surdo-mudo*, em que ambos os elementos participam do processo de concordância: crianças *surdas-mudas*. A explicação é simples: quando dizemos *blusas verde-claras*, estamos falando de *uma só* qualidade: a cor verde-clara. Quando dizemos, porém, *crianças surdas--mudas*, estamos fazendo menção a *duas características*: surdez e mudez. A concordância é feita, portanto, por iconicidade (ver p. 524).

b) os adjetivos *azul-marinho* e *azul-celeste* também são invariáveis. Dizemos, pois: blusas *azul-marinho* e blusas *azul-celeste*. As palavras *marinho* e *celeste*, quando tiverem o significado de cor, também são invariáveis. Exemplos: Comprei duas blusas *marinho*. Comprei duas blusas *celeste*.

Concordância com Particípios

Os particípios verbais (assim chamados porque "participam" tanto da natureza do verbo como do adjetivo) concordam sempre com seus sujeitos. Exemplos:

As viagens tinham sido *suspensas*.
Feitas as contas, ninguém saiu perdendo.
Completados os preparativos, iniciamos viagem.

Concordância com o Predicativo

O adjetivo predicativo concorda normalmente com o substantivo modificado por ele, seja sujeito ou objeto. Exemplos:

Predicativo do sujeito

O meu olhar é *nítido* como um girassol. (Alberto Caeiro)

Predicativo do objeto

O Rio Grande do Sul pediu *100 mil doses de vacina emprestadas* ao governo do Uruguai.
As oposições da corte portuguesa consideravam as *navegações dispendiosas* demais.

Concordância em Orações Equativas

Orações equativas são orações de predicado nominal em que tanto o sujeito quanto o predicativo são substantivos. Exemplos:

O *uísque* é o melhor *amigo* do homem.
O *uísque* é o *cachorro* engarrafado. (Vinícius de Moraes)

Em uma oração de predicado nominal comum, o adjetivo predicativo, como vimos, concorda com o sujeito, e o verbo *ser* acompanha essa concordância, alinhando-se com o sujeito, como em: "As meninas *são lindas*".
Examinando a oração "O *uísque* é o melhor *amigo* do homem", poderíamos dizer que é a mesma coisa: que o substantivo predicativo concorda com o sujeito e o verbo *ser* acompanha essa concordância. Mas, como explicar a concordância em orações como:

O maior problema são as creches.
Essas *crianças são* um *choro* só.

ou em outros exemplos mais literários, comumente citados pelas gramáticas do português, em que o substantivo sujeito é substituído por um pronome substantivo indefinido ou demonstrativo:

Eram tudo travessuras de crianças. (Machado de Assis)
Isto são coisas que digo, que invento, para achar a vida boa... (Cecília Meireles)
Tudo é flores no presente. (Gonçalves Dias)

A primeira coisa que podemos verificar, nesses exemplos, é que não existe concordância nominal. Sujeito e predicativo podem pertencer a gêneros e números diferentes:

problema	creches
[*masc., sing.*]	[*fem., pl.*]
crianças	choro
[*fem., pl.*]	[*masc., sing.*]

Podemos dizer que há uma regra geral, segundo a qual, se não conseguimos construir as imagens de um dos substantivos de uma oração equativa, não há concordância nominal entre sujeito e predicativo. De fato, na oração *O maior problema são as creches.*, podemos construir em nossas mentes a imagem de *creches*, mas não podemos construir a imagem de *problema*, que é algo abstrato. O mesmo acontece na oração: *Essas crianças são um choro só*. Podemos construir em nossas mentes a imagem de *crianças*, mas não de *choro*. Logo, não há concordância nominal entre os substantivos *problema* e *creches* e entre *crianças* e *choro*. Em uma oração como: *O problema são as reservas em dólar.*, não podemos construir nem a imagem de *problema* nem a de *reservas*. Por isso, também não há concordância nominal entre *problema* e *reservas*. O mesmo acontece quando um dos substantivos da oração equativa é representado por um pronome, como nos exemplos: *Eram tudo travessuras...*; *Isto são coisas...*; *Tudo é flores....* Podemos construir em nossas mentes imagem de *travessuras*, mas não de *tudo*; de *coisas*, mas não de *isto*; de *flores*, mas não de *tudo*. Logo, não há necessidade de concordância nominal entre esses termos.

Mas, se formos capazes de construir em nossas mentes as imagens dos dois substantivos de uma oração equativa, temos de fazer a concordância nominal, como em: *Minhas irmãs são professoras*. Tanto podemos construir em nossas mentes a imagem de *irmãs* quanto de *professoras*. Não podemos dizer, portanto: **Minhas irmãs são professor.*, pois não há pareamento entre essas duas imagens, uma no feminino, plural; e a outra, no masculino, singular. O mesmo ocorre, quando dizemos: *As filhas dela são tenistas*, pois podemos construir as imagens de *filhas* e de *tenistas*, pareando-as. Não podemos dizer **As filhas dela são tenista*, pois não haveria pareamento entre as imagens.

Quando o sujeito ou o predicativo da frase é composto, como em *Minha sala são duas cadeiras e uma mesa.*, e ambos permitem a construção de imagens, entra em ação um outro aspecto ligado à iconicidade, que é o princípio da *Gestalt*.

Gestalt é um mecanismo cognitivo por meio do qual alternamos nossa atenção entre figura (parte) e fundo (todo), segundo nosso interesse. Quando nos levantamos de manhã, por exemplo, vamos à cozinha (um todo) e pomos nossa atenção na geladeira (parte da cozinha) para pegar o leite. Depois do café da manhã, vamos até a garagem (todo) e pomos nossa atenção no carro (parte). A seguir, entramos dentro do carro (todo) e pomos nossa atenção em seus comandos, como ignição, freios, acelerador (partes). Fazemos isso o dia todo, alternando nossa atenção entre diferentes partes e todos, segundo nossos interesses.

No exemplo em questão (*Minha sala são duas cadeiras e uma mesa.*), usamos o primeiro substantivo para pôr atenção no todo (sala). A seguir, pomos nossa atenção em duas de suas partes (duas cadeiras e uma mesa). Como há um pareamento entre as duas imagens (percebemos o todo como igual a essas duas partes), não há necessidade de concordância nominal entre esses substantivos.

Mas, e a concordância do verbo *ser*? Também é uma questão de *Gestalt*! Usamos o verbo *ser* para pôr foco em um dos dois termos da oração equativa. Na oração: *O maior problema são as creches*, pomos foco em *creches*, por meio do verbo *ser*. *Creches* torna-se, assim, o sujeito da oração. Mas, podemos pôr foco no termo *problema*, dizendo: *O maior problema é as creches*, transformando-o em sujeito da oração. O mesmo pode ser feito nas outras orações. Podemos dizer, por exemplo: *Minha sala são duas cadeiras e uma mesa.*, ou: *Minha sala é duas cadeiras e uma mesa.*

Nas orações em que um dos termos é um pronome, ocorre a mesma coisa. Em: *Eram tudo travessuras de crianças.*, Machado de Assis resolveu usar o verbo *ser* para pôr foco em travessuras: **Eram** tudo *travessuras*... Em: *Isto são coisas...*, Cecília Meireles usou o verbo *ser* para pôr foco em *coisas*: *Isto são coisas que digo...* e, em: *Tudo é flores do presente*, Gonçalves Dias usou o verbo *ser* para pôr foco em tudo: **Tudo** é flores...

Fernando Pessoa, no início do ix poema de *O Guardador de Rebanhos*, escreve:

> Sou um guardador de rebanhos.
> E o rebanho é os meus pensamentos
> (Fernando Pessoa, *Obras Poéticas*, p. 212.)

A oração *O rebanho é os meus pensamentos* é equativa. Podemos criar, em nossa mente, a imagem do *rebanho*, mas não a de *pensamentos*. Portanto, não há necessidade de fazer a concordância nominal entre *rebanho* (no sigular) e *pensamentos* (no plural). Usando o verbo *ser*, Fernando Pessoa escolheu pôr seu foco em *rebanho*: <u>*o rebanho é*</u> *os meus pensamentos*, transformando-o em sujeito da oração.

Outro Caso, na Concordância do Predicativo, em que Intervém o Princípio da Iconicidade ou da Imagem

Com as locuções pronominais de tratamento, o predicativo não concorda em gênero com o sujeito, mas com o sexo da pessoa nomeada por ele. Exemplo:

A imprensa diz que *Vossa Excelência* foi o grande *derrotado*.

O substantivo *Excelência*, com o qual o predicativo deveria concordar, é uma palavra feminina. Entretanto, no texto acima, o então Senador Pedro Simon dirigiu-se ao então ministro José Serra, colocando *derrotado* no masculino (sexo do ministro). Isso acontece por iconicidade, pela influência da imagem da pessoa nomeada.

A Expressão *Tal Qual*

Na expressão *tal qual*, o primeiro elemento concorda com o antecedente e o segundo, com o consequente:

Essa menina é *tal qual* a mãe.
Essas meninas são *tais qual* a mãe.
Essa menina é *tal quais* os pais.

Adjetivo Modificando Mais de um Substantivo

Adjetivo Posposto a Mais de um Substantivo

Quando o adjetivo aparece posposto a mais de um substantivo, podemos destacar duas situações:

- O adjetivo concorda com todos os substantivos, como em:

Vimos um boi e uma vaca *malhados*.

A interpretação do sentido da frase é que o adjetivo *malhados* afeta ambos os substantivos: boi e vaca. Ambos são malhados.

- O adjetivo concorda apenas com o último substantivo, como em:

Vimos um boi e uma vaca *malhada*.

Nesse caso, o adjetivo *malhada* afeta apenas o substantivo *vaca*. Apenas a vaca é malhada. Na oração:

Ontem, no zoológico, vimos uma vaca e uma planta *aquática*.

o adjetivo *aquática* concorda apenas com o substantivo *planta*, pois não existem vacas aquáticas. Trata-se de uma restrição por iconicidade uma vez que é preciso haver um pareamento entre o que se diz e o estado de coisas no mundo real. A mesma coisa acontece na oração:

O pássaro tinha o peito e as asas *amarelos*.

Aqui, a única opção é o masculino plural. Se o adjetivo *amarelo* estivesse concordando apenas com *asas* (afetando, consequentemente, apenas esse substantivo), não haveria necessidade de pôr na frase o substantivo *peito*, uma vez que todos os pássaros têm peito. Trata-se de uma parte do corpo, posse inalienável do pássaro. Em outras palavras, nesse caso poderíamos ter apenas: "O pássaro tinha as asas *amarelas*".

Uma frase como: "O pássaro tinha o peito e as asas *amarelas*" seria malformada, por uma questão de iconicidade!

Adjetivo Anteposto a Mais de um Substantivo

O adjetivo anteposto a mais de um substantivo pode concordar com todos eles ou apenas com o mais próximo. Em ambos os casos, contudo, o adjetivo afeta todos os substantivos. Exemplos:

Apreciava bastante os *excelentes* uísque e vinho do senador.
Apreciava bastante o *excelente* uísque e vinho do senador.

O motivo que torna possível a concordância com o mais próximo, mas afetando todos os demais substantivos, está ligado ao mecanismo geral de omissão[1] de termos em português, que funciona sempre da "esquerda para a direita". Nas frases:

> Nunca tive problemas com a droga. Só com a polícia. (Keith Richards)
> Prefiro o paraíso pelo clima, o inferno, pela companhia. (Mark Twain)

vemos que as segundas subentendem elementos das primeiras. O entendimento se processa, como se disséssemos algo como:

> Nunca tive problemas com a droga. Só [tive problemas] com a polícia.
> Prefiro o paraíso pelo clima, [prefiro] o inferno pela companhia.

O omissão em direção contrária não é comum em português, como atestam as frases abaixo, todas elas malformadas:

> *Nunca com a droga. Só tive problemas com a polícia.
> *O paraíso pelo clima, prefiro o inferno pela companhia.

Na frase em que estávamos estudando a concordância com o substantivo mais próximo, é como se ela tivesse a seguinte versão:

> Apreciava bastante o *excelente* uísque e (*excelente*) vinho do senador.

Por omissão, também chamada de *elipse*, eliminamos a segunda ocorrência do adjetivo *excelente*. Mas, fica ainda uma pergunta: por que um falante do português optaria por essa última forma de concordância, em vez de concordar o adjetivo com ambos os substantivos? Outra vez, trata-se de uma questão que envolve a *Gestalt*. Quando falamos em *excelente uísque e vinho*, a intenção é individualizar cada uma dessas bebidas. Quando falamos *excelentes uísque e vinho*, a intenção é descrever o todo, o conjunto das duas bebidas.

---

1. Prefiro utilizar o termo *omissão* a *apagamento*, uma vez que *apagamento* sugere que o falante primeiro constrói a frase com todos os seus termos e depois, ao verbalizar, apaga alguns deles.

Dois Adjetivos Modificando um Substantivo

O substantivo pode ficar no singular ou no plural, ficando os dois adjetivos no singular, como em:

O serviço interno e externo.
Os serviços interno e externo.

Se houver a pressuposição de que há mais de um serviço interno e mais de um externo, tanto o substantivo quanto os adjetivos vão para o plural:

Os serviços internos e externos.

19
CONCORDÂNCIA VERBAL

Concordância verbal, como vimos, é o processo pelo qual, dentro de uma oração, o verbo assume os traços de número e pessoa do seu sujeito. Exemplo:

As ambições humanas despertam a atenção e a cólera dos deuses.

Nessa oração, o verbo *despertar* assume os traços de *plural* e *3ª pessoa* do núcleo do sujeito "As *ambições* humanas *despertam*..."

Da mesma forma, como ocorre na concordância nominal, nenhum falante tem dúvidas sobre a concordância verbal em casos como esses. Elas vão surgir em situações especiais, que passamos a examinar a seguir.

O SUJEITO ESTÁ POSPOSTO AO VERBO

O sujeito prototípico em português (aquele que, estatisticamente, é mais frequente) possui as seguintes características: AGENTE, HUMANO e DETERMINADO, como em: "O *garoto* chutou a bola". *Garoto* é o agente da ação. Ao mesmo tempo, é humano e está determinado. Outra característica do sujeito prototípico em português é posicionar-se antes do verbo, como no exemplo anterior. Já os sujeitos não prototípicos tendem, quase sempre, a ocupar posição depois do verbo, como nas seguintes frases:

Por causa da tempestade, *faltou luz* das 15h às 15h20.
Nos EUA, já *existe* quase *um carro* por habitante.
Sobraram muitos doces naquela festa.

Nesses casos, é importante prestar bastante atenção para não deixar de fazer a concordância com o sujeito. Outro caso em que o sujeito normalmente fica posposto, por não ser prototípico, é o das orações na voz passiva. Exemplos:

Pela primeira vez, *foram levantadas questões* sobre Guarulhos.
Foi construída uma quadra de vôlei de praia, no Guarujá.
Verificou-se, nos últimos anos, *uma expansão do comércio exterior*.
Vendem-se *casas*.

Nesses casos, também é necessário prestar bastante atenção para não deixar de fazer a concordância.

O SUJEITO É UM PLURAL APARENTE

Existem substantivos que, embora apresentem forma de plural, já perderam esse sentido há muito tempo, por efeito do fenômeno da gramaticalização. É o caso do nome de muitas localidades, como: *Amazonas, Campinas, Valinhos, Vassouras* etc.

Quando o espanhol Francisco de Orellana navegava pelo rio Amazonas, em agosto de 1541, viu, em suas margens, seres humanos de cabelos longos, sem barba, armados com arcos. Utilizando seu padrão cultural europeu e alguma imaginação, julgou que fossem mulheres. Estabeleceu, então, uma ligação entre aqueles índios e as mulheres guerreiras da mitologia grega, chamadas amazonas. Batizou, então, o rio recém-descoberto de *rio das Amazonas*. O tempo passou e o nome ficou simplesmente *Amazonas*. Quando se fala, hoje em dia, tanto do rio quanto do estado, fala-se *o Amazonas*: "O Amazonas deságua no oceano Atlântico". "O Amazonas elege novo governador." Iconicamente, trata-se de uma entidade singular. A desinência do plural é um simples vestígio histórico. O artigo, quando aparece, fica sempre no singular. Por esse motivo é que essas palavras (*Amazonas, Campinas, Vassouras* etc.) são chamadas de plurais aparentes. A concordância é feita sempre com o verbo no singular:

Campinas ficará sem água, no final de semana.
Vassouras será sede do próximo encontro nacional de urologia.

Situação diferente acontece com nomes de localidades ou de obras artísticas em que o núcleo do sujeito no plural é acompanhado de artigo também no plural, como *Os* Estados Unidos, *Os* Andes, *Os Lusíadas*, *Os Girassóis* de Van Gogh etc. Nesses casos, a simples presença do artigo, concordando com o núcleo do sujeito, é um indício sintático de que esse núcleo ainda tem como referente uma entidade plural. Isso está ligado diretamente ao processo da iconicidade. Exemplos:

Os Estados Unidos aguardam apenas a licença da ONU, para entrar em guerra.

Os Girassóis de Van Gogh alcançaram 40 milhões de dólares no leilão.

Os Sertões alcançam repercussão nacional, permitindo a Euclides ingressar no Instituto Histórico e Geográfico Brasileiro e na Academia Brasileira de Letras.

CONCORDÂNCIA COM EXPRESSÕES DE SENTIDO QUANTITATIVO

É comum surgirem dúvidas com relação à concordância verbal, quando o sujeito se refere, de algum modo, à noção de quantidade. Os casos a seguir estão incluídos nessa circunstância.

Sujeito coletivo partitivo: a maior parte de, grande parte de, a maioria de etc.

Quando o sujeito é um coletivo partitivo, como as expressões anteriores, a concordância normal ou "canônica" se faz com o núcleo do sujeito, como é de uso corrente na mídia escrita. Exemplos:

Até ontem à tarde ainda havia passagens para a maioria dos destinos, mas *grande parte das linhas já estava* com os carros extras quase cheios. (*Folha de S. Paulo*, 31.12.1998.)

A *maioria das vítimas mora* em países em desenvolvimento, onde *grande parte dos casos não chega a ser diagnosticada*, muito menos tratada. (*Folha de S. Paulo*, 14.12.1998.)

Em um número menor de casos, a concordância se faz não com o núcleo do sujeito, mas com seu complemento, como em:

Um grande número de *velas branquejavam* sobre as águas da baía.

Essa transferência do processo de concordância verbal para o complemento do núcleo está vinculada ao fato de que um sujeito prototípico tem sempre como núcleo um substantivo que nomeia alguma coisa do mundo físico ou psicológico. Se dizemos, por exemplo: "Todos os três bons filhos de João se mudaram para a França", o sujeito inteiro é [todos os três bons filhos de João], mas o verbo *mudar* concorda com o núcleo que é *filhos*, que nomeia seres do mundo físico. Os falantes associam, então, o ato de concordar o verbo a concordá-lo sempre com um substantivo que faz parte do sujeito, mas que nomeia algum ser. Ora, nos casos de coletivos partitivos, os núcleos (*maioria*, *número*, *parte*) não são substantivos que nomeiam seres, ou seja, não são núcleos prototípicos. Inconscientemente, pois, o falante busca, dentro da função sujeito, um substantivo (ou pronome) que nomeie um ser, e faz isso por *iconicidade*, uma vez que está mais motivado a atribuir o acontecimento de *branquejar* a *velas* e não a *número*, por exemplo.

Quando a oração é nominal ou está na voz passiva, há uma tendência maior de fazer esse mesmo tipo de concordância. Exemplo:

> Os cálculos do pesquisador do IBGE mostram que grande parte dos *avanços* obtidos pelo Brasil na redução da mortalidade infantil durante a década passada *foram "comidos"* pelo aumento das mortes violentas. (*Folha de S. Paulo*, 19.1.1997.)

Isso se explica também por iconicidade. Imaginemos as seguintes frases:

> A *maioria* dos homens *sabe* trocar um pneu.
> A *maioria* dos homens *ficou preocupada*.
> A *maioria* dos homens *era brasileira*.

A primeira delas envolve apenas concordância de número e pessoa. As outras duas envolvem também concordância de gênero. Afinal, o particípio do verbo, na voz passiva, e o predicativo, nas orações nominais, concordam em gênero com o sujeito. Ora, a ideia de *homens* (masculino) choca-se com a ideia de *preocupada* ou *brasileira* (feminino). Por iconicidade, então, procura-se conseguir uma "harmonia de gênero", fazendo a concordância com *homens*. Surgem, então, as versões:

> A maioria dos *homens ficaram preocupados*.
> A maioria dos *homens eram brasileiros*.

Um outro aspecto que também facilita esse tipo de concordância é o fato de que esses substantivos geralmente aparecem adjacentes ao verbo:

velas branquejavam
homens ficaram preocupados

Realmente, a adjacência entre substantivos no plural e verbos facilita a chamada "concordância por atração", como às vezes acontece, por descuido, na linguagem jornalística. Exemplos:

O nível dos rios *paulistas estão* baixos.
O fracasso dos *festejos demonstraram*...
A recuperação das *ações* da Cisco e da Intel também *contribuíram*...[1]

Nesses casos, a adjacência é responsável por um desvio de concordância, uma vez que os núcleos dos sujeitos não têm sentido quantitativo.

CONCORDÂNCIA COM NUMERAL

Concordância com Números Percentuais

Quando o sujeito é representado por um número percentual, obedecendo à regra geral, a concordância deveria ser feita com esse número, uma vez que se trata do núcleo da função sujeito. Exemplo:

Sessenta por cento da população *reprovaram* a conduta do governador.

O que se nota, entretanto, na maioria dos exemplos da mídia escrita, é a transferência dessa concordância para o substantivo complemento, pelos mesmos motivos expostos no caso anterior, a saber:

a) o núcleo do sujeito não é prototípico;

b) o complemento do núcleo nomeia seres, o que induz à concordância por iconicidade;

c) o complemento do núcleo é adjacente ao verbo.

---

1. Pasquale Cipro Neto. Em *Folha de S. Paulo*, 1.6.2000.

A frase anterior teria, assim, a seguinte redação:

Sessenta por cento da *população reprovou* a conduta do governador.

Outros exemplos da mídia escrita:

70% da *carga* geral que chega ao porto carioca atualmente *vem* em contêineres. (*Folha de S. Paulo*, 17.1.1997)

Só 3% da *água* em nosso planeta *é* doce. (*Folha de S. Paulo*, 7.2.1997.)

Se, entretanto, o número percentual estiver sendo modificado por um outro pronome, a concordância é feita pela regra geral. Exemplo:

Esses 30 por cento da população não *recebem* nenhum tipo de auxílio.

Isso acontece, porque o pronome coloca em foco o número percentual, que, além de ser o núcleo do sujeito, passa a ser também referência desse pronome e isso lhe dá um peso maior para servir de base para a concordância.

Sujeito Constituído por um Número Fracionário

Nesse caso, a concordância é feita pela regra geral: o verbo concorda com o núcleo do sujeito. Exemplos:

Um *quarto* dos soldados *saiu* ferido.
Dois *terços* da população *apoiam* o presidente.

Quando a oração está na voz passiva ou apresenta predicativo, a concordância pode ser feita com o complemento do número fracionário, por questão de iconicidade, buscando "harmonia de gênero". Exemplo:

As ruas não apresentam situação melhor. Apenas um pouco mais de *um quarto delas*, contando-se as legais e as ilegais, *são pavimentadas*. (*Folha de S. Paulo*, 1.1.1997.)

De fato, ficaria menos aceitável obedecer à regra geral e dizer *que um quarto das ruas é pavimentado*. A situação ficaria pior ainda em orações como:

*Um *terço* das mulheres *ficou menstruado*.
*Dois *quintos* das meninas *ficaram grávidos*.

Fica óbvio que a melhor solução é a concordância com o complemento como em:

> Um terço das *mulheres ficaram menstruadas*.
> Dois quintos das *meninas ficaram grávidas*.

Sujeito Constituído pela Expressão *Cada Um* + Plural

A concordância é feita pela regra geral:

> Cada *um* dos membros da expedição *levava* consigo um sinalizador.

Sujeito Constituído pela Expressão *Mais de Um*

A concordância é feita pela regra geral:

> Mais de um *carro apresentou* problemas na largada.

Sujeito junto das Locuções *Cerca de*, *Menos de*, *Perto de*

A concordância é feita pela regra geral. Em frases como:

> Cerca de quinze *empresários participaram* da reunião.

o núcleo do sujeito é *empresários*. *Cerca de* apenas modifica esse núcleo. É como se disséssemos: "Quase quinze empresários participaram da reunião". Outros exemplos:

> Perto de duzentas *pessoas ficaram* à noite, na fila, para receber o FGTS.
> Menos de cem *pessoas conseguiram* receber o FGTS.

CASOS ESPECIAIS

Expressão *Um dos Que*, *Uma das Que*

Na mídia escrita, a concordância varia entre singular e plural. Exemplos:

> Disse que ele (Renan) foi um jogador maravilhoso, bonitão e que fotografa bem, ao contrário do técnico Radamés Lattari, que não é fotogênico, mas é *um dos que* mais *entendem* de vôlei. (*Folha de S. Paulo*, 13.1.1997.)

O segmento relativamente novo das roupas para adolescentes, ou "teens", é *um dos que fazem* mais sucesso na feira. (*Folha de S. Paulo*, 22.2.1997.)

O prefeito de Praia Grande é *um dos que* já *anunciou* que não *vai* permitir a colocação de placas nas praias do município. (*Folha de S. Paulo*, 8.1.1997.)

O ex-bancário Sérgio Raimundo Souza Cardoso, 30, foi *um dos que perdeu* o emprego com as mudanças no setor financeiro pós-Real. (*Folha de S. Paulo*, 9.3.1997.)

Diante dessa variação, fica a pergunta: Qual a forma mais adequada dessa concordância? Levando-se em conta o fator iconicidade, não há dúvidas de que a opção deve ser o plural. Afinal de contas, quando alguém diz que *Radamés é um dos que entendem de vôlei*, o que se quer dizer é que, dentre as pessoas que entendem de vôlei, Radamés é uma delas. Existe sempre, nesses casos, o pressuposto de que o *um* destaca um indivíduo num *conjunto de vários indivíduos*. Certamente, no terceiro exemplo, vários prefeitos, além do prefeito da Praia Grande, anunciaram que não iam colocar as tais placas e, no quarto exemplo, o bancário Sérgio também não está sozinho em seu infortúnio. Teria sido melhor dizer, pois:

O prefeito de Praia Grande *foi um dos que já anunciaram...*
O ex-bancário Sérgio Raimundo Souza Cardoso, 30, foi *um dos que perderam* o emprego...

Núcleos do Sujeito Antecedidos pelo Pronome Indefinido *Cada*

O verbo fica no singular:

Cada homem, *cada* mulher deve pesar bem o seu voto.

O Sujeito é a Locução *Um e Outro* ou *Nem Um Nem Outro*

O verbo pode ir para o singular ou para o plural. Exemplos:

Um e outro *falou* a verdade.
Um e outro *falaram* a verdade.
Nem um nem outro *falou* a verdade.
Nem um nem outro *falaram* a verdade.

Não calques o jardim
nem assustes o pássaro.
Um e outro *pertencem*
aos mortos do Carmo[2].

A escolha do plural procura passar uma noção de conjunto. A do singular, de individualidade. Quando digo que *Nem um nem outro falou a verdade*, procuro representar o fato em dois tempos: o tempo em que um falou e o tempo em que outro falou. Quando digo *Nem um nem outro falaram a verdade*, procuro representar o fato de maneira atemporal, como uma espécie de relato posterior. O mesmo acontece com a expressão *nem ... nem*:

Nem Vera nem Márcia me *ajudou*.
Nem Vera nem Márcia me *ajudaram*.

Sujeitos Ligados pela Conjunção *Ou*

Nesse caso, o verbo concorda com o termo que vier depois do último *ou*:

Ângela ou *Cristina* se *casará* comigo.
Ele ou *eu serei* eleito presidente.

Nesses casos, existe uma clara exclusão de um ou outro sujeito. Se Ângela se casar comigo, Cristina não poderá fazê-lo. Se ele for eleito presidente, eu não poderei ser presidente. Quando não há necessidade de exclusão de um dos sujeitos, o verbo pode concordar com os dois. Exemplo:

São Paulo da peça "Roda Viva" *ou o Rio* do show "Opinião", por exemplo, *eram* cidades em todos os sentidos mais restritas e acanhadas do que são hoje. (*Folha de S. Paulo*, 2.1.1997.)

No caso de essa conjunção ter caráter corretivo, a concordância se fará com o segundo sujeito: "As partes *ou a parte fará* o pedido".

---

2. Carlos Drummond de Andrade, *Antologia Poética*, p. 53.

Sujeitos Unidos pelos Elementos Correlativos *Não Só...Mas Também, Não Só... Mas Ainda*; *Tanto... Como, Tanto...Quanto*

Essas expressões são utilizadas para sobrepor, pragmaticamente, uma comparação a dois elementos coordenados. Pode ser comparação de igualdade; caso as expressões correlativas sejam *tanto... quanto, tanto... como*; ou de superioridade, caso as expressões correlativas sejam *não só... mas também, não só... mas ainda*. Vejamos uma oração em que há dois sujeitos coordenados entre si:

O ministro e o presidente sabiam dos desvios de verba.

A esses dois sujeitos pode ser sobreposta uma comparação de igualdade, como em:

Tanto o ministro *como* o presidente sabiam dos desvios de verba.

Nesse caso, a concordância continua a ser feita com ambos os sujeitos. Vejamos, agora, uma comparação de superioridade sobreposta a essa mesma coordenação:

Não só o ministro *mas também* o presidente sabia dos desvios de verba.

Nessa oração, o presidente saber dos desvios é visto como algo mais grave (superior) do que se apenas o ministro tivesse consciência deles. Nesse caso, o verbo concorda apenas com o segundo sujeito (o presidente). É como se disséssemos:

Não só o ministro sabia dos desvios de verba, *mas também* o presidente sabia dos desvios de verba.

O Sujeito São Pronomes Interrogativos (*Quais, Quantos*) ou Indefinidos no Plural (*Alguns, Muitos, Poucos, Quaisquer, Vários*) Seguidos de Pronome Pessoal no Plural

O verbo pode concordar com esses pronomes interrogativos ou indefinidos, pela regra geral. Mas é mais comum a concordância com o pronome pessoal. Exemplos:

Concordância com o pronome interrogativo ou indefinido, de acordo com a regra geral:

Quantos de nós *aceitam* a afirmação: que é melhor ver a pátria derrotada em guerra do que usá-la para promover crimes, injustiças, violações de direitos humanos? (Rubens Ricúpero)

Concordância com o pronome pessoal *nós*:

Quantos de *nós* não *deixamos* de levar nossos filhos, netos e mulheres aos campos de futebol? (Telê Santana, ex-técnico do São Paulo Futebol Clube e da Seleção Brasileira)
Alguns de *nós* aqui *somos* contemporâneos da época do Jeca Tatu. (Fernando Henrique Cardoso)

A opção por uma forma ou outra de concordância não é gratuita. Está ligada a uma intenção específica do falante. Vejamos as duas frases a seguir:

Muitos de nós *sabiam* da compra de votos.
Muitos de *nós sabíamos* da compra de votos.

Na primeira delas, o falante se exime do conhecimento da compra de votos: outros sabiam, mas ele fica fora desse grupo. Já, na segunda frase, ele se compromete. A concordância com *nós* o inclui no grupo das pessoas que tinham conhecimento da falcatrua.

Pronomes Relativos *Que* e *Quem* como Sujeitos

Quando o pronome relativo *que* é o sujeito, o verbo concorda com o antecedente desse pronome:

Pilatos é o livro que melhor traduz minha visão de mundo. Tem um pouco de Rabelais lá. Mas sou *eu que estou* inteiro no livro. (Carlos Heitor Cony)

Nós, que vamos morrer sabe-se lá quando, não suportamos a ideia do fim. (Luís Caversan)

Quando descobri que era mortal, levei um grande susto. *Eu, que nunca fui supersticioso*, me apeguei a um colar de prata, feito por africanos, cheio de feitiço, que uma amiga me deu. (Darcy Ribeiro)

Quando o pronome relativo *quem* é o sujeito, o verbo fica na terceira pessoa do singular:

Não sou eu quem navega / Quem navega é o mar. (Paulinho da Viola)

Uma vez que eu descubro que devo esperar por mim mesmo no futuro, *sou eu quem dá* sentido ao relógio. (Moacyr Scliar)

Vários "Sujeitos" Resumidos num Pronome Indefinido (Tudo, Nada, Outro, Ninguém, Alguém etc.)

O verbo fica no singular, concordando com o pronome. Exemplo:

Habilidade, força, esperteza, engano, *tudo é permitido* no amor. (La Fontaine)

A rigor, as palavras que antecedem o pronome *tudo* funcionam como tópicos, ou seja, como elementos situados fora da oração. O falante pretende, com isso, fornecer ao ouvinte, previamente, um quadro de referência para o que vai dizer. Trata-se de uma construção bastante comum na linguagem falada. Exemplos:

Esse revólver, você vai matar alguém com ele jogado desse jeito.
O governador, ele não se importa com isso.
Meu carro, ele gasta muita gasolina.

As expressões em itálico são, pois, *tópicos*[3]. Não têm função sintática. O mesmo acontece com *habilidade, força, esperteza* e *engano*, no exemplo citado. Por esse motivo, é possível dizer que a concordância, nesse caso, simplesmente obedece à regra geral, pois o único sujeito é o pronome *tudo*.

CONCORDÂNCIA COM SUJEITO COMPOSTO

Se o sujeito composto vem antes do verbo, o verbo concorda obrigatoriamente com ambos os sujeitos:

O presidente e o deputado *desceram* pela escada da frente do avião.

Caso o sujeito venha posposto, a concordância pode ser feita tanto com os dois sujeitos, quanto com o mais próximo:

---

3. Esse assunto é tratado também nos capítulos da Oração Simples e da Pontuação.

Desceram o presidente e o deputado pela escada da frente do avião.
Desceu o presidente e o deputado pela escada da frente do avião.

Mesmo na segunda opção, o sentido do verbo afeta ambos os sujeitos. O princípio é o mesmo que orienta a concordância do adjetivo anteposto a dois substantivos. Essa concordância é possível, porque a omissão ou elipse de termos, em português, somente é possível "da esquerda para a direita". É como se o falante, em vez de dizer:

Desceu o presidente e *desceu* o deputado pela escada da frente do avião.

dissesse:

Desceu o presidente e (*desceu*) o deputado pela escada da frente do avião.

O motivo que leva o falante a essa opção é também o mesmo da concordância do adjetivo com o substantivo posposto mais próximo: o de impor uma perspectiva à cena. É como se ele focalizasse uma câmera "em close", primeiro, no presidente e, depois, no deputado, sequenciando em dois tempos a saída de ambos. Já, na opção anterior, isso não acontece.

Vejamos o texto a seguir, extraído do romance *O Coronel e o Lobisomem*, de autoria de José Cândido de Carvalho:

Como fosse mês de inhambu, preparei espingarda de fogo delicado [...] No caminho, num mato de boas madeiras, chamei inhambu no pio. *Veio um, dois e três*, e eu, fogo na barriga do freguês[4].

Em vez de escrever *Vieram um, dois e três (inhambus)*, José Cândido preferiu concordar o verbo com o mais próximo, criando o efeito de fazer surgir cada uma das aves em um momento diferente, em sequência.

CONCORDÂNCIA COM O VERBO *SER*

Existem, em português, algumas construções com o verbo *ser* que podem oferecer dúvidas a quem fala ou escreve. Uma delas, em que esse verbo

---

4. José Cândido de Carvalho, *O Coronel e o Lobisomem*, p. 68.

aparece nas orações equativas, já foi tratada no capítulo da Concordância Nominal. Outra pode ser exemplificada pelas seguintes frases:

> Uma aspirina seria ótimo.
> Água fria é bom.
> É preciso fé.
> Dez cópias é suficiente.

À primeira vista, parece haver um erro de concordância em cada uma delas. Afinal, nas três primeiras, as palavras *aspirina*, *água* e *fé* são femininas, e os adjetivos predicativos estão no masculino. Na última, a palavra *cópias* está no plural, e o adjetivo predicativo está no singular. Acontece, porém, que apenas aparentemente esses substantivos são os sujeitos dessas orações. A concordância do verbo *ser* no singular tem o objetivo de criar um espaço mental dentro do qual o SUJEITO DA ORAÇÃO É UM EVENTO DE QUE FAZ PARTE A COISA NOMEADA PELO SUBSTANTIVO.

No primeiro exemplo, o que *se* quer dizer é que o evento de *tomar uma aspirina* seria bom, o que configura a existência de uma oração virtual (tomar uma aspirina) como sujeito. *Uma aspirina* é apenas um vestígio dessa oração. A concordância se faz, portanto, com essa oração virtual:

> [Tomar uma aspirina] seria ótimo.

O mesmo acontece com as outras orações, que poderiam ter versões como:

> [Tomar água fria] é bom.
> É preciso [ter fé].
> [Fazer dez cópias] é suficiente.

Uma outra opção para a última oração seria:

> Dez cópias são suficientes.

Nesse caso, em vez de predicar um evento, *suficientes* está predicando o resultado desse evento: *dez cópias*.

Esse tipo de concordância com um evento apenas sugerido por um substantivo não se restringe ao verbo *ser*. Veja o título de matéria de um jornal paulista a respeito do excesso de veículos aumentando a lentidão do trânsito na cidade:

Mais veículos agrava a situação. (*Correio Popular*, Campinas, p. A4.)

Entende-se que o sujeito não são mais veículos, mas o fato de eles estarem em grande quantidade nas ruas. O fato de o verbo agravar estar no singular funciona como uma espécie de gatilho para essa inferência pragmática. O autor da frase sugere, portanto, um sujeito oracional hipotético como: [Haver mais veículos nas ruas / Mais veículos ocuparem as ruas] agrava a situação.

– Que Horas São? – São Duas Horas

Um outro caso que costuma oferecer dúvida são as orações que envolvem perguntas e respostas sobre horas, como em: – Que horas são? – São duas horas.

Alguns gramáticos falam em concordância com o predicativo, o que não deixa de ser estranho, uma vez que o verbo concorda mesmo é com o sujeito. A concordância, nesse caso, tem origem em um processo de multimodalidade, que leva em conta situações interdiscursivas envolvendo fatores extrafrase, como cenário da fala, elementos prosódicos e gestualidade.

Suponhamos, a título de comparação, que alguém veja um vaso cair no chão. Olha, então, para o chão e exclama: – *Quebrou*! É claro que o sujeito dessa oração é o próprio vaso, no chão, em pedaços. Podemos dizer que se trata de um sujeito que existe, não no texto em si, mas no contexto físico da situação. Tanto isso é verdade que, se forem dois vasos a cair, a exclamação seria – *Quebraram*! O verbo *quebrar* concorda com esse sujeito, que pode ser chamado de dêitico, uma vez que não aparece lexicalmente na oração, mas está presente no ambiente da fala. Trata-se de algo parecido com o que acontece quando uma pessoa aponta um objeto e pergunta a outra: – *Isto é seu?* A referência do pronome *isto* também é dêitica, ou seja, está fora do texto, no ambiente da fala.

Trazendo esse raciocínio para as orações que envolvem perguntas e respostas sobre horas, podemos dizer que se trata, aí também, de sujeitos contidos no contexto da fala. As horas que são assunto dessas frases são aquelas presentes no momento em que os falantes se encontram. É como se disséssemos:

– Que horas são [essas horas]?
– [Essas horas] são duas horas.

Em alguns casos, costumamos mesmo dizer coisas como:

– Que horas são *essas*?
– *Isso* são horas?

Nessas orações os sujeitos estão lexicalmente representados como *essas* (horas) e *isso*. No inglês, que é uma língua em que o sujeito tem de estar sempre materializado na frase, o sujeito dessas orações é representado lexicalmente pelo pronome *it*:

– What time is *it*?
– *It* is two o'clock.

Concluindo, podemos dizer que em – *Que horas são?* e – *São duas horas*, temos também um sujeito não lexical, dêitico, com o qual o verbo concorda.

- *Meio-dia e meia*
Essa é a forma correta de dizer. *Meia*, no caso, significa *meia hora*.

CONSTRUÇÕES IMPESSOAIS

As construções impessoais acontecem com verbos que significam fenômenos da natureza como *chover, ventar, nevar*, com verbos como *fazer* e *ser* e *estar* relacionados à ideia de tempo e também com o verbo *haver* no sentido de *existir*. Esses verbos são empregados sempre na 3ª pessoa do singular, uma forma não marcada, como vimos. Exemplos:

Choveu ontem.
Faz dez dias que começou o inverno.
Já *era* tarde, quando ele chegou.
Está muito frio hoje.
Havia muita gente no local.

Havendo um verbo auxiliar, é ele que assume a 3ª pessoa do singular:

Deve ter chovido ontem.
Deve fazer dez dias que começou o inverno.
Podia ser tarde, quando ele chegou.
Pode estar frio.
Devia haver muita gente no local.

Expressão *Haja Vista*

Na expressão *haja vista*, a palavra *vista* é o substantivo *olho* e não o particípio do verbo *ver*. Por esse motivo, fica invariável. Exemplo:

> Os times cariocas não têm do que reclamar, *hajam vista* as gigantescas promoções na mídia.

O que se quer dizer é que *as gigantescas promoções na mídia hajam* (tenham) a *vista* (o olho) do leitor. Em outras palavras, que o leitor não deixe de levar em conta essas promoções.

É interessante o seguinte texto do comentarista esportivo Juca Kfouri a respeito do problema:

> A vida é dura: escrevi "seat" na sexta-feira e ninguém corrigiu meu pobre inglês para "sit" (do verbo sentar). Escrevi "haja vista" ontem e pioraram meu português com um incorreto "haja visto". Não há de ser nada[5].

Verbos *Dar*, *Soar* e *Bater*, Indicando Horas

Esses verbos concordam com o número de horas, que é o sujeito. Exemplos:

> *Deram quatro horas* agora mesmo.
> *Tinham batido dez horas* no relógio da igreja.

Quando o sujeito for outro, a concordância se fará com ele:

> O *relógio* da igreja *bateu* dez horas.

---

5. Juca Kfouri, *Folha de S. Paulo*, 15.7.1997.

20
INFINITIVO FLEXIONADO: UM CASO PARTICULAR DA CONCORDÂNCIA VERBAL

O português é uma das poucas línguas do mundo que possuem o infinitivo flexionado. Tal flexão é apenas resultado da concordância verbal. Por esse motivo, quando não há sujeito com que concordar, o infinitivo não se flexiona. Exemplos:

Vencer sem risco é *triunfar* sem glória. (Pierre Corneille, dramaturgo francês, 1606-1684.)
Seria difícil *suportar* um desencantamento total.

Nessas duas frases, o infinitivo não tem sujeito. A segunda frase pode ter ainda uma variante, resultante da transposição do objeto direto de *suportar* para a posição de sujeito da oração anterior:

Um desencantamento total seria difícil de *suportar*.

Como o infinitivo continua sem sujeito, continua também sem flexão. A inversão é resultado daquilo que chamamos "gerenciamento de informação": o falante, na segunda versão, utiliza *um desencantamento total* como tema daquilo que pretende comunicar.

Quando o infinitivo tem sujeito, há flexão, como nos seguintes exemplos:

O restaurante Consulado Mineiro fica na praça Benedito Calixto, que abriga, aos sábados, uma feira de antiguidades. É comum *seus clientes deixarem* o nome na fila e *irem* à feira.

Um punguista me afirmou há tempo que a sociedade se compõe de malandros e otários. Inútil [*nós*] *querermos* destruir a ordem natural. (*Folha de S. Paulo*, 13.5.1997.)

Algumas situações, contudo, costumam oferecer um pouco mais de dificuldade ao usuário da língua. Vamos estudá-las.

INFINITIVO EM ORAÇÕES FINAIS

Vejamos o seguinte exemplo de oração final:

Meus pais saíram [para *ir* ao supermercado].

Como a preposição é barreira para a concordância, como vimos há pouco, a preposição *para* impede o infinitivo de se flexionar.

Acresce dizer que um dos estudiosos do infinitivo flexionado em português, o alemão Friedrich Diez, propôs a seguinte regra pouco conhecida, mas elogiada por muitos filólogos que estudaram o assunto, entre eles Theodoro Henrique de Maurer Jr. Segundo Diez, em tradução do próprio Maurer Jr.:

Este (o infinitivo flexionado) só ocorre quando se pode converter o infinito em um modo finito[1].

Examinemos, agora, o exemplo anterior da oração final, repetida abaixo para maior clareza:

Meus pais saíram [para *ir* ao supermercado].

Convertendo-se a oração subordinada em modo finito, teríamos:

*Meus pais saíram [para que fossem ao supermercado].

Como vemos, a oração subordinada ficou malformada. A única leitura possível que a tornaria bem formada é a de que meus pais saíram para que **outras pessoas** fossem ao supermercado. Logo, a única opção é manter o infinitivo *ir* sem flexão.

Outros exemplos:

---

1. Friedrich Diez, *apud* Theodoro Henrique de Maurer Jr., *O Infinito Flexionado Português: Estudo Histórico-Descritivo*, p. 128.

As fantasias tumultuavam-me cá dentro, vinham umas sobre outras, à semelhança de devotas que se abalroam *para ver* o anjo cantor das procissões[2].

Para o presidente do BC, a CPMF é um "imposto ruim" porque os bancos têm um alto custo operacional *para fazer* o controle dos depósitos e das retiradas. (*Folha de S. Paulo*, 5.1.1997.)

INFINITIVO EM ORAÇÕES SUBSTANTIVAS COM VERBOS FACTITIVOS E SENSITIVOS

Os verbos factitivos (*mandar, ordenar* e *fazer*) e sensitivos (*ver, ouvir* e *sentir*) podem ter como complementos orações substantivas:

O governo mandou [que os integrantes do Banco Central investigassem a denúncia].

Se transformarmos a oração substantiva em reduzida de infinitivo, teremos:

O governo mandou os integrantes do Banco Central *investigarem* a denúncia;

ou

O governo mandou os integrantes do Banco Central *investigar* a denúncia.

Ambas essas opções aparecem na boa mídia escrita. Mas, se o termo *os integrantes do Banco Central* for substituído por um pronome átono, a única versão possível será:

O governo mandou-os *investigar* a denúncia.

Ocorre que, na primeira versão da redução da oração, não é possível saber se o termo *os integrantes do Banco Central* ainda se acha na oração subordinada ou se foi deslocado para a oração principal.

Mas, na versão em que aparece o pronome átono *os*, sua forma "acusativa" de complemento indica claramente que houve o deslocamento do agente para a oração principal, onde ele passa a ser objeto direto do verbo *mandar* e, portanto, já não existe na oração subordinada um sujeito com o

---

2. Joaquim Maria Machado de Assis, *Memórias Póstumas de Brás Cubas*. Em *Obra Completa*, p. 569.

qual o infinitivo possa concordar. A mesma coisa acontece com os verbos sensitivos:

> O governo viu os integrantes do Banco Central *investigar* / *investigarem* a denúncia.

mas

> O governo viu-os *investigar* a denúncia.

Outros exemplos, em obras literárias e na mídia:

> Verás braços e pernas *ir* nadando
> sem corpos pelo mar de seus senhores[3]

> Vimos as ursas apesar de Juno
> *Banharem*-se nas águas de Netuno[4].

> O Itamaraty teve um desempenho ruim em 1996. Titubeou em apoiar o Timor Leste contra a Indonésia, viu brasileiros *serem* humilhados pela diplomacia norte-americana. (*Folha de S. Paulo*, 2.1.1997.)

> Rubião viu-os *ir*, entrou, meteu-se na sala, e ainda uma vez leu o bilhete de Sofia[5].

Isso se deve à particularidade de os verbos factitivos e sensitivos não exigirem preposição, quando há deslocamento do sujeito de uma oração subordinada para a oração principal, ao contrário de outros verbos, como *impedir*, por exemplo:

> O governo *impediu* os integrantes do Banco Central <u>de</u> investigar a denúncia.

Nessa frase, a preposição *de* "separa" as duas orações. É um claro indício de que houve deslocamento do sujeito de investigar para a oração principal. Dessa maneira, não há mais, na oração subordinada, sujeito com o qual o infinitivo possa concordar, flexionando-se.

O fato de ser possível também transformar a oração subordinada em um modo finito, apenas se o sujeito fizer parte dessa oração, corrobora a não flexão do infinitivo nas situações de deslocamento. Exemplo:

---

3. Luís Vaz de Camões, *Os Lusíadas*, p. 223.
4. *Idem*, p. 276.
5. Joaquim Maria Machado de Assis, *Quincas Borba*. Em *Obra Completa*, vol. 1, p. 667.

O governo impediu que os integrantes do Banco Central investigassem a denúncia.

Caso o sujeito tenha sido deslocado, essa transformação é impossível:

*O governo impediu os integrantes do Banco Central que investigassem a denúncia.

A preposição *de* funciona também como barreira, nas frases em que o infinitivo tem caráter passivo, como em:

As reformas constitucionais são ossos duros *de roer*. (= de ser roídos)
Alguns textos clássicos são difíceis *de ler*. (= de ser lidos)

INFINITIVO EM OUTRAS ORAÇÕES SUBORDINADAS REDUZIDAS DE INFINITIVO

Nas outras orações subordinadas reduzidas de infinitivo, basta aplicar a "regra de Diez". Exemplos:

Ao *chegarem* ao local do vestibular, os candidatos devem apresentar o documento de inscrição. (Oração temporal)
A *chegarem* antes da hora, os candidatos devem aguardar a abertura dos portões. (Oração condicional)
Por *chegarem* tarde, alguns candidatos perderam a prova. (Oração causal)
Apesar de *chegarem* tarde, alguns candidatos conseguiram entrar nas salas e fazer a prova. (Oração concessiva)

Em todos esses casos, é possível transformar a oração subordinada em modo finito:

Quando chegarem ao local do vestibular, os candidatos devem apresentar o documento de inscrição.
Se chegarem (ou caso cheguem) antes da hora, os candidatos devem aguardar a abertura dos portões.
Porque chegaram tarde, alguns candidatos perderam a prova.
Embora tenham chegado tarde, os candidatos conseguiram entrar nas salas e fazer a prova.

No caso de uma oração subordinada modal, não é possível transformá-la em modo finito:

*Os ladrões saíram de modo a que corriam.

Logo, o infinitivo não tem sujeito com que concordar e, por isso, deve permanecer não flexionado:

Os ladrões saíram a *correr*.

O que tem causado polêmica sobre o assunto, há décadas ou até mesmo há séculos, uma vez que uma das primeiras tentativas concretas de explicar o fenômeno em português se deve a Jerônimo Soares Barbosa, em sua *Gramática Filosófica*, publicada em 1803, é que algumas das regras aqui expostas às vezes não são observadas até mesmo pelos bons escritores e pela boa mídia escrita, como nos exemplos a seguir:

Continuaram os outros *a mirar* o telhado com olhos compridos e *a tentarem* uma investida, de que recuavam logo pela razão sabida do tirapé[6].

As duas ligas recém-nascidas do futebol mundial, a J-League (Japão) e a MLS (EUA), tentam solucionar as suas "doenças infantis" para *chegarem* à fase adulta. (*Folha de S. Paulo*, 3.1.1997.)

No primeiro exemplo, não cabe a flexão de *tentar*, porque esse verbo faz parte de uma locução verbal (*continuaram a tentar*). No segundo exemplo, não cabe a flexão de *chegar*, porque se trata de oração final precedida da preposição *para*.

Em situações como essas, o principal argumento é o de que o autor flexionou o infinitivo por ultracorreção, em virtude da distância, no caso do primeiro exemplo, entre o verbo auxiliar e o principal e, no segundo, entre o sujeito da oração principal e o início da oração subordinada. A meu ver, trata-se apenas de falhas de desempenho que não devem servir de modelo ao usuário da língua.

---

6. José de Alencar, *As Minas de Prata*, p. 99.

21
COLOCAÇÃO DOS PRONOMES ÁTONOS

PRONOMES PESSOAIS OBLÍQUOS ÁTONOS

Os pronomes pessoais oblíquos átonos em português são os seguintes: *me, te, se, nos, vos / o, a, os, as, lhe, lhes.*

Os pronomes *o, a, os, as* possuem as variantes: *lo, la, los, las, no, na, nos* e *nas*. O fato de serem átonos significa que, não possuindo acento tônico, se apoiam em outra palavra, normalmente um verbo, formando com ele aquilo que chamamos de *vocábulo fonético*. Vejamos o texto a seguir:

> "Erotizada" – sim, erotizada! – pelas delícias da leitura ouvida, a criança se volta para aqueles sinais misteriosos chamados letras. Deseja *decifrá-los, compreendê-los* – porque eles são a chave que abre o mundo das delícias que moram no livro![1]

Se lermos, em voz alta, as sequências *decifrá-los* e *compreendê-los*, perceberemos que o pronome *los* se apoia foneticamente nesses dois verbos, formando com eles uma unidade única, o tal vocábulo fonético. Os pronomes átonos incluem-se entre os elementos *clíticos* da língua, palavra vinculada ao radical grego *klítos*, que, juntamente com *klínos*, significa inclinação. Daí, a extensão da metáfora de *inclinar-se* para *apoiar-se*[2].

---

1. Rubem Alves, *Por uma Educação Romântica*, p. 41.
2. As palavras *clinicar* e *clínico* também têm esse radical. *Clinicar* é inclinar-se em direção ao paciente no leito. *Clínico* é aquele (o médico) que se inclina.

ÊNCLISE E PRÓCLISE

O problema que se coloca neste capítulo é se os pronomes clíticos, que se apoiam nos verbos, devem vir antes ou depois deles. No exemplo dado, parece que devem ficar onde estão, pois, se os deslocarmos para antes dos verbos a que estão ligados, teremos sequências no mínimo bem pouco eufônicas como: *deseja os decifrar, os compreender.*

Segundo sua posição, os pronomes átonos são chamados de *enclíticos,* quando vêm depois do verbo, e *proclíticos,* quando vêm antes dele.

Pronome átono enclítico → viu-*me*
Pronome átono proclítico → *me* viu

Na tradição portuguesa e brasileira, a colocação mais comum é a enclítica:

Nessa ocasião *vendera-se* outra propriedade dos Maias, a Tojeira.
E, ao lado, *achava-se* o fumoir, a sala mais cômoda do Ramalhete:
A sua longa residência em Inglaterra *dera-lhe* o amor dos suaves vagares junto do lume[3].

Logo que chegou, *enamorou-se* de uma viúva, senhora de condição mediana e parcos meios de vida, mas tão acanhada que os suspiros no namorado ficavam sem eco.

Não gostava de bronze, mas o amigo Palha *disse-lhe* que era matéria de preço, e assim se explica este par de figuras que aqui está na sala, um Mefistófeles e um Fausto[4].

Um homem *consola-se* mais ou menos das pessoas que perde; mais falto eu mesmo, e esta lacuna é tudo[5].

No português atual do Brasil, embora a ênclise continue majoritária, existe a tendência de ampliar o uso da próclise.

Exemplos de ênclise do português atual do Brasil:

Hoje, *assiste-se* nos países desenvolvidos a um expressivo crescimento da adoção de teste do ácido desoxirribonucleico (DNA) para comprovar a origem de espécimes valiosos. (Revista *Pesquisa Fapesp*, maio de 2002.)

Em outras épocas, *lançava-se* na política com a disposição de ser amado ou odiado, – ou ambos ao mesmo tempo. (*Folha de S. Paulo*, 2.9.2002.)

Exemplos de próclise no português atual do Brasil:

---

3. Eça de Queirós, *Os Maias*. Disponível em: <http://www.bn.pt>. Acesso em 29.ago.2002.
4. Joaquim Maria Machado de Assis, *Quincas Borba*. Em *Obra Completa*, vol. 1, p. 644.
5. Joaquim Maria Machado de Assis, *Dom Casmurro*. Em *Obra Completa*, vol. 1, p. 810.

Em artes *se estudam* história da arquitetura, pintura e escultura espanholas e as influências de outras culturas na arte espanhola.

Um lance esportivo, um beijo nas crianças, a insistente declaração de fidelidade conjugal, ser fã da novela das oito, o eleito *se fabrica* "just on time" à vontade do consumidor[6].

A principal dificuldade enfrentada pelos brasileiros está ligada às situações em que se torna obrigatório antepor o pronome ao verbo, ou seja, colocá-lo em situação de próclise.

Situações em que a Próclise É Obrigatória

Em Orações Subordinadas Desenvolvidas (com Conjunção)

E às vezes parece que dizem meu nome,
[que *me andam seguindo*], não sei por que lado[7].

Será o medo de interpelar a imprensa, essa desmemoriada senhora, sempre lépida e ligeira quando [*se trata* de publicizar informações policiais ainda não investigadas?].

A guerra civil guatemalteca, com um trágico saldo de 100 mil mortos e mais de 40 mil desaparecidos, era o último confronto armado da região, parte de um longo embate ideológico [que *se fez* presente durante as últimas quatro décadas]. (*Folha de S. Paulo*, 1.1.1997.)

A próclise é obrigatória, mesmo que a conjunção que introduza a oração subordinada esteja elíptica, como em:

Solicitamos a V. Exa. *nos envie* duas vias da minuta do contrato.

Em Construções Negativas

Não *te aflijas* com a pétala que voa:
Também é ser, deixar de ser assim[8].

O raro nunca *se perde*.

Ele nunca *se conformou* com a separação e tentou reatar, afirmou uma colega de trabalho da vítima. (*Folha de S. Paulo*, 4.1.1997.)

---

6. Fernando Gabeira. Em *Folha de S. Paulo*, 2.9.2002.
7. Cecília Meireles, *Obra Poética*, p. 122.
8. *Idem*, p. 266.

Em anos de assinatura da *Folha*, jamais *lhes escrevi* para reclamar ou tecer qualquer comentário sobre sua linha jornalística! (*Folha de S. Paulo*, 2.1.1997.)

Nada *se perde*, tudo se transforma.

Em Construções com Pronomes Indefinidos e Demonstrativos

A visão paranoica tem essa irresistível sedução da facilidade: tudo *se explica* num passe de mágica, todos os complicados elos da realidade se integram, desaparecem as dúvidas. (*Folha de S. Paulo*, 6.1.1997.)

Aquilo *me deixou* com muitas dúvidas.

Isso *se explica* facilmente.

Em Construções que Envolvam a Palavra Ambos:

Não era oportuno o primeiro momento, porque, se nenhum de nós estava verde para o amor, *ambos o*[9] *estávamos* para o nosso amor; distinção fundamental[10].

Em Orações Interrogativas e Exclamativas

Que *se danem* os dois!

Quem *me pôs* no coração este amor da vida, se não tu?

Recuei espantado... Quem *me dera* agora o verbo solene de um Bossuet ou de Vieira, para contar tamanha desolação![11]

Depois de Advérbios, Quando Não Há Pausa entre Ele e o Pronome Átono:

Depois *se encontraram* mais duas vezes.

Quando houver pausa entre o advérbio e o pronome átono, o pronome pospõe-se ao verbo:

Oito dias depois, *encontrei-a* num baile; creio que chegamos a trocar duas ou três palavras[12].

---

9. Para efeito de colocação, o demonstrativo átono *o* funciona como os pronomes átonos em geral.
10. Joaquim Maria Machado de Assis, *Memórias Póstumas de Brás Cubas*. Em *Obra Completa*, vol. 1, p. 570.
11. *Idem*, p. 573.
12. *Idem*, p. 566.

OBSERVAÇÃO:

- Quando o verbo estiver no infinitivo, mesmo que haja motivo de próclise obrigatória, o pronome átono pode posicionar-se encliticamente em relação ao infinitivo:

> Bom... nunca quis *dissecá-lo* como se faz com uma borboleta. Achei que podia acabar matando a borboleta. Trabalhei mais com minhas intuições. (*Folha de S. Paulo*, 3.1.1997.)

> Quase anônima sorris
> E o sol doura teu cabelo.
> Por que é que, pra ser feliz,
> É preciso não *sabê-lo*?[13]

Em ambos os exemplos, as palavras negativas (*nunca*, *não*) exigiriam a próclise, mas, estando o verbo no infinitivo, o pronome pôde ficar enclítico a ele.

- Em tempos mais antigos, em situação de próclise obrigatória, o pronome átono chegava a antepor-se à palavra negativa que exigia próclise. Exemplos:

> – Não tenho de que me arrepender, disse ele; e prefiro que *me* não *perdoe*. A senhora ficará cá dentro, quer queira, quer não; podia mentir, mas que é que rende a mentira?[14]

> A história do homem e da terra tinha assim uma intensidade que *lhe* não *podiam* dar nem a imaginação nem a ciência, porque a ciência é mais lenta e a imaginação mais vaga[15].

Esse tipo de colocação recebe o nome de *apossínclise*.

COLOCAÇÃO DE PRONOMES EM RELAÇÃO AOS TEMPOS DO FUTURO

Os pronomes átonos não se posicionam encliticamente nem ao futuro do presente, nem ao futuro do pretérito. Em lugar disso, na linguagem escrita, podem ser colocados "no meio do verbo", como em:

> O principal elemento da presente campanha começa a ser a Questão do Sul. Com a aproximação do dia 7 de novembro esse ponto de vista *tornar-se-á* mais importante do que todos os outros[16].

---

13. Fernando Pessoa, *Obra Poética*, p. 560.
14. Joaquim Maria Machado de Assis, *Quincas Borba*. Em *Obra Completa*, vol. 1, p. 730.
15. Joaquim Maria Machado de Assis, *Memórias Póstumas de Brás Cubas*. Em *Obra Completa*, vol. 1, p. 523.
16. Joaquim Nabuco, *Minha Formação*, p. 112.

A Atalaia será como o Anteu da fábula. De cada vez que cair, *erguer-se-á* com mais vida[17].

Era mais próprio dizer que, na pugna pela justiça, *perder-se-ia* acaso a vida, mas a batalha ficava ganha[18].

Essa colocação é conhecida como *mesóclise* e torna-se possível em português, dada a formação histórica de ambos esses tempos futuros. Em sua origem, tratava-se, na verdade, de uma locução verbal em que o verbo principal vinha antes e, depois dele, o verbo *haver*:

amar + hei   amar + hia (por haveria)
amar + hás   amar + hias (por haverias)
amar + há   amar + hia (por haveria)

Com a evolução da língua, o verbo *haver* passou a ser entendido apenas como desinência de futuro (fenômeno chamado de gramaticalização) e a letra *h* desapareceu da escrita. O fato de podermos usar a mesóclise é, pois, apenas um vestígio da história da formação desses dois tempos verbais.

É claro que, além da colocação mesoclítica, o pronome átono pode ser colocado em posição proclítica, tanto ao futuro do presente quanto ao futuro do pretérito, como em:

Ele *me esperará* no saguão do aeroporto.

Você *me faria* o favor de ligar para um táxi?

COLOCAÇÃO DE PRONOMES EM LOCUÇÕES VERBAIS

Nas locuções verbais, o verbo principal pode assumir as formas do infinitivo, gerúndio ou particípio. Exemplos:

Infinitivo → Maria *quer sair*.
Gerúndio → Maria *estava saindo*.
Particípio → Maria *tinha viajado*.

Em princípio, no português atual do Brasil, um pronome átono pode ocupar posição antes do verbo auxiliar, depois dele ou depois do

---

17. Joaquim Maria Machado de Assis, *Quincas Borba*. Em *Obra Completa*, vol. 1, p. 736.
18. Joaquim Maria Machado de Assis, *Dom Casmurro*. Em *Obra Completa*, vol. 1, p. 866.

verbo principal. Não pode colocar-se, entretanto, depois do particípio. Exemplos:

INFINITIVO

    Maria pretende casar-*se* em maio.
    Maria *se* pretende casar em maio.
    Maria pretende *se* casar em maio.

GERÚNDIO

    Maria estava penteando-*se*.
    Maria estava *se* penteando.
    Maria *se* estava penteando.

PARTICÍPIO

    Maria tinha *se* penteado.
    Maria *se* tinha penteado.

No português de Portugal, o pronome posicionado depois do verbo auxiliar fica enclítico a ele. Exemplos:

    O Zé *tinha-lhe* dado um livro.
    A Raquel *pode-me* ajudar[19].

No Brasil, há a tendência de esse pronome apoiar-se foneticamente no verbo principal, tornando-se proclítico a ele:

    O Zé tinha *lhe dado* um livro.
    A Raquel pode *me ajudar*.

Quando houver motivo de próclise obrigatória, o pronome átono fica proclítico ou enclítico em relação à locução verbal como um todo, com exceção da ênclise ao particípio que, como dissemos, não existe em português:

INFINITIVO

    Maria *não se* pretende casar em maio.
    Maria *não* pretende casar-*se* em maio.

---

19. Maria Helena Mira Mateus, *Gramática da Língua Portuguesa*, p. 501.

GERÚNDIO

Maria *não se* estava penteando.
Maria *não* estava penteando-*se*.

PARTICÍPIO

Maria *não se* tinha penteado.

OUTROS EXEMPLOS

É o casal que tem de *iniciar-se* nos prazeres da leitura antes de exigir que os filhos o façam. (Revista *Veja*, 24.7.2002.)

A verdade é que o Ministério Rio Branco foi um Ministério reformista como desde o Gabinete Paraná não *se tinha* visto outro e não se viu nenhum depois[20].

O gênio brasileiro tinha encarnado e disfarçado o drama de lágrimas e esperanças que *se estava* representando no inconsciente nacional[21].

PRONOMES ÁTONOS E INÍCIO DE ORAÇÃO

Para completar o capítulo, é necessário dizer que não se costuma iniciar oração ou período com pronome átono, principalmente na língua escrita. Exemplos:

Somando-se o patrimônio de Bill Gates, o de Paul Allen e o de Steve Ballmer, que dá 93 bilhões de dólares, *descobre-se* que o volume de dinheiro na direção dessa empresa é maior que o produto interno bruto de 43 países pobres. (Revista *Veja*, 24.6.2002.)

Conservo-te o meu sorriso
para, quando me encontrares,
veres que ainda tenho uns ares
de aluna do paraíso...[22]

Na língua oral, já se aceita o pronome átono no início de oração ou período. Exemplos:

Me passe o sal, por favor.
Me diga uma coisa: você vai viajar nas férias?

---

20. Joaquim Nabuco, *Minha Formação*, p. 41.
21. *Idem*, p. 190.
22. Cecília Meireles, *Obra Poética*, p. 170.

Ficou famoso no modernismo brasileiro, o poema de Oswald de Andrade, tratando desse problema:

Dê-me um cigarro
Diz a gramática
Do professor e do aluno
E do mulato sabido
Mas o bom negro e o bom branco
Da Nação Brasileira
Dizem todos os dias
Deixa disso camarada
Me dá um cigarro[23]

---

23. Disponível em: <http://www.jornaldepoesia.jor.br/oswal.html#pronominais>. Acesso em 13.7.2012.

22
PONTUAÇÃO

EMPREGO DE PONTO FINAL, RETICÊNCIAS, PONTO DE INTERROGAÇÃO E PONTO DE EXCLAMAÇÃO

Diferentes curvas entoacionais assinalam diferentes tipos de oração. Quando baixamos a voz, no final de uma frase, produzindo uma curva sonora descendente em direção ao grave, queremos, com isso, passar ao nosso interlocutor a informação de que essa é uma frase declarativa (afirmativa ou negativa) que acaba de chegar ao fim. Exemplos:

O congresso aprovou o orçamento.
(grave)

O congresso não aprovou o orçamento.
(grave)

Na escrita, isso é indicado por um ponto chamado *ponto final*, que também pode ser empregado para indicar que uma palavra está abreviada, como em: pág., Sr. etc.

Muitas vezes, uma pessoa, ao dizer uma frase declarativa, não baixa a voz ao seu final, o que deixa o interlocutor em suspenso, esperando uma continuação. O objetivo desse procedimento é sugerir, em vez de dizer, deixando ao interlocutor a tarefa de utilizar a imaginação para dar continuidade ao sentido. Vejamos o seguinte trecho de Fernando Pessoa:

Tenho dó das estrelas
Luzindo há tanto tempo,
Há tanto tempo...
Tenho dó delas[1].

No terceiro verso, em vez de baixar a entoação para o grave, indicando final de frase, Pessoa a mantém nivelada. O efeito de sentido é deixar o leitor sentir ainda, nesse suspense de silêncio, o prolongamento do tempo que decorre. Na escrita, esse prolongamento da entoação inicial da frase é indicado pelo uso das *reticências* [...]. Um outro belo exemplo é o seguinte trecho de Manuel Bandeira:

Que será que desperta em mim neste momento
Uma inquietação que é quase uma agonia?
Há um soluço lá fora... É o soluço do vento,
E parece sair de minh'alma sombria[2].

O recurso de manutenção da entoação inicial, representado pelas reticências, tem um efeito notável. É como se ele convidasse o ouvinte/leitor a prestar atenção ao *soluço lá fora*, dando-lhe tempo para aguçar sua percepção e, diante da dúvida ou do insucesso, fornecesse ele mesmo, logo em seguida, a informação de que se trata do *soluço do vento*.

Se, em vez de baixar o tom da voz, levantamos esse tom, em curva ascendente em direção ao agudo, indicamos, com isso, que estamos produzindo uma oração interrogativa, cuja resposta pode ser *sim* ou *não*. Exemplo:

O congresso aprovou o orçamento?
  (agudo)

Como resposta a essa pergunta, podemos dizer apenas *sim* (= aprovou) ou *não* (não aprovou).

Sempre que pronunciamos um pronome interrogativo, elevamos nossa voz a um tom agudo e isso indica que estamos produzindo uma oração interrogativa cuja resposta não pode ser apenas *sim* ou *não*. Exemplo:

Quando o congresso aprovou o orçamento?
 (agudo)   (nivelado)   (grave)

---

1. Fernando Pessoa, *Obra Poética*, p. 148.
2. Manuel Bandeira, *Estrela da Vida Inteira*, p. 40.

Aqui, não podemos simplesmente dizer sim ou não. Temos de dizer o dia, a semana, o mês ou o ano em que aconteceu a aprovação. Se não soubermos, temos de dizer que não sabemos.

Em ambas as situações, o fato de serem orações interrogativas é assinalado, graficamente, por um *ponto de interrogação*.

A expressão de diferentes emoções, como alegria, espanto, raiva etc., é assinalada, de modo geral, por uma curva ascendente final, acompanhada do alongamento da vogal tônica da última palavra da frase como em:

O congresso aprovou o orçam<u>ee</u>nto!
   (*nivelado*)   (*agudo*)

Na escrita, isso é assinalado graficamente por um *ponto de exclamação*.

Muitas vezes, pontos de exclamação, de interrogação e até mesmo as reticências são empregados ao mesmo tempo, como em:

Olhe: o que devia de haver, era de se reunirem-se os sábios, políticos, constituições gradas, fecharem o definitivo a noção – proclamar por uma vez, ante assembleias, que não tem diabo nenhum não existe não pode. Valor de lei! Só assim, davam tranquilidade boa à gente. Por que o Governo não cuida?![3]

Outro exemplo:

A VIZINHA CANTA

De que onda sai tua voz,
que ainda vem úmida e trêmula,
– corpo de cristal,
– coração de estrela...?

tua voz, planta marinha,
árvore crespa e orvalhada:
– ramos transparentes,
– folhas de prata?...

E de onde vai resvalando
um puro, límpido orvalho:
– durável resina,
– dolorida lágrima...?[4]

3. João Guimarães Rosa, *Grande Sertão: Veredas*, p. 8.
4. Cecília Meireles, *Obra Poética*, p. 163.

Nesse poema, o ponto de interrogação alterna posição com as reticências, criando uma espécie de "rima feita de silêncio".

Vamos, agora, explorar um outro aspecto da dinâmica da fala: a que leva ao emprego da vírgula.

EMPREGO DA VÍRGULA

Quando falamos, nunca pronunciamos as palavras isoladamente, ou seja, não dizemos coisas como:

/ O / congresso / aprovou / o / orçamento /.

As crianças que estão aprendendo a ler fazem isso, muitas vezes, mas logo são corrigidas, para não ler de modo artificial.

Quando falamos, juntamos as palavras em unidades ou blocos fonéticos chamados *grupos entoacionais* ou *prosódicos*. Assim, a frase anterior compõe-se de um único bloco prosódico:

/ O congresso aprovou o orçamento /.

Se reunirmos duas orações como:

/ O congresso aprovou o orçamento / depois que os partidos entraram em acordo /.

observamos que, justamente na fronteira entre a oração principal (a primeira) e a subordinada (a segunda), houve uma quebra de ligação entoacional que devemos assinalar, na escrita, por meio de uma vírgula. Dessa maneira, teríamos de reescrever a frase anterior como:

O congresso aprovou o orçamento, depois que os partidos entraram em acordo.

As vírgulas são, portanto, recursos gráficos utilizados para assinalar, na escrita, as quebras de ligação entoacional marcadas pela sintaxe e que promovem o "empacotamento" das frases de um texto em blocos prosódicos. Estudar o emprego da vírgula é, portanto, aprender a assinalar, na escrita, as quebras de ligação entoacional originadas na sintaxe das frases. Essas quebras não são feitas de maneira aleatória. Ninguém poderia dizer, por exemplo:

/ O congresso / aprovou o / orçamento /.

dividindo essa frase nesses três blocos prosódicos.

O "empacotamento sintático-prosódico" favorece enormemente a compreensão daquilo que dizemos e a legibilidade daquilo que escrevemos. Quebrar as ligações entoacionais de modo diferente pode mudar a sintaxe, ocasionando, muitas vezes, sentidos completamente diferentes. Vejamos o seguinte texto:

Olha a manga, gostosa! Nada melhor que uma mulher que acabou de chegar à feira. Sacola na mão, fome de viver, sorriso de princesa. Os vendedores de frutas, peixes e verduras são mestres na arte de reconhecer talentos e animar as moças com os seus adjetivos. Nem mesmo quando as mulheres estão acompanhadas, os feirantes dão sossego. Esperam você se distanciar um pouco, dois, três passos, e tome samba exaltação para cima da sua cabocla. – "Olha a manga, gostosa!", bradam, administrando com malícia a vírgula e o duplo sentido na ponta da língua. (*Folha de S. Paulo*, 7.12.1997.)

Se o feirante dissesse à freguesa: / Olha a manga gostosa! /, empacotando a frase em um único bloco prosódico, a palavra *manga* é que seria afetada pelo adjetivo *gostosa*. Mas, maliciosamente, ele quebra a ligação entoacional entre o substantivo *manga* e o adjetivo *gostosa*, dizendo: / Olha a manga / gostosa! /

Isso altera a sintaxe da frase, fazendo com que o adjetivo *gostosa* passe a ter como referência a própria freguesa, funcionando como vocativo.

A SINTAXE E A VÍRGULA

O verbo, como vimos nos capítulos 10 e 15, é responsável pela construção da oração. Se temos um verbo como *comprar*, por exemplo, a oração construída deverá ter um agente e um objeto afetado que poderão assumir, respectivamente, as funções de sujeito e objeto direto, como em:

Maria comprou *um fogão novo*.
(sujeito)   (objeto direto)

Mesmo modificado por um verbo auxiliar, é o verbo *comprar* que continua a determinar a construção da oração:

Maria pode *comprar um fogão novo*.

Dissemos, também, que esses atores, chamados de argumentos, comandados pelo verbo, fazem parte da rede argumental essencial desse verbo. Pois bem, o verbo e sua rede essencial configuram um bloco prosódico único. Pronunciamos todas essas palavras "empacotadas" em uma única sequência: / Maria comprou um fogão novo/.

É por esse motivo que os termos que fazem parte do comando do verbo nunca são separados por vírgulas, na escrita. Nunca usamos vírgulas para separar o sujeito do verbo ou o verbo dos complementos requeridos por ele, como em:

Eu ofereci flores à minha namorada.

Mesmo que haja inversão de termos, não usamos vírgulas:

À minha namorada eu ofereci flores.

As orações substantivas (subjetivas, objetivas diretas, objetivas indiretas, completivas nominais) são também requeridas pelo comando dos verbos de suas orações principais e, por esse motivo, também não são separadas dessas orações por vírgulas. Se eu digo algo como:

Paulo achou duas pilhas novas.

Duas pilhas novas é um termo da oração (objeto direto) requerido pelo comando do verbo *achar*, que pede um sujeito e um objeto direto. O objeto direto pode, contudo, ser uma oração como em:

Paulo achou [*que tinha encontrado duas pilhas novas*].

Veja que o objeto direto, agora, é uma oração substantiva objetiva direta requerida pelo verbo *achar*. Por esse motivo, por ser um termo da oração que faz parte da rede argumental essencial do verbo *achar*, essa oração não se separa por vírgula da oração principal em que está encaixada.

O mesmo acontece com outras orações substantivas como:

Convém *que viajemos pela manhã*. [Oração substantiva subjetiva.]

Paulo lembrou-se *de que havia esquecido as chaves*. [Oração substantiva objetiva indireta.]

Tenho ódio *de levantar cedo*. [Oração substantiva completiva nominal.]

Por outro lado, OS TERMOS DA ORAÇÃO QUE NÃO ESTÃO SOB O COMANDO E REGÊNCIA DO VERBO SÃO SEPARADOS POR VÍRGULAS, POIS FORMAM BLOCOS PROSÓDICOS PRÓPRIOS. São eles:

1. Os adjuntos adverbiais

Na oração,

(1) Maria comprou um fogão, no shopping center.

[*no shopping center*] é um adjunto adverbial de lugar. Poderíamos acrescentar outro ainda, como em:

(2) Maria comprou um fogão, no shopping center, na segunda-feira.

Nesse segundo exemplo, acrescentamos um adjunto adverbial de tempo, *na segunda-feira*. Nenhum desses adjuntos é comandado pelo verbo *comprar*, ou seja, não fazem parte da sua rede argumental. E ambos aparecem em sua posição padrão, que é a parte final da oração.

Embora seja correto sempre colocar vírgulas separando todos os adjuntos, o uso moderno da língua entende que, quando temos apenas um adjunto adverbial em posição padrão, a vírgula é facultativa, ou seja: podemos pronunciar esse adjunto juntamente com os outros termos componentes da oração, em um só "pacote", ou bloco prosódico. Podemos, portanto, tanto escrever:

Maria comprou um fogão, no shopping center.

quanto:

Maria comprou um fogão no shopping center.

O uso sugere também que, quando tivermos mais de um adjunto adverbial em posição padrão, devemos separar pelo menos um deles, ou o bloco inteiro. Isso nos daria as seguintes opções, no caso do exemplo (2):

Maria comprou um fogão, no shopping center, na segunda-feira.

Maria comprou um fogão no shopping center, na segunda-feira.

Maria comprou um fogão, no shopping center na segunda-feira.

Caso um dos adjuntos adverbiais apareça em uma posição que não seja a padrão, mesmo que seja apenas um, o uso da língua recomenda que seja separado por vírgulas como em:

Na segunda-feira, Maria comprou um fogão.

Maria, *na segunda-feira*, comprou um fogão.

Maria comprou, *na segunda-feira*, um fogão.

1.1. Adjuntos adverbiais sob forma de orações

Os adjuntos adverbiais podem apresentar-se, também, sob forma de orações adverbiais, como foi estudado no capítulo 16, sobre o período composto. Nesse caso, independentemente de suas posições, essas orações devem ser separadas por vírgula. Afinal, elas não são elementos requeridos pelo comando do verbo da oração principal e constituem blocos prosódicos independentes. Exemplos:

Paula deu um presente ao namorado, *quando chegou o Natal*.

Quando chegou o Natal, Paula deu um presente ao namorado.

Paula deu um presente, *quando chegou o Natal*, ao namorado.

No caso acima, temos uma oração adverbial temporal. Outros exemplos:

E Deus ataca bonito, *se divertindo*[5].

(*se divertindo* = oração adverbial modal)

Um conciliador é alguém que alimenta um crocodilo, *esperando ser devorado por último*[6].

(*esperando ser devorado por último* = oração adverbial causal)

2. Conjunções coordenativas adversativas deslocadas para o meio da oração

Conjunções coordenativas adversativas podem sair de sua posição padrão – que é o início da oração que elas encabeçam – e ocupar outras posições. Quando isso acontece, tal como os adjuntos adverbiais, elas se destacam como blocos prosódicos autônomos e, por esse motivo, devem ser separadas por vírgulas. Exemplos:

Todos deveriam fazer alguma atividade física diariamente; isso não quer dizer, *entretanto*, que todos devem ser superatletas.

A produção de milho pode atingir 35 milhões de toneladas este ano. Os preços ao produtor, *porém*, não devem ultrapassar o mínimo fixado pelo governo.

---

5. João Guimarães Rosa, *Grande Sertão*: Veredas, p. 15.
6. Winston Churchill. Em Ruy Castro, *O Melhor do Mau Humor*.

Essas conjunções adversativas têm origem em antigos adjuntos adverbiais. Por esse motivo – ao contrário de *mas*, que tem posição fixa no início da oração – elas podem ocupar qualquer posição dentro da oração até mesmo em seu final como em:

> A produção de milho pode atingir 35 milhões de toneladas este ano. Os preços ao produtor não devem ultrapassar o mínimo fixado pelo governo, *porém*.

3. Palavras e expressões explicativas ou de retificação

Palavras ou expressões explicativas ou de retificação, como: *inclusive, aliás, além disso, isto é, a saber, outrossim, com efeito* etc. não são comandadas pelo verbo e, por esse motivo, são separadas por vírgulas:

> Alguns visitantes, *inclusive*, jogavam pedras nos animais enjaulados.

> A maioria dos compradores, *aliás*, chegou à loja da Apple às cinco da manhã.

> O VAR, *com efeito*, anulou o gol do meu time.

4. Palavras ou expressões marcadoras de opinião

Palavras e expressões que marcam a opinião do falante em relação ao que é dito, como: *de fato, certamente, felizmente, a meu ver*, também não são comandadas pelo verbo e, por esse motivo, são separadas por vírgula:

> *A meu ver*, os impostos deveriam recair sobre a renda e não sobre o consumo.

> Os carros elétricos, *de fato*, são silenciosos e não poluem o ar.

> Os três passageiros do veículo, *felizmente*, não tiveram ferimentos.

5. Vocativo

O vocativo também não aparece na oração sob o comando do verbo. É, apenas, uma expressão de chamamento que acrescentamos àquilo que dizemos, visando obter a atenção do interlocutor. Por esse motivo, é separado por vírgula, como em:

> *Moça*, sua bolsa está aberta.

> O senhor acha, *doutor*, que eu devo fazer algum outro exame?

6. Orações ou fragmentos de oração inseridos dentro de outra oração.

Quando falamos ou escrevemos, às vezes intercalamos uma oração ou um fragmento de oração dentro de outra. Esses elementos não são, obviamente, requeridos pelo verbo da oração dentro da qual estão inseridos e formam um bloco prosódico à parte. Por isso, são separados por vírgulas. Exemplos:

O mar, *recordo-me*, tinha tonalidades de sombra, de mistura com figuras ondeadas de vaga luz[7].

O cheiro e a fumaça do cachimbo têm um poder "desrealizador". Essa palavra inexistente, *eu acho*, é de Bachelard...[8]

No primeiro exemplo, a oração *recordo-me* está inserida dentro da oração; no segundo, o fragmento de oração *eu acho* está inserido na última oração. Ambos esses elementos são separados por vírgulas.

Emprego da vírgula dentro dos termos da oração

Um termo de uma oração pode ser composto por um único elemento ou núcleo:

Paris é uma festa.

Pode ser composto, também, por vários núcleos subordinados:

Os filhos do sambista da Portela não gostam de Carnaval.

Temos, aqui, o núcleo do sujeito, que é os *filhos*, e mais dois núcleos subordinados: *do sambista* e *da Portela*, ambos regidos pela preposição *de*. Nenhum desses núcleos, é claro, pode ser separado por vírgulas. Acontece que, muitas vezes, os vários núcleos de um termo da oração podem aparecer de forma coordenada, em uma enumeração:

O executivo, o legislativo, o judiciário compõem a base do governo do país.

Nesse caso, cada um deles configura um bloco prosódico próprio e, por isso, é separado por vírgula. Não pomos vírgula depois de *judiciário*, no

---

7. Fernando Pessoa, *Livro do Desassossego*, p. 480.
8. Rubem Alves, *O Amor que Acende a Lua*, p. 161.

exemplo acima, porque, se o fizermos, estaremos separando o sujeito – termo requerido pelo comando do verbo – do verbo.

É mais comum, porém, antes do último elemento enumerado, usar a conjunção *e* que fica, assim, com a função de orientar o ouvinte/leitor de que "vem aí o último elemento da lista". É o que acontece no seguinte texto:

> O trabalho nos livra de três grandes males: o tédio, o vício *e* a pobreza[9].

Nas enumerações, não se usa vírgula antes de *e*. Entre orações coordenadas aditivas, também não se usa vírgula antes de *e*, se os sujeitos são os mesmos, como em:

> Maria Luísa saiu cedo de casa *e* só voltou à tarde.

Se os sujeitos forem diferentes, a vírgula é usada:

> Maria Luísa saiu cedo de casa, *e* sua irmã, apenas ao meio-dia.

Não se usa vírgula antes de *etc.*:

> Maria Luísa foi ao supermercado e comprou café, biscoitos, açúcar etc.

Isso acontece, porque o *et* de *etc.* (abreviação da forma latina *et coetera*) é a conjunção *e*. É como se disséssemos:

> Maria Luísa foi ao supermercado e comprou café, biscoitos, açúcar e outras coisas.

(*coetera* = outras coisas, de *coetus*, reunião de coisas)

Muitas vezes, parece que uma vírgula está sendo usada antes do *e*, em situações como:

> Em 1962, Kennedy conseguiu que os mísseis soviéticos fossem retirados de Cuba, finalmente, *e* trouxe, assim, uma nova esperança de paz ao mundo.

Nesse caso, contudo, a vírgula não está antes do *e*, mas depois do adjunto adverbial *finalmente*, fazendo par com a vírgula anterior, para separá-lo.

Termos de mesma função sob forma de orações

Isso acontece, quando temos orações coordenadas aditivas não ligadas por conjunção, as chamadas coordenadas assindéticas. Nesse caso, cada uma delas funciona como um bloco prosódico único e, por isso, devem ser separadas por vírgulas. Exemplo:

---

9. Voltaire. Em Ruy Castro, *O Melhor do Mau Humor*.

Ia passando na praia, vi a viúva, a viúva na praia me fascinou. Deitei-me na areia, fiquei a contemplar a viúva[10].

Vírgula em orações coordenadas

Assim como as orações coordenadas assindéticas são separadas por vírgulas, as coordenadas adversativas também o são:

A felicidade é o verdadeiro caminho para o sucesso, [*mas* muita gente acha o contrário].

As orações coordenadas conclusivas também são separadas por vírgula. Exemplos:

As estradas brasileiras são, em geral, mal sinalizadas, [*logo*, produzem mais acidentes].

O condutor ultrapassou a velocidade permitida na rodovia, [*por isso* foi multado].

Uso de vírgula para separar o aposto explicativo

Um outro elemento que aparece comumente dentro de um termo da oração é o aposto que, como vimos no capítulo da oração simples, é uma outra forma de nos referirmos ao que acabamos de dizer, como acontece em:

O presidente do Brasil *Juscelino Kubitschek* gostava de dançar.

Juscelino Kubitschek é aposto de *presidente do Brasil*, mas, como ele é espécie e *presidente do Brasil* é gênero, *Juscelino Kubitschek* é um aposto especificativo. Esse tipo de aposto não é separado por vírgulas. Mas, se invertermos a ordem desses elementos, teremos:

Juscelino Kubistchek, *presidente do Brasil*, gostava de dançar.

Agora, *presidente do Brasil* é um aposto explicativo, pois é gênero. O aposto explicativo forma um bloco prosódico separado do elemento modificado por ele e, por esse motivo, é separado por vírgulas. Outros exemplos de apostos explicativos separado por vírgulas:

Eisenhower, *comandante das tropas aliadas na Europa*, era um homem otimista.

Boa Vista, *uma das cidades mais belas e acolhedoras do país*, é a capital do Estado de Roraima.

---

10. Rubem Braga, *Ai de ti, Copacabana*, p. 104.

Orações adjetivas restritivas e explicativas

As orações adjetivas restritivas comportam-se como extensões dos grupos nominais a que pertencem e, por esse motivo, ligam-se ao mesmo bloco prosódico. Exemplo:

Os artistas *que são vaidosos* costumam exagerar nos gastos pessoais.

O sentido é que apenas os artistas vaidosos exageram em seus gastos pessoais. Já, se dissermos:

Os artistas, *que são vaidosos*, costumam exagerar nos gastos pessoais

Separamos a oração adjetiva (que agora recebe o nome de explicativa), em um bloco prosódico autônomo. O sentido, agora, é que todos os artistas são vaidosos.

Quanto o antecedente de uma oração adjetiva for um nome próprio, a oração adjetiva será sempre explicativa, uma vez que um nome próprio não pode ser restrito ou dividido em partes. Exemplos:

Dom Pedro II, *que foi nosso segundo imperador*, morreu na França.

Winston Churchill, *que motivou os britânicos a resistir aos nazistas*, era um liberal.

Quando a referência a um nome próprio é indireta, indicando parentesco ou profissão, a oração adjetiva pode ser restritiva ou explicativa, mas isso altera o sentido. Vejamos as duas orações a seguir:

Minha irmã que mora em Recife virá para a Páscoa.

Minha irmã, que mora em Recife, virá para a Páscoa.

Na primeira oração, a ideia é que tenho mais de uma irmã e que apenas uma delas virá para a Páscoa. Na segunda oração, a ideia é que tenho apenas uma irmã, e ela virá para a Páscoa.

Elipse do verbo

Por questão de economia, podemos omitir, em uma oração, um verbo que já apareceu em outra anterior. Esse fenômeno chama-se elipse. Exemplo:

Uma mulher leva vinte anos para fazer de seu filho um homem – e outra mulher, vinte minutos para fazer dele um tolo[11].

---

11. Helen Rowland. Em Ruy Castro, *O Melhor do Mau Humor*.

Subentende-se, na segunda oração do período, o verbo *levar*: e outra mulher [*leva*] vinte minutos para fazer dele um tolo. Mas, como esse verbo não aparece fisicamente na oração, essa ausência fica assinalada por uma quebra prosódica que, na escrita, deve ser assinalada por uma vírgula. Quando o verbo omitido na oração seguinte assumiria forma diferente daquela da oração anterior, a elipse recebe o nome de *zeugma*, como em:

> Ele comprou duas camisas e eu, três.

Subentende-se, na segunda oração, a forma *comprei*, diferente de *comprou*.

Tópicos de oração

Muitas vezes, sobretudo na linguagem falada, é comum iniciar uma frase, antecipando um de seus termos, que funciona, por assim dizer, como uma espécie de "quadro de referência" daquilo que se vai dizer. Exemplo:

> Essa porta, você vai machucar alguém com ela aberta assim!

O termo *essa* porta não faz parte da oração e recebe o nome de tópico dessa oração. Tem apenas a função de chamar a atenção do interlocutor. Por esse motivo, é um elemento separado da oração, sintaticamente e prosodicamente. Entre o tópico e a oração, existe uma quebra prosódica acentuada. Em função disso, na escrita, ele fica separado por vírgulas. Outros exemplos:

> *A violência no Brasil*, as pessoas têm de dar mais atenção a esse flagelo.
>
> *O Rui*, ele acaba de sair.
>
> *Os conceitos*, é preciso fabricá-los.

A revista *Auto Esporte*, em uma matéria sobre o uso do macaco, ferramenta para trocar um pneu furado, escreveu o seguinte:

> Muitas pessoas já usaram a desculpa do pneu furado para justificar o atraso ao encontro ou a uma reunião importante. Mas, se isso ocorreu mesmo, a perda de tempo com certeza foi grande, pois a maioria não consegue usar corretamente o macaco. *Outros*, nem sabem onde ficam ele, a chave de roda e até mesmo o estepe[12].

Será que o autor do texto empregou erradamente a vírgula depois de *outros*? Afinal, dissemos, há pouco, que não se separa o sujeito do verbo! A resposta, entretanto, é não. A vírgula está correta. A palavra *outros*, nessa oração,

---

12. Revista *Auto Esporte*, fev. 2001, p. 63.

é um tópico, que deve mesmo ser separado pela vírgula. O sujeito está oculto. É como se déssemos a um dos exemplos citados há pouco a seguinte versão:

> O Rui, acaba de sair.

É claro que a vírgula, nessa oração, indica que O Rui é tópico, não sujeito. O sujeito está oculto. É preciso acrescentar que esse tipo de construção, embora seja bastante comum na língua falada, é extremamente raro na língua escrita.

EMPREGO DO PONTO E VÍRGULA

O ponto e vírgula indica, na escrita, uma quebra entoacional mais demorada do que a indicada pela vírgula. Isso acontece, geralmente, em trechos longos, para separar grandes blocos prosódicos que podem ter, dentro de si, outros blocos prosódicos menores separados por vírgula. Exemplo:

> Atrás de todo homem bem-sucedido, existe uma mulher; atrás desta, existe a mulher dele. (Groucho Marx)

Há, nesse dito, dois grandes blocos entoacionais:

> / Atrás de todo homem bem-sucedido, existe uma mulher /
> / atrás desta, existe a mulher dele /

Dentro de cada um deles, há dois sub-blocos:

> / existe uma mulher /
> / existe a mulher dele /

Nesse caso, a vírgula serve para separar aquilo que está dentro de cada um dos blocos, e o ponto e vírgula, indicando uma pausa maior, tem a função de separar os dois blocos. Conclusão: o ponto e vírgula tem uma função mais textual do que sintática, uma vez que reparte blocos prosódicos ditados pelo sentido do texto.

O ponto e vírgula serve também para separar itens enumerados em linhas diferentes, dentro de um documento. Exemplo:

> Art. 89. A sinalização terá a seguinte ordem de prevalência:
> I – as ordens do agente de trânsito sobre as normas de circulação e outros sinais;
> II – as indicações do semáforo sobre os demais sinais;
> III – as indicações dos sinais sobre as demais normas de trânsito[13].

O final da enumeração é assinalado com ponto final.

---

13. *Código de Trânsito Brasileiro.* Disponível em: <www.detran.gov.br/publicaçoes>. Acesso em 27.jul.2014.

OUTROS SINAIS DE PONTUAÇÃO

Dois-Pontos

Os dois-pontos servem para indicar enumeração ou explicação. Exemplos:

ENUMERAÇÃO

A denúncia ou queixa será rejeitada quando:
 I – o fato narrado evidentemente não constituir crime;
 II – já estiver extinta a punibilidade, pela prescrição ou outra causa;
 III – for manifesta a ilegitimidade da parte ou faltar condição exigida pela lei para o exercício da ação penal[14].

EXPLICAÇÃO

O mais nobre de todos os cachorros é o cachorro-quente: ele alimenta a boca que o morde[15].

João Gilberto: o único estrangeiro nos Estados Unidos que preferiu aprender inglês com Tarzan[16].

Travessão

Em primeiro lugar, é preciso fazer distinção entre o hífen (-) utilizado para unir palavras compostas ou dividir palavras nas mudanças de linha e o travessão (–), representado por um traço maior. O travessão é utilizado para:

- indicar discurso direto:

Mas, mesmo assim, Zé Bebelo empinou o queixo, inteirou de olhar aquele, cima a baixo. Daí disse:
 – "Dê respeito, chefe. O senhor está diante de mim, o grande cavaleiro, mas eu sou seu igual. Dê respeito!"
 – "O senhor se acalme. O senhor está preso..." Joca Ramiro respondeu, sem levantar a voz[17].

---

14. *Código do Processo Penal*. Disponível em: <www.portaldogoverno.gov.mz>. Acesso em 27.jul.2014.
15. Laurence J. Peter, em Ruy Castro, *O Melhor do Mau Humor*.
16. Telmo Martino, em Ruy Castro, *O Melhor do Mau Humor*.
17. João Guimarães Rosa, *Grande Sertão: Veredas*, p. 221.

– Quantos gorilas são necessários para trocar uma lâmpada?
– Só um gorila. Mas tem que ter umas setenta lâmpadas[18].

- substituir a vírgula, em situações em que se deseja uma pausa maior entre um bloco prosódico e outro. Exemplos:

Desde agosto não caía uma gota de chuva em Santiago. Ainda bem que nas torneiras – oh, leitor carioca, meu semelhante e meu irmão! – a água é abundante e limpa e jorra à vontade para que, à tardinha, todo honesto cidadão possa regar suas plantas[19].

Nesse texto, as quebras entoacionais assinaladas pelos travessões servem para indicar uma expressão vocativa intercalada. O autor sugere, por meio dela, que costuma faltar água no Rio de Janeiro.

Parêntese

O parêntese ( ) é costumeiramente utilizado para indicar, por meio de quebras entoacionais, expressões intercaladas, geralmente contendo informações secundárias, comentários ou digressões. Exemplos:

É melhor ter um sapo dentro do estômago (sapos engolidos nunca vão além do estômago) do que estar no estômago do sapo.

O atletismo é a aplicação, sobre o corpo humano, das técnicas de estresse para se determinar a resistência dos materiais. [...] Há os testes de força e compressão (os halterofilistas), de elasticidade (salto de todos os tipos), de velocidade, de resistência (por quanto tempo o corpo aguenta?)[20].

Aspas

As aspas são utilizadas, em primeiro lugar, para enquadrar as citações. Exemplo:

Dizia Nietzsche que "a natureza inteira, na representação de homens religiosos, é uma soma de ações de seres dotados de consciência e vontade, um complexo descomunal de arbitrariedades".

---

18. *Casseta & Planeta, As Melhores Piadas do Planeta.*
19. Rubem Braga, *Ai de Ti, Copacabana*, pp. 14-15.
20. Rubem Alves, *O Amor que Acende a Lua*, pp. 25-26.

Nos diálogos em discurso direto, as aspas são facultativas. Podemos escrever:

– "Escobar é muito meu amigo, Capitu!"
– "Mas não é meu amigo."
– "Pode vir a ser"[21].

ou:

– Escobar é muito meu amigo, Capitu!
– Mas não é meu amigo.
– Pode vir a ser.

Quando existe uma citação dentro de outra, utilizam-se aspas simples para enquadrá-la. Exemplo:

Se meus colegas psicanalistas e terapeutas acham muito maluca a minha teoria, recordo-lhes o dito por Fairbairn: "É então evidente que o psicoterapeuta constitui o verdadeiro sucessor do exorcista. Sua missão não é 'perdoar pecados' e sim 'desalojar os demônios'"[22].

As aspas são utilizadas, também, quando escrevemos uma palavra estrangeira, em sua grafia original em linguagem manuscrita. Exemplo:

A impressão das imagens em um "mouse pad" pode ser feita por "silk-screen", "off-set" ou por termopressão.

Nos textos impressos, costuma-se utilizar grifo em itálico: *mouse pad*, *silk-screen*, *off-set*.

São ainda utilizadas, quando queremos atribuir àquilo que escrevemos uma certa dose de estranhamento, ironia ou humor. Exemplo:

Li, há muitos anos, em Tobias Monteiro, a teoria de que no Império existia uma "coisa" estranha. Quando uma situação de calmaria, um tempo de tranquilidade se instalava, de repente, sem motivo aparente, as nuvens se carregavam, e surgia uma tempestade inesperada, a "coisa" que toldava o ambiente, e tudo ia para trás[23].

Nesse texto, as aspas atribuem à palavra *coisa* um sentido de estranhamento, de mistério.

21. Joaquim Maria Machado de Assis, *Dom Casmurro*. Em *Obra Completa*, vol. 1, p. 876.
22. Rubem Alves, *O Amor que Acende a Lua*, p. 95.
23. José Sarney. Em *Folha de S. Paulo*, 16.3.2002.

23
REGÊNCIA

A palavra *regência* tem origem em metáfora ligada à figura do rei, na época das monarquias. O rei rege, e os vassalos obedecem. Essa ideia, aplicada ao campo da sintaxe, exprime, em sentido geral, a relação sintática de dependência entre dois elementos: um que rege, "comanda", e outro que se submete, "obedece". Vejamos as seguintes frases:

> Quando acabarmos de comer o queijo, vamos *distribuir ao povo todos os buracos*.
>
> Um rato não pode ser juiz na *partilha de um queijo*[1].

Na primeira delas, o termo *povo* não está apenas relacionado ao verbo *distribuir*, mas depende sintaticamente desse verbo, que o rege, exigindo a preposição *a* como elemento de ligação. Temos ainda o termo *todos os buracos* que também depende sintaticamente de *distribuir* e que se liga a ele sem preposição. Da mesma forma, na segunda frase, o termo *de um queijo* também está relacionado ao substantivo *partilha* e dele depende por meio da preposição *de*:

> distribuir ao povo
> distribuir todos os buracos
> partilha de um queijo.

1. Millor Fernandes, *Frases*. Disponível em: <http://www.uol.com.br/millor/frases>. Acesso em 9.2.2003.

O termo que comanda (rege) a relação chama-se palavra *regente*. O que é comandado (obedece) chama-se *regido*. Dessa forma, temos:

Termo regente	Termo regido
distribuir	(a)o povo
distribuir	todos os buracos
partilha	(de) um queijo

Nesta *Gramática*, ponho ênfase na regência verbal, a que mais oferece dificuldades a quem fala ou escreve. As eventuais dúvidas do leitor quanto à regência nominal – que envolve substantivos e adjetivos – podem ser facilmente resolvidas, consultando um bom dicionário da língua.

REGÊNCIA VERBAL

Chamamos regência verbal o estudo da relação de comando entre os verbos e seus complementos.

Em português, como nas demais línguas do mundo, cada verbo possui sua regência própria, que pode mudar, ao longo da história e das situações de uso. O verbo *partir*, por exemplo, no sentido de *ir-se embora*, em tempos antigos, exigia um pronome átono reflexivo (*me, te, se, nos, vos*). A ideia que se tinha, então, decorria de uma metáfora. Aquele que ia embora "partia-se" (no sentido de quebrar-se, separar-se) de algum lugar ou de alguém. Parece que o ponto de vista para a criação dessa figura foi o sentimento de tristeza gerado pela separação, bastante ligado à alma portuguesa. Para narrar, em *Os Lusíadas*, a partida de Vasco da Gama de Lisboa para a grande aventura de descobrir o caminho marítimo para as Índias, Camões usa o verbo *partir* com essa regência. A ideia de metáfora, ainda presente na época, acrescenta uma tensão emocional maior à despedida:

> Estas sentenças tais o velho honrado
> vociferando estava, quando abrimos
> as asas ao sereno e sossegado
> vento e do porto amado *nos partimos*:[2]

---

2. Luís Vaz de Camões, *Lusíadas*, p. 268.

Do ponto de vista sociolinguístico, observamos que há uma divergência entre a regência de certos verbos, na linguagem oral do dia a dia, e aquela que se emprega na linguagem escrita. Um exemplo emblemático é o do verbo *assistir*, no sentido de ser espectador de alguma coisa. Na linguagem falada, muitas pessoas o empregam como transitivo direto, dizendo: *assisti o filme, assisti o telejornal*. Apesar disso, na linguagem escrita e até mesmo na mídia falada, esse verbo é sempre empregado como transitivo indireto, com complemento introduzido pela preposição *a*, como podemos observar em:

    Foi no Teatro Nacional de São Carlos, em Lisboa, que Carlos Gomes *assistiu* pela última vez *a uma encenação de uma ópera sua* em solo europeu. (*Folha de S. Paulo*, 24.1.2000.)

    De um dos balcões do Palácio de Buckingham, a Rainha *assistiu a um desfile* acompanhada pelo príncipe Phillip, seu marido, além dos filhos e dos netos. (*Jornal do Brasil*, 27.7.2001.)

A divergência entre a regência empregada na língua falada informal e a empregada na língua padrão deve-se, quase sempre, à contaminação da regência de um verbo pela regência de outro. No caso de *assistir*, a contaminação provavelmente se deu pelo verbo *ver*, que é transitivo direto e não exige preposição para ligar-se ao seu complemento. De *vi o filme, vi o telejornal*, passa-se a dizer, por analogia: *assisti o filme, assisti o telejornal*.

Este capítulo tem por objetivo comentar a regência dos principais verbos que apresentam oscilação de uso no português do Brasil, procurando, sempre, documentar a opção prescrita pela língua padrão. Não há intenção, contudo, de descrever exaustivamente a regência de cada um dos verbos escolhidos.

Regência de Alguns Verbos

Abdicar

Verbo TRANSITIVO INDIRETO. Significa *desistir, abrir mão*. Seu objeto indireto é precedido da preposição *de*:

    A maioria dos britânicos acredita que o príncipe Charles deveria *abdicar de* seus direitos ao trono em favor de seu filho William, segundo pesquisa divulgada anteontem pela ABC News. (*Folha de S. Paulo*, 7.9.1997.)

Algumas vezes, o complemento de *abdicar* fica subentendido, como no exemplo a seguir:

Eduardo VIII foi forçado a *abdicar* em 1936 não só pelo seu casamento com uma americana divorciada, mas também devido a suas simpatias por regimes autoritários, entre os quais o da Alemanha nazista. (*Folha de S. Paulo*, 1.9.1997.)

Agradar

Esse verbo é TRANSITIVO INDIRETO e, por isso, pede a preposição *a*, que introduz objeto indireto. Por esse motivo, quando é preciso substituir esse complemento por um pronome, na 3ª pessoa, deve-se substituí-lo por *lhe*.

A ideia subjugou-a, aterrou-a; mas o medo, que é também sugestivo, insinuou--lhe que o melhor modo de *agradar ao seu criado*r era beijá-lo na testa, e ela beijou--me na testa[3].

Onde os homens se persuadem que os governos os devem fazer felizes, e não eles a si próprios, não há governo que os possa contentar *nem agradar-lhes*[4].

Talvez, por influência de *contentar*, verbo transitivo direto de significado semelhante, o verbo *agradar* se emprega, às vezes, como transitivo direto como em:

Tão antigo quanto o hábito de presentear, os bazares são um fenômeno cada vez mais em voga no Brasil. Há versões, beneficentes ou não, para *agradar os mais variados gostos*. (Revista *Isto é*, 2.12.1998.)

Essa regência, embora pareça moderna, já era utilizada por autores clássicos mais antigos, como o Padre Antônio Vieira e o Padre Manuel Bernardes:

Já foi (o verbo *agradar*) trans. dir.: o *agradavam* (Vieira, *Sermões*, XV, 275); *agradá--lo* (Bernardes, *Nova Floresta*, IV, 368)[5].

Agradecer

Este verbo é TRANSITIVO DIRETO E INDIRETO. Alguém agradece alguma coisa (objeto direto) a alguém (objeto indireto).

---

3. Joaquim Maria Machado de Assis, *Memórias Póstumas de Brás Cubas*. Em *Obra Completa*, vol. 1, p. 552.
4. Marquês de Maricá, *Máximas, Pensamentos e Reflexões*. Disponível em: <http://www.bn.br.> Acesso em 9.abr.2012.
5. Antenor Nascentes, *O Problema da Regência*, p. 33.

Rubião curou-se, atou o lenço na mão; a mulher do colchoeiro escovou-lhe o chapéu; e, quando ele saiu, um e outro *agradeceram-lhe muito o benefício da salvação do filho*[6].

Modernamente, esse verbo vem sendo usado com objeto indireto e adjunto adverbial de causa introduzido pela preposição *por*, como em:

Quero *agradecer à Lygia pelas informações* sobre o quarto longa-metragem de cinema que o Bon Jovi está filmando. (*Folha de S. Paulo*, 27.1.1997.)

Algumas vezes, um desses complementos não se materializa na frase, ficando apenas subentendido, como em:

Há pessoas que se esquecem de *agradecer a beleza do dia* que surge.

Aspirar

No sentido de *sorver ar*, é TRANSITIVO DIRETO:

Nenhuma das minhas ideias políticas se alterou nos Estados Unidos, mas *ninguém aspira o ar americano* sem achá-lo mais vivo, mais leve, mais elástico do que os outros saturados de tradição e autoridade, de convencionalismo e cerimonial. Essa impressão não se apaga na vida. Aquele ar, *quem o aspirou* uma vez, prolongadamente, não o confundirá com o de nenhuma outra parte; sua composição é diferente da de todos[7].

No sentido de *pretender, ter por objetivo*, é TRANSITIVO INDIRETO e sua regência se constrói com a preposição *a*:

Wilde dizia que a arte nunca deveria *aspirar à popularidade*, mas o público deve *aspirar a* se tornar artístico.

Além disso, nos EUA, as oportunidades de crescimento na carreira são claramente colocadas. Um policial competente pode *aspirar aos cargos* mais altos da polícia. (*Folha de S. Paulo*, 3.8.1997.)

Assistir

Como foi dito no início do capítulo, *assistir*, no sentido de *ser espectador*, é TRANSITIVO INDIRETO, exigindo a preposição *a*, como em:

---

6. Joaquim Maria Machado de Assis, *Quincas Borba*. Em *Obra Completa*, vol. 1, p. 694.
7. Joaquim Nabuco, *Minha Formação*, p. 139.

Se algumas pessoas deixaram de comparecer, para não *assistir à glória do Rubião*, muitas outras foram, – e não da ralé, – as quais viram a compunção verdadeira do antigo mestre de meninos[8].

No sentido de *prestar auxílio*, muito pouco usado hoje em dia, empregava-se com ou sem a preposição *a*, como podemos ver nos dois trechos, a seguir, de autoria do Padre Antônio Vieira:

Viu Isaías aqueles serafins que todos sabem, e o que eu não sei entender é como os ditos serafins *assistiam a Deus* e não viam a Deus. *Assistiam a Deus*, porque estavam diante do trono de Deus[9].

Não se aquietando porém Roboão com este conselho, diz o mesmo texto que consultou o negócio com os moços, com quem se tinha criado e *o assistiam*[10].

Um outro uso antigo de *assistir* era o de *morar, ficar, estar presente*, que também podemos ver no texto a seguir de Tomás Antônio Gonzaga:

Lira XXXVII
[...]
Entra nesta grande terra,
Passa uma formosa ponte,
Passa a segunda, a terceira
Tem um palácio defronte.
Ela tem ao pé da porta
Uma rasgada janela,
É da sala, *aonde assiste*
A minha Marília bela[11].

Atender

Esse verbo é **TRANSITIVO INDIRETO**, pedindo complemento precedido da preposição *a*:

O surfe está fora da Olimpíada de Sydney-2000. O esporte não *atendeu ao quesito* de ser praticado oficialmente em 80 países. (*Folha de S. Paulo*, 5.6.1997.)

8. Joaquim Maria Machado de Assis, *Quincas Borba*. Em *Obra Completa*, vol. 1, p. 657.
9. Pe. Antônio Vieira, "Sermão do Santíssimo Sacramento". Disponível em: <www.dominiopublico.gov.br>. Acesso em 25.jul.2014.
10. Pe. Antônio Vieira, "Sermão da Terceira Quarta-Feira da Quaresma". Disponível em: <www.dominiopublico.gov.br>. Acesso em 25.jul.2014.
11. Tomás Antônio Gonzaga, *Marília de Dirceu*, p. 154.

Ao cabo de alguns anos de peregrinação, *atendi às súplicas* de meu pai[12].

No entanto, observa-se que a preposição *a* pode ser dispensada, como exemplificam os trechos a seguir:

Em dezembro último, o Supremo Tribunal Federal (STF) *atendeu o recurso* de uma empresa considerando a cobrança ilegal. (*Folha de S. Paulo*, 15.1.1997.)

Antigamente estavam os tribunais às portas das cidades: agora estão as cidades às portas dos tribunais. Efeitos terríveis das dilações no *atender os requerimentos*[13].

Por esse motivo, esse verbo também se constrói na voz passiva. Exemplos:

Em fevereiro de 1973, *Elvis* desmaiou durante um *show* em Las Vegas e *foi atendido por um médico* que estava na plateia. Em agradecimento, Elvis deu a ele um Lincoln Continental, um dos carros mais caros da época. (*Folha de S. Paulo*, 11.8.1997.)

Deputado da conciliação dos partidos viu governar o Marquês de Paraná, e instou por algumas nomeações em que *foi atendido*[14].

Chamar

No sentido de *mandar vir* é TRANSITIVO DIRETO:

A Fuvest *chama mais 150 candidatos aprovados*.

Algumas vezes, é empregado, nesse sentido, com a preposição *por*:

Gurgel tornou à sala e disse a Capitu que a filha *chamava por ela*[15].

No sentido de *possuir um nome próprio*, emprega-se na voz passiva pronominal:

Esse agente chamava-se Antônio Joaquim Ramos, e era o mesmo de quem o velho tomara emprestado o nome[16].

---

12. Joaquim Maria Machado de Assis, *Memórias Póstumas de Brás Cubas*. Em *Obra Completa*, vol. 1, p. 68.
13. Pe. Antônio Vieira, "Sermão da Terceira Dominga da Quaresma". Disponível em: <www.dominiopublico.gov.br>. Acesso em 25.jul.2014.
14. Joaquim Maria Machado de Assis, *Quincas Borba*. Em *Obra Completa*, vol. 1, p. 690.
15. Joaquim Maria Machado de Assis, *Dom Casmurro*. Em *Obra Completa*, vol. 1, p. 892.
16. José de Alencar, *Senhora*, p. 58.

No sentido de *dar nome*, a coisa nomeada tanto pode ser objeto direto, como objeto indireto:

a. Objeto direto

Cena 1: um casal joga tênis. O marido lança a bola, que cai fora. Alega, então, que a bola havia caído dentro da quadra. A mulher *o chama de cara-de-pau*. (*Folha de S. Paulo*, 19.1.1997.)

– O Rio de Janeiro é sem dúvida superior na majestade da natureza; o Recife, porém, prima pela graça e louçania. A nossa corte parece uma rainha altiva em seu trono de montanhas; a capital de Pernambuco será a princesa gentil que se debruça sobre as ondas dentre as moitas de seus jardins.
– É por isso que *a chamam de Veneza brasileira*[17].

b. Objeto indireto

Pois essa substância ou verdade, esse princípio indestrutível é que é Humanitas. Assim *lhe chamo*, porque resume o universo, e o universo é o homem.

Rubião lembrou-se de uma comparação velha, mui velha, apanhada em não sei que décima de 1850, ou de qualquer outra página em prosa de todos os tempos. *Chamou aos olhos de Sofia* as estrelas da terra, e *às estrelas* os olhos do céu. Tudo isso baixinho e trêmulo[18].

Modernamente, a construção predominante é a de *chamar* como verbo TRANSITIVO DIRETO, com o predicativo precedido da preposição *de*. Exemplos sem preposição são bastante raros. No texto a seguir, temos um exemplo de ausência e outro de presença da preposição:

A cultura muda de lugar, ela não está mais nos mesmos endereços. Se o que você *chama banalização* é o cinismo habitual da mídia, eu não gosto, mas se você *chama de banalização* o fato de que há informações e elementos de cultura que são transmitidos a povos inteiros, que antes eram absolutamente ignorantes, em comparação a gerações anteriores, então é muito bom. (*Folha de S. Paulo*, 12.1.1997.)

A construção de *chamar* como verbo transitivo indireto, com predicativo precedido da preposição *de* é muito pouco encontrada no português do Brasil. Eis aqui um desses raros exemplos:

---

17. *Idem*, p. 74.
18. Joaquim Maria Machado de Assis, *Quincas Borba*. Em *Obra Completa*, vol. 1, p. 671.

Como Sofia não confessasse nada, Rubião *chamou-lhe de bonita*, e ofereceu-lhe o solitário que tinha no dedo; ela, porém, conquanto amasse as joias e tivesse a intuição dos solitários, recusou medrosamente a oferta[19].

Chegar

Em seu uso mais comum, é INTRANSITIVO, acompanhado de adjunto de lugar, indicando origem ou destino. Indicando origem, sua regência constrói-se com preposição *de*. Indicando destino, com preposição *a* ou *em*:

Fernanda Torres *chegou de Paris* na semana passada.
O bispo *chegou ao local* no final da manhã, levando dois violões.

Atualmente, no português do Brasil, é bastante comum o uso da preposição *em*, quando se trata de destino:

Ela diz que *chegou em seu compromisso* com 1h15 de atraso e culpa a Fone Táxi pelo transtorno. (*Folha de S. Paulo*, 13.1.1997.)

A top Adriana Lima já *chegou em Nova York* por cima do filé mignon. (*Folha de S. Paulo*, 8.4.1997.)

Com a palavra *casa* é uma unanimidade o uso da preposição *em*, como vemos em:

Segundo a polícia, Ricardo *chegou em casa* embriagado e começou a quebrar móveis e eletrodomésticos. (*Folha de S. Paulo*, 14.1.1997.)

Esse uso contraria um mais antigo, que encontramos em trechos como:

– *Chegando a casa* há pouco, entregaram-me uma carta sua, em que me participava o seu casamento[20].

Enxuguei os olhos, repito, e fui andando, ansioso agora por *chegar a casa*, e pedir perdão a minha mãe do ruim pensamento que tive[21].

O motivo da substituição da preposição *a* por *em* está vinculado à nossa experiência sensório-motora de que um destino, qualquer que seja, normalmente é um container, um lugar onde se entra. Quando vamos ao

---

19. *Idem*, p. 773.
20. José de Alencar, *A Viuvinha*, p. 18.
21. Joaquim Maria Machado de Assis, *Dom Casmurro*. Em *Obra Completa*, vol. 1, p. 880.

clube, entramos dentro dele. Quando vamos a uma festa, entramos dentro dela. Daí, *cheguei no clube*.; *cheguei na festa*.; *cheguei em casa*. Esse esquema de imagem do container afeta também a regência de outros verbos como *passar*. Dizemos: *Passei hoje **pela** Avenida Paulista*, mas, *Passei **na** padaria e comprei dois pães*.; uma vez que, para comprar pão, temos de entrar na padaria.

Colaborar

Esse verbo é TRANSITIVO INDIRETO e rege complemento introduzido pela preposição *para*, indicando o alvo favorecido ou prejudicado pela colaboração:

> Uma série de desvantagens *colabora para a decadência do algodão brasileiro*, como a falta de financiamento para comercialização, a colheita manual e sua qualidade inferior frente ao importado. (*Folha de S. Paulo*, 26.2.1997.)

No sentido de *escrever*, rege complemento introduzido pela preposição *em*:

> ...Era a coleção dos periódicos *em que colaborara* ou que redigira no Recife... Estavam ali vinte anos de sua vida... Toda essa série dispersou-se, desapareceu...[22]

> Com uma reputação firmada no panteão literário britânico, Alain de Botton *colabora* com frequência *na grande imprensa* e se dispôs a falar à Folha, em Londres. (*Folha de S. Paulo*, 23.3.1997.)

Quando a matéria da colaboração se faz presente, é introduzida pela preposição *com*:

> Disque 0 800 e colabore *com R$15* para o programa "Criança Esperança".

Modernamente, é comum utilizar essa preposição para introduzir o alvo da colaboração em frases como:

> Os filhos precisam colaborar *com* a mãe na limpeza da casa.

> A população tem colaborado *com* a Prefeitura na economia da água.

Isso ocorre quando o alvo da colaboração é também um agente da colaboração. Quando se diz que alguém colaborou para uma entidade assistencial,

---

22. Joaquim Nabuco, *Minha Formação*, p. 151.

essa entidade é apenas alvo da colaboração e não agente. Nos dois exemplos acima, os alvos são também agentes. No primeiro, a mãe faz a limpeza da casa e os filhos são conclamados a trabalhar junto nessa causa. No segundo, a Prefeitura economiza água e a população trabalha nesse mesmo sentido.

Constar

Verbo TRANSITIVO INDIRETO, no sentido de *ser composto ou formado de*, exigindo a preposição *de*:

A linha de produtos da LBE *consta de seis produtos*, que têm aplicação de acordo com o ciclo em que se encontra a planta. (*Folha de S. Paulo*, 8.1.1997.)

Naquelas cinco cidades não há mais que quatro justos, *de que consta a família de Lot*, sobrinho de Abraão[23].

No sentido de *ser mencionado, fazer parte de uma relação, de uma obra* sua regência constrói-se com a preposição *em*:

Evita tingiu os cabelos de loiro em 1944, para fazer o filme *La Cabalgata del Circo*. A informação *consta no livro Eva Perón – A Madona dos Descamisados*, de Alicia Dujovne Ortiz. (*Folha de S. Paulo*, 11.1.1997.)

No nome oficial desses clubes consta a sigla S.P.A. (Società Per Azioni – em português, sociedade por ações), que representa o lado empresarial dos times. (*Folha de S. Paulo*, 4.1.1997.)

Custar

TRANSITIVO INDIRETO, no sentido de *ser difícil*, sua regência exige um objeto indireto e tem sempre uma oração como sujeito. Exemplo:

Nisto entrou o moleque trazendo o relógio com o vidro novo. Era tempo; já me *custava estar ali*; dei uma moedinha de prata ao moleque; disse a Marcela que voltaria noutra ocasião, e saí a passo largo[24].

O objeto indireto pode não aparecer expresso, algumas vezes, como em:

---

23. Pe. Antônio Vieira, "Sermão da Terceira Quarta-Feira da Quaresma". Disponível em: <www.dominiopublico.gov>. Acesso em 25.jul.2014.
24. Joaquim Maria Machado de Assis, *Memórias Póstumas de Brás Cubas*. Em *Obra Completa*, vol. 1, p. 559.

O jogo é um dos mais emocionantes de brincar. Tem gráficos impressionantes, som super-real, boas opções e é bem fácil de pilotar. Mas *custava darem mais atenção a pequenos detalhes*? (*Folha de S. Paulo*, 26.4.1997.)

Esse complemento pode ser inferido do contexto: Custava *aos autores do jogo* darem...

A oração subjetiva pode também aparecer precedida da preposição *a*, puramente expletiva, sem valor sintático, como em:

Tudo ficou sob a guarda de Dona Plácida, suposta, e, a certos respeitos, verdadeira dona da casa. *Custou-lhe muito a aceitar a casa*; farejara a intenção, e doía-lhe o ofício; mas afinal cedeu[25].

No sentido de *demorar*, modernamente, têm surgido construções já aceitas na língua padrão, em que *custar* tem um sujeito humano, como em:

Quando desliguei o telefone me virei, deparei-me com um maço de fotos Polaroid pornográficas em cima da lareira. *Custei um pouco a perceber* que era Soon-Yi, minha filha. (Mia Farrow, *Folha de S. Paulo*, 5.2.1997.)

Dar

O verbo *dar* é um exemplo clássico de verbo ditransitivo ou TRANSITIVO DIRETO E INDIRETO. Significa transferir algo para alguém, sem contrapartida, como em:

A Justiça do Trabalho *deu* 8 bilhões de reais aos trabalhadores brasileiros em 2016. (Veja.com, 7.2.2017)

Ambos os complementos (objeto direto e indireto) são indispensáveis ao sentido da frase. Caso disséssemos que *A Justiça do Trabalho deu 8 bilhões*, apenas, sem identificar beneficiário, a oração ficaria malformada. O mesmo aconteceria, se disséssemos que a *Justiça do Trabalho deu aos trabalhadores brasileiros*, sem informar o que foi dado. Essa construção ditransitiva foi herdada por muitos outros verbos que não são originalmente ditransitivos, como *comprar*, *assar* e outros, em frases como:

Jorge *comprou* uma casa para a mãe.

Maria *assou* um bolo para as amigas.

---

25. Joaquim Maria Machado de Assis, *Memórias Póstumas de Brás Cubas*. Em *Obra Completa*, vol. 1, p. 583.

Veja que ambos esses verbos são, originalmente, apenas TRANSITIVOS DIRETOS. Por isso, ao contrário do que acontece com o verbo *dar*, podemos não ter um objeto indireto, sem que a oração fique malformada:

Jorge *comprou* uma casa.

Maria *assou* um bolo.

Até mesmo verbos que significam que algo NÃO É DE FATO TRANSFERIDO a um destinatário podem usar a construção ditransitiva, como em:

Maria *negou* a sobremesa ao filho mais novo.

O verbo *dar* pode ser usado com variados sentidos, como nos exemplos:

O pintor *deu* mais uma mão de tinta na parede.

Essa vaca *dá* dez litros de leite.

A vítima *deu* uma surra no ladrão.

Ele *deu* 100 por hora no carro, naquela estrada.

A janela do meu quarto *dá* para o mar.

Mas, um uso bastante mais frequente em português aparece em frases como:

Deu para você redigir aquele contrato?

Meu time tentou ganhar o campeonato, mas não *deu*.

Deu tudo certo.

Deu zebra.

Essas construções têm origem num esquema de *imagem de percurso*, vinculado ao verbo *dar*, em seu sentido original. Um percurso que tem *origem* nas mãos de quem dá, um *trajeto* até as mãos de quem recebe e uma *meta*, que são as mãos de quem recebe. Esse esquema de imagem é abstraído, formando uma espécie de "esqueleto conceptual", em que o foco acaba sendo a meta, ou seja, o resultado positivo ou negativo de uma ação. Dizer que *tudo deu certo*, quer dizer que se atingiu uma meta. Dizer que *não deu para ganhar o campeonato* quer dizer que não se atingiu uma meta. Como podemos ver, as imagens são muito importantes em guiar nossa linguagem em uso. Mesmo esmaecidas e até mesmo abstraídas, subjazem as muitas construções gramaticais que usamos diariamente, sem que tenhamos consciência delas.

Emprestar

Emprega-se esse verbo como TRANSITIVO DIRETO, apenas no sentido de *ceder por empréstimo*:

O FMI já *emprestou 20 bilhões* ao Brasil no passado.

A paróquia São Bento, na igreja matriz de Araraquara, *emprestou objetos* considerados sagrados para a encenação da peça "Mistérios Gozosos" na cidade, em novembro de 1995. (*Folha de S. Paulo*, 19.2.1997.)

No sentido de *obter por empréstimo*, usa-se *pedir emprestado, tomar emprestado, receber emprestado*. O adjetivo participial *emprestado* concorda com aquilo que se recebe emprestado:

Mais tarde, quando decidiu ir embora, Fontana *pediu* o celular de Pinheiro *emprestado*. (*Folha de S. Paulo*, 19.11.1997.)

Foi só nessa ocasião que Aurélia cedeu às instâncias do Dr. Torquato Ribeiro e *recebeu* dele *emprestados cinquenta cruzeiros*[26].

Esquecer

É empregado como TRANSITIVO DIRETO:

Quis saber se eu não *esquecera os projetos eclesiásticos de minha mãe*[27].

Ou como TRANSITIVO INDIRETO REFLEXIVO:

Não *me* podia *esquecer da suave perspectiva*, à beira do Tejo, de Oeiras a Belém, cuja tonalidade doce e risonha nunca outro horizonte me repetiu[28].

Pela segunda vez no Rio-São Paulo um juiz deu o segundo cartão amarelo a um jogador e *se esqueceu de expulsá-lo* imediatamente. (*Folha de S. Paulo*, 26.2.1997.)

Antigamente, empregava-se tendo como sujeito o objeto do esquecimento, como podemos ver no seguinte trecho de Machado de Assis:

Capitu amava-me! E as minhas pernas andavam, desandavam, estacavam, trêmulas e crentes de abarcar o mundo. *Esse primeiro palpitar da seiva, essa revelação da consciência a si própria, nunca mais me esqueceu*, nem achei que lhe fosse comparável qualquer outra sensação da mesma espécie[29].

---

26. José de Alencar, *Senhora*, p. 133.
27. Joaquim Maria Machado de Assis, *Dom Casmurro*. Em *Obra Completa*, vol. 1, p. 831.
28. Joaquim Nabuco, *Minha Formação*, p. 84.
29. Joaquim Maria Machado de Assis, *Dom Casmurro*. Em *Obra Completa*, vol. 1, pp. 821-822.

Implicar

No sentido de *abranger, pressupor,* é TRANSITIVO DIRETO e, portanto, emprega-se sem preposição:

"A pirataria *implica corte de investimentos* e redução de contratações", argumenta Almeida.

Fazer parte de um mundo internacionalizado, porque interconectado, *implica ter capacidade* de oferecer serviços pessoais no mercado aberto e conectado que, aos poucos, vai se estabelecendo no mundo. (*Jornal do Brasil,* 31.7.2002.)

Informar

Este verbo é TRANSITIVO DIRETO E INDIRETO e permite duas opções de regência:

a) informar *alguém* de *algo,* em que *alguém* = objeto direto e *algo* = objeto indireto:

Na revisão dos 10 000, informei *a concessionária* (objeto direto) *de que havia barulho no painel e nas portas* (objeto indireto).

Tive a impressão de que o ministro não tinha ideia da gravidade da situação. Informei-*o* (objeto direto) *de que o produto podia causar paradas respiratórias* e levar à morte (objeto indireto). (*Folha de S. Paulo,* 4.10.1997.)

b) informar a̱ *alguém algo,* em que *alguém* = objeto indireto e *algo* = objeto direto:

Na revisão dos 10 000, informei *à concessionária* (objeto indireto) *que havia barulho no painel e nas portas* (objeto direto).

Por esse motivo, esse verbo admite duas construções passivas, em que os objetos diretos passam à condição de sujeitos:

a) Na revisão dos 10 000, *a concessionária* (sujeito) foi informada de que havia barulho no painel e nas portas.

b) Na revisão dos 10 000, foi informado à concessionária *que havia barulho no painel e nas portas.* (sujeito oracional)

Os verbos *avisar, cientificar* e *notificar* apresentam a mesma regência. É importante destacar que o verbo *comunicar* é construído apenas dentro do esquema *b*): comunicar a̱ *alguém algo,* em que *alguém* = objeto indireto e *alguém* = objeto direto:

Um banhista comunicou *ao salva-vidas* (objeto indireto) *o sumiço da placa* (objeto direto).

Por esse motivo, sua única opção de voz passiva é:

O sumiço da placa (sujeito) foi comunicado ao salva-vidas por um banhista.

Construções como

*O salva-vidas foi comunicado do sumiço da placa por um banhista,

ou

*Eu comuniquei o Ministro de que haverá déficit.

que acontecem por contaminação com a regência de verbos como *informar*, *avisar*, são malformadas e não têm amparo na língua padrão.

Lembrar

Esse verbo é TRANSITIVO DIRETO E INDIRETO e apresenta uma série de possibilidades de construção. Exemplos:

Esse vestido *me lembra* aquela festa do ano passado.
Você agir assim *me lembra* seu irmão.
Quero *lembrar* a você o compromisso de amanhã.
Nunca *me lembro de* quem telefona.
Nunca *me lembro* quem telefona. (Com elipse da preposição *de*)

Antigamente, eram também comuns construções com sujeito oracional precedido da preposição *de*:

Lembra-me, como se fosse ontem, *lembra-me de o ver erguer-se*, com a sua longa cabeleira de rabicho, casaca de seda, uma esmeralda no dedo, pedir a meu tio padre que lhe repetisse o mote[30].

Morar

Esse verbo é INTRANSITIVO, empregado com adjunto de lugar, precedido da preposição *em*. Exemplos:

Moro *na* rua da Consolação.

---

30. Joaquim Maria Machado de Assis, *Memórias Póstumas de Brás Cubas*. Em *Obra Completa*, vol. 1, p. 529.

– Só espero D. Sofia, acudiu Dondon com respeito, mas o senhor sabe onde é que esta mora? *Mora na Rua do Passeio*[31].

O verbo *residir* segue a mesma regência:

Fulano de tal reside na rua 7 de Setembro.

Namorar

Antigamente, esse verbo era TRANSITIVO DIRETO e significava *provocar amor em alguém, fazer alguém experienciar amor* e é assim que aparece n'*Os Lusíadas* de Camões, no trecho a seguir:

E como ia afrontada do caminho,
Tão formosa no gesto se mostrava,
Que as Estrelas e o Céu e o Ar vizinho,
E tudo quanto a via *namorava*.
Dos olhos, onde faz seu filho o ninho,
Uns espíritos vivos inspirava,
Com que os Polos gelados acendia,
E tornava do Fogo a esfera fria[32].

Quem ia afrontada (= ofegante) no caminho era Vênus, deusa da beleza, que, nesse episódio, vai visitar Zeus, seu pai, para pedir-lhe que proteja os portugueses em sua viagem para as Índias. O texto diz que Vênus ia ofegante e se mostrava tão formosa em seu rosto (*gesto* antigamente significava *rosto*) que namorava (= provocava amor) em tudo quanto a via: as estrelas, o céu e o ar vizinho.

Atualmente, o sentido de *namorar* é o de manter relação afetiva com alguém e usa-se como TRANSITIVO DIRETO. Exemplos:

Namorava um cara do trabalho, que conhecia essa minha amiga também, e por isso tudo parecia muito familiar. (*Folha de S. Paulo*, 5.1.1997.)

Ezequiel aos cinco anos, um rapagão bonito, com os seus olhos claros, já inquietos, como se quisessem *namorar todas as moças da vizinhança*, ou quase todas[33].

O emprego desse verbo como TRANSITIVO INDIRETO, com a preposição *com*, é comum na língua oral e plenamente aceito na língua padrão. Exemplos:

---

31. Joaquim Maria Machado de Assis, *Quincas Borba*. Em *Obra Completa*, vol. 1, p. 722.
32. Luís Vaz de Camões, *Os Lusíadas*, p. 85.
33. Joaquim Maria Machado de Assis, *Dom Casmurro*. Em *Obra Completa*, vol. 1, p. 915.

Ele *namorou* dois anos *com uma menina bastante festiva*. "Eu a deixava falando com a festa toda e procurava a minha turma". (*Folha de S. Paulo*, 6.4.1997.)

"O francês é rude, mas só na aparência", diz a gerente de loja Patrícia Martins, 32, que já *namorou com três franceses*. Ela acredita que o jeito aparentemente estúpido de ser "é só defesa". (*Folha de S. Paulo*, 4.5.1997.)

O uso da preposição *com* deve-se à contaminação de *namorar* por *noivar* e *casar*, verbos interligados pela proximidade de sentido e que se constroem com essa preposição: Está noivando *com* uma alemã. Casou *com* uma garota morena.

Obedecer

Verbo empregado, na maioria das vezes, como TRANSITIVO INDIRETO, com a preposição *a*:

Tropas mais disciplinadas *teriam obedecido às ordens* de parar por ali, mas os homens do comandante Shah foram em frente. Era o primeiro dia de combates em Tora Bora. (*Jornal do Brasil*, 7.12.2001.)

– A senhora fará o que for de sua vontade. A minha obrigação é *obedecer-lhe*, como seu servo, contanto que não lhe falte com o marido que a senhora comprou[34].

Algumas poucas vezes, funciona como TRANSITIVO DIRETO, como em:

Agora, a tendência das ocupações é *obedecer o princípio* de que as famílias sejam assentadas dentro do município onde moram. (*Folha de S. Paulo*, 24.1.1997.)

Seu uso na voz passiva sempre foi aceito pela língua padrão:

Foi obedecido o procedimento usual de ciclar um mecanismo de suspiro por vez, não foi fechada a escotilha do compartimento de máquinas. (*Jornal do Brasil*, 19.10.2001.)

Seria ridículo oferecer-lhe o que lhe pertence. A senhora manda, e *é obedecida*. Aurélia tomou o braço do marido, e afastou-se lentamente ao longo da alameda[35].

Pagar

O verbo *pagar* tem origem no latim *pacare*, que significa *pacificar*. De fato, parece que a maioria das pessoas fica em paz, após receber o valor de

---

34. José de Alencar, *Senhora*, p. 208.
35. *Idem*, p. 238.

uma dívida![36] Embora TRANSITIVO em sua origem, passou, por influência do verbo *dever*, a construir-se com OBJETO DIRETO DE COISA E INDIRETO DE PESSOA, precedido da preposição *a* ou *para*:

> A Associação dos Produtores de Espetáculos Teatrais do Estado de São Paulo (Apetesp) adquiriu o imóvel (Teatro Ruth Escobar) em setembro do ano passado por R$ 5,5 milhões. Já *pagou R$ 2 milhões à antiga proprietária* – a Dinâmica, empresa da atriz e ex-deputada estadual Ruth Escobar. (*Folha de S. Paulo*, 11.1.1997.)

> Não quero fazer a galeria da abolição, mas, como dei, vencido pela saudade, dois ou três perfis, tão imperfeitos, de amigos, *pagarei também o meu tributo a José do Patrocínio*...[37]

> Naquela época, se eu bobeasse, ia ter que *pagar pensão para ele*. (*Folha de S. Paulo*, 5.1.1997.)

É bastante comum, modernamente, o emprego desse verbo com objeto direto de pessoa, quando não se explicita o valor do pagamento:

> A prefeita disse que tem como prioridade inicial *pagar* em dia *os servidores públicos*, que estão com os salários atrasados. (*Folha de S. Paulo*, 2.1.1997.)

Essa construção, embora condenada até mesmo por alguns gramáticos modernos, já pode considerar-se dentro da língua padrão, como afirma o grande filólogo brasileiro Antenor Nascentes:

> Que importa que não haja exemplos clássicos? A língua não tem direito de evoluir? Não é científico admitir línguas vivas petrificadas. Em francês e em italiano aparece objeto direto de pessoa, o que mostra a índole românica[38].

Pedir

Esse verbo é TRANSITIVO DIRETO e INDIRETO:

> É inconsequência nossa considerar a Deus presente para nos ouvir, quando *lhe pedimos graças ou clemência*, e reputá-lo ausente para não ver, quando praticamos ações indecentes e proibidas[39].

---

36. No sentido de saldar uma dívida, os romanos utilizavam o verbo *solvere*, que também veio ao português e é utilizado nesse mesmo sentido, principalmente na linguagem jurídica: "Já tinha solvido todas as dívidas". Do mesmo radical, temos as palavras *solvência* e *insolvência*, de uso mais frequente.
37. Joaquim Nabuco, *Minha Formação*, p. 180.
38. Antenor Nascentes, *O Problema da Regência*, p. 154.
39. Marquês de Maricá, *Máximas, Pensamentos e Reflexões*. Disponível em: <http://www.bn.br>. Acesso em 9.abr.2012.

Pode ser empregado também como TRANSITIVO DIRETO, uma vez que o objeto indireto, que representaria a pessoa, instituição etc. a quem se pede, pode não se fazer presente, como em:

> O Ministério Público *pediu a falência da empresa*.

Como se vê, não há a presença do objeto indireto. Subentende-se que o Ministério Público tenha pedido a falência a um juiz ou a um tribunal.

Na maioria das vezes, o objeto direto se apresenta sob a forma de oração, como em:

> Ribeiro pediu à Sabesp *que instalasse a rede de esgoto*.

Uma construção que costuma oferecer problema aos usuários é a desse verbo acompanhado da preposição *para*, como no texto a seguir:

> Inocêncio alegou que comprara seis ternos e merecia algo como 30%. *Pediu [para falar com o proprietário]*. (*Folha de S. Paulo*, 12.1.1997.)

Podemos observar que o sujeito de *pedir* é o mesmo de *falar* e é agente, em ambos os casos. Na verdade, *pedir para* é uma abreviação de expressões como *pedir licença para*, *pedir permissão para*, que se constroem com oração final. Exemplo:

> Pediu (permissão, licença) *para falar com o proprietário*.

Não raras vezes, as palavras *licença* ou *permissão* aparecem explicitadas, como em:

> José Dias achou que a eloquência estivera na altura da piedade. Um homem, que me pareceu jornalista, *pediu-me licença para levar o manuscrito* e imprimi-lo[40].

Na língua oral informal e até mesmo na língua escrita, essa construção vem tomando o lugar de pedir + oração objetiva direta, com sujeitos diferentes, em frases como:

> Pouco antes de morrer, Ary Barroso *pediu-me para levar Paulo à sua casa, na Ladeira do Leme*. (*Folha de S. Paulo*, 16.1.1997.)

> Após um jantar de asiático-americanos que obteve US$ 1,1 milhão, Huang *pediu a Clinton para se opor ao artigo da lei* que negava preferência a irmãos de norte-americanos naturalizados que quisessem emigrar para os EUA. (*Folha de S. Paulo*, 17.1.1997.)

---

40. Joaquim Maria Machado de Assis, *Dom Casmurro*. Em *Obra Completa*, vol. 1, p. 928.

Esse tipo de construção deve ser evitado por motivo de clareza, pois pode levar a interpretações ambíguas. No primeiro caso, não se sabe se Ary Barroso pediu permissão a alguém para ele mesmo levar Paulo à sua casa ou se Paulo deverá ser levado por seu interlocutor. No segundo, não se sabe se Huang pediu permissão a Clinton para que ele mesmo se opusesse ao tal artigo, ou se pede que Clinton assuma essa tarefa. Se a regência fosse feita da maneira tradicional, teríamos, respectivamente: *pediu que eu levasse Paulo à sua casa* e *pediu a Clinton que se opusesse ao artigo da lei*, o que eliminaria qualquer ambiguidade. CONCLUINDO, DEVEMOS USAR *PEDIR PARA* APENAS QUANDO ENTRE *PEDIR* E *PARA* PUDERMOS INSERIR A PALAVRA *LICENÇA* OU *PERMISSÃO*. Do contrário, devemos optar pela regência tradicional, como nos seguintes trechos:

> Paulo respondeu:
> – Nasci no aniversário do dia em que Pedro I caiu do trono.
> E Pedro:
> – Nasci no aniversário do dia em que Sua Majestade subiu ao trono.
> As respostas foram simultâneas, não sucessivas, tanto que a pessoa *pediu-lhes que falasse cada um por sua vez*. A mãe explicou:
> – Nasceram no dia 7 de abril de 1870[41].

> Capitu tornou cá para fora e *pediu-me que outra vez lhe contasse* o que se passara com minha mãe[42].

Perdoar

Por tradição, esse verbo é TRANSITIVO INDIRETO. Exemplo:

> Cristo *perdoou a Pedro* porque chorou, e se Pedro não chorara, não *lhe havia Cristo de perdoar*, como não *perdoou a Judas*. Pois se Cristo não *perdoa a Pedro* sem chorar, como nos há de *perdoar a nós*, se não choramos?[43]

> – É um vadio e um bêbado muito grande. Ainda hoje deixei ele na quitanda, enquanto eu ia lá embaixo na cidade, e ele deixou a quitanda para ir na venda beber.
> – Está bom, *perdoa-lhe*, disse eu.
> – Pois não, nhonhô manda, não pede. Entra para casa, bêbado![44]

---

41. Joaquim Maria Machado de Assis, *Esaú e Jacó*. Em *Obra Completa*, vol. 1, pp. 976-977.
42. Joaquim Maria Machado de Assis, *Dom Casmurro*. Em *Obra Completa*, vol. 1, p. 855.
43. Pe. Antônio Vieira, "Sermão das Lágrimas de S. Pedro". Disponível em <www.usp.br/cje/anexos/pierre/padreantoniov.pdf.>. Acesso em 7.7.2015.
44. Joaquim Maria Machado de Assis, *Memórias Póstumas de Brás Cubas*. Em *Obra Completa*, vol. 1, p. 582.

A voz passiva, tendo como sujeito o objeto do perdão, sempre foi usual, como em:

> Tenho razão para zangar-me com o senhor; não faço, porque sei que é bom, e estou que é sincero, arrependa-se do que me disse, *e tudo lhe será perdoado*[45].

O que surpreende é que, mesmo em obras clássicas, esse verbo é encontrado na voz passiva, tendo como sujeito a pessoa perdoada, como em:

> Durante alguns meses, Rubião deixou de ir ao Flamengo. Não foi resolução fácil de cumprir. Custou-lhe muita hesitação, muito arrependimento; mais de uma vez chegou a sair com o propósito de visitar Sofia e pedir-lhe perdão. De quê? Não sabia; mas *queria ser perdoado*[46].

Talvez, por esse motivo, desenvolveu-se, mais recentemente, uma construção alternativa de *perdoar* com objeto direto de pessoa que, hoje, já é amplamente aceita na língua padrão. Exemplos:

> Florbela se amparava na irreverência, com a qual manifestou seu desprezo pelas convenções sociais. A crítica salazarista nunca *a perdoou*; a via como uma mulher insaciável, eternamente insatisfeita com a vida e, assim, embotada da visão de Deus. (*O Estado de S. Paulo*, 28.7.2002.)

> O rei Mohammed VI do Marrocos *perdoou mais de 8 400 prisioneiros*, como parte dos festejos de seu casamento, que começaram hoje e durarão três dias.(*O Estado de S. Paulo*, 2.7.2002.)

Pisar

Antigamente o verbo *pisar* era empregado mais frequentemente como TRANSITIVO DIRETO, como em:

> O olhar da opinião, esse olhar agudo e judicial, perde a virtude, logo que *pisamos o território da morte*[47].

> Não lhe bastava ser casada entre quatro paredes e algumas árvores; precisava do resto do mundo também. E quando eu me vi embaixo, *pisando as ruas com ela*, paran-

---

45. Joaquim Maria Machado de Assis, *Quincas Borba*. Em *Obra Completa*, vol. 1, p. 730.
46. *Idem*, p. 733.
47. Joaquim Maria Machado de Assis, *Memórias Póstumas de Brás Cubas*. Em *Obra Completa*, vol. 1, p. 546.

do, olhando, falando, senti a mesma cousa. Inventava passeios para que me vissem, me confirmassem e me invejassem[48].

Nos dias de hoje, sua regência é influenciada pela iconicidade[49]. De maneira geral, usamos esse verbo como transitivo direto apenas quando o sentido é *causar dano em*. Exemplo:

> E de fato, naquele dia, eu vi uma flor boiando no soalho. Não sei se *alguém a pisou*[50].

O sentido de *pisar* como *machucar* aparece até mesmo em situações que não envolvem o uso dos pés, como em *sangue pisado* para referir-se a um hematoma. No exemplo a seguir, podemos constatar esse uso:

> E, além disso, vimos tudo. Vimos quando *o automóvel o pisou*. Vimos também os arrancos triunfais do cachorro atropelado[51].

No sentido de *caminhar sobre*, utiliza-se, modernamente, esse verbo como INTRANSITIVO, complementado por um adjunto adverbial de lugar introduzido pela preposição *em*:

> O que a CBT precisa fazer é punir quem não se comporta. Jogou latinha na quadra? É só retirar o cara da arquibancada. *Pisou na grama* do castelo da Cinderela? Multa o sujeito, ora! (*Folha de S. Paulo*, 1.1.1997.)

O verbo *pisar* é utilizado ainda dessa maneira em expressões metafóricas como: *pisar na bola, pisar na casca de banana, pisar no tomate, pisar em ovos* etc., em que o foco não é o dano eventualmente causado àquilo em que se pisa, mas o dano físico ou moral provocado naquele que pisou.

Veja-se o interessante efeito de sentido tirado da regência do verbo *pisar*, num depoimento sobre o jogador Domingos da Guia:

> Domingos da Guia *pisava a grama de leve*, para não magoar a semente de sua arte. (*Folha de S. Paulo*, 6.7.1997.)

Percebe-se, nitidamente, a ideia de não causar dano à grama, sugerida pelo uso de *pisar* como transitivo direto.

---

48. Joaquim Maria Machado de Assis, *Dom Casmurro*. Em *Obra Completa*, vol. 1, p. 909.
49. Princípio pelo qual se considera haver uma relação natural (não arbitrária) entre a representação linguística de uma coisa ou fato e a própria coisa ou fato.
50. Nelson Rodrigues, *A Cabra Vadia*, p. 111.
51. *Idem*, p. 850.

Precisar

Modernamente, esse verbo é TRANSITIVO INDIRETO, exigindo a preposição *de*, quando seu complemento for uma palavra e, sem preposição, quando for uma oração.

a. Complemento = palavra

Inicialmente localizado em uma área de mil metros quadrados da sede dos *Diários Associados*, na r. Sete de Abril, o Masp logo teve sua área dobrada e, em dez anos, *precisou da nova sede*, na av. Paulista, projetada pela arquiteta Lina Bo Bardi (1914-1992). (*Folha de S. Paulo*, 9.1.1997.)

b. Complemento = oração

A crença em que uma sociedade *precisa investir em pesquisa e desenvolvimento* para manter sua competitividade é um dos paradigmas do breviário do desenvolvimento social. (*Folha de S. Paulo*, 2.1.1997.)

Algumas vezes, utiliza-se a preposição *de* antes do complemento oracional, como em:

A vida é tão bela que a mesma *ideia da morte precisa de vir primeiro a ela*, antes de se ver cumprida[52].

– Já se apeou? perguntou Virgília ao escravo.
– Já se apeou; diz que *precisa muito de falar com sinhá*!
– Que entre![53]

Essa construção aparece, hoje em dia, mais na fala coloquial, tendo, às vezes, caráter regional. Exemplos:

Eu preciso de estudar muito mais esse ano.
Ele precisou de sair.

Preferir

Esse verbo é TRANSITIVO DIRETO E INDIRETO e sua regência exige a preposição *a*:

Para piorar, o técnico inglês Bobby Robson *prefere* culpar seus atletas *a* fazer autocrítica pela queda de rendimento do Barcelona. (*Folha de S. Paulo*, 12.1.1997.)

Tudo indica que essa equipe econômica *prefere* esfriar a economia como um todo *a* corrigir a sobrevalorização do real. (*Folha de S. Paulo*, 19.1.1997.)

---

52. Joaquim Maria Machado de Assis, *Dom Casmurro*. Em *Obra Completa*, vol. 1, p. 934.
53. Joaquim Maria Machado de Assis, *Memórias Póstumas de Brás Cubas*. Em *Obra Completa*, vol. 1, p. 579.

Os homens geralmente *preferem* ser enganados com prazer *a* ser desenganados com dor e desgosto[54].

Na maior parte das vezes, contudo, aquilo que se rejeita em favor da preferência, e que seria introduzido pela preposição *a*, não é materializado, ficando implícito pelo entendimento de outras partes do texto. Exemplo:

Depois de trabalhar em produções brasileiras e estrangeiras importantes [...] Lewgoy já não vê as chanchadas com tanto rigor. Só pondera, bem-humorado, que interpretar vilões traz um grave inconveniente: "Atrapalha na escalação para anúncios publicitários, pois as empresas *preferem os bonzinhos da fita*". (*O Estado de S. Paulo*, 7.8.2002.)

O que se rejeita em favor dos bonzinhos são os vilões, o que pode ser deduzido pela leitura do texto.

Algumas vezes na linguagem escrita, mas, sobretudo na linguagem oral, o verbo *preferir* é construído da seguinte maneira:

*Prefiro mais viajar de avião *do que* de navio.

Essa construção incorreta é resultado da "contaminação" de *preferir* pelo verbo *gostar*, em frases como:

Gosto mais de viajar de avião *do que* de navio.

Os termos *mais... do que*, por analogia, acabam copiados na regência de *preferir*.

Proibir

Esse verbo é TRANSITIVO DIRETO E INDIRETO, semelhante aos verbos *informar* e *avisar*. Pode-se proibir alguém de algo (objeto direto de pessoa e indireto de coisa) ou proibir algo a alguém (objeto direto de coisa e indireto de pessoa). A primeira regência é mais frequente na língua atual. A segunda é muito menos comum. Exemplos:

a. Com objeto direto de pessoa e indireto de coisa

A Suprema Corte dos EUA decidiu que militantes antiaborto têm o direito de se dirigir a qualquer pessoa para expressar suas crenças. *Proibi-los disso* feriria a liberdade de expressão, disse o órgão. (*Folha de S. Paulo*, 20.1.1997.)

---

54. Marquês de Maricá, *Máximas, Pensamentos e Reflexões*. Disponível em: <http://ee.bn.br>. Acesso em 9.abr.2012.

b. Com objeto indireto de pessoa e direto de coisa

Se me der o capricho para fingir-me sóbrio, econômico, trabalhador, estou em meu pleno direito; ninguém pode *proibir-me esta hipocrisia*[55].

Às vezes, a pessoa a quem se proíbe algo fica incluída em uma oração subordinada objetiva direta, ligada ao verbo *proibir*, como em:

Quando percebi que o volume de dinheiro era alto demais e eu não ganhava nada, *proibi que o Maury usasse a conta*. (*Folha de S. Paulo*, 7.1.1997.)

É comum, também, que essa pessoa não apareça explicitamente no texto, ficando subentendida:

O Supremo Tribunal Federal (STF) *proibiu qualquer exploração de áreas da Mata Atlântica* até a aprovação de uma lei que regulamente o assunto. (*O Estado de S. Paulo*, 4.7.2002.)

Subentende-se que qualquer pessoa, de modo geral, está proibida de explorar a Mata Atlântica.

Querer

Esse verbo é TRANSITIVO DIRETO, podendo ter complemento lexical ou oracional. Vejamos um trecho da letra de uma música composta por Zé Rodrix e Tavito, que teve como principal intérprete a cantora Elis Regina:

Eu *quero uma casa no campo*
Onde eu possa compor muitos rocks rurais
E tenha somente a certeza
Dos amigos do peito
E nada mais[56].

Exemplo de *querer* com complemento oracional:

"Não consigo vender minha arte para dondocas. *Quero que pessoas especiais comprem meu trabalho*", desabafa. (*Folha de S. Paulo*, 3.1.1997.)

O verbo *querer* tem ainda uma construção que significa *gostar*, em que funciona como TRANSITIVO INDIRETO:

---

55. José de Alencar, *Senhora*, p. 185.
56. Zé Rodrix, *Casa no Campo*. Disponível em: <letras.mus.br/elis-regina>. Acesso em 27.jul.2014.

Nunca Sofia compreendera o malogro daquela aventura. O homem parecia *querer-lhe* deveras, e ninguém o obrigava a declará-lo tão atrevidamente, nem a passar-lhe pelas janelas, alta noite, segundo lhe ouviu[57].

A origem dessa construção é a expressão *querer bem*, em que *bem* é um substantivo. Pode dizer-se: *quero bem a você, quero-lhe bem*, mas, por economia, o substantivo quase sempre desaparece, passando o verbo *querer* a incorporar esse sentido. Vejamos, a seguir, um exemplo em que o substantivo se mantém:

– Não é segredo para a senhora que *lhe quero bem*. A senhora sabe disto, e não me despede, nem me aceita, anima-me com os seus bonitos modos[58].

Responder

Por tradição, e em sentido literal, esse verbo é TRANSITIVO DIRETO E INDIRETO, pedindo objeto indireto (aquele ou aquilo a que se responde), precedido da preposição *a*, e objeto direto (o que se responde), geralmente em forma de oração:

Briggs *respondeu a ele que* [*é mais fácil, através do caos, apreciar o mundo da mesma maneira*] que fazem os artistas há milhares de anos.

Às vezes, o objeto indireto assume forma pronominal, como em:

Tinha escolhido, preparado, enfeitado o vestuário que levaria ao baile da Câmara Municipal; só hesitava entre um colar de granada e outro de safira. Anteontem perguntou-me qual deles levaria; *respondi-lhe que um ou outro lhe ficava bem*[59].

Nos diálogos, a pessoa que recebe a resposta costuma ficar implícita. Exemplos:

a. Discurso direto

D. Cláudia levantou-se da cadeira, rápida, e disparou esta pergunta ao marido:
– Mas, Batista, você o que é que espera mais dos conservadores?
Batista parou com um ar digno e *respondeu* com simplicidade:
– *Espero que subam*[60].

b. Discurso indireto

Uma hora, o homem ouviu uma delas exclamar, surpresa: "Viu quem está ali atrás?" A morena *respondeu que não*. (*O Estado de S. Paulo*, 9.8.2002.)

---

57. Joaquim Maria Machado de Assis, *Quincas Borba*. Em *Obra Completa*, vol. 1, p. 731.
58. *Idem,* pp. 729-730.
59. Joaquim Maria Machado de Assis, *O Alienista*. Em *Obra Completa*, vol. 2, p. 280.
60. Joaquim Maria Machado de Assis, *Esaú e Jacó*. Em *Obra Completa*, vol. 2, p. 1004.

Quando o alvo da resposta não é uma pessoa, é mais comum esse complemento ser precedido da preposição *a*:

Deixaram de *responder a 50% das queixas* enviadas à coluna INSS (6) e Prefeitura de São Paulo (4), seguidos da Editora Três, que não *respondeu a 28% das 7 cartas que recebeu*. (*O Estado de S. Paulo*, 10.8.2002.)

Em um número menor de vezes, esse complemento aparece sem preposição, com função de objeto direto. Exemplos:

Resta saber se você, leitor, também abandona casca de coco na areia. *Responda o teste* ao lado e descubra o seu lado farofeiro. (*Folha de S. Paulo*, 12.1.1997.)

Entretanto, a Câmara que *respondera o ofício* de Simão Bacamarte com a ressalva de que oportunamente estatuiria em relação ao final do §4°, tratou enfim de legislar sobre ele[61].

Servir

No sentido de *prestar serviço* como dependente de alguém, esse verbo tem dupla regência: TRANSITIVO DIRETO OU INDIRETO. Exemplos:

Posso dizer, quanto a mim, eu não teria ousado ser mais um dia pretendente a um posto que custava tanto sofrimento, se não fosse para *servir a causa* de outros ainda mais infelizes[62].

Se *servistes à pátria* que vos foi ingrata, vós fizestes o que devíeis, ela o que costuma[63].

Sobressair

Esse verbo é INTRANSITIVO. Sua regência é construída da seguinte maneira:

O embaixador Elbrick não é favorecido. Ele *sobressai* porque é o fiel da balança, é o pêndulo, não está nem de um lado, nem do outro. (*Folha de S. Paulo*, 23.1.1997.)

A figura da pequena grande monja [Madre Teresa de Calcutá] *sobressai* como vencedora diante de um mundo em que a violência e o ódio racial e étnico prosseguem fazendo inumeráveis vítimas inocentes. (*Folha de S. Paulo*, 6.9.1997.)

Às vezes, esse verbo aparece utilizado como pronominal, como em:

---

61. Joaquim Maria Machado de Assis, *O Alienista*. Em *Obra Completa*, vol. 2, p. 282.
62. Joaquim Nabuco, *Minha Formação*, p. 188.
63. Pe. Antônio Vieira, "Sermão da Terceira Quarta-Feira da Quaresma". Disponível em: <www.dominiopublico.gov>. Acesso em 25.jul.2014.

"Normalmente, a maioria tem ideias pouco ousadas. Por isso quem *se sobressai* aí já ganha muitos pontos", receita o consultor. (*Folha de S. Paulo*, 9.11.1997.)

Essa construção, ainda não aceita na língua padrão, é fruto da contaminação do verbo *sobressair* com o verbo *destacar*, em sua construção pronominal *destacar-se*. Por semelhança de sentido, alguns falantes dizem: *quem se sobressai*, influenciados por *quem se destaca*, quando deveriam dizer apenas *quem sobressai*.

Visar

O verbo *visar*, no sentido de *dirigir o olhar para fazer pontaria* ou *para pôr visto em um documento*, é TRANSITIVO DIRETO. No sentido de *pretender*, *objetivar* é TRANSITIVO INDIRETO, exigindo a preposição *a*. Exemplos:

O contratorpedeiro Seafish manobrou o canhão de ré, *visando a linha d'água* do navio inimigo.

O Consulado *visou mais de cem passaportes* na primeira semana de férias.

O meu drama com ser francês, de precedência, de motivo sentimental, elevava-se, como composição literária, acima do espírito de nacionalidade, *visava à unidade da justiça*, do direito, do ideal entre as nações[64].

Digo essas coisas para ajudar a compreender a tonalidade crítica deste livro, que quase invariavelmente *visa* mais *à verificação* do que à avaliação, como se Roger Bastide não se preocupasse muito em distinguir o ruim do bom. (*Folha de S. Paulo*, 10.1.1997.)

Algumas vezes, esse verbo aparece como transitivo, no sentido de *pretender*, como em:

Outras opções são os cursos "A Beleza do Ser", que *visa o bem-estar pessoal*, e o de teatro de bonecos, oferecido pelo artista argentino Hector Lopez. (*Folha de S. Paulo*, 10.1.1997.)

Essa regência, no entanto, ainda não é aceita na língua padrão.

Quando o complemento de *visar* é uma oração reduzida de infinitivo, a língua padrão aceita plenamente a ausência de preposição, como em:

Planejado no início dos anos 20, o Empire State foi parte de uma estratégia megalômana que *visava trazer* para a cidade o título de nova capital do mundo. (*Folha de S. Paulo*, 14.4.1997.)

---

64. Joaquim Nabuco, *Minha Formação*, p. 81.

CONCLUSÃO

Procurei descrever a regência de alguns verbos, nas situações em que mais comumente surgem dúvidas quanto ao uso padrão. Trata-se de uma lista mínima. Com relação a outros verbos ou a outros empregos dos verbos tratados neste capítulo, é indispensável consultar um bom dicionário de regência.

É importante, também, levar em conta que, no uso criativo da língua, a regência usual de um verbo pode ser subvertida, como faz Carlos Drummond de Andrade, no poema "O Amor Bate na Aorta":

> ouço *mãos que se conversam e que viajam sem mapa.*
> Vejo muitas outras coisas
> que não ouso compreender...[65]

A regência do verbo *conversar*, na voz recíproca, com sujeito inanimado (mãos), não existe em nenhum dicionário de regência, mas consegue transferir para a figura das mãos o entendimento entre os amantes. O mesmo ocorre com o verbo *viajar*, com o mesmo sujeito (mãos), sugerindo as carícias feitas por elas, de modo aleatório, nos corpos dos enamorados.

---

65. Carlos Drummond de Andrade, *Antologia Poética*, p. 145.

REFERÊNCIAS BIBLIOGRÁFICAS

ABREU, Antônio Suárez. *A Arte de Argumentar Gerenciando Razão e Emoção*. 13ª ed. São Paulo, Ateliê Editorial, 2012.

ALENCAR, José Martiniano de. *A Viuvinha*. São Paulo, Martin Claret, 2001.

_____. *Iracema*. Rio de Janeiro, José Olympio, 1965.

_____. *Senhora*. Porto Alegre, L&M, 2002.

ALVES, Rubem. *O Amor que Acende a Lua*. Campinas, Papirus, 2000.

_____. *O Quarto do Mistério*. Campinas, Papirus, 1995.

_____. *O Retorno E Terno*. 12ª ed. Campinas, Papirus, 1997.

_____. *Por uma Educação Romântica*. Campinas, Papirus, 2002.

AMADO, Jorge. *Tocaia Grande*. Rio de Janeiro, Record, 1984.

_____. *Tieta do Agreste*. São Paulo, Companhia das Letras, 2010.

ANDRADE, Carlos Drummond de. *Antologia Poética*. 36ª ed. Rio de Janeiro, Record, 1997.

ASSIS, Joaquim Maria Machado de. *Obra Completa*. Rio de Janeiro, Nova Aguilar, 1997, 3 vols.

_____. *Quincas Borba*. São Paulo, Edibolso, s.d.

BANDEIRA, Manuel. *Estrela da Vida Inteira*. Rio de Janeiro, José Olympio, 1966.

BÍBLIA SAGRADA. São Paulo, Edições Paulinas, 1967.

BILAC, Olavo. *Via Láctea*. Disponível em: <www.culturabrasil.org/vialactea.htm>. Acesso em: 22 jul. 2014.

BRAGA, Rubem. *200 Crônicas Escolhidas*. Rio de Janeiro, Record, 2012.

_____. *Ai de Ti Copacabana*. 15ª ed. Rio de Janeiro, Record, 1997.

BUENO, Eduardo. *A Coroa, a Cruz e a Espada*. Rio de Janeiro, Objetiva, 2006.

CAGLIARI, Luiz Carlos. *A História do Alfabeto*. São Paulo, Ed. Paulistana, 2009.

CAMÕES, Luís Vaz de. *Os Lusíadas*, comentados por Augusto Epifânio da Silva Dias, 3ª ed. Rio de Janeiro, MEC, 1972.

CANDIDO, Antonio & CASTELLO, José Aderaldo. *Presença da Literatura Brasileira*. São Paulo, Difusão Europeia do Livro, 1964, vol. 3.

CARVALHO, José Cândido de. *O Coronel e o Lobisomem*. Rio de Janeiro, José Olympio, 1971.

CASTILHO, Ataliba Teixeira de. *Gramática do Português Brasileiro*. São Paulo, Contexto, 2010.

CASTILHO, Ataliba Teixeira de & PRETI, Dino. *A Linguagem Falada Culta na Cidade de São Paulo* (vol. 1. *Elocuções Formais*). São Paulo, T. A. Queiroz, 1986.

CASTRO, Ruy. *O Melhor do Mau Humor*. São Paulo, Companhia das Letras, 1990.

CÓDIGO DE TRÂNSITO BRASILEIRO. Disponível em: <www.denatran.gov.br/publicações>. Acesso em 27 jul. 2014.

CÓDIGO DO PROCESSO PENAL. Disponível em: <www.portaldogoverno.gov.mz>. Acesso em 27 jul. 2014.

DAVES, Mark & FERREIRA, Michael. *Corpus do Português* (45 millions words, 1300s-1900s) Disponível em: <http://www.corpusdoportugues.org>. Acesso em 5 jul. 2012.

DECAT, Maria Beatriz Nascimento. *Estruturas Desgarradas em Língua Portuguesa*. Campinas, Pontes, 2011.

FERREIRA, Aurélio Buarque de Holanda. *Novo Dicionário Aurélio Século XXI*. Rio de Janeiro, Nova Fronteira, 2000.

GALBRAITH, John Kenneth. *A Era da Incerteza*. 2ª ed. São Paulo, Pioneira, 1980.

GIANETTI, Eduardo. *Felicidade*. São Paulo, Companhia das Letras, 2002.

GIVÓN, Talmy. *Mind, Code and Context*. Hillsdale, New Jersey/London, Lawrence Erlbaum Associate Publishers, 1989.

GLEISER, Marcelo. *A Harmonia do Mundo*. São Paulo, Companhia das Letras, 2006.

GOMES, Laurentino. *1822*: "Como um homem sábio, uma princesa triste e um escocês louco por dinheiro ajudaram D. Pedro a criar o Brasil – um país que tinha tudo para dar errado". Rio de Janeiro, Nova Fronteira, 2010.

GONZAGA, Tomás Antônio. *Marília de Dirceu*. Porto Alegre, L&M, 2002.

HEILEIN, Robert. *Amor sem Limites*. Rio de Janeiro, Record, 1973.

HOUAISS, Antônio. *Dicionário Eletrônico Houaiss da Língua Portuguesa*. Rio de Janeiro, Objetiva, 2009.

IFRAH, George. *Os Números: História de uma Grande Invenção*, Trad. Stella M. de Freitas Senra, 11ª ed., Rio de Janeiro, Globo, 2005.

LIMA, Jorge de. *O Acendedor de Lampiões*. Disponível em: <oglobo.globo.com/pais/noblat...>. Acesso em 22 jul. 2014.

MARICÁ, Marquês de. *Máximas, Pensamentos e Reflexões*. Disponível em: <http://www.bn.br>. Acesso em 9 abr. 2012.

MATEUS, Maria Helena Mira et al. *Gramática da Língua Portuguesa*. Coimbra, Almedina, 1983.

MAURER JR., Theodoro Henrique. *O Infinitivo Flexionado Português: Estudo Histórico-descritivo*. São Paulo, Nacional/Edusp, 1968.

MEIRELES, Cecília. *Obra Poética*. Rio de Janeiro, Nova Aguilar, 1983.

_____. *Escolha seu Sonho*. Rio de Janeiro, Record, s/d.

MORAES, Vinícius de. *O Operário em Construção e Outros Poemas*. Rio de Janeiro, Nova Fronteira, 1979.

NABUCO, Joaquim. *Minha Formação*. Rio de Janeiro, Topbooks, 1999.

NASCENTES, Antenor. *O Problema da Regência*. 2ª ed. Rio de Janeiro, Livraria Freitas Bastos, 1960.

NOGUEIRA, Rodrigo de Sá. *Dicionário de Verbos Portugueses Conjugados*. 12ª ed. Lisboa, Livraria Clássica Editora, 2009.

PESSOA, Fernando. *Obra Poética*. Rio de Janeiro, Aguilar, 1969.

QUEIRÓS, Eça de. *Os Maias*. Disponível em: <http://www.bn.pt>. Acesso em 29 ago. 2002.

RODRIGUES, Nelson. *A Cabra Vadia*. Sel. Ruy Castro. São Paulo, Companhia das Letras, 1995.

ROSA, João Guimarães. *"Campo Geral" Manuelzão e Miguelim*. Rio de Janeiro, Nova Fronteira, 1984.

_____. *O Burrinho Pedrês*. Rio de Janeiro, Nova Fronteira, 2012.

_____. *Grande Sertão: Veredas*. 30ª ed. Rio de Janeiro, Nova Fronteira, 1988.

RUSSEL, Bertrand. *Ensaios Céticos*. São Paulo, Nacional, 1957.

SHAKESPEARE, William. *Hamlet*. Trad. José Roberto O'Shea. Rio de Janeiro, Objetiva, 2004.

SILVA, Bussunda. *Casseta & Planeta – As Melhores Piadas do Planeta*. Rio de Janeiro, Objetiva, 1997.

TUCÍDEDES. *História da Guerra do Peloponeso*. Brasília, Ed. UnB, 1986.

VASCONCELLOS, José Leite. *Textos Arcaicos*. 4ª ed. Lisboa, Livraria Clássica Editora, 1959.

Vieira, Padre Antônio. *Sermão da Terceira Dominga da Quaresma.* Disponível em: <www.dominiopublico.gov>. Acesso em 25 jul. 2014.

_____. *Sermão da Terceira Quarta-Feira da Quaresma.* Disponível em: <www.dominiopublico.gov>. Acesso em 25 jul. 2014.

_____. *Sermão do Santíssimo Sacramento.* Disponível em: <www.dominiopublico.gov>. Acesso em 25 jul. 2014.

_____. *Sermão das Lágrimas de S. Pedro.* Disponível em <www.usp.br/cje/anexos/pierre/padreantoniov.pd.f>. Acesso em 7 jul. 2015.

Vocabulário Ortográfico da Língua Portuguesa. Academia Brasileira de Letras. 5ª ed. Rio de Janeiro, Global, 2009.

Wittgenstein, Ludwig. *Investigações Filosóficas.* Petrópolis, Vozes, 1994.

Zugman, Fábio. *O Mito da Criatividade*: Descontruindo Verdades e Mitos. Rio de Janeiro, Campus, 2007.

ÍNDICE REMISSIVO

A
Abreviaturas – 77-78, 82-84
Acento – 50, 58, 85, 100-105, 107-111, 126-127, 192, 228, 257-258, 296-297, 320, 357, 359-360, 388, 397, 399, 539
À custa de, custas – 398
Adjetivo – 28, 58, 74, 100, 107, 117, 120, 124, 128-130, 133-134, 136-137, 140, 143, 145, 151-152, 154-156, 160, 162, 178, 182-184, 197-221, 225-226, 233, 235, 248, 250, 256, 261-262, 265, 267, 273, 281, 307, 314, 323, 326, 342, 344, 361-363, 365, 370, 380, 382, 422-423, 436-437, 439-441, 443, 447-448, 454, 465, 467, 472, 477, 503-508, 511-514, 527-528, 553, 568, 580
Adjuntos adverbiais – 391, 430, 443-447, 481, 555-556
Advérbio – 136, 145, 152, 178, 181, 183, 201, 216, 218, 220, 306, 309, 323, 335, 342, 361-375, 380-383, 385-386, 388, 402, 404, 409-410, 422, 443, 445, 447, 454, 467, 469, 490, 506, 542

Advérbios avaliativos – 372
Advérbios oracionais – 371-373
A par – 381, 398
A princípio, em princípio – 398
À vista, a prazo – 399
Aglutinação – 140
Algo – 261
Algum – 261, 264
Ao encontro de, de encontro a – 381, 398
Aposto – 449-451, 472, 495, 560
Artigo – 108-110, 189-196, 221, 241, 278, 385, 387
Aspas – 565-566
Aspecto – 134, 297-298, 338-343
Assim – 362, 364-365
Através de – 399

B
base – 120-123

C
Caber – 353, 445
Cada – 261, 414, 494, 521-522
Cardinais – 266, 274-281
Clivagem – 259, 462, 464

Coletivos – 156, 187
Como – 254, 524
Comparativo – 215-217
Complemento nominal – 452
Composição – 126, 139-141, 447-448, 456
Concordância do fracionário – 284
Concordância nominal – 503
Concordância verbal – 297, 515
Conjunção – 401
Conjunções aditivas – 402
Conjunções adversativas – 403
Conjunções alternativas – 404
Conjunções causais – 408
Conjunções comparativas – 409
Conjunções concessivas – 412
Conjunções condicionais – 412
Conjunções conformativas – 413
Conjunções consecutivas – 413
Conjunções coordenativas – 402, 558
Conjunções explicativas – 405
Conjunções finais – 413
Conjunções proporcionais – 413
Conjunções subordinativas – 407-408
Conjunções temporais – 414
Consoante – 37, 39-40, 44-45, 125
Coordenação – 405, 466
Crase – 107, 192, 385
Cujo – 253

D
Derivação – 126-139, 204, 363, 380, 386
Derivação imprópria – 136, 204
Derivação prefixal – 125
Derivação regressiva – 136, 204, 380
Derivação sufixal – 127, 185
Desinências – 121, 123, 291, 293
Diferenças de situação – 60
Diferenças geográficas – 60
Dígrafo – 73, 77
Diminutivos – 170, 183-184, 221
Ditongos – 51-53, 417
Ditongos crescentes – 52

E
Elipse – 368, 384, 513, 561
Ênclise – 540
Entoação – 64
É que – 259, 464
Escrita – 31, 71
Expressões correlativas – 405, 524

F
Fala – 29-36
Feminino – 207-211
Flexão – 157, 162, 185, 206, 280, 346
Fonética – 29-57, 101, 168, 172, 292, 385
Fonologia – 29-57
Formas nominais do verbo – 323
Fracionários – 266, 274, 284
Frase – 67-69, 419

G
Gênero – 158, 207, 280
Gerúndio – 323, 330, 481-482, 487-488, 492, 544-546
Grafia – 61, 87

H
Haver – 295, 310, 317, 319, 325, 327, 348, 356, 358, 397, 427, 530
Hiato – 53, 104
Hífen – 90

I
Iconicidade – 158, 211, 235, 270, 482, 511, 518
Imperativo – 312, 317, 337-338
Imperfeito – 301, 307-309
Indicativo – 298, 315, 327, 331
Infinitivo – 291, 323, 330, 383, 428, 473, 480, 487-494, 533-538
Infinitivo flexionado – 533-534
Interjeição – 43, 145, 417

J
Justaposição – 140

L
Letra – 31-33, 77, 177
Léxico – 26, 113, 144
Linguagem – 25, 63, 71, 114, 569
Locuções adjetivas – 203, 505
Locuções adverbiais – 363-364
Locuções negativas polares – 369
Locuções prepositivas – 381

M
Mais de um – 521
Medir – 155
Meio – 285, 530
Mesmo – 248, 370, 412, 471, 485
Modalidade – 438
Modo – 40, 255, 297, 331, 425

N
Não – 367-369
Nem um nem outro – 522-523
Nenhum – 368
Neutralização – 56
Núcleo – 140, 446, 448, 452, 454, 456, 515, 522
Numeral – 66, 110, 265, 519
Número – 167, 189, 211, 257, 271-272, 280-281, 291, 321, 503, 515, 519-520

O
Objeto direto – 430-434, 440, 446, 457, 574
Objeto direto preposicionado – 431
Objeto indireto – 432-435, 447, 475, 574, 579-582, 592
Onde – 254-255
Onomatopeias – 142
Oração – 362, 407, 419, 423, 427, 465, 558, 561
Oração simples – 419
Orações adjetivas – 250, 336, 477-481, 495, 561
Ordinais – 266, 274, 281, 283
Ortografia – 72
Oxítonas – 57, 102

P
Palavra – 23, 57, 74, 76, 84, 126, 136, 141
Parêntese – 565
Paroxítonas – 57, 101, 103
Particípio – 202, 323-324, 457, 488-490, 493, 507, 545
Passiva – 299, 343-344, 348, 395, 457
Pessoa – 105, 120, 193, 226, 230, 240, 295, 592
Plural dos substantivos compostos – 178
Ponto e vírgula – 563
Pontuação – 549
Pôr – 76, 105, 124, 291, 319, 357
Predicado – 430, 439, 457
Preferir – 351, 590
Prefixo – 91, 122, 126, 134, 145
Preposição – 377, 402, 430, 432, 450, 504
Presente – 289, 292-293, 297, 300, 302, 305-306, 312-316
Pretérito – 300-302
Próclise – 540-541
Pronome – 223, 385-387, 448
Pronúncia – 29, 34, 37, 57, 84, 165
Proparoxítonas – 57, 102
Prosódia – 58

Q
Quanto – 254, 409-410, 524
Que – 67, 216-217, 251, 256-257, 260, 402, 480, 521, 525
Quem – 67, 103, 251, 253, 256-258, 260, 525

R
Radical – 121-125, 131, 146, 290, 292, 296
Regência – 251, 567
Reticências – 69, 549
Ritmo – 63

S
Se – 407, 412, 474, 484, 488
Semivogal – 39
Sílaba – 37
Sintagma – 445, 447, 456

Sintaxe – 275, 419, 495, 553
Som – 29-31, 35, 40-44, 55, 60
Subjuntivo – 289, 332-333
Subordinação – 466
Substantivo – 151, 184, 190, 204
Substantivos abstratos – 154, 183
Substantivos coletivos – 156
Substantivos compostos – 178, 181
Substantivos comuns – 153
Substantivos concretos – 154
Sufixos – 91, 122, 126, 128, 134, 184, 202
Sujeito – 426, 449, 453, 457, 459, 508, 515
Superlativo – 218
Superlativo relativo – 220-221

T
Tanto – 248, 250, 254, 409-410, 413, 467, 493, 524
Tempo – 246, 291, 297, 299, 348, 365, 394, 414, 425, 436, 492, 543
Tempos derivados – 321
Topicalização – 462
Travessão – 564
Tritongo – 51-52
Tudo – 159, 254, 261, 526

U
Um e outro – 522

V
Ver – 360
Verbos – 76, 293, 346, 422, 438, 530, 535, 569
Verbos *dicendi* – 498-500
Vir – 321, 324, 360
Vírgula – 552
Vocativo – 455, 557
Você – 223-224, 226, 230, 238
Vogais – 33, 39, 47, 50, 124, 417
Vogais átonas – 50
Vogais nasais – 33, 49
Vogais temáticas – 124
Voz – 36, 299, 343-348, 457, 460, 501
Voz ativa – 343
Voz medial – 345, 460
Voz medial recíproca – 346, 461
Voz medial reflexiva – 346, 460
Voz passiva – 343, 348, 457

Título	Gramática Integral da Língua Portuguesa: Uma Visão Prática e Funcional
Autor	Antônio Suárez Abreu
Editor	Plinio Martins Filho
Produção Editorial	Millena Machado
Editoração Eletrônica	Camyle Cosentino Victória Cortez
Revisão	Geraldo Gerson de Souza Antônio Suárez Abreu
Capa	Gustavo Piqueira / Casa Rex
Formato	16 x 23 cm
Tipologia	Minion Pro
Papel de Miolo	Chambril Avena 80 g
Papel de Capa	Cartão Supremo 250 g
Número de Páginas	608
Impressão e Acabamento	Graphium